1630
La Vengeance de Richelieu

DU MÊME AUTEUR

Le Boîtier rouge, Denoël, 1995.
Le Mille-pattes, Denoël, 1998.
Rendez-vous chez Scylla, Flammarion, 2000.
Les Voleurs d'ouragan, Flammarion, 2001.
Petits Arrangements avec les femmes de ma vie, La Martinière, 2002.
Un homme de liberté, Flammarion, 2002.
Le Phonogrammobile ou les Aventures de Fred Cumulo et d'Alizée d'Oc, Frémeaux et Associés (coauteurs L. Chaumet et J.-P. Bouvry), 2003.
Le Secret de Champollion, Flammarion, 2005, J'ai Lu, n° 7922, 2006.
L'Insoumise du Roi-Soleil, Flammarion, 2006, J'ai Lu, n° 8289, 2007.
La Prophétie de Golgotha, Flammarion, 2007.

Jean-Michel Riou

1630
La Vengeance de Richelieu

Flammarion

© Flammarion, 2009
ISBN : 978-2-0812-0849-0

La beauté est la seule vengeance des femmes,
imaginait Serge Gainsbourg.

À toi, Catherine, ma tendre femme.
Chaque jour, je redécouvre en toi, la plus belle vengeance de l'amour.

> Ma vengeance est perdue
> S'il ignore en mourant que c'est moi qui le tue.
>
> Jean Racine, *Andromaque*.

Avertissement

Se non è vero, è bene trovato [1]...

---

1. Si ce n'est pas vrai, c'est bien trouvé...

Paris, le 12 avril 1778,
Quelques jours avant la mort de Voltaire...

À Jean-Jacques Rousseau,
Le plus grand des écrivains et des philosophes,

Moi, Voltaire, j'ai promis de mourir en adorant Dieu, en aimant mes amis et, plus encore, en ne haïssant pas mes ennemis. Je l'ai même écrit pour que nul n'en doute et, depuis, j'œuvre sans relâche, puisque je sais que je vais m'éteindre.

Au nom de la tolérance, une vertu que j'ai défendue avec âpreté, je me porte à présent vers les hommes qui m'ont conspué ou maudit et, venant en paix, je tente de me réconcilier avec ceux qui me détestaient. Est-ce parce que je meurs et ne suis plus un danger, que je réussis parfois ? Ma main tremble, ma plume s'attendrit, on me craint moins, et certains prétendent que les reproches qu'on m'adresse céderont bientôt la place aux regrets posthumes. Cet espoir dulcifie ma fin, mais je ne peux m'en contenter, car je crains que l'absolution de mes fautes ne soit pas générale.

Ce n'est pas vous, mon cher Rousseau, qui me contrediriez sur ce point puisque je vous ai fait souffrir durement. De tous les assauts livrés, je regrette surtout ce pamphlet dans lequel j'ai assassiné votre honneur dans l'espoir de détruire votre *Émile*, cet admirable recueil dédié à l'éducation des plus jeunes. Oui, je reconnais ici que je suis l'auteur des lignes anonymes dans lesquelles il fut soutenu que vous aviez abandonné vos enfants, ajoutant que celui qui avait agi de la sorte ne pouvait instruire son prochain d'un sujet piétiné par lui-même. L'honnête homme aurait dû tenir compte de l'effroi de votre jeunesse, convenant que tant d'épreuves vous accordaient l'autorité de dire ce qui était juste et bon dans l'instruction. Qui mieux que celui qui a souffert a le droit de réformer la souffrance ? J'en ai fait commerce, écrivant articles et lettres où, au nom de la liberté, j'ai défendu ceux qui enduraient. Commettant dans votre cas une ignoble injustice, j'ai préféré blesser le meilleur des philosophes, fabriquant une rumeur dont les préjudices l'obligèrent à se soumettre à d'implacables critiques. Votre réponse fut de défendre votre honneur en le livrant au jugement des hommes. Au moins, ma coupable erreur vous permit-elle de produire une œuvre admirable dans laquelle vous avez accepté d'exposer sincèrement votre vie et vos actes. Ainsi sont nées vos *Confessions*, afin que l'on découvre, après l'indignité produite par moi seul, que nul autre ne fut meilleur que vous. Du moins, plus que Voltaire, dont le premier aveu sera de reconnaître que l'aversion qu'il vous a longtemps montrée ressemblait fort à de la jalousie.

Et je vous ai envié encore d'avoir produit une réponse brillante, touchant au génie quand je n'y opposais que la vengeance aveugle. Est-ce la peur d'affronter le penseur-roi qui me fit agir derrière un masque tel un misérable délateur ? Pour le repos de mon âme, accordez-moi la faveur de croire que ma nuisance vous décida aussi à produire les *Confessions*, une entreprise sans égal qui contribuera pendant des siècles à l'élévation et, j'en conviens fort tard, à l'éducation des esprits.

Je devine que mes mots vous surprennent. Où nous conduit cet éloge ? Que cache cette mise en scène ? Rien de plus qu'un tête-à-tête orchestré par le respect. Oui, je voudrais que nous nous quittions tels les frères d'une même bataille, dédiée au progrès et à la connaissance. Pour cela, j'ai besoin d'entendre que tout n'est pas perdu, abordant ici ce qui me reste à obtenir et que je juge essentiel : je souhaiterais me réconcilier avec vous, mon très cher Jean-Jacques Rousseau.

Le défi est osé, la pente ardue, tant nous nous sentons loin l'un de l'autre. Mais ce qui nous désunit n'est-il pas qu'un quiproquo, un malentendu nous ayant empêchés de siéger côte à côte ? Pour accepter de faire taire nos querelles, il faudrait encore trouver un sujet sur lequel nous penserions de concert. Cet exercice vous semble voué à l'échec ? Je crois pourtant avoir trouvé le moyen d'en triompher, espérant mettre fin à l'aveuglement qui a nui si longtemps à notre rapprochement.

Ainsi, nous croyons tous deux à la liberté. Je l'ai défendue ; vous l'avez prise pour modèle. J'ai critiqué ceux qui la menaçaient quand vous imaginiez la société idéale qui la protégerait. La souveraineté du peuple, socle de la démocratie, est, j'en conviens, un système *ad hoc* pour chérir la liberté. Je reconnais donc que vous êtes allé plus loin que moi, que je n'ai pas eu votre audace, votre génie, et que mes coups n'ont fait qu'égratigner une monarchie qui méritait pire et s'éteindra bientôt en France pour avoir renoncé à se réformer. Ainsi, je confesse à mon tour que j'ai manqué de courage et d'engagement, préférant écrire des contes qui amusaient, ironisant sur des sujets graves. La liberté méritait un autre traitement, et je regrette de ne pas avoir été aussi inventeur que vous, ne parvenant qu'à flatter le despote éclairé, molle parade au fléau de l'absolutisme, quand il aurait fallu prendre parti, s'engager nettement dans votre camp. Ainsi, pour croire que nous sommes les deux faces d'une même cause, il faudrait une preuve irréfutable de mon honnêteté car l'entendement entre nous n'a rien d'évident, et vous doutez de moi, imaginant que la sénilité se mêle aux regrets tardifs pour perturber mon jugement. Mais je ne me rends pas à vous les mains vides. Mieux que des arguments, je vous offre la preuve que j'ai raison de nous voir en amis. Et ce gage indéniable se trouve dans le document qui accompagne ma lettre.

N'y voyez aucune malice, mais il s'agit de la... *confession* d'un homme venant du siècle dernier. Je reçus ce témoignage de mon père, François Arouet, notaire et receveur des épices à la Cour des comptes qui, du fait de sa proximité avec le parlement de Paris, fut témoin, parfois même acteur, des cabales qui firent trembler les rois de France. Souvenez-vous de la journée des Dupes dont Richelieu se tira d'affaire *in extremis*, des tentatives de Gaston d'Orléans et de ses alliés pour renverser son frère, Louis XIII, des intrigues de Cinq-Mars, de la fronde parlementaire, de celle des princes de sang contre le jeune Louis XIV ! Un homme siégea au cœur de ces événements formidables qui mirent la couronne en péril et, pour les avoir connus de l'intérieur, il a rédigé ses mémoires, confiés ensuite à mon père qui me les transmit avant sa mort.

Et, désormais, elles sont entre vos mains.

Ces pages captivantes révèlent les dessous des luttes intestines qui agitèrent l'époque. Mieux, elles en livrent les raisons secrètes. Le nom des conspirateurs, leur mobile, leur alliance... Il ne manque rien pour provoquer un scandale dont la royauté branlante peinerait à se remettre si ce témoignage venait à être publié. Oui, vous pourriez justement user de ce que je vous offre pour servir vos idées. Mais pourquoi le feriez-vous ? Et pourquoi ne l'ai-je pas fait ? Chacun est libre de ses choix. Le mien, je l'expliquerai plus tard, et vous en comprendrez le sens après avoir lu ce qui suit. Sachez pour le moment que le sujet principal touche la Nouvelle-France dont Louis XV s'est défait lors du Traité de Paris[1] en échange des Antilles. Je sais que vous avez condamné ce troc, quand je le soutenais au prétexte que la France perdait *quelques arpents de neige*[2], mais gagnait la richesse du sucre. Ainsi, je me suis rangé aux côtés de ceux qui, oubliant l'œuvre glorieuse des colons et de leurs descendants, ont préféré le profit à la grandeur, et que l'Histoire jugera coupables d'avoir délaissé leurs lointains parents, soumettant ces orphelins au joug de l'Anglais. De fait, vous auriez pu rendre mille fois la monnaie de sa pièce à celui qui avait plus tôt injurié votre dignité de père. Mais avant de me juger, apprenez que les apparences sont trompeuses et que je suis plus proche de vous qu'on ne l'imagine.

Chacun ses méthodes, je l'ai écrit. Vous faites front ; j'emprunte les chemins de traverse. Au total, nous visons la même finalité, car mon soutien de la décision française concernant le Québec cache

---

1. Ce traité met fin à la guerre de Sept Ans et réconcilie la France et la Grande-Bretagne. Il est signé le 10 février 1763. La France cède le Canada et retrouve les Antilles pour y pratiquer le commerce d'esclaves contre du sucre, aussi immoral que lucratif.

2. Formule employée dans *Candide* et faisant suite à « quelques arpents de glace » expression utilisée dans une lettre adressée par Voltaire à François Augustin de Paradis de Moncrif. Mais on trouve aussi cette « vision » de la colonie, un « pays couvert de neige et de glace huit mois de l'année, habité par des Barbares, des ours et des castors » dans *Essai sur les mœurs et l'esprit des nations* (1753).

un mobile secret qui entretient d'étroits rapports avec la noble cause de la liberté.

En découvrant les raisons de mon silence, vous conviendrez alors que nos opinions se ressemblent telles deux gouttes d'eau. En revanche, je ne parierai pas sur votre réaction lorsque vous aurez pris connaissance de cette affaire d'une extrême importance. Comme je le pense, hurlerez-vous au scandale ? Le nouveau propriétaire de ce brûlot – il s'agit bien de vous – prendra sa décision. Et ce sera la bonne. J'espère simplement être encore vivant pour goûter à la saveur de votre indignation, si vous décidiez de la livrer au monde. Pourquoi vous ai-je élu ? Et quel lien faut-il établir entre les sujets que, selon moi, nous partagerions et ces pages surgissant de l'Histoire ? Allons, Rousseau, parce qu'il s'agit du sujet le plus important de nos vies : la liberté, et, plus encore, la démocratie, son indissociable compagne. Or, il n'existe pas de meilleur allié que vous, très cher philosophe, dès lors qu'il s'agit d'attaquer, de riposter, de se battre, de scandaliser. Voici pourquoi, afin de garnir votre opinion, je vous lègue ce que je crois être une arme définitive.

Je devine votre impatience. Vous ne songez qu'à découvrir ces révélations dont vous tirerez à coup sûr un redoutable opus illustrant la pertinence de vue de son compositeur et assurant son triomphe. Oui, la curiosité vous pique, vous réclamez qu'on vous laisse en paix. Et j'ai promis de ne plus vous chagriner. Lisez ce qui suit pour votre profit et retrouvons-nous ensuite. Du moins, c'est le vœu du vieillard qui périt et signe, sans doute, sa dernière lettre sous le nom de

Voltaire

L'espion de la Couronne
Qui habet aures audiendi, audiat [1]...
Volume 1

1630
La Vengeance de Richelieu

---

[1]. Que celui qui a des oreilles pour entendre entende ce qui suit…

Chapitre 1

Paris, le 20 décembre 1680.

MOI, ANTOINE PETITBOIS, je déclare solennellement que le récit rapporté ci-après est la transcription scrupuleuse de la vérité. Ainsi, j'agis sincèrement et, pour en convaincre mon lecteur, j'ajoute que je n'ai nul désir d'obtenir la gloire ou un quelconque profit des révélations suivantes. En confessant l'un des secrets les mieux gardés de Louis XIII, une affaire dont les effets se poursuivent alors que Louis XIV règne en maître depuis la mort de Mazarin [1], je ne cherche ni à me venger ni à me protéger. De même, je renonce à user de ce que je sais pour faire chanter les puissants. Pourtant, je vais révéler les dessous du plus vil complot du siècle, ouvrant ainsi une porte derrière laquelle fourmillent machinations et cabales. Et je donnerai le nom des félons. Et soulèverai le masque des traîtres à la couronne de France.

Je vais donc raconter l'histoire dont *on ne doit rien savoir*, car elle ferait tanguer le royaume, détruirait ses équilibres, ruinerait la réputation des princes, enverrait sûrement à l'échafaud quelques-uns des seigneurs qui se pressent aujourd'hui autour de ce roi, auguste tel le soleil, et caressent son parti pour mieux l'étouffer. Combien d'hypocrites siègent-ils à ses côtés ? Ce matin encore, j'en comptais dix alors que nous allions en assemblée pour visiter le

---

1. Le cardinal Mazarin meurt le 8 mars 1661. Le 9 mars, Louis XIV se présente en maître au Conseil des ministres et déclare que, désormais, il gouvernera en personne.

gigantesque chantier de Versailles, cet ancien relais de chasse chéri par le père de Louis Dieudonné, et qui deviendra bientôt – je le devine à la passion que suscitent les lieux – un palais prodigieux, symbole de la gloire immense du plus grand des monarques [1].

Ce Versailles qui, à n'en pas douter, fera pâlir Rome, Athènes et Constantinople, j'en connais le dessein – museler la noblesse et la mettre au pas. Et je souris en imaginant le pauvre Colbert, transpirant d'effroi quand il compte ses écus afin de satisfaire le vœu d'un maître tout-puissant ayant décidé d'élever le siège d'un somptueux empire qui, demain, baignera de ses rayons la plus vaste étendue des terres émergées engendrées par le Créateur.

Mais comment moi, Antoine Petitbois, un modeste serviteur dont l'existence ne présente aucun sujet digne d'intérêt, une ombre parmi les ombres, marchant les yeux baissés au cœur de la cour et de ses courtisans, puis-je m'aventurer à prédire tant de choses si importantes ? Ce point, je dois l'expliquer et parler de ma personne. Dieu m'est témoin que ce n'est pas l'orgueil qui me pousse à me raconter davantage, mais l'histoire d'un royaume et d'un roi à laquelle je fus mêlé, à mon corps défendant, sans imaginer qu'un être issu de la condition des plus pauvres accéderait par la volonté bienveillante du cardinal Richelieu à d'incroyables événements dont le commun des mortels n'a pas la moindre idée.

Par où faut-il commencer ? Sans doute en s'attaquant à mon allure générale puisque mon bienfaiteur Armand Jean du Plessis de Richelieu, cardinal, duc, pair de France, ministre de Louis XIII [2], en parlait ainsi :

— De quoi vous plaignez-vous ! D'être court de jambes, d'afficher un visage cireux, des bras ballants, des yeux éteints, ponctués d'un regard malheureux ? Que vous reprochez-vous ? Votre petite taille, encadrée par un torse malingre ? Remerciez le Ciel d'être

---

1. L'installation de Louis XIV et de la cour au château de Versailles se déroulera le 6 mai 1682. Mais, alors, les « agrandissements » sont loin d'être terminés.
2. Né à Paris le 9 septembre 1585, il meurt le 4 décembre 1642.

inexistant ! C'est pour toutes ces raisons que je vous ai choisi. Ainsi, quand vous entrez dans une pièce, personne ne vous observe. Vous n'attirez pas les regards ; vous devenez invisible, et voilà pourquoi nous nous complétons. Laissez-moi la lumière et ses dangers, et surveillez ceux qui cherchent son éclat. Regardez, épiez, mais surtout rendez-moi compte. Écoutez attentivement et travaillez votre mémoire. Vous devez tout retenir. Gestes, attitudes, grimaces haineuses qu'on fabrique dans mon dos, soupirs exaspérés, coups d'œil malicieux, je veux tout savoir de mon entourage. Aussi, ne cherchez pas à m'écouter, ne me détaillez jamais quand je m'exprime. Ce n'est pas moi qui compte, mais ceux qui rôdent. Dès lors, nous marchons ensemble, moi parlant à mes ennemis sans méfiance, tandis que vous surveillez leur miséricorde[1]. Oui, nous allons de concert, telles les deux faces d'une même pièce…

Puis Richelieu soupirait, mettant fin à ce qu'il estimait comme le plus grand des compliments, et fronçait le sourcil, déjà tout à sa tâche, impatient de connaître en détail les derniers commérages que j'avais ouï dire sur Gaston d'Orléans, le frère de Louis XIII. Et le pire rival du roi.

Ma modeste personne ne peut seule expliquer comment j'ai su tant de choses que les seigneurs ignorent. Je les ai regardés pendant cinquante longues années. Je les ai écoutés puisqu'ils ne me craignaient pas. Je me suis glissé au cœur de leur monde, progressant pas à pas, avançant avec prudence pour satisfaire la curiosité insatiable du Cardinal, et apprenant ainsi combien il fallait se méfier de ses alliés. Ma conclusion est faite : on n'est jamais trahi que par ses proches. Et c'est d'eux dont il faut craindre le pire, j'en apporterai la preuve. Ainsi, je sais combien de courtisans et de flatteurs pourraient encore agir contre Louis XIV, s'ils n'étaient pas tenus par la soumission et la peur qui musellent leur féroce appétit de pouvoir et de révolte.

---

1. Lame destinée à achever le gibier.

⚜

Pour cesser de parler par énigme, il faut me décider à me lancer dans la narration de notre aventure. Mais comment l'entamer ? Il y a tant à dire, tant à raconter pour apprécier à sa juste valeur ce que j'ai décidé d'appeler la *Vengeance de Richelieu*.

Qu'on me pardonne d'user d'un titre évoquant la fureur, la colère, et qui se mêle peu à la charité, mais, dans cette histoire, la trahison côtoie la haine. Oui, la vengeance, je n'ai guère trouvé mieux pour qualifier ce qui se produisit et apparaît, pour toujours, dans le portrait du Cardinal que produisit Philippe de Champaigne en 1639 [1].

Le visage, l'expression, la tenue se veulent des plus ressemblants et, dans ce regard sombre, ses contemplateurs liront la force et la froideur de l'homme d'État. Sur ce point, je n'ai rien à redire. La reproduction est parfaite, digne de figurer dans la galerie de l'Histoire. Mais que penser de la main gauche du conseiller du roi qui enserre une sorte de feuillet ? Est-ce pour donner plus de noblesse à la pose ? On dissertera, sans doute, à l'infini sur ce morceau de papier, mais, je sais, comme peu d'autres, que dans ces doigts repliés se cache un message. On y trouve écrits des noms, des lieux, des dates et tous copulent avec le démon, et tous justifient la vengeance de Richelieu qui, en affichant ainsi les preuves d'un sinistre complot, adresse à ses auteurs un éternel avertissement et leur rappelle son implacable châtiment. « Je veux qu'ils se souviennent, qu'ils aient peur à jamais et sachent qu'un mot suffit pour les détruire. » Ainsi, dans ce geste, tient tout entier un secret que je m'apprête à faire jaillir du néant, au risque de ranimer l'épouvantable Succube [2]…

Succube est venu sous ma plume pour m'être rappelé à cet instant Marie de Médicis, car il sera question d'elle, de la mère de Louis XIII, personnage féroce, maîtresse de la cabale qui faillit étouffer la couronne. Dans cette nuit noire, glaciale où j'écris, les ombres que provoque l'éclat de la chandelle me jouent des tours

---

1. Voir la couverture du livre. Le tableau dont est extrait ce portrait de Richelieu se trouve aujourd'hui au château de Versailles.
2. Démon qui, prenant les traits d'une femme, séduisait les hommes pendant leur sommeil.

et, soudain, il m'a semblé apercevoir la lourde silhouette de la reine mère, dissertant de bon cœur sur les crimes qui se préparaient. Elle riait cruellement, saluait le plan, applaudissait ses complices, car elle ne fut pas la seule, et son nom n'est qu'un de ceux réunis dans la poigne accusatrice de Richelieu. Que l'on prévoit le pire. Ducs, princes ou marquis, robins et membres du Parlement, tous se mêlent à la reine mère.

Les souvenirs affluent, brouillent mon regard. À l'instant, le Cardinal se montrait pour m'avertir d'un contrecoup funeste. L'intrigue qui menaçait sa personne, celle du roi – et le royaume en entier – venait de rebondir. Nous devons agir, répétait-il. Et je fonçais à corps perdu vers le château de Blois où les conjurés s'étaient réunis… Cette course folle, j'en parlerai, comme du reste, puisque je n'omettrai rien. Ni joies, ni peurs, ni défaites, ni victoires d'une vie dont je n'ai jamais réussi à me lasser. Oui, j'ai connu tant de choses que les hommes, du plus simple au plus grand, ignorent. Ranger, classer, procéder par ordre. J'entame ici l'œuvre la plus considérable de ma vie. La tête me tourne, il faut choisir une méthode. Que me conseillerait le Cardinal ? L'ombre de mon cicérone se penche sur ma table de travail et il me semble sentir son souffle protecteur. « Reprenons par le début », me glisse-t-il dans la nuit.

Et que Dieu me pardonne à son tour, mais pour déclarer ce que je sais, il me faut, en premier, préciser encore d'où je viens et qui je suis.

Chapitre 2

UNE NUIT DE L'AN 1608, je suis donc venu à la vie, prolongeant une lignée de paysans au destin immuable. Les miens naissaient et mouraient pauvres. J'ajoute que, dans mon cas, et sans le secours de Dieu qui posa son regard sur moi, je devais m'éteindre aussitôt. Je devine, en effet, ce qu'on imagina en découvrant que j'étais un nouveau-né chétif, poussant son premier cri quand sa mère succombait d'épuisement et de mauvaises humeurs. La petitesse de mon corps, qui réclamait peu de lait, me sauva-t-elle alors ? Une voisine, matrone au sein aussi généreux que l'âme, vint le matin même à mon secours, m'arrachant au cocon encore tiède de celle qui m'avait mis au monde, et je grandis ainsi, sous la protection de cette femme, jusqu'à comprendre l'essence de ma condition. J'étais miséreux, bien que ce mot fût encore trop faible, et je resterais malingre à jamais. Ma fortune se résumait à la chaleur d'un foyer d'adoption, car mon père n'avait pas voulu s'encombrer d'un être inutile quand lui-même peinait à subsister. Peu après ma naissance, il quitta le Perche et la rudesse de ce fief tenu d'une main de fer par le baron de Montigny, un maître intraitable pour les gens et les bêtes et n'accordant aux premiers que la condition des bannis. Ayant choisi de m'abandonner, mon père crut que son salut et sa liberté se trouvaient dans la fuite. Il conçut alors une quête stérile qui le conduisit à mourir peu après en soldat piteux, déserteur et pillard, quand il s'imaginait Perceval.

⚜

On m'avait épargné ce récit pour ne pas aggraver ma peine. Mais un être cruel se chargea de m'apprendre l'histoire désastreuse de ma seule famille. Il ricanait méchamment, inventant les plus horribles détails pour aggraver ma déchéance, me traitant d'orphelin, d'indigent destiné à la potence. À l'en croire, les chiens ne faisaient pas des chats.

Le délateur était enfant et avait dix ans, comme moi, mais, ce jour-là, il me montra la férocité de l'esprit humain. Jalousait-il mon innocent bonheur, car on me choyait ? De fait, il m'ouvrit brutalement les yeux. Je n'étais qu'un bâtard recueilli par pitié, une espèce inférieure aux autres, au rat, au cafard, au serpent, même à ce misérable qui me toisait de haut et me gifla alors que je tentais de le faire taire et me botta le cul si fort que j'atterris dans la boue. Meurtri dans ma chair et dans mon cœur, je revins vers celle qui n'était donc que ma tendre nourrice et, forçant sa gentillesse, je la suppliai de répondre. Qui étais-je ? Elle succomba à mes questions, les yeux emplis de larmes, racontant d'une voix tremblante le monde d'où je venais et qui, à jamais, me poursuivrait. Elle me parlait tendrement, mais conjuguait mon avenir avec la docilité du serf. Comme elle, je binerai, creuserai, faucherai, sèmerai pour ne pas mourir de faim. En somme, je m'épuiserai à retourner la terre glaireuse jusqu'à redevenir poussière. J'étais esclave, un état dont la seule certitude était de prédire son destin. Pour toujours, ma compagnie s'appellerait misère, labeur sans retour, sans récompense. Je pris sur le coup en horreur les mains calleuses de cette femme soumise, qu'elle posait affectueusement sur mes cheveux pour apaiser ma peine, augmentant mon dégoût pour ce monde qui ne pouvait être le mien puisque je n'avais ni père ni mère et n'appartenais à personne. Alors je me suis brusquement arraché à ses bras, jurant que, venant de nulle part, tout me serait possible. Même réussir ma vie ! hurlai-je rudement.

Elle sourit, croyant à la colère d'un enfant. Ce n'était qu'un éclat que le temps se chargerait d'apaiser. Peu à peu, la raison viendrait à bout de mon audace. Elle crut bon d'ajouter qu'un garçon aussi petit que moi n'avait d'autre choix que de se soumettre.

Elle agissait par amour, mais, en cela, elle me condamnait, et sa tendresse devint pour moi cette sorte de condescendance qu'on accordait aux mendiants quémandant pitance. Elle se moquait de moi ! Et comment pouvait-il en être autrement, puisqu'elle m'était étrangère ?

Dieu pardonnera-t-il mon aveuglement envers cette mère adoptive qui m'aima comme son fils ? Si je maudis encore l'injustice que je lui fis supporter, je lui dois le sursaut qui me permit de combattre mon sort et de m'en échapper. Mais comment ? Voilà un nouvel épisode qu'il me faut conter.

Bien qu'ayant décidé d'aller me pendre ailleurs plutôt que de me morfondre, j'hésitais sur la méthode, partagé entre la peur de déplaire à Dieu et le désir puéril de découvrir le monde et ses créations. Mourir ou vivre, je devais choisir. Mais en d'autres lieux – c'était une certitude – et je songeais chaque nuit à fuir comme mon père, trouvant ainsi un motif de renouer avec cette ombre, de m'en rapprocher, même dans la mort, moi qui me désespérais de n'appartenir à aucune lignée, quand une rencontre me laissa enfin espérer autre chose que ce tableau funeste.

Il s'agissait d'une jeune fille, répondant au doux prénom de Marie, cinq lettres auxquelles il fallait hélas ajouter le titre de Montigny, un fossé aussi insondable que les abysses. Le père de Marie était en effet le baron du fief portant le même nom.

Une étrange attirance était pourtant née au premier regard échangé à l'âge où les enfants se livrent encore sans calcul et s'apprécient au-delà des apparences. Grand Dieu ! Nous n'avions que dix ans… Il ne s'agissait pas d'amour, mais de tendresse. Un sentiment innocent qui unissait deux êtres aux vies inconciliables.

Outre ma pauvreté, j'étais, je crois qu'on l'a compris, quelconque d'apparence. Je mesurais déjà combien la nature s'était peu attachée à mon cas. On me disait gauche, fragile, timide, mais, quand les autres s'en amusaient, Marie de Montigny y voyait plutôt une raison de s'attendrir. Au prétexte que Dieu tout-puissant n'avait pu concevoir de défaut sans qu'il n'engendre ses propres qualités, ma faiblesse physique, soutenait-elle, me rendait plus rusé et plus courageux, à l'exemple de ces animaux petits et gentils ayant le génie de transformer leur infériorité en adresse. Mes atouts, selon l'indulgente Marie, valaient la fatuité du fort, imbu de sa personne, et dont le caractère était souvent lourd et lent. Elle me parlait de David et de Goliath pour défendre son point de vue, soutenant qu'un esprit agile valait à ses yeux toutes les promesses et tous les titres de noblesse. Ainsi, elle me donnait à croire, et je finis par faire mien l'espoir conçu par le cœur d'une enfant qui voulait ignorer l'injustice dont j'avais hérité.

Avant cette rencontre, il m'était devenu évident que le destin me condamnait à subir le joug du sire de Montigny. J'étais empoisonné par cette idée terrifiante, porté par la crainte autant que par la haine. Mais, dans ce château dont j'abominais l'enfer, j'allais miraculeusement croiser le regard de Marie. J'arrivais de nulle part pour toucher aussitôt une rive, et saisir le fanal qui m'indiquait le chemin menant à un autre monde.

Ce jour de juin 1618, je portais des guenilles trempées par la pluie et mes os tremblaient de fièvre. Sans doute le froid, plus que la bravoure, me soufflait de pousser la porte des cuisines de ce palais mordoré où les braisières se coloraient aux lueurs câlines de l'immense cheminée. J'ai avancé d'un pas, cédant à l'attirance du parfum de ragoût qui étourdissait mes sens et faisait gémir mon ventre. Mais, soudain, mes sabots se sont collés au sol. Au fond de la pièce, une petite fille me tournait le dos et chantonnait en s'affairant sur la préparation d'un gâteau. « *Tant je suis de vous en grande mélancolie...* »

La danse des escarbilles happées par l'air chaud suivait la cadence du refrain. J'ai fermé les yeux, imaginant une pâte onctueuse – un miracle de douceur que j'engouffrais sans penser au péché. Je crois avoir ajouté à ce dîner une soupe dont le gras épaississait le bouillon. Mais la voix se tut à mi-route d'un couplet. Dans un silence étourdissant, j'ai entrouvert les paupières, découvrant un autre joli songe, puisque Marie me dévisageait.

— Est-ce l'invité que j'attendais pour faire honneur à ma table ?
Elle me fit signe d'avancer.
— Ne crains rien. Ce n'est pas moi qui te mangerai...
Pour dissiper ma gêne, j'ai plongé la main dans ma besace et sorti les perdrix qu'un métayer m'avait ordonné de porter au château.
— As-tu faim ? demanda cette ravissante fée.
Des mots dans lesquels j'entendais qu'on ne voulait ni me punir ni me contraindre, mais simplement subvenir à mon désarroi.
Puis elle détailla d'un air mi-amusé, mi-désolé mes vêtements et se retint, j'en suis sûr, de tirer la grimace en découvrant mon odeur.
— As-tu faim ? redit-elle, en me donnant un morceau de lard dont le goût est à jamais resté.
Je l'ai avalé net alors qu'elle m'en tendait encore. Sa main fine et douce s'avança pour se poser sur ma paume. J'ai voulu m'échapper, mais elle s'accrocha à ce poignet crasseux.
— Dieu, que tu es sale ! soupira-t-elle. Et bien mal vêtu...
Sans ajouter quoi que ce soit, elle ouvrit la porte et sortit. Devais-je rester ? Partir ? Il me fallait un ordre, puisque c'était toujours ainsi. Mais le désir de la revoir fut plus fort que ma peur. Et priant pour que personne n'entre et me fasse subir son courroux, j'attendis, récitant à voix basse trois *Pater* et autant d'*Ave Maria*. Puis j'ai dévoré un morceau de volaille qui n'allait pas manquer si j'en jugeais à la quantité dorant sous la cuisson et, l'âme moins solide que le ventre, j'ai attrapé ma besace pour m'enfuir.
J'allais infliger cette injustice à ma bienfaitrice quand elle surgit, rayonnante, les bras chargés de linges propres. En me les tendant, elle me demanda mon prénom. Antoine ? Et le répéta avant de murmurer le sien. Marie... Marie de Montigny...
— Reviens me voir. Mais avant, fais-toi beau pour que je détaille ton vrai visage.
La fille du baron ne montrait aucune méchanceté. Elle se moquait peut-être, mais gentiment, et par un étrange effet, la haine que j'adressais depuis toujours aux siens, à ce château, à ses habitants, s'effaça, faisant place à l'envie. Mais un pas se fit entendre et ma hardiesse retomba. J'ai bondi vers la sortie.
— Tiens !
Elle me lança un morceau de pain que j'enfouis dans ma poche.

— Comment s'appellent tes parents ?

— Je n'en ai pas, jetai-je d'une voix sourde, oubliant en un éclair le bien que l'on m'offrait depuis ma naissance.

Son visage devint triste.

— Reviens, répéta-t-elle. Et, si tu le veux, moi j'irai à ton secours...

Ses cheveux blonds captaient les lueurs du feu.

— Demain... ai-je soufflé, effrayé par ce mot, fuyant tel un voleur pour rejoindre la noirceur de ceux que je refusais de considérer comme les miens.

En marchant dans la nuit, je murmurais son prénom aux ombres que dessinait la lune. Marie, ai-je répété, jusqu'à ce que ses yeux bleus et son sourire angélique acceptent de se montrer. Et Dieu m'enseigna à cet instant que la félicité, en la comparant aux douleurs passées, s'offrait aussi à ceux qui souffraient.

Le cœur battant, je retournai sur place le lendemain. Hélas, Marie n'était pas aux cuisines. Bien sûr, elle ne m'attendait pas. Mais comment croire qu'il puisse en être autrement ? Je n'avais été qu'un divertimento, usant aujourd'hui d'un mot dont j'ignorais alors l'existence. Un jouet, dus-je bougonner, un serf qui avait distrait la soirée de la petite princesse. Il n'en fallut pas plus pour me convaincre que mes souffrances ne comptaient pour personne. Un court instant, j'avais respiré, partagé l'air d'une divine apparition, regardé là où ses yeux se portaient, bu ses paroles, et je payais affreusement cher ce rêve inaccessible dont j'étais à présent prisonnier. Et Dieu m'apprit pareillement qu'il était préférable de ne rien avoir, plutôt que de craindre de perdre ce qu'on avait cru pouvoir posséder. Ma bonne nourrice avait cent fois raison : je devais rester ce que je n'avais jamais cessé d'être, épuiser mes forces à gratter la terre, à travailler sans relâche. Un gueux ne pouvait que courber le dos et pleurer jusqu'à dissoudre un souvenir qu'il n'aurait jamais dû connaître, et, en retournant chez les miséreux, je sus qu'il me fallait choisir entre renoncer à vivre ou accorder pour toujours ma douleur à ceux de ma condition.

Pour ajouter à mon malaise, il se trouva que je ne la vis point les jours suivants. Le temps défilait, mon désarroi augmentait. Je gardais le silence, j'inquiétais mon entourage, aggravant injustement leur tourment. Étais-je victime d'un mal mystérieux ? On vint à chuchoter dans mon dos, avançant que Dieu pouvait Seul me venir en aide – peut-être devrait-on me désenvoûter ? Ainsi, le dimanche matin, je repris le chemin de cette vie éreintée et macabre qui se fondait dans la morne procession du peuple des Montigny se rendant à l'église du fief pour assister à la messe. Et j'aurais été bien incapable d'imaginer combien le destin m'y ménageait d'incroyables surprises.

La première me permit de mesurer l'étendue de mon malheur, car je voyais Marie, siégeant au premier rang, agenouillée auprès de sa mère, et j'en éprouvais une odieuse émotion, comprenant combien sa présence me touchait. Ma douleur s'aggrava quand je dus me rendre à l'évidence. Elle ne lâchait pas du regard le vieux curé sermonneur qui officiait, ignorant le reste de l'assemblée. Je me trouvais près d'un pilier d'où je scrutais fiévreusement son attitude. La jeune fille semblait passionnée par l'œuvre morale du prêcheur et, quand elle ne priait pas, elle plongeait les yeux dans son recueil de prières pour murmurer les paroles de Dieu. Elle lisait donc, quand moi je ne savais qu'ânonner quelques bribes de latin dont j'ignorais le sens, mais craignais les effets. La scène me montrait combien tout nous séparait. Pour comprendre le monde et échapper ainsi à son sort, il me fallait au moins apprendre ses règles, puiser aux sources de la connaissance. Ce n'était pas en m'échinant sur la terre que j'obtiendrais un effet nécessitant de posséder des grimoires et d'en déchiffrer la magie. L'année précédente, j'avais croisé un homme sachant écrire et lire, et sans doute compter. Il occupait une charge de notaire à Mortagne, une ville proche, et se rendait à Montigny pour acter l'achat d'une vaste prairie située non loin de notre masure. Il se disait que le baron cédait une partie de ses terres. J'avais regardé avec envie ce bourgeois dont l'habit de velours, ourlé de soie fine, cachait un ventre rond et bien nourri.

Pour rehausser sa taille courte, il portait des bottes immaculées, car il ne marchait pas, usant pour faire le tour de son acquisition d'une confortable voiture, attelée à deux chevaux blancs dont le sang vif et pur faisait saillir les muscles. Ces bêtes valaient une fortune, bien plus que le profit de toute une vie de paysan. Pourtant, leur propriétaire, racontait-on, avait été misérable. Lui ou son père. Les deux, peut-être, mais il avait su s'élever. Au prix d'un travail acharné, il avait conquis un rang qui valait pour moi la somme des privilèges accordés par un roi ancien aux Montigny. Eux, ils s'acharnaient dans l'oisiveté, ne s'en détournant que pour guerroyer. Voilà pourquoi un quidam, parti de rien ou de pas grand-chose, pouvait leur acheter le bien le plus précieux, du moins pour qui en connaissait le prix et la dureté. Cet homme-là savait lire.

Qui m'apprendrait à écrire, seule façon de m'élever ? Aucun des miens ! Et dans cette église où, confronté à Dieu, il m'était impossible de mentir, même en secret, je compris que les deux extrémités de l'univers créé par le Seigneur – le bon et le mal, le riche et le pauvre, le bonheur et le malheur – étaient infiniment proches et irréparablement opposés. Dans cette église, nichaient côte à côte la misère et cette puissance dont mon regard caressait les frontières. Ce qui me séparait du havre enclavé de Montigny ? Quelques pas. Et c'était immense…

Je dus baisser la tête pour cacher mes larmes et, m'abandonnant à la prière, je confiai mon sort au Tout-Puissant, suppliant que l'on vienne à mon aide ; que l'on m'envoie enfin un signe d'espoir.

« *Agnus Dei…* »

La voix sombre du bon curé retentissait et je fis un effort pour me soumettre à ses ordres. Bientôt, vint le moment de la bénédiction que l'officiant accordait à ses ouailles. Il s'avança comme à son habitude – d'un pas mal assuré – vers le fond de l'église, allant vers ceux qui le réclamaient. Moi, qu'avais-je à demander ? Maudissant mon état, je serrai les poings, yeux fermés, imaginant vendre mon âme pour renaître sous une autre, et siéger ainsi au premier banc de l'église, aux côtés de Marie de Montigny. En somme, je défiais Dieu dans Sa maison après avoir supplié Son intervention. Plus grave encore, je maudissais, j'abhorrais ce qu'Il avait conçu pour moi. Et pour échapper à l'enfer dans lequel ma rage m'entraînait, je décidai de rouvrir les yeux, constatant alors que le curé me faisait face. Et qu'il me détaillait.

La peur me saisit. Des mots s'étaient échappés de ma bouche, j'avais été entendu...

— Après la messe, rejoins-moi à la sacristie, murmura-t-il sur le ton de la confession en se penchant sur moi.

En tournant les talons, sa chasuble déplaça l'air glacial de l'église. Et j'y vis la présence de l'Esprit, descendant sur terre pour me punir de mes fautes. Car après avoir condamné ma vanité et mon orgueil, on me conduirait au bûcher.

Chapitre 3

— TU INQUIÈTES TES PROCHES, commença le curé en forçant la voix. À commencer par celle qui t'a nourri au sein et veille sur ta personne depuis que tu es né. Elle se plaint de te trouver silencieux des journées entières et que tu ne te mêles plus aux autres.

Il s'installa lourdement dans un fauteuil et profita de la pause pour me détailler :

— Serais-tu malade, porté à la mélancolie ?

Je fis non de la tête.

— Es-tu mécontent de ton cas ? Allons, réponds !

Ses questions, ainsi que le ton dont il usait, me mirent en alerte. Il cherchait à savoir si j'étais la brebis galeuse de son troupeau. Un révolté ? Alors il me condamnerait en informant le baron de Montigny. Déciderait-on de redresser ce caractère à coups de haire et de discipline, celles de nos monastères ne manquant pas de crin pour briser les échines indociles ? Et pourquoi pas l'embastillement ? s'étourdit ma cervelle d'enfant.

— Je n'ai aucun reproche à faire, mentis-je effrontément. Je suis le mieux du monde et parfaitement satisfait de ma condition.

Le curé écarquilla les yeux et gonfla les joues qu'il avait pourtant fort grosses et épaisses :

— Je n'en crois pas un mot !

Et il me saisit rudement par les épaules :

— Que peuvent produire ces bras trop maigres ? Que donnent-ils en retour à ceux qui nourrissent ce corps que je devine mal fabriqué pour les travaux des champs ?

Ainsi, on m'avait jugé et la sentence allait tomber. Ma petitesse me sauverait des galères, mais il restait la sévérité des bénédictins. Ou pis encore.

Le curé ne semblait pas avoir choisi. Il se grattait le menton, signe qu'il réfléchissait sur la suite, pesant chrétiennement le pour et le contre.

— Oui, murmura-t-il enfin, tu pourrais convenir. Je devine que tu es docile. De plus, tu as la taille et l'allure nécessaires à mon ministère. Sur ce point, on ne m'a pas menti.

Qui était le « on » à qui je devais le déroulement de mon procès ? Le curé baissa la tête, ignorant les questions que lui lançaient mes yeux.

— Mais sauras-tu présenter dignement le livre de la Parole ? souffla-t-il enfin. Ou bercer posément l'encensoir et tintinnabuler la clochette lors de l'offertoire ? Surtout, auras-tu assez de souffle pour éteindre les cierges après l'envoi ?

— Ainsi, je serai moine ? balbutiai-je d'une voix soumise.

Ma remarque sembla l'étonner. Il souleva lentement les paupières et détacha les mains croisées sur son ventre pour brandir l'index à hauteur de mon visage :

— Ne brûle pas les étapes, sinon l'ambition inspirée par le diable te submergera. Et pourquoi pas abbé ou secrétaire d'un cardinal ! s'exclama-t-il. Pour l'heure, il s'agit de trouver quelqu'un afin de me seconder dans ma tâche. Vois-tu vraiment ce que je te propose ? Non ! N'imagine pas que tu paresseras. La cure de campagne n'est pas une sinécure, s'amusa-t-il. Et je songe à toi. Mais es-tu le bon choix ?

Par quel miracle le cas d'Antoine Petitbois, orphelin et manant, ouaille parmi les ouailles, l'intéressait-il ? Mettant de côté ma frayeur, je suppliai le Saint-Esprit de m'aider et, malgré les nombreux péchés dont je me sentais fautif, Il accéda à ma requête.

— Marie de Montigny est une brave enfant, annonça mon vis-à-vis. En jeune fille charitable, elle balaye, nettoie, cire les meubles de l'église depuis que le sacristain n'est plus – paix à son âme – et que, plus haut que moi, on tarde à le remplacer.

L'ecclésiastique soupira fortement avant de poursuivre :

— Hélas, elle ne pourra pas toujours me porter secours. Ce n'est pas de son rang, j'en conviens. Aussi a-t-elle persuadé son père, le baron de Montigny, d'ôter deux bras du travail de la terre pour mettre une nouvelle tête au service de la maison de Dieu, et de moi, Son serviteur.

Il crut bon d'accentuer sa lassitude en y ajoutant un mouvement de l'épaule :

— Car, pendant que je cours pour baptiser, bénir, porter les derniers sacrements, il me faut un second pour veiller ici.

Il me pinça la joue :

— T'en sens-tu capable ?

Le visage de Marie de Montigny dansa devant mes yeux. « Si tu le veux, j'irai à ton secours », avait-elle promis. Ainsi, elle avait respecté sa parole, sans rien savoir de moi, m'ouvrant la voie de la rédemption et de la réconciliation avec la vie.

— Allons, dit le curé qui découvrait mon émoi sans le comprendre, est-ce cette nouvelle qui te rend si fragile ?

J'ai hoché la tête, gardant le silence, mais promettant au Seigneur de ne plus jamais maudire mon sort si je devenais le sacristain du curé.

— Bien, expira ce dernier en se levant. Que décidons-nous ? Dois-je me laisser porter par les arguments de cette enfant généreuse dont le cœur a vu en toi celui que je cherche ? Dois-je satisfaire ta famille d'adoption qui se désole et veut le meilleur pour toi ?

Il s'interrogeait encore.

— Un sacristain est quelqu'un qui doit savoir compter puisqu'il est l'économe du vin, des cierges, des hosties de l'église. Si tu étais choisi, il te faudrait apprendre. Or le souhaites-tu vraiment ?

Les larmes coulèrent sur mes joues, trompant celui qui me faisait face et ne pouvait deviner la véritable cause de mon trouble.

— Je le veux sincèrement, balbutiai-je. Oui, je le veux plus que tout.

Ma réponse lui fit serrer la mâchoire, et il prit aussitôt l'allure que je lui connaissais quand il parlait du démon à l'église :

— Apprendre ! L'idée t'attire, mais est-ce la tentation qui te souffle la réponse ? Apprendre ! gronda-t-il, le visage rougissant sous le feu de la colère. Céderas-tu alors à l'orgueil ? Voudras-tu plus que ce que t'accorde Dieu ? Apprendre te fera-t-il oublier la misère de ceux qui n'obtiendront pas la même considération ?

La peur, la joie et les doutes se mêlèrent, m'obligeant à tomber à genoux :

— Je promets de ne jamais céder à l'ambition, de vous obéir en tous points, de veiller jour et nuit sur vous et sur cette église, d'honorer notre Seigneur, de tout faire pour être digne de la confiance dont vous et Marie…

Ma familiarité le fit sursauter.

— Je veux dire… son père, notre baron, puisqu'il semble que vous vous accordiez pour m'offrir cette chance en échange de ma fidélité et de mon dévouement. Alors oui, m'emportai-je, employant un ton dont je n'avais jamais eu le courage, je promets devant Dieu de respecter cet engagement et de vous servir tant que vous m'en jugerez digne.

— Relève-toi, Antoine, murmura le curé en grimaçant enfin un pâle sourire. Remercie avant tout le Seigneur d'avoir mis sur ton chemin une famille dont la noblesse première est celle du cœur. Mais, si elle s'est convaincue de venir à ton aide, ton confesseur se devait de te montrer les dangers de ta nouvelle vie. Tu t'élèves, mon très cher fils. Tu deviens sacristain, si tu me promets d'y mettre du tien. Mais cette décision heureuse t'impose des devoirs. N'oublie pas d'où tu viens et à qui tu dois d'être ici.

— Marie de Montigny, lançai-je d'une voix émue.

Le curé s'emporta aussitôt.

— Encore ce nom ! Pour ton bien et le sien, je te supplie d'oublier d'emblée celle qui n'est pas de ton monde. Je devine à tes propos que ton attention se fixe trop sur elle. Ne vise pas trop haut, ou tu pourrais le regretter. En revanche, souviens-toi toujours de la femme qui t'a nourri et élevé. Quand tu rentreras chez elle, embrasse-la comme un fils car je sais que ta nourrice te considère comme tel. Promets également de ne jamais l'oublier.

Le curé réfléchit. N'avait-il rien omis dans ce sermon ? Non, rien, se dit-il, et il sauta sur ces courtes jambes :

— Maintenant, laissons faire ce que Dieu semble vouloir pour toi et, priant pour ne pas commettre d'erreur, je décide que tu seras sacristain.

Il redressa la tête :

— Pour ainsi dire bedeau, puisque tu te chargeras de l'entretien de l'église.

Et il tendit la main pour que je l'embrasse. Puis il bénit mon front. Si fait, il sembla oublier la gravité du moment pour revenir à l'ordinaire :

— Il est temps de gagner la table du baron de Montigny. Tu iras aux cuisines. C'est là-bas que tu mangeras, mesurant chaque jour combien ton sort est enviable.

Je ne pus m'empêcher de songer à Marie. La retrouverais-je sitôt ?

— Connais-tu le chemin des cuisines ? me questionna mon nouveau maître.

— Je m'y suis déjà rendu, répondis-je imprudemment.

Je me mordis les lèvres, mais le curé ne fit aucune remarque. Il se montrait pressé. Son ventre gémissait, lui rappelant que l'heure du dîner approchait. Il se signa prestement avant d'ouvrir le tabernacle et en sortit une clef nichée dans sa paume potelée.

— Voici celle de l'église, dit-il en me tendant gravement la relique. Ne t'en sépare jamais et, avant de t'en aller, souffle sur les bougies.

Le curé se dirigeait déjà vers la sortie d'un pas bigrement plus assuré que celui dont il usait pendant l'office, consumant assez de forces pour justifier une solide collation. Je bénissais sa gourmandise qui mettait fin aux questions et j'attaquais mon ouvrage, tout aussi impatient de filer aux cuisines, quand, avant d'ouvrir la porte, il se retourna :

— Comment se fait-il que Marie de Montigny te connaisse ?

Ma respiration se bloqua.

— Voilà peu, balbutiai-je, j'ai porté des perdrix au château et je l'ai vue… Je vous l'ai dit. C'est d'ailleurs ainsi que je connais les cuisines.

La voix du curé résonna dans la chapelle :

— Ne joue pas les rusés, grogna-t-il. Depuis, l'as-tu revue ?

— Non ! Pardieu, je le jure…
Le curé fronça les sourcils en entendant ce blasphème :
— Tu es sacristain, n'oublie pas. Tu n'es que cela. As-tu compris ?
Et pour qu'il me laisse en paix, j'ai de nouveau promis, prenant Dieu à témoin.

Les cierges éteints, je pris soin de fermer l'église à double tour et courus à perdre haleine vers les cuisines du château. Une jeune fille y chantonnait. « Tant je suis de vous en grande mélancolie. » En entendant mon pas, elle s'est retournée, et, de la façon la plus émouvante, elle s'est avancée vers moi pour me prendre par la main.
— Bienvenue dans ton nouveau royaume, Antoine, a annoncé Marie d'une voix douce.
Ainsi, un miracle s'était produit, et il acceptait de se renouveler.
— J'avais promis de t'aider, ajouta-t-elle tout bas.
— Je prouverai que vous aviez raison, ai-je répondu d'un ton plus assuré qu'à notre première rencontre, puisque je n'étais plus le même.

Chapitre 4

ENTRE MA CONDITION d'avant et celle qui s'annonçait, il me fut vite impossible d'établir un rapprochement. Autant vouloir réunir la nuit à la lumière ou ordonner à la chrysalide de renaître en vermine. Comme le papillon échappé de sa nymphe, et que rien ne pouvait ramener à son état antérieur, je découvrais à chaque occasion les promesses innombrables de ma nouvelle existence, m'extasiant sur des situations et des événements que Marie jugeait quelconques pour n'avoir jamais souffert de l'ordinaire. De même, il m'était difficile d'imaginer que ce qui s'offrait à moi n'était ni de la charité éphémère ni une porte entrouverte sur un paradis qui, si je ne tendais pas la main pour en saisir les largesses, se fermerait à jamais.

La corne d'abondance dont je voulais avaler tous les fruits de peur qu'on me l'enlève s'était montrée au moment même où j'avais retrouvé ma protectrice. Son manque d'étonnement me prouva qu'elle n'ignorait rien de ma conversation avec le curé et, si j'en jugeais à son attitude, elle n'avait pas davantage douté de son heureuse conclusion. Les paroles de son père avaient suffi pour convaincre mon recruteur. Sans doute voulait-il plaire à sa fille cédant sur un caprice qu'il jugeait charitable puisqu'il s'agissait de secourir un pauvre orphelin. Est-ce la prudence ou la crainte d'un refus qui avait poussé Marie à ne pas m'avertir, à se faire invisible ?

— Je suis heureuse que tu te sois décidé, dit-elle en souriant. Ainsi tu n'as pas hésité ?

— Comment tout cela est-il possible ? lui demandai-je.

Elle haussa les épaules :

— Convaincre mon père ne fut pas difficile. Et le brave curé ne peut rien lui refuser. Le seul obstacle, c'était toi...

— Un obstacle ? répétai-je.

— Tu aurais pu rejeter son offre. Tu n'avais peut-être pas envie de changer de vie.

Elle hésita avant d'ajouter :

— Ou de me revoir...

— Pourquoi moi ? répondis-je à voix basse, tentant ainsi de cacher mon émotion.

— Remercie ton visage et ton allure. Disons pour le moment que je les ai pris en estime, jeta-t-elle tête baissée.

Je n'eus pas l'audace de la questionner plus avant, et elle mit fin à la gêne en s'avançant vers une petite table dressée pour deux. S'agissait-il de nous – elle et moi ? D'un geste gracieux, Marie me fournit la réponse. Elle désignait la table et m'invitait à m'y asseoir.

— Mangez lentement, Antoine Petitbois, se moquait la princesse de Montigny, alors que j'avalais goulûment. Prenez votre temps, monsieur le bedeau. Désormais, vous devez tenir votre rang.

Oui, un miracle s'était produit un dimanche de juin 1618 et, à mon grand étonnement, il semblait vouloir se renouveler chaque jour.

La chapelle n'occupait qu'une part de mon temps et je fus bientôt chargé d'administrer les cheminées et les chandeliers du château. Ainsi, j'allais librement, apprenant peu à peu ma tâche. Habile et consciencieux, je devins familier des lieux. Et pour les enfants que nous étions, Marie et moi – du moins, les premières années –, tout se prêtait au jeu. Un regard, un sourire furtif entre deux portes suffisaient pour ensoleiller la journée. Nous procédions par code. Une main posée sur la joue signifiait : la voie est libre. Le rendez-vous se tenait dans la bibliothèque où nous étions certains de ne pas être surpris, car la pièce recelait une cachette.

Par un escalier en colimaçon, on gagnait ainsi un palier minuscule, débouchant sur une allée d'armoires où s'entassaient de beaux ouvrages. Les lieux étaient propices aux chuchotements, au rapprochement que j'inventais, prétextant qu'il ne fallait pas attirer l'attention. Hélas, ma ruse fonctionnait peu et, m'ordonnant de mettre fin à mon badinage, Marie revenait à ce qui la passionnait : apprendre.

— Suffit-il de répéter quelques formules latines à la suite de notre cher curé pour croire que l'on sait lire ? Allons ! Au travail...

Elle saisissait aussitôt un livre et déclamait solennellement son titre : « *Les horribles et épouvantables faits et prouesses du très renommé Pantagruel, Roi des Dipsodes, fils du grand géant Gargantua...* »

Puis elle l'ouvrait à la première page et commençait à voix basse le déchiffrage, ne s'interrompant que pour me demander de répéter ces lettres, ces mots, qui peu à peu me livraient leur secret.

Chapitre 5

LES SAISONS PASSÈRENT et l'adolescence venant, je n'eus plus guère besoin de ses leçons, mais nous ne mîmes pas fin à ce rite qui orchestrait notre intimité. Désormais, je choisissais moi-même les ouvrages, prenant garde de lui faire plaisir.

Marie adorait les récits épiques des aventuriers et des découvreurs, ceux enluminés de cartes spectaculaires, décrivant les merveilles des pays sauvages et lointains. L'une d'elles obtenait particulièrement ses faveurs. La carte racontait, tel un livre d'images, l'entreprise intrépide de Samuel de Champlain, un fameux explorateur, inventeur de Québec en 1608, siège de la Nouvelle-France.

— L'année où nous sommes nés tous les deux, murmurait mon ange gardien comme si ce détail nous unissait particulièrement à ces contrées mystérieuses.

Sa main se posait alors sur la carte, caressant le dessin d'une côte tortueuse, cernée de fauves marins dont la taille dépassait celle des baleines, ces colosses capturés au péril de leurs vies par d'intrépides marins basques. L'habile dessinateur cédait aussi au plaisir du conteur, mêlant la géographie à des scènes de combats où l'homme triomphait non sans mal de ces bêtes gigantesques dont le salut se trouvait dans la fuite, vers une mer intérieure, située plus au nord, et que Dieu avait recouverte de glace. Pouvait-on survivre dans des contrées si hostiles ?

— On y trouve les mines d'or les plus fécondes de la terre…

L'avis de Marie de Montigny était définitif.

— En prenant ce fleuve, on rejoint la Chine…

Rien n'aurait pu la convaincre du contraire ! Me laissant porter par ses certitudes, je prenais le chemin que composait sa main posée sur une baie plus vaste qu'un océan et débouchant, selon elle, sur l'autre face du monde par un fleuve titanesque appelé Saint-Laurent qui, par sa seule puissance, perçait, traversait, domestiquait les plaines, les montagnes, les forêts sur un parcours dont l'étendue dépassait l'entendement humain.

— Une vie entière ne suffirait pas pour mener ce périlleux voyage, soufflais-je, bien content de me trouver au chaud, auprès d'elle, et dans ce château.

Elle haussait les épaules.

— D'ailleurs, à quoi bon espérer réussir, renchérissais-je. L'audace ne peut rien contre le froid auquel ne survivent que les farouches Indiens.

— C'est donc que l'homme peut s'adapter à tous les climats !

Il semblait inutile de s'entêter avec une jeune femme passionnée. Et je n'avais d'autres moyens pour mettre fin à cette discussion que de me saisir du livre et de le refermer.

— Dans ce monde nouveau, il n'y a pas de différences, raisonnait-elle encore. La Nature force les hommes à s'unir selon leurs valeurs. Ici, plus question de naissance, de privilèges. Tout y est possible, même pour les plus indigents !

— Dites-vous ça, Marie de Montigny, en pensant aux manants dont le sort, d'après les vôtres, est fixé jusqu'à la mort ? m'énervais-je.

— Mon pauvre Antoine, soupirait-elle gentiment. Tu dis vrai. Tout, ici, va selon l'ordre immuable des choses. Mais là-bas... insistait-elle, tu ne serais pas contraint de demeurer dans ton infériorité.

Elle ne persiflait pas et souffrait de me savoir contraint de subir les règles iniques de la société. Mais sa remarque meurtrissait mon orgueil et me montrait combien j'avais tort de m'attacher à l'espoir que je formais en secret, rêvant parfois d'un tableau naïf dans lequel nos deux sorts se mêlaient.

— Je sais, cinglais-je en retour, qu'un jour, je serai assez instruit et assez riche pour me mesurer aux oisifs de votre clan. Le nécessiteux qui vous parle obtiendra tout son dû en honnête homme, par le savoir et le travail, rétablissant le juste équilibre entre les enfants de Dieu que votre ordre a compromis injustement !

J'employais cette flèche quand les arguments me manquaient. Au fond, je n'ignorais pas combien Marie avait raison. Mais l'évidence et la lucidité qu'elle affichait, malgré son jeune âge, ne faisaient, à chaque fois, qu'aggraver ma colère. De sorte que je lui en faisais subir cruellement les effets. La méthode témoignait de mon manque de courage. Si j'avais à me plaindre, ce n'était surtout pas auprès de celle qui ne plaidait jamais sa différence et me voulait son égal. Montrant plus de sagesse que moi, elle savait d'ailleurs éteindre notre chamaillerie en ébouriffant mes cheveux et en me jurant le plus sérieusement, comme seuls les enfants le font, qu'elle concevait les plus grands espoirs à mon endroit. Je n'étais pas dupe. Mais sa gentillesse, qui en rien ne se confondait avec de la pitié, m'apaisait et repoussait d'autant le moment où les exigences de la vie briseraient notre paradis. Quand la sévérité et l'autorité des hommes assombriraient-elles nos douces années ? Quand la raison l'emporterait-elle sur l'innocence ? Et ce soir de l'an 1626, c'était en novembre, j'avais, semble-t-il, sollicité une fois de trop la bienveillance de ma tendre protectrice. Ainsi, alors que j'espérais un sourire pour effacer aussitôt l'air bougon et puéril que j'affichais, elle se redressa brusquement et me regarda gravement. À l'évidence, le coup que je venais de décocher lui restait en travers de la gorge et, les mains posées sur les hanches, elle montrait sa fureur.

Le temps, les années avaient filé. Dieu, que cette damoiselle de dix-sept ans était devenue belle ! Sa taille s'affinait, sa gorge se déployait et ses yeux brillaient d'une fièvre passionnée.

— Antoine Petitbois, vous êtes un idiot indécrottable ! s'emporta-t-elle. Mesurez-vous que depuis notre premier regard, voilà sept ans, je n'ai jamais cessé de chercher à vous élever afin d'effacer ce qui nous sépare ? Devinez-vous combien j'ai œuvré pour que progresse notre amitié ? Et qu'ai-je obtenu en retour ? La jalousie non feinte d'un jeune homme pour ce qu'il ne possède pas et, plus grave, le désir pitoyable de se hisser parmi les bourgeois.

Notaire, vous en rêvez. Dans vos songes les plus fous, vous imaginez acheter une charge et accumuler les écus. Et, si j'en crois votre appétence pour la table, dans dix ans, vos traits auront épaissi plus encore que votre bourse. Vous vous marierez à une bourgeoise à qui vous ferez dix enfants élevés dans la peur de manquer. La liberté, renoncez-y ! Vous deviendrez esclave de votre rang.

— Le fait que je veuille réussir vous gêne-t-il ? lui répondis-je. Et quel mal y a-t-il à vouloir imiter ceux qui vous entourent ? N'ai-je pas le droit de profiter des bienfaits que certains confisquent à leur seul profit ?

— Ce pauvre garçon ignore ce qui l'attend, grinça-t-elle d'une voix glaciale. Il se voit déjà libre. Mais, dans ce royaume, il ne le sera jamais !

— Parlez, parlez ! repris-je en durcissant le ton. Il est si facile de le faire quand on ne souffre d'aucun joug.

— Ainsi, souffla-t-elle en haussant les épaules, vous pensez que je peux agir à mon gré. Aller et venir et, pourquoi pas, m'échapper, si je le veux ? Mais, comme vous, je suis prisonnière...

— Prisonnière ! répétai-je en écarquillant outrageusement les yeux. Et pourquoi pas captive, séquestrée, détenue...

D'un geste, elle interrompit ma tirade :

— Tout simplement soumise aux règles cruelles qui gouvernent la noblesse. Et vous en mesurerez bientôt les effets, menaça-t-elle.

Mais avant que je l'interroge, les traits de son visage se durcirent :

— Celui que j'ai accueilli un soir et qui se disait décidé à tout pour s'affranchir de sa condition pense-t-il vraiment qu'ici il s'émancipera de son passé ?

Elle haussa les épaules :

— Ce monde, dont vous venez de dire combien vous le détestiez et combien aussi vous le convoitiez, ne changera pas. Vous resterez Antoine Petitbois et je demeurerai Marie de Montigny.

— Le manant et la princesse, grognai-je entre mes dents.

— Me croyez-vous plus libre pour autant ? insista-t-elle.

Son regard se brouilla et son teint devint pâle :

— Je vous ai vanté ce pays lointain où la valeur unit les hommes car je devine que, là seul, tout peut changer, tout est à nouveau possible. En réponse, vous m'offrez un esprit étroit, tenté par la médiocrité. Mes rêves, je le crois, sont hélas plus grands que les vôtres. Sans doute, mais vous l'ignorez encore, parce que j'ai plus à perdre que vous. Voilà la seule raison pour laquelle je renonce à vous en vouloir.

Elle ne plaisantait pas, elle ne jouait pas et, détournant la tête pour cacher ses larmes, elle repoussa ma main qui cherchait à l'attirer, fonçant vers l'escalier en colimaçon qui nous reliait à la bibliothèque.

— Marie ! hurlai-je, devinant confusément que ses dernières paroles sonnaient le glas de notre enfance.

J'avais tenté de l'attraper par la manche, mais elle continuait de se débattre, cherchant à s'échapper. Dans un sursaut de rage, elle me poussa si fort que je perdis l'équilibre. Il me fallut lâcher prise, et rien ne s'offrait pour retrouver mon assurance. Je partis en avant, dégringolant dans les marches, pour achever ma course cul par-dessus tête.

Ma carcasse résista vaille que vaille, et au moins l'épisode mit fin à la fuite de Marie qui, affolée par ma chute, dévala l'escalier et se pencha sur moi. Le souffle de cette adorable enragée caressa ma joue, m'offrant le plus exquis des onguents. Oui, me pris-je à espérer, cette dispute allait s'achever et tout reprendrait sa course comme aux jours d'antan.

— Antoine, réponds-moi, gémit-elle retrouvant le doux tutoiement qui scellait notre affection.

Je me gardai bien d'ouvrir un œil.

— Antoine, pardonne-moi…

Un faible râle s'échappa de mes lèvres, renforçant son inquiétude, et je pris soin de n'entrouvrir que les paupières ; assez, toutefois, pour la voir se pencher sur moi – quel adorable tableau ! – et caresser mon front.

— Jésus, Joseph, par tous les saints… Antoine ! Où as-tu mal ?

Comme j'aimais sa façon de prononcer mon prénom !

— Partout, Marie, daignai-je répondre pour soulager son tourment. Aïe ! Dieu du ciel, je suis au moins mort…

— Peux-tu bouger ?

— Je crains que non, mais aide-moi tout de même à me relever…

Elle me tendit une main que, cette fois, je parvins à retenir :

— D'où vient ta colère ?

Marie gardait bouche fermée.

— Exauce au moins mes dernières volontés. Réponds-moi…

Je fis mine de défaillir et, mettant un genou en terre, je joignis les mains pour la supplier. Mais ce chantage n'agit en rien. Elle ne répondait pas. Mes pitreries ne parvenaient pas à clore un désaccord si inhabituel qu'il fallait le comprendre. Pourquoi m'avait-elle brutalement accusé de n'avoir aucune ambition ? Pourquoi cherchait-elle malgré tout à sourire alors que son regard restait sombre ? Pourquoi conservait-elle un air malheureux ? Et comment oublier ses larmes qui coulaient peu avant dans ses yeux ? Mais, emmurés dans le silence, nous étions paralysés par la gêne. Et ce malaise, lui aussi, était nouveau.

— J'ai eu une peur bleue, bougonna-t-elle enfin, en me secouant les épaules. Viens ! Remontons dans notre abri. Je crains que quelqu'un ne se montre et nous découvre.

Elle me poussa dans l'escalier :

— Allons, cesse ta pantalonnade. Tes gémissements sonnent faux.

— Je souffre comme un martyr…

— Montre-moi que tu en as l'étoffe, s'exclama-t-elle.

Mais elle forçait sa gaieté. Le miracle ne renaissait pas. Ses gestes étaient nerveux, impatients, étonnamment brusques. Elle semblait pressée d'en finir. Qu'avait-elle à me dire ? Pis, que cachait cette émotion ?

— Pitié ! jetai-je en arrivant en haut. Laisse mes os au repos. Et dis-moi la raison de ton trouble dont, je l'avoue, je crains la gravité.

Aussitôt, elle baissa les yeux.

— Antoine, sommes-nous de vrais amis ? souffla-t-elle en y mettant beaucoup trop de gravité.

— En douterais-tu ? répondis-je avec force pour cacher l'inquiétude qui me frappait au ventre et me blessait plus durement que ma chute.

— Non, assena-t-elle, appuyant sur ce mot comme pour annoncer un drame.

Sa tête dodelinait, hésitait. Soudain, Marie se jeta sur moi :
— Je ne doute ni de toi ni moi. Pourtant, nous ne serons bientôt plus rien l'un pour l'autre.

Ce coup terrible mit fin à mes autres douleurs. Ma bouche resta muette, les mots se bloquèrent dans ma gorge. L'ange qui me faisait face devenait Cassandre [1]. Je voyais ces yeux emplis de chagrin, ce visage tendu vers moi, ce regard qui affichait sa tristesse. Quel malheur nous arrivait-il ?

Marie entrouvrit les lèvres pour parler, mais une voix retentit dans la bibliothèque. On entrait, marchait à l'étage inférieur dont nous n'étions séparés que par un simple plancher. Pour tout rempart, il n'y avait que cet escalier en colimaçon qu'il suffisait de gravir pour nous découvrir. On bavardait à présent. Je reconnus le baron de Montigny. Qui donc n'était pas seul.

Allant à pas de loup, frôlant les livres posés sur les étagères qui menaçaient de s'effondrer, provoquant alors un fracas épouvantable, nous nous glissâmes derrière une armoire qui abritait les grimoires. Serrés l'un à l'autre, nous fîmes silence, priant Dieu de ne pas être démasqués. Mais le danger grandissait encore, s'installait à l'étage du dessous. Le baron et ce visiteur s'asseyaient à une table. Au prix d'un violent effort, je parvins à calmer les tremblements de mon corps et me tournant vers Marie, je vis la pâleur de son visage. Maîtrisant sa frayeur, elle posa calmement sa main sur mes lèvres. Pas un mot. D'un mouvement de tête, j'acquiesçai et, aussitôt, je tendis l'oreille, surveillant le moindre mouvement.

Décideraient-ils de monter à l'étage ? Non, me répétai-je pour me rassurer. Personne n'était jamais venu. Du moins, jusqu'à ce jour.

---

1. Dans la mythologie grecque, fille de Priam (roi de Troie) et devineresse très belle, mais prédisant le pire, dont la guerre de Troie.

Chapitre 6

J'AI DÛ LAISSER reposer ma plume quelques instants, tant l'émotion est vive. Je me remémorais cette fin de jour de l'an 1626, je rassemblais les faits pour ne rien omettre d'une scène capitale, et, soudain, une fièvre violente et glaciale a infesté mon corps. De la tête aux pieds, je me suis mis à trembler. Faut-il accuser le froid vif d'une nuit d'hiver contre lequel je lutte pour écrire ? Faut-il que ce soit l'émotion intacte de ces instants terribles, quand, Marie et moi, nous entendions les mots mortels du baron de Montigny et de son invité ?

Un frisson de trop m'a décidé à quitter ma table pour chercher une épaisse fourrure. Je l'ai posée sur les épaules. Maintenant, le chandelier fait briller la robe argentée de ce beau vêtement que m'offrit le cardinal de Richelieu, voilà des années, en retour de ma fidélité. Depuis combien de temps ne l'avais-je pas porté ? La question n'est pas anodine, car il y a un rapport entre cette pièce taillée dans le cuir d'un loup du Québec et la scène qui se déroulait dans la bibliothèque.

Le poids de cette pelisse semble m'annoncer que tout débute et se rapproche ; et tout se mêle comme dans un ballet infernal, et danse devant mes yeux. Richelieu, la Nouvelle-France, le complot contre le roi... Ce manteau a conservé l'odeur du fauve saisi dans sa course et frappé d'un coup fatal. Le sang ! La mort ! La peur ! Est-ce ainsi qu'il faut résumer ma vie ? Les souvenirs affluent et se conjuguent tandis que je revois Marie, blottie dans l'ombre, ignorant comme moi que le rideau se levait sur une tragédie qui allait bouleverser nos existences. Il ne s'agissait que du prologue, mais nous y venions inexorablement puisqu'il sera écrit que personne n'échappe à son destin, surtout quand il se veut sinistre.

J'ai promis d'être sincère, et je crains de ne pouvoir rapporter les paroles exactes qui furent prononcées. Elles étaient si lourdes de sens, si funestes. Aussi, j'en viens à la conclusion. On parlait de Marie. De son avenir. Et il se présentait ainsi : Marie de Montigny allait épouser l'un des siens, un petit seigneur du Perche dont son père espérait tirer profit. La vente – le mot est fort, mais il est vrai – se discutait froidement et ce calcul détaché, ignorant la personne, ou plutôt la considérant comme du bétail, montrait son horreur. Faut-il préciser que nous entendions très exactement tout ? Ces hommes se croyaient en coulisses, ils étaient en représentation, discutant sans pudeur. L'hôte de Montigny, père du fils promis, ne valait pas mieux que le baron. Et les deux, comme de vulgaires larrons, étalaient leur cynisme en se chamaillant. Bientôt, le ton durcit. Montigny exigeait de l'or plus que des terres ou du bétail, et puisqu'on lui résistait, il voulut se justifier. Alors, autant que je m'en souvienne, il s'exprima ainsi :

— J'ai besoin de louis, d'écus, de pièces sonnantes et trébuchantes.

— Au moins, expliquez-moi votre appétit, lui rétorqua-t-on.

— La Nouvelle-France, mon cher ! J'ai pris la décision d'y placer une part de mes intérêts.

— Songez-vous à devenir pêcheur de baleine ? railla son vis-à-vis.

— Allons ! Il s'agit de la traite de la fourrure, répondit l'autre sans se départir. Et le bénéfice sera immense…

— Eh bien, soupira l'invité. Acceptez ce conseil : méfiez-vous de ces terres habitées par des sauvages qui décapitent les volontaires quand l'hiver ou le scorbut ne se charge pas de les envoyer *ad patres*. Je ne parierai pas sur ces revenus fluctuants. Vous croyez toucher la manne, quand brusquement les imprévus s'enchaînent. La flotte sombre avec son chargement, un marchand vous vole en jurant que la Fortune s'est dressée contre lui, la neige tombe au mois de mai, brisant les dernières résistances des engagés. Quand ce n'est pas l'Anglais qui vient taquiner nos navires, cueillant sans effort les fruits d'une poignée d'exaltés convaincus d'avoir trouvé la terre promise. Monsieur le baron, réfléchissez…

— Je vous parle d'avenir, reprit le père de Marie. Tous ces aléas ne se produiront plus.

— Dieu aurait-il décidé de changer le climat et de vous en parler ? À moins que vous ayez appris, au gré d'un sortilège, que Charles 1er et ce félon de Buckingham [1] ont pris parti pour la France [2] et décidé de faire la paix avec Louis XIII. Il me semble, à l'inverse, que l'Angleterre a plutôt décidé d'entrer en Nouvelle-France afin d'accaparer son commerce et de bouter nos colons. Aussi, expliquez-moi le secret de cette belle assurance.

— Je connais mon affaire, se vanta Montigny.

— Aurai-je l'insigne honneur d'en partager les détails ?

— Il faudrait que je me sente en confiance, rétorqua sournoisement le baron. Oui, je le ferais volontiers si j'étais certain de parler au futur beau-père de ma chère fillette…

Le visage de Marie prit la teinte de la mort. Ses mots me revinrent et martelèrent ma cervelle. Comme moi, disait-elle, elle était prisonnière. S'échapper, soutenait-elle, lui semblait impossible pour avoir à subir les règles cruelles qui gouvernaient la noblesse. Et d'ailleurs, elle ne bougeait pas, captive et formidablement soumise aux lois de son monde auquel elle n'opposait que des larmes impuissantes. Hélas, tout s'expliquait à présent. Sa colère, ses menaces, et je maudis ma cruauté, mon aveuglement. Marie ne s'était pas trompée. Elle avait bien plus à perdre que moi.

En bas, l'épouvantable troc se poursuivait. Et que pouvions-nous y faire ? Hurler, se montrer, bondir sur les maquignons ? À nouveau, Marie avait raison. Il fallait attendre pour tout savoir. En somme, se soumettre.

---

1. Georges Villiers de Buckingham dont le nom trahit les origines normandes. Ce grand homme d'État fut le favori de Jacques Ier d'Angleterre puis de Charles Ier d'Angleterre. Richelieu le détestait pour, dit-on, avoir tenté de séduire Anne d'Autriche.

2. La France et l'Angleterre sont en guerre. Les Anglais tentent de prendre l'île de Ré en faisant débarquer 13 000 hommes.

Du moins, pour le moment.

— Dois-je comprendre que mon aveu, si j'y consens, ressemblerait à une sorte de monnaie d'échange à propos du tendre… sujet qui nous réunit, insista le scélérat qui se prétendait noble.

— Avancez toujours, bougonna son misérable visiteur.

— Puisque vous l'exigez, céda-t-on à contrecœur, apprenez qu'une nouvelle entreprise de commerce se créera bientôt sous les auspices de Richelieu. Son nom ? La Compagnie des Cent-Associés. Cent, tout juste. Pas un de plus. Ainsi, le magot est gros et peu s'assoiront à la table pour le partager. Déjà, les rusés se pressent. Je compte quelques amis, décidés à ouvrir leur bourse. Des négociants, mais aussi des robins, membres du parlement de Paris. Et je n'oublie pas les plus grands noms de la noblesse. Tenez, Richelieu lui-même y mettra de sa poche. L'avez-vous déjà surpris dans une mauvaise affaire ? J'ajoute que le roi serait prêt à donner la colonie en seigneurie aux Associés. Il s'agira d'un fief gigantesque dont la taille dépassera l'entendement et regorgera de trésors. La Compagnie et ses membres seront propriétaires des terres, des lacs, des montagnes, des mines, de la faune et donc des fourrures dont le pays foisonne. En somme, je vous parle de posséder toutes les richesses que l'esprit peut inventer. Oui, le pactole est immense, et la voie ouverte au plus prometteur des profits.

— Vous oubliez que les Anglais ont le même projet. Tout cela est donc bien fragile. Non, je ne fais pas confiance à ce bougre de cardinal…

— Si je crains ses attaques contre la noblesse, je le sais avide et bon calculateur. N'est-il pas le plus fortuné de France, plus encore que le roi ?

— Oui, maugréa l'autre. Il prend à la noblesse et s'enrichit ainsi.

— Il sait placer au mieux de ses intérêts. C'est pourquoi j'investis comme lui. Je talonne ce gibier. J'ai le nez pour traquer les filons…

Montigny fit silence avant de glousser triomphalement :

— Et j'ai des assurances…

— Je ne discuterai pas vos choix, baron, mais, au moins, convenez que cette lubie vous pousse à me réclamer davantage. Or c'est au père de la fille de fournir l'essentiel de la dot !

— Que faites-vous de l'honneur d'associer mon titre et mon nom aux vôtres ?

— Un blason bien pâle, si j'en juge au crédit qui vous manque...

— Allons, s'exclama Montigny, courroucé d'autant que ce trait était juste, ma fille vaut ce prix ! Avez-vous vu combien elle est ravissante ?

— Mon fils ne manque pas de propositions...

— Brisons, monsieur. Est-ce oui, sur la base de ce que je réclame ?

— Je veux bien vous prêter. Voilà tout.

— Enfin, nous progressons, expira l'affamé.

— Mais, ajouta aussitôt le futur créancier, il me faut des certitudes à propos de la Compagnie des Cent-Associés dans laquelle vous envisagez de placer mon argent...

— Soit ! céda le baron. Alors, approchez...

Hélas, la suite fut murmurée. Alors, la colère m'ôta la raison et me fit prendre des risques inconsidérés. Je voulais savoir, pour juger comme il le fallait ce père ignoble et son complot scandaleux. Je me suis avancé jusqu'à pencher la tête. Un nom retentit. Robert Giffard, apothicaire et maître-chirurgien du Perche. Je le connaissais. Il habitait Tourouvre, non loin de Montigny.

— ... Et il m'a assuré que la flotte partirait de Dieppe au printemps prochain... Aussi, nous devons conclure au plus vite. Est-ce oui ?

Je fis un pas. Marie me tira en arrière et me supplia en silence de ne plus bouger. Grand bien lui prit d'agir ainsi, car le petit bedeau du curé déraisonnait. Oui, sans doute, nous sauva-t-elle du pire. Mais combien le futur aurait pu se modifier si j'avais entendu tout ce qui se disait ! Hélas, la confidence s'achevait. Et le baron attendait que son créancier réagisse.

— Combien vous faut-il ? jeta hâtivement ce dernier.

— Dix mille livres avant l'été, cracha Montigny, pour armer la flotte et payer les engagés qui iront conquérir ces terres. Le placement est sûr. À l'automne, les navires reviendront les cales chargées de fourrures que l'on vendra à Paris dix fois la mise. Méfiez-vous, grogna alors le maudit baron, je pourrais me décider à chercher ailleurs ce que je vous réclame comme un geste de bienvenue dans notre famille...

L'autre souffla bruyamment avant de se décider :

— Le matin des fiançailles... Vous les aurez... C'est promis.

— Voilà un accord bien conclu. Maintenant, serrez dans vos bras le futur beau-père de votre fils...

L'accolade fut rapide. Le prêteur semblait regretter d'avoir cédé :

— Il fera bientôt nuit et la route est longue. Il nous faut discuter de ce que vous offrez en retour. Votre fille aura-t-elle des biens, des bijoux, des meubles, des robes ? De quoi sera constitué son trousseau ? Et qu'en est-il de son caractère ? Est-elle aussi docile que vous l'affirmez ? Allons, parlez-moi encore d'elle...

Allaient-ils également détailler les promesses cachées et friponnes de la promise ? Ah ! j'enrage encore, mais, si toutes ces paroles ne furent peut-être pas prononcées, je jure qu'elles rendent compte du ton et de la façon dont fut traitée Marie.

« Bientôt, nous ne serons plus rien, l'un pour l'autre », avait-elle dit, avant que son père n'entre dans la bibliothèque. Était-ce du mariage dont elle voulait me parler ? Bien que muette, ma question fut comprise. Elle prit ma main et la serra violemment. Notre joli monde s'effondrait. Avant l'été 1627, Marie serait vendue contre une poignée d'argent.

Tel Esaü, le crapuleux baron de Montigny échangeait son âme et son honneur contre un plat de lentilles [1].

---

1. Selon la Bible, c'est ainsi qu'Esaü vendit son droit d'aînesse à son frère Jacob.

Chapitre 7

ALORS QUE ces deux odieux personnages quittaient la bibliothèque, nous les entendîmes encore s'accorder pour annoncer sans retard à la promise « l'heureuse conclusion de cette affaire ».

La porte se referma, Marie bondit sur ses jambes :

— Ils vont me chercher ! s'affolait-elle. La cuisine... Oui, en passant par la cour, je peux y être avant eux. Antoine, s'il te plaît, je dois partir...

Je m'étais glissé en travers de l'escalier :

— Que vas-tu faire ? Sourire ? Jouer l'étonnée ? Remercier ton père pour ces bonnes nouvelles ?

Elle me jeta des éclairs et, d'une main ferme, m'écarta violemment.

— Marie ! tentai-je de protester. Non, reste là...

— Je peux me défendre seule. Je n'ai pas besoin de toi !

Je n'étais donc rien pour elle ? Je ne comptais point ? Une chape de plomb tomba du ciel. Le souffle court, je la dévisageais dans l'espoir de trouver une raison de ne pas la croire.

— Antoine, reprit-elle tristement en comprenant ma peine. Ce n'est pas ce que tu penses. Je désire avant tout te protéger. Mon père ne me fera rien, quoi qu'il imagine. Il ne peut flétrir ma réputation, et il n'agit pas par amour ou parce qu'il me respecte. Non, railla-t-elle férocement, il protège son bien puisqu'il l'a troqué. Mais si tu interviens, si tu te manifestes, il te punira pour nous deux...

— Pourquoi ? me révoltai-je.

— Mon père défendra son honneur.

— Son honneur ! repris-je en grinçant.

— Il voudra montrer qu'il se sent offensé et sa fureur sera d'autant plus grande qu'il t'accusera d'avoir souillé le nom des Montigny...

Son visage se tordit de souffrance :

— La pucelle et le sacristain se voyaient en secret, murmura-t-elle. Voilà ce qu'on racontera. Et ce n'est pas acceptable.

Elle ricana affreusement :

— Sa « monnaie d'échange » y perdrait beaucoup de sa valeur...

— Tais-toi ! Je jurerai que c'est faux.

Elle haussa les épaules de découragement.

— Ta voix ne comptera pas. N'oublie pas qu'il reçoit...

Elle hésitait à prononcer la suite.

— Le père de ton promis ! Un misérable, jetai-je sans pitié. Ainsi, je comprends que tu vas te soumettre !

Elle semblait prête à accepter son sort. Que pouvais-je faire pour m'opposer ? Mais les paroles que j'avais entendues ne sortaient pas de ma tête, et ma colère se renforça :

— Comment peux-tu te résoudre à tant d'injustice ? Refuse ! Hurle que tu récuses ce marchandage ! Que tu ne seras jamais la proie d'un père vénal qui a corrompu l'esprit de la noblesse ! Au cours de ces années, tu m'as enseigné tant de choses ! Peu avant, tu m'assurais qu'ailleurs, dans les terres de la Nouvelle-France, on pouvait défier le destin, et ta dernière leçon serait de m'apprendre que tout cela n'a servi à rien, et qu'ainsi tout était faux ?

Mais chacun de mes mots fustigeait sa douleur, sa honte d'avoir été souillée et de ne pouvoir pas même s'en cacher puisque j'étais témoin d'une machination décadente qui rabaissait sa vie, l'envoyait plus bas que terre, au rang même de ce qui se négociait entre les manants. Je vociférais et, bien sûr, ne cherchais qu'à la convaincre qu'elle pouvait encore réagir. De fait, je la blessais quand il fallait la secourir. Ainsi, j'agissais mal, et pas mieux qu'un autre. Pourtant, elle ne m'en voulut pas. Marie secoua sa chevelure dorée et, malgré son chagrin, m'accorda un sourire :

— Qui aurait pu croire que le plus libre de nous deux, ce serait toi ? À quoi me sert de porter le nom de Montigny ? Je subis ses effets, mais il ne m'apporte rien. Vois-tu ce qui nous distingue ? Si tu as connu le pire, tu pourras vivre le meilleur. Ne l'oublie pas et mesure ce que je dénonçais avant d'entendre ce père me trahir. Regarde loin, au-delà d'ici, si tu veux échapper à un sort qui sera peu enviable. Ne t'attache à aucune obligation. Reste libre puisque tu le peux encore. Oui, il te reste l'espoir, quand, pour moi, tu le sais maintenant, tout est décidé. Tes lendemains sont incertains, mais songe à ceux qui m'attendent et dont je crains la fin, car je devrais me forcer à aimer un homme que je n'ai pas choisi.

Elle posa la main sur mes cheveux :

— Sera-t-il tendre et doux comme je le conçois en secret ? Naïf et emporté, frêle, et parfois manquant de courage, mais si malin, si attachant et assez plaisant pour avoir égayé chaque jour de mon enfance…

— Marie, murmurai-je, voudrais-tu dire que…

— Le manant et la princesse, reprit-elle sinistrement. Et voici que s'écrit la dernière page d'un joli conte de fées. Maintenant, il nous faut en sortir. Moi, pour mourir un peu ; toi, je l'espère de tout cœur, pour naître une seconde fois. Mais seulement si tu en as le courage…

— Qu'importent les bienfaits à venir, si je ne peux les partager avec toi, répondis-je en rougissant.

La suite resta bloquée dans ma gorge.

— Est-ce bien tout ce que tu voulais me dire ? m'aida-t-elle.

— Tu sais également combien… je tiens à toi, jetai-je à voix basse.

Un instant, son visage s'illumina, et ce fut la dernière fois :

— Voilà un beau présent que vous m'offrez, Antoine Petitbois, et un souvenir que je n'oublierai jamais. En retour, promettez-moi de tenter de ne pas m'effacer de votre mémoire, et de penser parfois à ce destin que nous aurions pu connaître ensemble.

Elle baissa les yeux :

— Maintenant, laisse-moi aller, car je n'ai pas dit mon dernier mot, lâcha-t-elle entre les dents, affichant cette volonté que je lui avais toujours connue. Mon père n'a pas gagné. Crois-moi, je vais me battre et lui faire payer chèrement le prix de son affront.

— Que feras-tu ? soufflai-je.

— Tu ne peux le savoir, répondit-elle froidement, puisque nos vies se séparent.

❦

Elle s'arracha à moi sans un regard. La porte claqua. J'étais seul, face à une vérité cruelle : *Arx tarpeia Capitoli proximae*. Les mots de cette sentence latine apprise dans ce lieu où nous avions été heureux me frappèrent au ventre. Le Capitole est proche de la roche tarpéienne. Ainsi, Tacite parlait vrai. Le malheur suivait de près le bonheur, et le fait de le savoir ne me servait à rien. Marie se trompait. Je n'échapperai pas au monde d'où je venais. Un temps, la vermine était devenue papillon, mais sa vie demeurait éphémère. Toutes ses heures acharnées, enfiévrées, à réciter, à écrire, ne m'avaient pas permis de triompher de la condition du manant qui m'interdisait d'entrevoir le futur avec Marie. Oui, tout n'était que mensonges et illusions.

De rage, j'ai ouvert une grande armoire où s'entassaient les plus beaux livres de Montigny. Je les ai jetés au sol, piétinés, déchirés, je crois même. Mais rien ne m'assagissait. Ce n'était pas suffisant, pas assez pour m'apaiser. En bas, se trouvaient des chandelles, des bougies, et n'était-ce pas à moi, le feutier, de les faire flamber ?

Ma main ne trembla pas quand je remontai, armé d'une torche qu'il me suffit de jeter sur ces parchemins pour que le papier s'embrase. Le feu prit sur-le-champ. Il ne me guérissait pas, il ne calmait pas ma rage, mais il vengeait Marie. Il punissait les autres. Sans attendre la suite, j'ai quitté le château et rejoint l'église qui était vide et sombre. Je me suis jeté au pied de l'autel, pleurant et priant Dieu de déchaîner sa colère, qu'Il recouvre Montigny de cendres, qu'Il ne laisse rien de ce monde.

Combien de temps suis-je resté allongé, bras en croix, murmurant le prénom de Marie et maudissant son père ? Le froid humide de la pierre glaçait mes os et calmait ma furie. Peu à peu, la réalité s'installait. Je revoyais les flammes foudroyant l'œuvre considérable qui m'avait fait progresser et j'en vins – inconstance de l'âme ! – à déplorer ce geste scélérat. Il n'aidait aucunement Marie et, sauf à me démasquer, le motif demeurerait mystérieux. Avais-je le courage de me dénoncer ? Face à Dieu, je sus que j'en étais incapable. Alors, la peur me gagna et je maudis ma vindicte, inspirée par le diable, aussi désespérée que vaine, puisque le baron en ignorerait les raisons.

Soudain, un bruit se fit entendre, me poussant à relever la tête. Des cris arrivaient du château. La porte de l'église s'était-elle ouverte, puis refermée ? On devait s'affoler et gémir. Le feu progressait-il, mettant en danger la vie d'innocents ? Marie risquait-elle d'être prise au piège ? Ce tableau accablant me fit prendre conscience de la gravité de mes actes et mon ire retomba. Qu'avais-je fait ?

— Es-tu là pour te faire pardonner ?

La voix retentissait dans mon dos. Je me suis relevé brusquement, alors qu'une masse imposante surgissait de l'ombre, un cierge en main.

— Mon père ! m'exclamai-je en découvrant le curé de l'église.
— Es-tu responsable ? tonna-t-il sans détour.
— De quoi m'accusez-vous ? répondis-je lâchement.
— Tu n'entends donc rien ?
— Non, mentis-je pour la deuxième fois.
— Le feu a pris dans la bibliothèque. L'ignorais-tu ?
— Vous me l'apprenez, bredouillai-je, essayant tant bien que mal de jouer l'étonné.

Et la pénombre engloutit ma lâcheté.

Déjà, je me levai, décidé à fuir ses questions.

— Où vas-tu ? lança-t-il en me barrant le chemin.
— N'a-t-on pas besoin d'aide ?
— Reste. L'incendie est maîtrisé. Seuls les livres sont détruits...

Au moins, songeai-je, il n'y a pas de victime. Mais le feu ! Cette nouvelle m'obligeait à réagir. Hélas, je restai immobile, plus roide que la statue de saint Michel nichant dans le chœur. Cela suffit pour renforcer les soupçons de cet homme :

— En vérité, tu ne sembles ni surpris ni chagriné. Pourtant, je crois savoir que tu passes beaucoup de temps dans cette pièce.

— Je la connais trop bien, j'en ai fait le tour, lâchai-je sans réfléchir.

— Est-ce pour cette raison que tu y as mis le feu ? vociféra-t-il sans chercher à cacher sa colère.

Malgré la pénombre, il me vit baisser la tête. Cela suffit pour qu'il me saisisse par le col d'une poigne vigoureuse, dévoilant une force que je ne lui connaissais pas :

— Tu vas te confesser. Et devant Dieu, tu ne mentiras pas !

Déjà, il me traînait sans ménagement vers le confessionnal quand la porte de l'église se rouvrit brusquement. Quatre hommes avançaient, torches à la main, et je reconnus sans mal le premier d'entre eux. Mon sang se glaça. Le baron de Montigny se dirigeait vers nous d'un pas décidé.

— On cherche un criminel ! brailla-t-il.

— Qui peut croire qu'il se trouve dans la maison de Dieu ? rétorqua avec fermeté son serviteur en se plaçant devant moi.

— Mes gens ont vu une ombre qui courait se cacher ici.

— M'accuserait-on de protéger un misérable ? répondit le curé en forçant son air d'offensé.

Le baron pointa son flambeau vers moi :

— Où étais-tu ? hurla-t-il.

— Avec moi, s'interposa le prêtre. Il n'a pas quitté l'église...

— Et vous étiez tous deux à discuter dans la pénombre ?

Mon protecteur leva le cierge :

— Nous venons de la sacristie où nous préparions l'office du matin. Et nous allions sortir quand vous êtes apparus.

— Ainsi, tonna Montigny, le sacristain ne vous aurait pas quitté !

Le prêtre fit semblant de réfléchir :

— Il me semble l'avoir laissé seul quelques instants...

— Ah ! Nous y voilà, rugit Montigny.

— Le feu avait déjà pris et on hurlait au château. C'est d'ailleurs ce qui me fit venir à vous. Si bien qu'il faut en conclure que je n'ai quitté ce garçon qu'après le début de l'incendie. Donc, ce ne peut être lui...

Il avala sa salive et sourit au baron :

— À moins de croire que nous sommes tous deux complices, et moi l'instigateur de ce geste diabolique...

Montigny balaya furieusement l'air de sa torche :

— Alors ! Où se terre ce gredin ?

— Je crains que ce ne soit pas dans cette église, ajouta mon sauveur, mêlant le calme à son inattendu, inespéré secours. Mais pardonnez aux âmes sensibles qui vous ont trompé en vous guidant ici. La frayeur est la cause de tant d'égarements. Ainsi, on crie souvent au loup avant d'en voir la queue. Ce garçon n'est pas votre coupable.

— Pourquoi prend-il cet air effrayé ?

— Sans doute, craint-il votre courroux, répondit-on tout à trac.

Le baron tourna les talons et sortit d'un pas furieux :

— Les chiens ! Je les veux maintenant ! Qu'on les lâche !

Le curé alla calmement fermer la porte. Puis, le visage redevenu sombre et dur, se tourna vers moi :

— As-tu sur toi la clef de l'église ?

Je répondis d'un hochement de tête.

— Je la reprends. Maintenant, je veux t'entendre immédiatement en confession !

— Mon père… commençai-je d'une voix éteinte et misérable.

— Il suffit ! lança-t-il en levant la main. Cela fait sept ans que je te vois tous les jours. J'ai pris le temps de te juger. Je sais que tu n'es pas un mauvais bougre. Et tu es dans la maison de Dieu, là où tes semblables ne peuvent te condamner. Voici pourquoi je t'ai protégé.

— Merci, balbutiai-je en baisant sa main.

— Tu ne t'en sortiras pas à si bon compte ! s'agaça-t-il en s'écartant brutalement. Es-tu prêt à libérer ton âme et, peut-être, à la sauver ?

Le curé m'entraîna dans la sacristie où il entendit ma confession sans m'interrompre. Enhardi par son silence, je lui avouai tout. Les liens secrets qui m'unissaient à Marie, la réunion du baron avec le père de son promis et ma rage soudaine dont je regrettais les effets.

— Je crois avoir tout dit, murmurai-je enfin.

Il hocha la tête sans montrer plus d'émotion et me demanda alors de m'agenouiller pour supplier Dieu qui Seul pouvait me pardonner.

Lui-même s'abîma dans la prière, et je fus pris d'un espoir fou. Celui que j'avais pris pour mon ennemi était un saint homme et, comme tel, il allait effacer mes fautes. Une sorte de quiétude me gagnait, quand il choisit ce moment exact pour se mettre de nouveau à hurler :

— Comprends-tu que ta colère aurait pu engendrer la mort !

— Je n'y ai pas songé au moment où j'ai mis le feu, tentai-je de me défendre. Mais je supplie le Tout-Puissant de comprendre mon geste.

— Qu'importe tes raisons, tu as commis un grave péché, s'emporta-t-il. As-tu oublié les commandements du Seigneur ? Tu ne commettras point d'assassinat, tu ne déroberas point, tu ne convoiteras aucune chose appartenant à ton prochain !

Sa litanie l'obligea à reprendre son souffle :

— Et tu ne convoiteras ni la femme, ni la servante, ni la fille de ton prochain... Surtout quand ce dernier est baron, grogna-t-il dans sa barbe.

Il se radoucit soudain :

— Veux-tu être battu, écartelé, pendu ? Veux-tu mourir pour avoir osé penser à aimer la fille d'un noble ? Ton geste de folie sera compris ainsi : en apprenant qu'elle allait être mariée, tu t'es révolté. Un manant allant contre l'autorité d'un père, expira-t-il. Et de surcroît baron...

— Il marchandait de la façon la plus crue, plaidai-je, et je me suis emporté contre ce procédé sans noblesse.

— Avouons que la méthode n'est guère chrétienne, souffla-t-il. Oui, je peux admettre ton désarroi, mais gardons cette opinion pour nous.

Il sonda ses souliers comme s'il s'adressait à eux :

— Le Christ n'a-t-il pas usé de la force pour chasser les marchands du temple ?

Il releva la tête :

— ... Mais tu n'es pas prophète !

Il leva les yeux au ciel et croisa les mains :

— Dieu, où ai-je fauté pour ne pas avoir su guider ce garçon vers Ta voie ?

— Vous avez toujours été bon et généreux... Ce soir, encore, vous avez agi tel un père.

— Ce père ne t'a-t-il pas enseigné de ne jamais regarder au-dessus ? demanda-t-il, radouci.

— C'est également le moyen d'élever son âme, intervins-je sans prudence. Du moins, vous m'en parlez toujours ainsi.

Il fronça les sourcils, mais son regard semblait me comprendre. J'eus la faiblesse de croire qu'il condamnait mon geste mais en étudiait les raisons et cherchait à en atténuer les effets. Ainsi, prisonnier de ce dilemme, il s'interrogeait, hésitait encore à me juger. Devait-il punir ou pardonner ? Et l'espoir me gagna de nouveau.

— Ton âme ! maugréa-t-il en me toisant. Mais qu'en as-tu fait ? En voulant te venger, tu as surtout blessé son Créateur.

Il ferma les yeux :

— Il me faut donc trouver une juste sanction...

Il se leva d'un coup :

— Quelle sera la bonne décision pour toi ? J'y réfléchirai cette nuit et demanderai à Dieu de m'aider dans mes prières. Toi, tu dors à la sacristie. Tu n'en sors pas ! Si tu me désobéis, j'avoue tout au baron.

Et sans autre parole, il sortit de l'église, m'abandonnant autant à la peur qu'au chagrin.

Chapitre 8

La nuit fut peuplée de sombres pensées. Tantôt, je mourais aux galères ; tantôt, je succombais à la lèpre dans une geôle infâme, encerclé de brigands qui me suivaient aux enfers. Quand, enfin, je parvins à trouver le sommeil, Marie apparut dans mes songes pour me supplier de la libérer des supplices de sa vie. Je voulus la rejoindre, mais un rideau de feu nous tenait séparés. C'était à moi de venir à son secours ; alors, profitant d'une brèche, je courus vers elle et je fus sûr de réussir, mais, à l'instant où nous allions nous retrouver, un sabre de feu surgit du brasier, créant un barrage invincible. Malgré tout, Marie parvint à tendre une main au-dessus des flammes. Oui, je la tenais, j'allais la sauver, et je l'imaginais déjà réfugiée dans mes bras, hélas, sa silhouette s'effaça tandis qu'une voix formidable surgit des abîmes : « Tu ne pécheras point ! » Le sol se déroba sous moi, me précipitant dans un chaos rougeoyant…

— Antoine !
Une voix blessait mon oreille.
— Antoine !
En ouvrant les yeux, je vis une ombre penchée sur mon épaule. Un cri jaillit de ma gorge.
— Debout, mon garçon. Il est temps de te lever.
Le curé me fixait gravement :
— Fais ta prière et viens me retrouver au presbytère.
Sa mine ne présageait rien de bon.

⚜

— J'ai pesé le pour et le contre de ce cas de conscience. Car tu en es un !

Le bon prêtre se montrait épuisé. Lui non plus n'avait guère dormi. Il m'avait entraîné dans cette pièce qui lui tenait lieu de chambre et de bureau. Sur sa table de travail se trouvaient quelques feuilles de papier noircies de son écriture sage et régulière. Je vis encore que ses doigts étaient couverts d'encre et, cédant à la curiosité alors qu'il me tournait le dos pour remuer les braises de la cheminée, je pus lire le début. Mon nom apparaissait dès les premières lignes. Était-ce comme une sorte de lettre de cachet dont les princes usaient pour décider aveuglément du sort de leurs sujets ?

— J'ai scellé ton destin et je n'en varierai pas.

Il s'était retourné pour observer silencieusement mes agissements, n'affichant qu'une sorte d'indifférence. Il semblait las, fatigué à l'idée de tancer une nouvelle fois son protégé.

— Espionner ! Voici donc à quoi te sert de savoir lire ?

— Mon père… murmurai-je.

Il leva calmement une main :

— Je ne veux plus entendre tes arguments. Et, en me montrant ce dont tu es capable, tu me donnes l'occasion d'exposer ce que j'ai décidé.

Il se posa lourdement sur une chaise qui gémit sous la charge :

— Tu ne peux rester ici.

Les galères, ai-je cru à nouveau. Ou pis, le monastère…

— J'y ai longuement réfléchi. Tu dois partir. Autant pour ton bien que pour celui de la fille du baron de Montigny. En premier, il se peut que tu sois démasqué, et nous serions tous les trois dans l'embarras. N'oublie pas que j'ai menti pour te sauver. Je pense également à Marie. Comment expliquera-t-elle ces rendez-vous secrets avec un sacristain ? Sa défense est impossible, sa condamnation acquise. Elle doit se marier et ne peut y échapper. Pense à elle, plus qu'à toi. Veux-tu qu'on lui impose la sévérité d'une abbesse ? Car son père se vengera en la plaçant dans un ordre religieux. Veux-tu que sa vie entière se conjugue avec la discipline de la foi ?

Entre deux voies, je choisis celle que je juge la mieux pour elle. Mais à la condition que tu promettes de ne jamais la revoir.

Il se pencha vers moi, cherchant à capturer mon regard :

— Peux-tu me l'assurer ?

Je ne fis que baisser les yeux.

— Je le savais… C'est pourquoi je vous sépare.

Il but un peu d'eau avant de poursuivre :

— Voilà donc une question en moins. Mais une autre surgit aussitôt. Où iras-tu ?

Il sonda le portrait de saint Benoît qui trônait au-dessus de sa table de travail :

— J'aurais peu de mal à te faire entrer chez les cisterciens où, pour ton salut, tu cultiverais la prière et les champs.

Nous y étions…

— Mais, après ta confession, poursuivit-il, je doute de ta dévotion. Tu ne ferais pas un bon moine. Pas même un de ceux qui, penchés sur leur œuvre, apaisaient aux temps anciens le tourment des âmes en enluminant les beaux parchemins de la Chrétienté. Non, tu désires plus, maintenant que tu sais lire et écrire. Mais te rends-tu compte que ce présent du Ciel est la cause de tes fautes ? Tu as voulu t'élever, regarder au-dessus, tu l'as avoué cette nuit, et te voilà saisi par le désir d'obtenir davantage. Si je ne mets pas fin à cela, tu t'abandonneras bientôt au péché de la luxure.

Il se signa à la volée :

— Car tu as déjà cédé à l'adoration d'une jeune fille qui n'était pas de ton rang.

— Mon père, le coupai-je, je vous jure…

— Tais-toi ! Cesse d'injurier Dieu ! Si tu n'as pas encore commis l'irréparable, c'est le souffle de l'Esprit qui t'a épargné. Mais je connais la faiblesse du corps, et la tentation te guette. Esclave d'une attirance satanique, tu succomberas à ce que tu croiras être l'amour, et que j'appelle le vice de la chair !

Brandissant son index à hauteur de mes yeux, il figea sa colère. Sa tête, son corps, rien ne bougeait, mais la congestion rougissait son visage, l'obligeant soudainement à chasser d'un trait l'air de ses poumons :

— Et un jour, on te surprendra en pleine action, expira-t-il. Alors, tu y laisseras la vie, et plus encore ton âme. C'est pourquoi je vais te sauver de toi-même en t'éloignant d'ici.

Il saisit les pages qu'il avait écrites :

— Tu partiras dès aujourd'hui, car j'ai pris ma décision.

Il marqua un temps, mais ce n'était pas pour le plaisir de me faire souffrir. Lui-même semblait torturé par ses choix.

— Comment agir pour ton bien ? En freinant ton esprit ou en lui donnant la liberté qu'il réclame ? Après t'avoir longuement étudié, j'ai confié mes interrogations et mon indécision à Dieu qui m'a inspiré une solution. Tu iras à Paris muni de la recommandation qu'à l'instant tu as eu l'audace de parcourir sans mon accord. J'y ai couché assez de belles paroles pour convaincre quiconque de te prendre à son service. Voilà de quoi te présenter devant le maître le plus exigeant et obtenir de lui qu'il administre ta vie. À Paris, je ne doute pas qu'on te recevra au mieux de tes espérances. J'ai joint à cet effet une liste de noms dont tu pourras user avec mon consentement.

Il remua dans son siège et prit une mine de contentement :

— Mon éloignement des sommets ne m'interdit pas d'entretenir de bonnes relations avec des personnages importants. Tu seras surpris par le nom de ceux que je t'indique et auprès desquels je t'ordonne de te rendre. J'ai parlé de toi comme d'un bon serviteur, indiquant que tu savais lire et compter et que l'on pouvait te confier des travaux d'écriture. En prévision de tout, j'ai pris soin de préciser que tu savais tenir ta langue et te montrer discret. Ne cherche pas à me décevoir ou à me nuire…

Il me saisit à l'épaule et me força à m'approcher de lui :

— Tu voulais connaître les sommets, affronter le monde ? Eh bien ! Par tes fautes, tu y es contraint…

Puis il ouvrit un petit coffre en bois et y plongea la main :

— Voici quelques écus qui t'aideront à rejoindre Paris. Veille sur ce trésor, car il n'y en aura pas d'autre.

— Mon père, balbutiai-je, vous me renvoyez ?

— Je te sauve, mon fils, et je te punis. Avant ton départ, je t'interdis de revoir Marie de Montigny. Désobéis-moi et je te dénonce. Maintenant, prépare-toi à affronter ton sort car il n'y a pas d'autre chemin.

Il se leva prestement :

— Je me charge d'expliquer ton absence en espérant ne pas ajouter aux soupçons qui pèsent sur toi, mais ne fais rien qui compliquerait ma tâche.

Il me tendit sa lettre :

— Peut-être deviendras-tu le secrétaire d'un évêque ! Pourquoi pas d'un cardinal ! Allons, prends maintenant ce sauf-conduit...

Devais-je refuser ? Épuisé par la nuit et les péripéties précédentes, je me suis laissé porter par cette voix qui semblait décidée à m'aider. Le bon curé voulait me sauver, soutenait-il. Et Marie avait refusé que je vienne à son secours. « Je peux me défendre seule. Je n'ai pas besoin de toi. » Ses paroles résonnaient dans ma tête. « Nos vies se séparent... » Elle conjuguait donc notre histoire au passé. La chrysalide ne revenant jamais à son état premier, il lui fallait changer, voyager au-delà. Le souvenir de mon père fuyant sa condition vint nourrir mon chagrin. D'une certaine façon, je le rejoignais, et n'avais-je pas toujours désiré fuir ma condition ?

Le curé s'impatientait. Il fallait obéir. Qu'avais-je encore à espérer de Montigny ? J'ai parcouru la lettre qui annonçait ma nouvelle vie. Les noms m'étaient inconnus, sauf un : le cardinal de Richelieu. Un modeste homme d'église connaissait donc ce prince si puissant.

Confiant, je l'ai remercié pour son aide et promis de me soumettre à sa décision. Mais quand j'ai voulu saisir sa main, il s'est encore éloigné :

— Voici une autre lettre, dit-il en forçant sa joie. Elle t'est destinée. Tu la liras en arrivant à Paris, après t'être présenté auprès de ceux que je t'indique. Il s'agit de mes ultimes conseils, et je te connais assez pour savoir qu'ils te seront utiles, tonna-t-il, sans doute pour me rappeler combien je devais corriger ce caractère indocile qui m'avait déjà tant coûté. Surtout, insista-t-il, ne l'ouvre pas avant.

De nouveau, je lui ai promis d'obéir.

— Comment vous remercier pour m'avoir épargné ? balbutiai-je.

— Assez ! rompit-il sèchement. Attends pour te réjouir...

Ce ton brusquement menaçant réveilla mon inquiétude. De quoi voulait-il me prévenir ?

— Allons, se ressaisit-il en retrouvant sa douceur. As-tu besoin de saluer quelqu'un avant ton départ ?

Rien ne m'attachait aux lieux, pas même ma nourrice, morte voilà plusieurs années. Il n'y avait que Marie...

— Prépare tes affaires. Ne sors pas d'ici. Je viendrai te chercher.

Il me reconduisit à la sacristie et m'y enferma à double tour. Plus tard, il m'apporta du pain et repartit sans un mot. Jusqu'à la fin du jour, je tentai d'écrire à Marie, mais les mots se bousculaient. J'ai couché deux ou trois lignes insipides, craignant qu'elles ne tombent entre les mains de son père. Et je les ai déchirées. Le soir, le curé m'a rejoint. « Il est temps », a-t-il murmuré.

À l'aube, quatre lieues me séparaient de Montigny.

Chapitre 9

DE MA FUITE SOUDAINE, que me reste-il cinquante années plus tard ? Des regrets, sans doute – et des questions qui tourmentaient cette marche vers l'inconnu. Je partais malgré moi, oppressé par d'étranges sensations. Tout se déroulait mal, tout se déroulait bien. J'étais banni, mais en même temps on me laissait sain et sauf. Devais-je saluer la charité du curé ou maudire sa précipitation, son affolement ? J'étais libre, mais de nouveau orphelin, et je détestais de ne pas m'être mieux défendu, de ne pas avoir su plaider ma cause. M'aurait-on forcément bastonné, écartelé, occis ? Plus j'avançais, plus les véritables raisons de mon exil s'effaçaient et j'en vins presque à oublier que j'étais l'inventeur d'un incendie dramatique.

Au cours des premières heures, je fus même tenté de tourner les talons, persuadé de pouvoir convaincre mon bienfaiteur de me garder, car il n'existait aucune preuve de mon forfait – n'eût été cette confession que son sacerdoce l'obligeait à garder secrète. Ainsi, en m'éloignant de son influence, je recouvrai un peu de ma lucidité. Son attitude, ses réactions m'apparurent de plus en plus étranges. Comment devais-je comprendre ce soutien qui heurtait les préceptes moraux qu'il défendait ? J'avais violé un commandement de Dieu et commis, selon lui, un péché mortel. Dès lors, pouvait-il faire fi de ses convictions dans le seul dessein de me porter secours ?

Mais quand j'étais sur le point de me persuader que sa miséricorde apparaissait suspecte, il me revenait ces moments où il m'encourageait dans mes progrès, fermant les yeux sur mes escapades à la bibliothèque. Alors, je ne doutais plus de sa bonté et maudissais mon ingratitude envers ce recteur dont j'avais heurté la conscience et trahi la confiance. Il avait agi dans mon intérêt pour réparer ma faute et j'étais seul responsable de sa hâte à laquelle se mêlait le courage, puisque je l'avais mis en danger en l'obligeant à tromper le baron. Sans doute, murmurai-je à la nuit qui nourrissait mes doutes. Mais n'avait-il pas menti trop aisément, acceptant de commettre un péché dont les effets pouvaient se révéler redoutables pour sa propre cause ? Jusqu'où son abnégation allait-elle vraiment ? Mon cas méritait-il qu'il ébranle une vie confortable ? Intrigué par ces questions, je passai et repassai la scène au cours de laquelle le baron avait jailli dans l'église, et je finis par m'avouer que ce personnage méfiant avait gobé bien facilement les fariboles de mon défenseur. Mes pensées s'assombrirent et il me vint l'idée que le plus trompé de tous était peut-être moi. Avait-on agi pour mon bien ou pour m'éloigner de Montigny ? Marie avait-elle été surprise avant de rejoindre la cuisine ? Pressée de s'expliquer, avait-elle avoué ? Son père pouvait avoir décidé de clore ce scandale en le cachant, et j'imaginais le curé soutenant une thèse qui sauvait à la fois l'orphelin, la fille et les intérêts du clan. La suite n'était qu'affaire de mise en scène. On m'avait mis à l'écart, abandonné aux remords, suant de peur pour que je ne puisse pas réagir – penser tout simplement. Ainsi, ma fuite devenait évidente, s'enchaînait logiquement, mettait un point final à ce désordre qui heurtait ces nobles gens. Et pour qu'elle soit mieux acceptée, on avait négocié ma reddition en échange d'une lettre de recommandation et de quelques écus, rançon d'un contrat que n'aurait pas renié Judas.

La rage me reprit. Avais-je été dupé ?

Au loin, des chiens hurlaient à la mort et je me souvins de l'ordre jeté par le baron et du ton furieux dont il avait usé. Non, il ne cachait pas sa colère et ma survie n'avait tenu qu'à l'à-propos du prêtre. Mes élucubrations retombèrent aussi vite. Les bêtes cherchaient un criminel et, si l'on me trouvait, qu'en déduirait-on ? Ainsi, qu'il s'agisse d'une comédie ou d'une tragédie, et quel qu'ait pu être le rôle des uns et des autres, j'étais la victime. Je m'étais accusé moi-même en détalant, et ce curé me parut alors aussi généreux que maladroit. En m'obligeant à déguerpir, il n'avait réussi qu'à me condamner.

❦

J'étais donc ballotté par des pensées contraires tandis que le froid et la peur ne me laissaient guère le temps d'apprécier la juste valeur de ma décision. Je progressais à pas vifs, porté par ce coup qui m'arrachait à mon passé et dont j'étais le responsable. À défaut d'y voir clair, je finis par me convaincre que j'avais détalé afin de rester libre, puisque Marie en parlait comme de ma seule richesse. Ainsi, me fondre dans les ombres de la nuit représentait, sans doute, mon seul espoir de ne pas renoncer à l'avenir, même si le prix à payer était de ne jamais revoir Marie, certitude pour laquelle j'aurais mis, cette nuit, ma main à couper.

Soudain, la meute se fit entendre nettement. Les maîtres excitaient de la voix les molosses entraînés par leur frère de tête dont les jappements de rage laissaient deviner qu'il s'approchait du sang de sa proie. La nasse se refermait. Je connaissais la férocité de ces fauves, habitués à la traque et dressés pour tuer. Je serais pris, saisi à la gorge pour être dévoré sans pouvoir résister. Afin de vivre encore, il fallait ne penser qu'à cette scène et oublier, un instant, mes interrogations et mes doutes. Un épais bosquet se dessina dans la pénombre. J'ai avancé jusqu'à me fondre dans son cœur. Les épines des ronciers me griffaient les mains et le visage, mais je ne reculai pas ; je m'y noyais. Par chance, le vent faiblit et la pluie se mit à tomber, troublant l'odorat des carnassiers qui partirent vers l'ouest. De fait, toutes les pistes se brouillaient et s'effaçaient. J'y vis un signe qui m'indiquait où je devais aller sans penser au passé. Mon chemin s'écartait de celui de Marie et Dieu, par l'action immanente d'un de Ses magistrats, pasteur de Montigny, avait tranché ainsi.

Le taillis où je m'étais glissé devint alors moins épais. Les branches acérées desserrèrent leur étreinte. Un étroit passage creusé par les sangliers se dessina et, au bout, un chemin, vierge de toutes empreintes de pas, se montra. Je pris soin de progresser sur le côté, là où l'herbe humide et grasse effaçait ma trace, décidant de marcher et de marcher encore dans l'espoir d'épuiser mes craintes. Quand la fatigue devenait trop forte, je mordais dans le pain que j'avais emporté en serrant mon ballot sous le bras. Dedans nichait mon salut : une recommandation, complétée d'une lettre contenant les derniers conseils du révérend. La tentation de lire son testament me tiraillait, mais j'avais promis de ne l'ouvrir qu'en arrivant à Paris, après avoir rencontré ceux qui viendraient à mon secours. Ma volonté l'emporta sur la curiosité et je parvins à repousser cette idée qui rompait avec la parole que j'avais donnée. Enfin, épuisé par les prémices de ce périple où se diluaient les limbes de mon adolescence, et convaincu d'avoir mis assez de distance entre moi et mes poursuivants, je couvris mon corps de feuilles mortes et sombrai dans le sommeil, tremblant et malheureux, mêlant dans une ultime prière inachevée les remerciements et les reproches.

Les quarante lieues [1] qui me séparaient de Paris me réclamèrent plus de dix jours d'efforts et de souffrances. Tantôt, je dormais dans la grange d'une ferme, tantôt je profitais de la générosité d'une famille qui acceptait sans broncher mon histoire. J'allais rejoindre un des miens qui m'avait obtenu une place chez un seigneur de Paris. Aux méfiants, je montrais ma lettre de recommandation. Le plus gros des gens d'armes, des voyageurs, des commerçants des bourgs que je croisais ou qui me questionnaient ne savait guère lire, mais les feuillets soigneusement pliés, l'encre, l'écriture et la signature ourlée de la sainte Croix de Jésus-Christ agissaient comme le plus efficace des passe-droits. Quand l'œil se tordait de curiosité, je précisais que la lettre était l'œuvre du juste qui m'avait éduqué et appris à lire. Cette qualité me grandissait bien au-dessus de ma taille. Il me suffisait alors d'ajouter, en murmurant, que mon mentor bénéficiait d'appuis au plus haut niveau du royaume pour qu'on cesse de m'interroger. Un jour, je dus cependant épeler le nom de Richelieu pour mettre fin aux soupçons d'usurpateur. Un vieil homme qui prétendait connaître les signes composant son patronyme confirma qu'il existait en effet d'étranges ressemblances entre le R, le I et le C de RICOT, son propre nom et celui de RICHELIEU. Alors, il lui fallut reconnaître – pour ne pas qu'on l'accuse

---

1. Environ 140 kilomètres.

de s'être vanté de savoir lire… – que je n'inventais rien. On oublia ma tenue affligeante, mes sabots crottés, ma chevelure infestée de poux quand je pris soin d'ajouter que ce périple effectué à pied tenait lieu d'apprentissage comme s'y soumettaient les compagnons. Et l'on m'offrit à manger, encensant mon audace, vertu de la jeunesse.

Ces jours formèrent en effet mon caractère. J'apprenais à être rusé, à tourner mes phrases à mon avantage sans jamais vraiment mentir, mais en omettant ce qui pouvait freiner ma progression vers Paris. Livré à moi-même, je découvrais combien le monde était différent et m'obligeais à composer selon les lieux, les usages et les gens qui tous ne s'exprimaient pas dans la même langue. Combien échangeaient en français ? Un sur dix, selon moi. Je notai également que le visage des femmes se fermait au passage d'un étranger, dénoncé par son accent. Ainsi, alors que j'approchais de Paris, l'hospitalité se fit rare. À Chartres, je dus me défaire de quelques pièces pour me nourrir et me laver, quand, deux jours plus tôt, une paysanne m'offrait une chemise ayant appartenu à son fils aîné, mort quelques mois auparavant.

Les routes s'élargissaient, se remplissaient d'une foule bigarrée à laquelle je m'étais mêlé, profitant de la gentillesse bourrue d'un charretier conduisant son attelage empli de légumes et d'une viande qui me semblait dangereusement avariée. Le ventre de Paris gémit, expirait-il. Il parlait de plus de cent mille foyers affamés et sans terre, s'entassant les uns sur les autres. Cette foule était inconcevable et mon esprit refusait de l'imaginer. Entre deux jurons et un coup de fouet destinés à réveiller les braves bœufs assoupis par la lente progression, le charretier accepta de m'éclairer.

Selon lui, dans un entrelacs de ruelles pestilentielles et d'impasses borgnes, la faune la plus sauvage s'accouplait, se multipliait, engendrant un monde assoiffé de désordres, de violences, et corrompant les esprits, et dépravant les corps.

— Boire, manger, forniquer ! cracha le charretier. Voilà tout… Satan est à son œuvre ! Il a fait de Paris son royaume !

Ce prédicateur citait encore Babel, comparant Paris à un chantier en continuelle agitation, car l'orgueil des hommes les poussait à vouloir toujours mieux et plus beau que la veille. De fait, ce nouveau vice attirait des travailleurs, débarqués de provinces lointaines, aux patois inquiétants et mystérieux. Dans sa fougue, et mêlant hardiment les scènes de la Bible, il comparait les habitants aux adorateurs du Veau d'or, prêts à se parjurer et à commettre les pires exactions pour le poids d'un écu. Les Écritures ne gagnaient pas en clarté, mais nourrissaient le papotage de cet homme qui me mena ainsi jusqu'aux portes de Paris où, si près d'arriver, il ne put se retenir de me mettre une nouvelle fois en garde.

— Le mal est sans fond, philosopha-t-il. Un gouffre de viande et de vin pour ces diables tourneboulés par les faux éclats de Paris. Méfie-toi, mon garçon. Méfie-toi de ses pièges...

Il lâcha son fouet et leva les yeux au ciel :

— Lors du Jugement dernier, ce fléau brûlera, soufflé par la colère de l'Apocalypse. C'est pourquoi, lâcha-t-il entre ses dents, je repars dès que la marchandise sera vendue. Allez ! Hue, mes vachards...

Mais cette vision d'horreur ne parvenait toujours pas à m'effrayer.

— Tu n'es pas convaincu, jeta-t-il en voyant mon regard incrédule.

— Ne gâchez pas mon humeur. Je n'ai que Paris pour espérer.

— L'humeur ! railla-t-il. Tu ne sais pas combien tu dis vrai.

— Que voulez-vous dire ?

— Rage, lèpre, petite vérole, typhus, scorbut, syphilis... Voilà ceux qui te tiendront compagnie dans peu de temps !

— Et quand viendra cette épreuve ? soufflai-je, vaincu par sa vision.

— Dis plutôt que tu la sentiras, ricana-t-il. Alors il sera trop tard...

Et il replongea dans le silence, me laissant sur cette énigme.

Chapitre 10

Le mercredi 2 décembre 1626, le charretier, les bœufs, l'attelage et moi, nous franchîmes l'enceinte de Paris par Saint-Jacques. Deux gardes tapaient le sol de leurs bottes pour combattre le vent glacial qui se glissait dans un étroit goulot, un enchevêtrement de masures au torchis lépreux, qu'ici on appelait une rue. Le résultat de cet amoncellement sans grâce ni ordonnancement était d'escamoter le ciel obstinément gris. Ainsi, le jour n'y gagnait rien, sauf à refroidir davantage l'air, puisque pas un rayon ne s'aventurait dans ce dédale de cheminées, de toits, d'enseignes vantant les mérites d'une bordée d'échoppes dont les noms évocateurs étaient censés attirer le chaland. Les deux gardes avaient trouvé refuge à mi-chemin du Coq-Hardi et des Trois-Veuves. Le pignon d'une maison en bois les abritait de la froidure du moment. Le plus jeune leva un œil au passage du convoi et salua le charretier qu'il semblait connaître, pour aussitôt renfoncer la tête dans une cape épaisse. Ce fut tout pour l'accueil et, si j'ôtais de mon calcul une poignée d'âmes égarées qui tentaient de ne pas glisser sur la chaussée parsemée de verglas, le peuple de Paris – cette immensité ! –, se limitait à un chien tournant autour d'un vieillard recroquevillé sur le sol et dont les mains crevassées de gerçures serraient un morceau de pain rassis. En nous entendant approcher, il se mit à genoux et nous supplia de glisser dans sa sébile de quoi soulager sa misère. Le charretier répondit en faisant claquer le fouet. Les bœufs redressèrent le museau et forcèrent l'allure.

— Des pillards ! grogna-t-il. Surveille l'arrière, Antoine. L'un d'eux pourrait se jeter sur nous pour voler mon bien...

Je fis un tour d'horizon. Aucun coupe-jarret ne montrait le nez.

— Voici donc la foule grouillante dont vous me parliez ? me moquai-je.

— Tu n'es qu'au début des faubourgs, bougonna-t-il.

Il huma l'air vif :

— Sens-tu ? Oui, maintenant nous entrons dans Paris.

En effet, des effluves entêtants me piquaient les narines, entraient dans ma gorge, viciaient l'air de mes poumons. Cette odeur était si tenace qu'elle me fit oublier le froid.

— Dieu du ciel, de quoi s'agit-il ? réclamai-je au charretier en me pinçant les narines.

— Sans doute le cadavre du dernier bougre assassiné ! s'emporta-t-il. Ajoutes-y les bêtes crevées, les ordures, les immondices, l'eau croupie qu'on jette par les fenêtres dans la rue et qui putréfie la terre avant de s'en aller nourrir les poissons de la rivière Seine, ce vivier infect, ce cloaque pourri qui sert de déversoir et de source pour boire. Ici, tu pataugeras dans des égouts à ciel ouvert, tu attraperas la mort. La fièvre à coup sûr, se reprit-il. Demain tu tousseras et, avant un mois, tu vomiras ton sang...

— Est-ce là tout ? demandai-je en souriant.

— Non, souffla-t-il en plissant les yeux. Le pire vient maintenant. La saleté des hommes attire les rats par milliers. Tu ne les vois pas, mais ils grouillent, ils se terrent dans les maisons, et un jour...

Il cracha et s'essuya la bouche du revers de la manche.

— Quoi encore ? le suppliai-je.

— Allons, concéda-t-il, tu disposes d'un délai avant de mourir dans d'atroces souffrances...

Il se tut encore.

— Quel secret me cachez-vous ? ajoutai-je d'une voix hésitante, ce qui suffit pour satisfaire cet excellent dramaturge.

— En hiver, reprit-il enfin, la peste n'entre pas dans Paris...

— La peste ? me mis-je à grelotter, sans savoir s'il fallait accuser le froid ou ce maudit charretier.

— Elle s'est arrêtée plus au sud, mais au printemps, je te promets qu'elle viendra ici [1]. Alors, il faudra quitter Paris, brûler ce capharnaüm... Et moi, soupira-t-il, je prendrai enfin du repos.

Nous avions dépassé le faubourg Saint-Jacques, nous enfonçant ainsi dans ce tableau où l'épique rivalisait avec la noirceur, et la course du charretier s'achevait. Sa livraison ne l'obligeait pas à entrer plus avant et il s'en réjouissait.

— Vous êtes-vous déjà aventuré plus loin ? demandai-je.

— Jamais, s'exclama-t-il. Ce qu'on me raconte suffit pour fabriquer ma conduite. Ainsi, je suis toujours en vie...

— Comment être certain que votre... prudence n'est pas surfaite ?

Le charretier resta bouche bée. Il secoua les épaules et se rendit à l'arrière de l'attelage, s'activant déjà à sa besogne.

— Tu dissertes, tu argumentes, marmonna-t-il. C'est très bien. Mais tes questions ne doivent jamais devenir audacieuses. Reste prudent, mon garçon.

— Je ne voulais pas vous offenser, répondis-je d'une voix soumise, devinant que je l'avais blessé. Je cherchais simplement à me renseigner sur la suite de mon voyage... Vous me parlez de tant de dangers...

Il s'arrêta, les bras chargés d'un grand cageot empli de faisans et de poules plumées et rassises depuis trop longtemps :

— Car tu comptes rester ici ?

Il posa son fardeau sur le sol :

— Après tout ce que j'ai dit ? C'est donc que j'ai usé ma salive en vain...

Et je vis qu'il était fortement déçu.

— J'avais conçu une autre hypothèse, reprit-il d'une voix lasse. La route est longue et je me sens parfois seul. Ces derniers jours,

---

1. En 1626, la peste gagne du terrain et s'installe en Bourgogne. On tente d'y échapper en brûlant les cadavres, en barricadant les maisons infectées. On chasse les suspects, les mendiants, on interdit aux vagabonds d'entrer dans les villes. Seul l'hiver semble faire reculer ce fléau...

j'ai appris à te connaître et mon jugement est fait. Tu es naïf, au point de ne rien cacher de ton ignorance, téméraire – sans doute imprudent – et doté d'un entêtement désarmant. Mais tout cela, y compris tes défauts, compose un caractère dont le fond me semble bon. Aussi, j'imaginais que nous pourrions faire équipe. Et, l'âge venant, glissa le maquignon, tu aurais pu me succéder.

Il s'approcha encore de moi :

— L'affaire est rentable, murmura-t-il en se penchant à mon oreille. Dans quelques années, tu seras assez riche pour te marier. Sans compter ce qui s'égare en cours de route, mais ne disparaît pas pour tout le monde.

Il frotta son ventre fort rebondi :

— Ce n'est pas moi qui mourrai de faim.

Soudain, son regard devint dur :

— Mais toi, si tu restes à Paris, tu deviendras vagabond, mendiant, pis encore, tu seras recruté à la Cour des Miracles pour servir d'esclave à un chef de brigands sodomite…

— Je ne crois pas, rétorquai-je avec aplomb. J'ai d'autres idées…

Le brave charretier écarquilla les yeux :

— Eh bien, se moqua-t-il, l'arrogance que je soupçonnais prendrait-elle le dessus sur les qualités que je te prête ? Raconte donc ces projets dont tu fais mystère afin que j'en mesure l'intérêt.

— Je sollicitais vos conseils sur le chemin que je dois emprunter, car j'ai un rendez-vous. Et vous sembliez si bien connaître Paris…

Il ne releva pas ce nouveau trait d'insolence, curieux d'en apprendre plus.

— Où comptes-tu aller ? susurra-t-il.

— À vrai dire, je l'ignore…

— Nous y voilà ! triompha-t-il.

— Mais je sais qui je dois rencontrer.

— Puis-je entendre le nom de celui ou de celle qui te sauvera des dangers de Paris ?

— Richelieu, annonçai-je sobrement.

— Comment ? Qui ? bafouilla-t-il pour s'éviter de rire. Répète, car je crains d'avoir mal entendu…

— Le cardinal de Richelieu, redis-je sans m'émouvoir.

Le charretier hésitait entre la stupeur et la moquerie. Finalement, sa gentillesse prit le dessus. Il détailla ma tenue, mon allure, ma saleté et ne fit que soupirer.

— Mon garçon, commença-t-il alors, je ne veux rien savoir de celui qui a pu te mettre de telles idées en tête. Je devine en revanche qu'il s'agit d'un homme mauvais qui a abusé l'esprit d'un pauvre enfant et l'a jeté sur la route pour lui faire subir la pire des déconvenues.

Il bougea la tête de droite à gauche :

— Regarde-toi. Regarde ce tableau. Des genoux écorchés, une veste en lambeaux, des mains plus noires que la cendre. Et tu penses croiser le regard de l'homme le plus puissant, le plus redouté de France ! Espères-tu sincèrement que le conseiller proche de Louis XIII te prêtera attention ?

Piqué au vif, j'ouvris ma besace et brandis ma recommandation dont l'aspect avait fortement souffert du voyage.

— Lisez, si vous le pouvez, le défiai-je, et vous verrez ce qui figure ici, dès la première page. Tenez !

Le charretier se saisit du feuillet et plissa les yeux.

— Ai-je menti ? triomphai-je. N'est-ce pas le nom de Richelieu ?

— Si fait, concéda-t-il d'une voix brusquement lasse. Et, comme tous les innocents, tu me sembles idéalement soutenu par les cieux.

— Vous me croyez donc ? murmurai-je, étonné par sa capitulation.

— Bien sûr, mon garçon. Je vois que tu es persuadé d'avoir raison et que tu vis porté par l'espoir d'être reçu par Richelieu qui, sans attendre, te prendra à son service. Oui, tu deviendras son secrétaire et tu n'as guère besoin des conseils d'un pauvre charretier, incrédule et méfiant.

— Monsieur, m'énervai-je, convaincu qu'il me prenait pour un sot. Y a-t-il une quelconque ironie dans vos mots ?

— D'aucune sorte, répondit-il gentiment. Et pour te convaincre que je désire ton bien, retiens encore que je viens ici, à Paris, et m'arrête devant cette auberge portant le nom du Chien-Rouge tous les premiers et les troisièmes mercredis de chaque mois. Je t'attendrai et tu n'auras qu'à te présenter pour que je te tire d'embarras.

Je n'ôte rien à ma proposition, d'autant que ce que tu viens de m'apprendre, à propos de ce... rendez-vous avec... Richelieu, me renseigne un peu plus sur ton caractère et ajoute à la sympathie que j'ai décidé de t'accorder.

— Je vous remercie pour vos encouragements, m'adoucis-je. Et je demeure certain que je n'aurai pas besoin de votre aide.

— Je n'en doute pas, ajouta cet homme généreux. Mais souviens-toi de Gaston Galapiat. Dis-toi qu'avec lui tu comptes un ami à Paris...

— Je n'oublierai jamais votre nom, ni votre bonté, balbutiai-je en lui serrant la main.

Soudain, l'émotion me serra la gorge et une sourde inquiétude me tarauda. Le charretier me trouvait-il trop crédule ?

— Puis-je au moins vous demander un dernier conseil ? lançai-je alors qu'il s'écartait pour reprendre son travail.

— Accordé ! répondit-il aussitôt d'un ton enjoué qui ne parvenait pas à masquer la tristesse de son regard.

— Où puis-je trouver Richelieu ?

— Car tu n'as pas son adresse ? expira-t-il.

— Il suffit de dire : Richelieu ! crânai-je, et tout Paris me répondra.

— Bien sûr, convint-il. Et comme d'autres, je te répondrai que tu le trouveras aux Tuileries ou, peut-être, au Louvre...

— Au palais du roi ? déglutis-je, assommé par cette évidence qui laissait poindre toutes sortes de difficultés que j'avais voulu escamoter.

— C'est simple, s'empressa de répondre Gaston Galapiat, soudain désireux d'en finir. Tu descends vers la Seine, tu traverses la rivière, c'est en face. Tu n'as qu'à demander en chemin. Mais surtout, ne t'écarte pas de ta route et refuse tous les conseils qui te diront d'aller par ici ou par là, ou de prendre telle impasse pour gagner du temps. Tu marches droit et...

— Merci encore, le coupai-je.

— Ne montre jamais tes écus, jeta-t-il.

— C'est promis.

— Ne te sépare jamais de ta lettre...

— Je vous le garantis...

— Souviens-toi qu'à cet endroit, les premiers mercredis de…
— Adieu ! Monsieur Galapiat. Je n'ai besoin de rien.
— Au revoir, répondit-il d'une voix grave.

La descente vers la rivière de la Seine fut des plus étonnantes. Je ne pus trouver un instant de répit pour me reposer l'œil ou l'oreille. Tout était si piquant que j'en oubliai quelque peu ma situation et les conseils de prudence du charretier, ne songeant qu'à me plonger dans ce bain nouveau et jouant bientôt des coudes comme le plus familier des habitants de cette cité immense où, à l'évidence, l'usage voulait que l'on progresse sans s'excuser, sans s'effacer, et en tenant tête le plus longtemps possible à celui qui venait d'en face. J'appris à maîtriser ce jeu d'adresse dans un tourbillon ébouriffant de mouvements, de cris et de visages. En effet, il fallait manier la ruse et l'équilibre pour se faufiler car, plus je pénétrais dans le cœur de la ville, plus ses rues s'animaient de tableaux joyeux et étourdissants. Dans ce maelström, les matrones, moins empressées que les hommes, occupaient la scène centrale qu'elles n'acceptaient de céder que pour rejoindre une consœur afin de s'enquérir du prix des choses ou se plaindre de la cherté de tout et de rien. Il me parut évident que, pour en apprendre sur les lieux, il devenait utile de les écouter, et je ralentis le pas, baissant le front et scrutant mes chausses boueuses pour espionner leurs gémissements sur l'hiver précoce qui, prédit l'une d'elles, provoquerait la famine. Sa voisine acquiesça en se signant alors qu'on me poussait dans le dos pour que je libère le passage.

Déjà, leurs silhouettes se fondaient dans la foule laissant la place à un solide mercier ambulant, marchand de tout, faiseur de rien, qui donnait de la voix, bombant le torse et sortant un large ventre sur lequel reposait une malle emplie de trésors, et retenue à la taille par une ceinture de cuir qui remontait dans une combinaison savante jusqu'aux épaules pour former des bretelles. Ainsi harnaché, il conservait les bras et les mains libres et les levait au ciel pour brandir un attirail de friperies au-dessus de la tête des passants. On apercevait des bas et même des chemises, tassés l'instant d'avant dans la caisse miraculeuse et qu'il extirpait à tout va, chantant la beauté de ces pièces brodées dans l'or de Chypre. Soudain, le bagout agit. Une curieuse commit l'imprudence de s'emparer d'un morceau de tissu pour en apprécier la solidité. Aussitôt, le bonimenteur campa sur ses jambes et saisit le bras de la dame, décidé à ne lui rendre sa liberté qu'en échange de deux ou trois bonnes pièces. Je la crus prisonnière. Ce n'était qu'un amusement convenu entre eux. Plus elle s'offusquait du prix réclamé, plus il la régalait de compliments, assurant que ce haut de robe méritait son attention car le bien était unique et cousu par une apprentie mauresque qui, venue droit de l'Empire perse, possédait les secrets séculaires du travail de la soie. La femme grimaça pour faire comprendre qu'elle ne croyait pas à ce conte. L'autre soupira et lui demanda de faire elle-même son prix. Qu'il accepta de bon cœur, sans doute pour y trouver plus qu'il n'espérait.

Je découvrais ainsi un trait particulier et propre à cette ville où l'on discutait fort, palabrant et gémissant pour obtenir le meilleur accord. Il était aussi vrai que les denrées se faisaient rares, se montraient souvent avariées, affichaient un coût élevé, preuve, comme je l'avais entendu, que l'hiver touchait déjà de plein fouet le peuple de Paris. J'en eus, hélas, la confirmation peu après, en croisant un boulanger qui se séparait de ses derniers morceaux cuits du jour. On négociait autant car, je l'appris plus tard, Richelieu avait imposé que le pain soit vendu le jour même, obligeant en cela à concéder un rabais pour ne pas avoir à jeter le surplus. De sorte qu'il restait sur l'étal quelques miches dont le boulanger comparait la finesse et le goût à ceux du pain de chapitre, le préféré de la reine mère, Marie de Médicis. En l'écoutant, je sus qu'il tirait la recette de celle inventée par le boulanger du chapitre de Notre-Dame, le meilleur, semblait-il, de Paris. Et c'était ce bienfait qu'il proposait à la vente à un prix sacrifié.

Une vieille femme s'approcha d'un pas hésitant et ouvrit son tablier qu'elle serrait contre le ventre. Dedans, nichaient deux pommes plus ridées que ses joues. Elle tendit ses mains percluses de rhumatisme au maître-boulanger dans l'espoir d'échanger ce maigre avoir contre un morceau de mie. Le marchand fit non de la tête et la vieille commença à se retirer, tête basse, quand l'épouse de cet avare, de ce fesse-mathieu, la rattrapa par la manche. « Tenez, dit-elle, en lui tendant un quignon. Je ne peux pas plus, sinon, il me corrigera. » La vieille sourit et, en tremblant, glissa la manne dans son tablier crasseux avant de disparaître.

Ainsi, au milieu de ce tohu-bohu, la misère ne se cachait point, et les paroles du charretier résonnaient dans ma tête. Oui, il fallait aussi voir ces garçons et ces filles ne dépassant pas l'âge de dix ans, qui erraient et qui allaient à l'abandon, l'œil vissé sur les bourgeois bien habillés, scrutant la bourse épaisse qui pendait à leur taille. Je serrai ma sacoche, mais compris que la méthode pouvait indiquer que je détenais un trésor supérieur à ma tenue. Ce n'était pas ainsi qu'il fallait procéder et, après avoir étudié ce monde chamarré où tous les genres se mêleraient, je crus saisir les usages de ceux qui m'entouraient et chahutaient ma progression. À Paris, il fallait redoubler de prudence, se fondre pour n'être qu'un dans la masse. Plonger dans l'anonymat. En somme, rester orphelin.

C'est ainsi, à force de progrès, que je parvins jusqu'à la Seine. Le charretier ne m'avait pas menti. Cette rivière empestait plus que la rue. La couleur de son eau virait au vert-de-gris, alors qu'au fil du courant flottaient d'étranges objets dont l'observation attentive me fit découvrir qu'il s'agissait de paquets de chair rongés jusqu'à l'os, desquels s'arrachaient des lambeaux saignants. Ce sont des cadavres, sursautai-je. Gaston Galapiat disait vrai. Et je crus détaler en découvrant avec horreur des rats nageant autour et s'affrontant pour déguster ce festin diabolique.

— La boucherie, glissa le voisin qui observait la scène à mes côtés.

Ah ! Dieu, que cet homme était laid. Son visage grêlé d'anciennes pustules grimaça cependant ce qui pouvait être un sourire. La peur me paralysa. Comment ce personnage étrange et repoussant pouvait-il parler placidement de ce charnier baignant dans le bouillon de l'eau ?

— Vous sentez-vous mal ?

Pour comble d'étrangeté, mon silence horrifié et pétri de méfiance l'inquiétait plus que la scène morbide. Dans quel monde allais-je ? Et je songeais à fuir quand l'inconnu me saisit pour me tourner d'un quart.

— Les abattoirs, me montra-t-il du menton.

Il relâcha sa prise et m'observa avec douceur :

— Je devine que vous venez d'arriver, car Paris ne s'intéresse guère à ce spectacle. Cessez d'être effrayé, s'amusa-t-il. On découpe la viande sur les quais et l'on jette le reliquat à la rivière. Tenez, regardez encore. Les équarrisseurs œuvrent près des lavandières que vous reconnaissez aux cris qu'elles poussent en frappant le linge.

— Je les vois, dis-je enfin à ce guide dont le ton, les manières et la tenue élégante, si différentes de la physionomie, finirent par me rassurer. Mais je comprends aussi que ces femmes s'emploient dans une eau terriblement nocive. Dieu, quel désastre !

Bien que très petit, mon vis-à-vis me toisa et le fit calmement :

— Votre… déguisement ne pousse pas à imaginer que vous puissiez penser aussi juste. En effet, soupira-t-il alors en désignant les lavandières, ces femmes sont téméraires. Elles s'activent sans se méfier des rats, cette plaie mortelle.

— La peste, suggérai-je en me souvenant de la leçon du charretier.

— Je vous félicite, acquiesça-t-il. Saviez-vous que la peste ne vient pas des rats, mais des puces qu'ils transportent et sautent sur les hommes ? Ainsi, les viscères vont à la rivière et engraissent les rats qui eux nous empoisonnent. Le cycle de la vie, souffla-t-il. Et il conduit à la mort.

Aimanté par la voix rassurante de ce personnage, et oubliant son visage disgracieux, je m'aventurai alors à me renseigner davantage :

— J'admire votre science, m'engageai-je à voix basse.

Sans hésiter, il ôta le chapeau, découvrant davantage une tête dont, pour finir, je n'aurais su dire si elle était laide ou curieuse :

— Théophraste Renaudot. Médecin. Je n'ai donc aucun mérite.

Cette annonce empreinte de modestie réveilla ma timidité.

— Pardonnez mon audace. Merci de votre aide et adieu…

Mais il me retint encore :

— M'expliquerez-vous, à votre tour, le pourquoi de votre présence à Paris et cette mine peu conciliable avec un esprit que je devine agile ?

— Je viens... commençai-je. Mais, en me souvenant de la réaction du charretier, la fin resta dans ma gorge.

— Auriez-vous besoin d'aide ? s'inquiéta Théophraste Renaudot [1].

— Aucunement, m'empressai-je de répondre.

— Dans ce cas, je vous souhaite bonne chance, me salua-t-il.

Et ni lui ni moi ne crûmes qu'il s'agissait d'un simple au revoir...

---

[1]. Renaudot (1586-1653) fut en effet médecin avant de créer *La Gazette* en 1631 sous la protection de Richelieu. Inventeur du journalisme dit littéraire, il fut aussi nommé Commissaire aux pauvres du Royaume.

Chapitre 11

PARIS ET SES MIRACLES ! Le premier de tous était de ne pas s'étonner de ceux qui se produisaient et de ne refuser ni les lieux ni les personnes qui les composaient. Le charretier se trompait. Paris ne présentait aucun danger, si on en acceptait les promesses. Pour l'innocent que j'étais, il n'y avait rien de plus naturel qu'une rencontre avec Théophraste Renaudot dont la courtoisie était l'illustration d'un peuple ignorant l'apparence et se montrant tolérant. La chance qui, dit-on, sourit aux innocents n'entrait pas en ligne de compte dans cette rencontre et, tel Hannibal subjugué par Capoue [1], je décidai sottement que le caractère du médecin accort servait de modèle aux autres et que tous étaient généreux. La roue avait tourné, je rejoignais une terre d'asile composée d'habitants qui, ayant fui comme moi l'infortune, n'oubliaient pas sa dureté et se voulaient complaisants. Voilà pourquoi ce Renaudot, aussi aimable qu'il fût, n'était qu'une des mains qu'on me tendrait sans tarder ; et la première d'une longue série.

Pouvais-je savoir que je venais de croiser l'homme le plus curieux de Paris, l'auteur de chroniques brillantes sur notre société et l'inventeur de *La Gazette*, ce remarquable périodique ? Comment deviner que cet ami des pauvres, ce remarquable philanthrope qui se dévoua aux oubliés était aussi un proche du puissant Richelieu, celui-là même que j'espérais rencontrer ? Comme je l'appris plus

---

1. En 215 avant J.-C., l'armée d'Hannibal soumet Capoue. Mais, séduits par ses délices, ces redoutables guerriers s'y adonnent sans méfiance, succombant alors aux Romains.

tard dans des circonstances étonnantes dont il sera question, Théophraste Renaudot marchait le long de la rivière de Seine, s'en revenant du Louvre où il avait rencontré le Cardinal en personne. Et seule la générosité l'avait poussé à se porter vers un pauvre garçon qui semblait désespéré et attiré par le reflet de l'eau sombre. Mais j'avais ignoré ce soutien miraculeux, poussé par la même sottise qui m'avait fait tourner le dos au charretier Galapiat. Ainsi, et par deux fois, je négligeai les signes que m'envoyaient les cieux, et c'était trop pour une seule journée.

On devinera que je fus surpris en rencontrant bientôt un tout autre accueil car, ayant décidé de demander conseil pour traverser la Seine, je fus récompensé par des regards hostiles, des silences narquois, des gestes agacés ou moqueurs qui exigeaient que je m'écarte. Étais-je tombé sur un quartier réunissant une assemblée de sauvages ? Je n'eus guère le temps de m'interroger plus avant. Déjà, le palais des Tuileries se montrait et ce spectacle me suffit pour, un temps, oublier mes questions et mes doutes.

Prenant appui sur la rive de la Seine, une longue bâtisse unissait le Louvre au palais des Tuileries, qui lui-même accueillait un vaste jardin planté à l'ouest. L'ensemble se comparait à un L inversé dont la base aurait abrité le palais. De la Seine, la façade remontant jusqu'au Louvre n'avait rien de guerrier. Cette galerie, construite par Henri IV sur les vestiges du rempart qui jadis protégeait le Louvre, surprenait surtout par sa hauteur et son volume. Richelieu et ses conseillers logeaient sans doute là, me dis-je avec aplomb. Peut-être y travaillaient-ils en ce moment et, ne doutant de rien, j'étirai le cou, dans l'espoir de surprendre à l'une des fenêtres le fameux manteau rouge du Cardinal, maudissant l'éloignement qui m'empêchait de saisir tous les détails. Ma divagation me conduisit même à me représenter les courtisans vaquant autant aux plaisirs qu'aux affaires d'État. Ah ! Que l'ancien sacristain était impatient de toucher la rive prometteuse de ce merveilleux royaume, aux frontières solides, où s'affichait le formidable dessein du pouvoir.

Et je mesurais la chance d'un misérable qui, bientôt, allait se présenter dans ce territoire interdit au commun des mortels. Mais comment entrait-on ? me surpris-je à penser. Ma main caressa la lettre du curé. Hélas, il restait à franchir d'impressionnants barrages. Sans doute faudrait-il montrer patte blanche. Il me vint une sorte d'épuisement dont la faim n'était pas seule responsable. Un va-nu-pieds confronté à tant de médiocres contingences convaincrait-il des gardes mal aimables en agitant sous leurs yeux une recommandation dont l'intérêt ne pouvait être compris que par son seul destinataire ? Aurais-je seulement le temps de m'expliquer avant d'être renvoyé *manu miltari* ? Encore fallait-il croiser un esprit assez instruit pour déchiffrer mes écrits. Et quand bien même ! Qui accepterait de me conduire à Richelieu ? Le jour avançait et je perdis confiance. La nuit venue, qu'adviendrait-il d'Antoine Petitbois, posté entre les deux rives de la Seine ? Car j'allais ainsi, rejoignant les Tuileries par le bac[1], profitant dès lors d'un excellent point de vue sur Paris.

Pour financer mon périple, j'avais, sans hésiter, sacrifié un double denier[2], mettant en péril ma maigre fortune. Désormais, nous allions sur une embarcation ballottée par les flots tandis que le pilote luttait contre le courant. Deux hommes fort bien vêtus se tenaient debout à mes côtés. Sans les espionner, je compris qu'ils parlaient de se rendre à la résidence royale pour assister à une réunion de notables afin de donner leur avis sur de graves sujets touchant aux affaires du royaume. Et ils se concertaient. Le nom de Richelieu surgit dans leur conversation et l'espoir revint. À ces nobles seigneurs, je pouvais sans doute confier mon misérable sort, mais, à l'instant où j'allais me décider, l'un d'eux s'exprima ainsi :

— Ce maudit cardinal dispose désormais d'une armée personnelle[3]. Et voilà qui complique nos affaires…

---

1. Ce mode de transport situé en bas de la rue du Bac sera remplacé par le pont Royal.
2. Un autre pont de Paris, le pont au Double, tire son nom du péage d'un double denier.
3. Richelieu crée sa garde personnelle en septembre 1626.

— Tout doux, tenta de le faire taire son acolyte en jetant un regard autour de lui.

Je fis mine d'examiner mes mains. Mais un bougre ne représentait pas une menace. Du moins, le jugèrent-ils en poursuivant sans se méfier.

— Nous savons maintenant qu'il craint pour sa personne. Étudions le moyen de tirer profit de cette situation. Et, plus que jamais, agissons dans la discrétion. Désormais, il faut nous réunir en secret.

— Voilà un avis, répondit-on, qui illustre votre réserve légendaire, mon cher Thierry de Millard !

Ce dernier sursauta en entendant son nom et, d'un geste, imposa le silence. Puis il scruta l'entourage, mais moi seul prêtais attention à cette conversation. Il est vrai que la manœuvre se compliquait sous l'effet des tourbillons et chacun ne songeait qu'à s'agripper au cordage qui servait de bastingage. Hélas, échaudé par l'intempérance de son complice, celui qui se nommait Millard et se montrait prudent, se tourna vers la rivière, sans doute pour que ses paroles ne s'entendent pas et, bien que mon oreille ne manquât ni d'audace ni de finesse, rien de ce qui se dit ensuite ne me fut audible. Je pris cependant soin de détailler cet homme, un conspirateur ou pis, que je comptais décrire par le menu à Richelieu en personne, dès que mon futur protecteur serait averti de ma présence. Agissant prudemment, je m'écartai de ce traître vêtu d'un large manteau de laine ourlé de fils rouge et or et, ainsi, je l'observai. Je notai qu'il portait une épée d'apparat dont le pommeau était ciselé dans l'argent et je finis mon examen en scrutant ses bottes aux talons hauts. Sa taille ! me maudis-je, retiens bien qu'elle est de cinq pieds et de trois ou quatre pouces [1]. Et alors qu'il me manquait encore les détails du visage, il me rendit le service de pivoter de moitié, découvrant son profil. Des traits fins, des yeux bleus… Quoi d'autre ? Une barbe taillée finement… Non ! Un bouc porté avec noblesse et qui me fit comprendre cet adage : l'habit ne fait pas le moine. L'homme semblait doux, raisonnable, et pour tout avouer agréable. Ainsi, ce démon cachait formidablement son jeu, usant

---

1. Environ 1,70 m.

de son air chafouin et mesuré pour tromper son monde. Se pouvait-il qu'il se présentât tel un ami à Richelieu ? Tout à ma fougue, oubliant la mise en garde de Galapiat adressée à un jeune homme trop impétueux, j'enrageais et maudissais mon état qui m'empêchait d'intervenir. Mais bientôt, le masque tomberait.

L'imagination me fit encore craindre que ces lascars se rendissent au Louvre avec l'intention parfaitement arrêtée de nuire sur-le-champ au Cardinal et, aussi inconscient qu'intrépide, je bondis sur le quai, décidé à entrer dans le palais royal coûte que coûte, et avant eux. Désormais, je disposais d'un argument sans appel et au mérite suprême. Antoine Petitbois allait sauver le conseiller du roi, qui, en retour, accorderait à son bienfaiteur une gratitude éternelle…

Aujourd'hui encore, je souris de mon innocence… J'avais dix-sept ans et tant d'illusions ! Et c'était toujours ma naïveté qui me poussait vers les Tuileries, et bientôt au Louvre.

Mais un nouvel obstacle m'obligea à freiner la cadence. Malgré le froid, une foule immense se pressait dans les jardins dont aucune barrière ne protégeait l'accès. Ainsi, jouant des coudes, recourant aux excuses, je fis progression jusqu'à me tenir face au palais. Quel souvenir émouvant ! Les fenêtres renvoyaient l'éclat des chandelles dont un feutier appréciait la féerie. Quand la nuit s'installerait, ce havre étincellerait, fabriquant la splendeur du roi. Celle de Richelieu vacillait-elle ? Tudieu ! La question me rappela l'urgence de ma tâche. Il me fallait entrer.

Pour trouver l'accès, je crus bon de suivre ceux qui progressaient à pas lents, en rangs serrés, et tâchant de me faire oublier, je me fabriquai un asile derrière un groupe de seigneurs occupés à disserter. J'avançais dans leurs traces, je les écoutais, car Richelieu était à nouveau au centre des débats. Et on lui reprochait à peu près tout.

— Je ne lui pardonne pas cet édit interdisant les duels, s'insurgea le premier.

— Une manière scandaleuse de soumettre la noblesse ! répondit son voisin. Nous sommes libres de choisir notre façon de mourir !

— Le comte de Chalais n'a pas eu ce privilège...

— Ah ! enragea un autre qui s'était porté à leur hauteur. Ce pauvre Henri de Talleyrand est mort dans des conditions atroces...

— Vous parlez du comte de Chalais ? s'immisça un quatrième.

— Oui ! s'agaça une voix sans que je puisse savoir d'où surgissait cette nouvelle attaque. Henri de Talleyrand a été décapité par un bourreau maladroit qui a dû s'y reprendre plusieurs fois pour achever sa besogne.

— Ce cardinal n'a aucun respect pour notre sang bleu...

— Reconnaissons toutefois, s'interposa un modéré, qu'en agissant de la sorte Richelieu a mis fin à un complot ourdi par le comte de Chalais et sa maîtresse la duchesse de Chevreuse dans le dessein peu louable de placer sur le trône le propre frère du roi[1]...

— Gaston d'Orléans est l'allié de la noblesse ! Décidons qu'il sera roi et retrouvons ainsi les pouvoirs que nous ôte peu à peu Richelieu.

— Mais ce Gaston est faible...

— C'était bien notre chance, grogna un nouveau venu.

Les attaques n'en finissaient pas. On maudissait le conseiller du roi de persécuter les protestants, d'ordonner la destruction des forteresses, symboles du pouvoir féodal de la noblesse et, ce qui éveilla davantage ma curiosité – car je n'oubliais pas les tractations abjectes du baron de Montigny –, de projeter le détournement des richesses de la Nouvelle-France à son profit.

— Le voici désormais maître de la Navigation et du Commerce !

— Bientôt, il fabriquera une compagnie qui contrôlera ce territoire.

— En êtes-vous certain ?

— Il s'agira de la Compagnie des Cent-Associés. À lui, la fortune ! Fourrures et trafic ! Tout sera soumis à son bon vouloir.

---

1. Précisément, le comte de Chalais, poussé par sa maîtresse la duchesse de Chevreuse, conspira contre Richelieu afin d'empêcher le mariage de Gaston d'Orléans, frère du roi, qui gardait ainsi la possibilité d'épouser la reine en cas de mort « regrettable » de Louis XIII...

Quand je pense que tout le mal que nous lui reprochons s'est produit en quelques mois... Alors qu'en sera-t-il demain ?

— Eh bien ! Messieurs, il ne nous reste plus qu'à agir...

L'évocation de la Compagnie des Cent-Associés rouvrit la plaie vive de mon départ. Le père de Marie avait parlé de l'entreprise, usant de cette cause bassement mercantile pour vendre sa fille ! Tout était donc vrai, tragique, misérable, et je maudis ce monde et son appât pour le gain, un vice dont nous avions, Marie et moi, été les victimes. Dans quelle mesure Richelieu en était-il le complice ? Quel était le rôle de ce cardinal, honni de tous à l'exception de celui qui, glissé à la suite des conjurés, commençait à douter de ses convictions ? Au fond, n'étaient-ils pas tous enragés par la puissance et l'argent, et désirant tant ce pouvoir que leur haine ne leur interdisait pas de s'allier pour mieux se trahir ? Comment expliquer autrement ce concert, unanimement hostile et pourtant solidaire, qui entrait librement chez le roi ?

Pour résoudre cette somme de questions qui tambourinait dans ma tête, il m'aurait suffi de savoir que, le 2 décembre 1626[1], les Tuileries accueillaient l'Assemblée des notables[2] et qu'ainsi j'avais sous les yeux la plus incroyable représentation des illustres personnes du royaume – et le tableau complet des ennemis de Richelieu. Membres du clergé, de la noblesse, des parlements, farouches opposants, grimaciers et hypocrites, fourbes et cauteleux, tous ces courtisans désignés par le roi se rendaient à son invitation pour émettre des avis sur la marche de l'État. Et c'était le jour que j'avais choisi pour entrer aux Tuileries. Devinera-t-on la suite ?

À cent pieds de l'entrée, le cortège pompeux rompit son harmonie, et chacun présenta son accréditation sous les vivats des curieux, ravis de jouir de ce spectacle gratuit. Soudain, je fus nu, découvert,

---

1. En 1626, une année riche en événements, Pierre Minuit, agissant pour le compte de la Compagnie hollandaise des Indes, dépense 60 florins pour l'achat de l'île Manhattan aux Indiens Manhattes. En 1664, la Nouvelle-Amsterdam deviendra New York.

2. L'Assemblée des notables est distincte des États généraux. Ses membres sont désignés par le roi pour émettre de simples avis. Aucune autre assemblée ne sera réunie avant 1787.

incongru et ma seule parade consista à brandir ma recommandation, gémissant pour que l'on écoute le porteur de nouvelles d'une gravité extrême touchant la personne de Richelieu. On répondit sans circonspection, sans même prêter attention à ce document douteux, préférant me saisir par le col pour me bouter hors du lieu royal. J'eus beau hurler, me débattre comme un diable, personne n'écouta le sacristain. La gouaille parisienne se mêla à la scène, applaudit les gardes, se gaussa du malandrin crasseux qui osait perturber une si belle réception. Enragé, je revins à la charge, jurant d'échanger ma vie contre un peu d'attention. Un garde me menaça du cachot ; un autre sortit son épée. Et je dus fuir sous les quolibets.

Le cœur brisé et le ventre affamé, j'ai marché un moment, tenant en main la recommandation qui, désormais, était déchirée. Que me restait-il d'autre pour survivre ? Une chemise de coton élimée et le testament du curé de Montigny qu'il m'avait ordonné de ne lire qu'à Paris, après m'être présenté à ceux à qui il me recommandait. Le moment me sembla idéal. Avait-il deviné les épreuves que je traverserais, attendant que je sois quasi mort pour me livrer son ultime conseil et me consoler ? Bien sûr, ai-je pensé, car ma candeur me poussait forcément vers l'espoir. Cette personne pétrie de bonté avait par avance deviné que mon apprentissage serait dur et, pour ne pas m'inquiéter ou me décourager, il avait exigé que je ne le lise qu'après avoir touché le fond. Maintenant, que me disait-il de faire ? J'ai décacheté le sceau qui fermait sa lettre. J'ai cherché un abri qui me protégeait du vent glacial. J'ai lu d'un trait.

Et j'ai cessé pour toujours d'être ingénu.

Ces mots abjects, ignobles, inhumains, parlons-en maintenant pour ne plus y revenir. Le curé m'expliquait la véritable raison de mon départ et elle se résumait ainsi. Un mécréant avait profité des bienfaits qu'on lui offrait, trahi l'hospitalité de son seigneur, et il devait payer le prix. C'était le devoir d'un berger, gardien des âmes et des consciences, que de décider de la gravité de la pénitence. Celle de ce manant maudit débutait par l'exil, mais ce n'était pas assez. Il devait aussi connaître le désarroi. Et comment douter qu'il pût en être autrement ? se justifiait le prêtre en prétextant l'ire de Dieu. À Paris, le puni comprendrait le sens de sa souffrance, car rien n'était vrai dans la recommandation. Richelieu ? L'auteur de cette lettre infâme avouait qu'il ne connaissait que son nom. Les autres n'étaient que des inventions et des fantômes. Mais, pour se faire pardonner, il écrivait encore, n'oubliant pas celui à qui il devait le confort de sa cure, qu'il n'était pas le seul inventeur de ce traquenard. Le baron s'était laissé convaincre de l'efficacité d'une torture qui ne laverait pas l'affront subi, mais écarterait ses dangers. Ce piège avait été mûri la nuit avant mon départ et, en fuyant tel qu'on me l'avait recommandé, poursuivi par des chiens dans le seul dessein de me faire déguerpir à jamais, j'avais moi-même signé et reconnu mon forfait, me désignant inéluctablement comme l'auteur de l'incendie et m'interdisant ainsi tout retour, ce qui n'était que la juste récompense du péché que j'avais commis. « Adieu, pauvre feutier », terminait-il, en confiant mon destin à Dieu, puisque, désormais, Lui seul, s'Il acceptait de me pardonner (ce dont mon accusateur doutait), pouvait me venir en aide.

Il faisait nuit, à présent. Auprès de qui trouverais-je un secours si Dieu, comme on me l'annonçait, m'avait condamné ? Pour preuve de mon châtiment, cette ville me haïssait autant que ce curé, et il me vint l'idée que la vie elle-même me détestait. Je me suis agenouillé pour supplier le Tout-Puissant, mais, à Montigny, on avait dû faire de même pour convaincre le Ciel de rester sourd à mon chagrin. Un carrosse arrivait à vive allure. Les yeux des chevaux brillaient dans la nuit. Seul le diable me donnait rendez-vous. J'ai bondi sur mes jambes et me suis jeté vers ces abîmes. Alors, le noir m'a englouti.

Chapitre 12

MA MÈRE SOURIAIT, mon père se montrait auprès d'elle. Tous deux étaient jeunes et ne semblaient souffrir de rien. Ils se tenaient étrangement loin de moi, mais le cœur d'un fils ne pouvait se tromper et, bien que ne les ayant jamais vus, jamais entendus, j'étais sûr qu'il s'agissait d'eux. « Ne crains rien, Antoine, promettaient-ils. Désormais nous serons pour toujours avec toi. » Mais, au moment où je m'approchais pour étreindre ces êtres que je découvrais, leurs silhouettes s'effaçaient et Marie entrait dans le tableau. C'était une enfant, nous n'avions que dix ans. Elle parlait d'un chêne où nichait une cabane, siège d'un monde merveilleux dont elle possédait une clef. Cependant, je refusais de la suivre de peur ne plus voir mes parents et, pleurant sur mon choix, je l'abandonnais pour ne pas me retrouver orphelin. Alors, la nuit s'abattait et, dans un bruit effroyable précédant le fracas des sabots d'un cheval martelant le pavé, une voiture surgissait, déchirait le noir, une porte s'ouvrait, le curé se montrait et ses hurlements me terrifiaient. « Je t'avais offert de devenir sacristain, et tu avais promis de ne jamais céder à l'ambition, de veiller *ad vitam* sur moi et sur l'église, d'honorer notre Seigneur, d'obéir et de tout faire pour être digne de la confiance que je t'accordais ! » Il bondissait hors du carrosse, me saisissait aux épaules et je ne faisais rien pour lui résister. J'attendais qu'il me jette dans les enfers pour que s'achève cette vie épouvantable.

— Calmez-vous. C'est fini… Vous ne craignez plus rien…

Toutes les cloches de Rome résonnaient dans ma tête, mon corps était en miettes, ma mâchoire comme brisée. Non sans mal, j'ai ouvert les paupières. Un homme était penché sur moi et tentait d'apaiser ma fièvre à l'aide d'un linge imprégné d'un onguent qu'il déposait soigneusement sur mon front. Il souriait. Ses gestes étaient délicats, sa méthode lente, si bien qu'à force de patience, il parvint à soulager quelque peu le tintamarre qui martyrisait mes tempes, mais avait étouffé jusque-là une centaine d'autres douleurs continues qui brisaient mon corps et me coupaient le souffle.

— Encore une fois, je vous supplie de ne pas bouger. Dieu du ciel ! Je ne parviens pas à expliquer comment vous avez pu échapper à la mort.

— Où suis-je ? murmurai-je. Où sont passés mes parents ?

— Il délire, souffla une femme que je ne voyais pas.

— Sa peau est brûlante, répondit celui qui prenait soin de moi.

— Le choc a vicié son sang. Je vais en ôter, proposa la femme.

— Souhaiteriez-vous qu'il trépasse pour de bon ? Allez plutôt faire chauffer de l'eau que nous nettoyions de nouveau ses plaies…

Pendant qu'elle sortait, l'homme ne me quitta pas des yeux.

— Je me nomme Jacques Lemercier. Vous êtes chez moi, protégé, à l'abri de tous les dangers.

— Comment suis-je arrivé ici ? parvins-je à balbutier.

— Vous avez choisi de vous jeter sous mon carrosse, glissa-t-il sur le ton le plus calme. Mais mon cocher connaît son métier. Au prix d'une embardée audacieuse, il a évité le pire. Cependant, le sabot d'un cheval vous a marqué au front et vous en garderez longtemps l'empreinte. En vous découvrant inconscient, j'ai cru tenir compagnie à un jeune garçon qui expirait ses derniers soupirs. Puis vous avez rouvert les yeux et murmuré guère plus qu'un prénom, « Marie ». Mais, alors que je reprenais confiance, vous décidâtes de m'inquiéter davantage en vous évanouissant encore. Sans assurance, je l'avoue, on vous fit porter chez moi. Et nous avons lutté tous deux, dans l'espoir d'engager cette conversation…

La pièce était éclairée par deux immenses chandeliers. Les rideaux tirés ne me disaient pas s'il s'agissait du jour ou de la nuit.

— Voilà une semaine que je veille sur vous, reprit-il, devinant ma question. Je n'oublie pas Cunégonde, ma servante, une femme de cœur, doublée d'une excellente cuisinière dont les talents d'apothicaire valent moins que son adresse à déplumer le gibier… Oui, c'est elle qui songeait à vous saigner un peu plus ! se moqua-t-il. Ne préférez-vous pas ma méthode ?

Sans attendre, il décida pour moi :

— Nous allons sûrement vous tirer d'affaire... Mais de grâce, suivez ces conseils : ne bougez pas. Redressez la tête, à présent. Ainsi, calé dans cet oreiller, comment vous sentez-vous, Antoine Petitbois ?

— Vous... vous connaissez mon nom ? réussis-je enfin à articuler.

— Je crois tout savoir de vous.

Il marqua un silence avant d'ajouter d'une voix calme :

— Et je comprends pourquoi vous avez souhaité mourir... Allons, soupira-t-il, reposez-vous. Je reviendrai vous voir... Avez-vous faim ?

Je répondis d'un signe en baissant les paupières.

— Confiez le sort de votre estomac à Cunégonde. Vous ne risquez rien. Mais refusez vertement si elle vous propose de jouer au barbier...

Il éclata de rire et sortit en fermant délicatement la porte.

— C'est un très grand architecte !

Cunégonde me tint compagnie pendant que j'avalais une soupe composée de choux et de gras qui réchauffait mes entrailles et réconfortait mon corps endolori. M. Lemercier n'avait pas exagéré : Cunégonde était excellente cuisinière. Mais ce don irréprochable s'accompagnait d'un terrible penchant pour la bavardise, un trait de caractère propre aux gens généreux.

— Alors, que disions-nous ? Ah oui ! Je parlais de son métier...

Assise sur une chaise trop étroite pour son imposant fessier, elle ne parvenait pas à rester en place. Ce moulin à paroles bougeait et remuait le bassin, tandis que ses mains larges et potelées frottaient constamment la couverture du lit où je reposais pour en ôter d'imaginaires poussières. Le tournis me reprit.

— C'est même l'architecte du roi et celui de Richelieu, expira-t-elle sur le ton du secret.

— Richelieu ! sursautai-je, ce qui fit craquer mes os.

— Vous logez chez l'homme le plus remarquable de Paris, asséna-t-elle, en avançant le menton, et Dieu vous a accompagné quand vous avez décidé sottement de vous jeter sous les roues de ce carrosse...

— Allons ! Cunégonde... Ne citez pas le Seigneur sans raison...

Jacques Lemercier venait d'entrer et observait la scène d'un œil narquois. La cuisinière sursauta et se leva d'un bond.

— Que racontiez-vous ?

— Rien, monsieur. Rien du tout...

Son maître fronça les sourcils.

— En entrant, j'ai pourtant cru que vous glissiez à voix basse je ne sais quelles confidences sur ma personne, s'amusa-t-il à la torturer.

— Monsieur, s'attrista-t-elle. Ce n'est pas moi qui vous trahirais...

— Ne disiez-vous pas que j'étais architecte ?

— C'est la vérité !

— Auriez-vous prétendu que j'étais le plus grand ?

— On le raconte partout, se défendit-elle.

— Vous n'avez rien affirmé de plus qui puisse me flatter ?

— Pas un mot, Monsieur.

— Pas même soutenu que j'étais magnanime ?

— Non, monsieur, puisque je ne connais pas ce mot, rétorqua-t-elle en plaçant ses mains sur les hanches.

— Parfait ! grogna Lemercier en élevant soudainement la voix, mais sans méchanceté. Car je vais vous apprendre qui je suis vraiment...

Prête à entendre d'extravagantes révélations, Cunégonde plissa les yeux et tendit le cou.

— Un homme affamé, s'exclama-t-il. Je veux du bon pain, un solide morceau du poulet qui cuit dans votre fief, et que j'ai aperçu en poussant la porte. Ajoutez-y du vin d'Anjou !

Il accompagna son ordre d'une belle révérence :

— ... Ainsi que du fromage, s'il vous plaît, chère Cunégonde.

Et rien n'aurait pu faire plus plaisir à cette âme généreuse.

⚜

L'architecte Jacques Lemercier affichait élégamment ses quarante ans. Du moins, mon hôte ne semblait pas dépasser cet âge. De taille plutôt grande, il avait conservé une silhouette svelte, y ajoutant cette élégance discrète avec laquelle les gens d'esprit et de bon aloi de ce siècle savaient désormais s'accorder. Rompant avec la mode qui, au temps jadis, faisait la part belle aux garnitures exubérantes [1], il ne montrait ni or, ni vêtement en soie ni couleurs vives, mais un sobre pourpoint [2] blanc dont les manches ajourées au coude découvraient une modeste chemise. Les basques [3] de sa veste laissaient voir le haut de cette chemise sans jabot et d'une économie monacale. Les chausses [4] se voulaient austères et, à l'exception d'élégants rubans qui servaient d'attaches au pourpoint, la tempérance dominait cet ensemble, sans que le charme agisse moins. Lemercier portait de belles bottes de cuir, mais cette concession ne devait rien à l'attrait pour l'apparence. Seul le froid de l'hiver l'obligeait de même à s'être muni d'un manteau, ou plutôt d'une cape doublée de fourrure, sans parure inutile et dont le seul calcul était de rejeter le pan droit sur l'épaule, ce simple détail conférant au tout une noble grâce.

L'architecte s'avança, et je pus revoir et mieux détailler son visage dont le plus bel effet tenait à ses longs cheveux, descendant dans le cou et encadrant une moustache doublée au menton d'une barbe finement taillée. Ses traits ainsi que son regard vif et clair montraient une infinie douceur, à l'égal du sourire lumineux qu'il m'adressait encore.

---

1. Louis XIII, roi austère, souhaitait que la cour mette fin à la mode des extravagances baroques de la Renaissance. Désormais, on préféra les étoffes sans motifs, à la couleur unique, et l'on supprima la dentelle des manchettes et des cols.
2. Vêtement d'homme couvrant le corps du cou à la taille. C'est une espèce de veste tirant son origine des vêtements portés sous l'armure. Le pourpoint est relié aux chausses par une fixation.
3. Pans ouverts de la veste.
4. Les chausses sont des bas (en laine pour l'hiver et la chasse) attachés au pourpoint à l'aide de rubans ou de cordonnets.

— Votre geste est une offense à la vie que vous a donnée Dieu, me dit-il soudainement, d'une voix calme.

Il s'approcha de moi et me toucha le front pour apprécier la fièvre.

— Vous vivrez, m'assura-t-il. Et vous le méritez.

— Votre bonté est grande… ne sus-je que répondre tristement.

— Et pour seule récompense, vous m'offrez une mine bien pâle que votre mésaventure, j'en prendrais le pari, n'explique pas complètement, poursuivit-il sur un ton aussi aimable.

— Pardonnez-moi, repris-je, butant sur chacun de mes mots, mais je n'ai connu que peu de joies sur terre, et un homme…

— Qui ? m'aida-t-il à poursuivre, car je m'étais tu.

— Un prêtre, avouai-je d'une voix hésitante. Et si votre générosité réchauffe mon cœur, elle vient hélas trop tard.

Il m'observa longuement avant de se décider :

— Avez-vous réalisé qu'en mourant vous obligiez un innocent à vivre avec le remords de ne pas avoir su vous éviter ? Croyez-moi, j'ai vu mon cocher trembler quand il vous a cru trépassé.

— Dites-lui combien je regrette et le prie d'accepter mes excuses…

— Il vous a pardonné en apprenant que vous étiez vivant, éprouvant un plaisir supérieur à sa frayeur. Ainsi, le malheur niche près du bonheur et aucune vie n'est différente, soupira-t-il. Le bien et le mal se succèdent sans qu'il soit possible de comprendre vers quoi nous nous dirigeons. J'ai moi-même connu la tristesse en vous croyant mort, puis la joie en vous sauvant. C'est pourquoi mon tour est venu de remercier la providence de vous avoir… glissé sous les roues de mon carrosse.

Après avoir enduré tant d'épreuves, la pondération et la tolérance me semblaient impossibles à trouver chez un homme. Il y avait un piège, songeai-je, et mon état fébrile m'empêchait de l'entrevoir. Mon visage se ferma plus encore, montrant que je doutais d'une telle charité. Pourtant, mon hôte fit mine de ne rien voir, s'occupant à tirer une chaise qu'il vint placer à mon chevet.

— Calmez-vous, murmura-t-il. Ici, je promets que vous ne craignez rien. Tout est fini, je l'ai dit. Et puisque j'ai eu du temps pour réfléchir à votre cas, parlons plutôt du futur…

— Monsieur... je vous supplie de ne pas laisser espérer celui qui ne sait que produire drames et tragédies, m'exclamai-je.

— Je suis pourtant presque certain qu'il n'y a pas si longtemps vous ne songiez qu'à croire en vous et en les autres, glissa-t-il en s'approchant assez pour me fixer dans les yeux. À aimer, également, insista-t-il.

De quoi parlait-il ? D'où tirait-il cette assurance ? Avais-je déliré, prononcé des paroles dangereuses, regrettables ? Avais-je cité Marie ? Je me souvins brusquement qu'il avait peu avant prononcé ce prénom. Ainsi, par ma faute, j'entraînais une innocente dans mes erreurs.

— En effet, vous n'ignorez rien de moi ! jetai-je en lui adressant un regard en coin.

— Pour vous connaître, il a bien fallu fouiller dans votre vie...

Que voulait-il ? Soudain, la crainte me saisit. Lemercier était donc semblable à ses congénères et guère mieux que les nobles gens allant au palais du roi en maudissant leur condition et fomentant de funestes projets à l'exemple de cet autre personnage, ce... ce... Thierry de Millard, dissertant en traversant la Seine sur le sort de Richelieu qui lui-même, si j'en croyais cette galerie de sujets infâmes, valait autant que son illustre confrère, le curé de Montigny...

Comme toujours, mon esprit s'enflammait, et pendant que le silence s'installait, il me sembla que l'architecte du roi et du Cardinal s'amusait à deviner mes pensées et, bien injustement, se réjouissait du désordre dans lequel je me débattais.

— Votre vie, reprit-il, tient entièrement dans les deux lettres que j'ai trouvées sur vous et que, pardonnez-moi, j'ai lues afin d'en apprendre un peu plus sur un jeune homme assez aventureux pour se mesurer à mon carrosse. Il me fallait savoir si j'hébergeais un brigand ou un innocent... Et mon opinion fut vite installée.

Il sortit de la poche de son gilet les écrits maudits du prêtre.

— Cet ecclésiastique mériterait d'être puni et ne doutez pas que le moment venu le Créateur se penchera sérieusement sur son cas.

— Vous savez donc à peu près tout, répétai-je dans un murmure.

— Et le reste, je l'ai deviné, opina-t-il. Votre affection sincère pour Marie, la jeune fille d'un baron, et j'y ajoute une naïveté déconcertante dont s'est ignoblement servi cet homme de Montigny pour vous conduire à une déchéance qui explique que vous ayez voulu mettre fin à votre vie.

— Cela veut-il dire que vous partagez mon point de vue ? lâchai-je reprenant confiance et laissant agir cette inconstance qui m'avait déjà nui.

— Je vous comprends, corrigea-t-il. Mais je varie quant aux moyens dont vous avez usé. C'est pourquoi ma conclusion sera sévère.

Ainsi, lui aussi me condamnait. Et je perdis de nouveau brusquement espoir, montrant combien mes pensées manquaient de cohérence.

— J'exige que vous mettiez fin aux idées macabres. Mais comment être certain que vous m'écouterez ? Puis-je vous laisser partir sans le regretter ? De plus, vous devez me rembourser la pension que je vous offre à laquelle s'ajoutent diverses réparations sur mon carrosse et le prix de mon silence. Voilà de quoi vous obliger à rester au-delà du temps que nécessitera votre convalescence.

Il se frotta la barbe, faisant mine de réfléchir :

— Vous savez écrire et compter, affirme ce curé. Cela me sera utile. Mais pourrez-vous calmer votre fougue ? Si je vous déplais en glissant un mot plus haut que l'autre, mettrez-vous le feu chez moi ?

— Monsieur, bredouillai-je. Je peux vous expliquer… Et combien je regrette…

— Je ne veux plus jamais subir votre mélancolie, ordonna-t-il d'un geste de la main. J'ai besoin d'un commis, mais je veux qu'il aime la vie. Et l'architecture…

Soudain, il se leva pour marcher vivement dans la pièce :

— J'entreprends la construction d'un palais pour un personnage de premier plan. Oh ! vous connaissez son nom. C'est même celui dont vous espériez la protection…

— Richelieu ? ne pus-je m'empêcher de demander.

Il répondit d'un mouvement du menton. Puis il croisa les bras :

— Mais nous devons encore parler d'un sujet très grave.

Je m'étais redressé, l'esprit bousculé par toutes sortes d'émotions contraires, tantôt décidé à ne pas croire à ce nouvel espoir, tantôt jurant de revivre, et prêt à tout entendre pour suivre ce gentilhomme.

— Cunégonde, lâcha-t-il. Il faudra accepter son envie de discuter. Vous me servirez aussi à l'occuper afin qu'elle me laisse en paix…

L'intéressée choisit ce moment pour entrer, le souffle court et les bras chargés d'un plateau débordant de victuailles :

— Dois-je comprendre que vous m'ajoutez du travail ?

Et elle partit d'un rire auquel se joignit son maître.

Chapitre 13

Une immense maquette en bois reposait sur le plancher, au centre d'une vaste pièce dont les murs, recouverts de croquis et d'essais raturés, d'hypothèses rejetées d'une plume fiévreuse, racontaient les hésitations, peut-être les regrets de son inventeur, et surtout la somme d'efforts dédiés à ce chef-d'œuvre qui atteignait l'excellence. C'était la réduction parfaite d'un palais dont les dimensions colossales s'appréciaient à l'aune du plan qui, tracé au lait de chaux sur le parquet, figurait ses alentours, ses jardins et ses cours, puis les rues venant et partant du cœur, puis les palais et les hôtels adjacents, car ce joyau était appelé à être bâti à Paris *intra muros*, près du Louvre et des Tuileries. Bien qu'exécuté à main levée, l'ensemble était assez précis pour qu'on reconnaisse le siège du pouvoir royal, terni par la concurrence de son rival. Afin de parachever l'ensemble, les bâtiments appelés à être détruits, pour faire place aux nouveaux, étaient hachurés à la craie, et j'appréciais singulièrement cet effet, car j'en étais l'auteur.

— Bonne idée, Antoine, m'avait félicité Jacques Lemercier.

Mais les compliments ne s'éternisaient pas. Il ne fallait rien lâcher au temps, reprendre inlassablement le travail, oublier les heures, le froid et la faim jusqu'à entendre le pas lourd de Cunégonde qui nous apportait de quoi nous sustenter avant de réveiller le foyer de l'immense cheminée qui mordorait les flancs, les terrasses, les toits, les fenêtres, les murs de ce projet extraordinaire. Même notre bonne cuisinière se taisait pour admirer les progrès réalisés. Et, sans demander son reste, sans poser de questions, elle repartait sagement à sa besogne de peur d'exciter le caractère depuis peu ombrageux de son maître, l'architecte.

Le moment était venu d'achever cette tâche épuisante et exaltante, d'oublier les épreuves, la complexité d'un exercice qui nous passionnait et nous dévorait depuis déjà un an. Et pour récompense, en ce jour de 1629, de simplement regarder notre ouvrage.

L'aube se levait à peine, mais nous devinions qu'il ferait chaud, qu'un soleil éclatant marquerait ce moment exceptionnel. Les premiers rayons caressaient le clocher de l'église de Saint-Germain, car au mois de juillet l'astre passait au-dessus des toits et entrait par les hautes fenêtres, colorant de ses lueurs le vaste atelier de Jacques Lemercier.

— Nous y sommes… Fais attention à ce qui va se produire, Antoine.

Un éclat embrasa le parquet et gagna progressivement le reste de la pièce. Si bien que la maquette fut bientôt adoucie de clarté.

— L'axe me semble parfaitement respecté, murmura-t-il. Oui, c'est ainsi que les façades du palais seront éclairées. Vois-tu le résultat ?

Il s'était agenouillé et observait la façon dans la lumière entrait par les ouvertures du premier étage. Sa main accompagnait les progrès de l'azur et suivait ses agissements sur les jardins situés à l'arrière. Il y avait du prodige dans ce spectacle dont la réduction n'ôtait rien à l'impression du réel et laissait croire que l'on pouvait survoler ce monde et le dominer.

— Il fera doux, ici, glissa le créateur en caressant de la paume une double rangée d'arbres minuscules, parfaitement alignés, qui magnifiait la perspective d'allées modelées dans les moindres détails, jusqu'aux bancs, jusqu'aux statues, et suggérant une vérité qui demandait à naître.

Il se releva lestement et m'adressa un sourire qui racontait son bonheur :

— Le Cardinal sera satisfait.

Nous aurions pu rester ainsi, sans bouger, tels deux soldats soudés par un combat dont ils sortaient comblés et parfaitement désemparés car, au moment où l'épreuve se terminait, le plus dur était de se défaire de sa compagnie. Mais les cloches de Saint-Germain annonçaient déjà la fin des matines, l'office divin commencé avant le lever du jour.

— Allons, Antoine ! sursauta-t-il. Il est temps de nous faire beau... Son Éminence sera là dans peu de temps et nous devons lui faire honneur.

— Comment dois-je me comporter ? demandai-je timidement. Faut-il que je vous laisse seul ?

— Il n'en est pas question, rugit-il. S'il montre sa satisfaction, tu en profiteras. Et s'il déteste notre travail, tu partageras sa peine et ses effets ! Cours t'habiller, mais ne choisis rien d'ostentatoire. Sinon, il jugera que nous sommes trop bien payés.

Jacques Lemercier se frotta les mains. Le Palais-Cardinal, futur lieu de vie du meilleur conseiller du roi, allait enfin naître et, selon les calculs de son architecte, il lui en coûterait la bagatelle de sept cent mille livres [1].

C'est un moment exceptionnel que je décris et, en y repensant, je le ressens comme le point d'orgue d'une époque heureuse, mais aussi une transition capitale car, ce matin de juillet 1629, j'allais croiser Richelieu. Ainsi, comme un juste retour des choses, et telle une vengeance venant à se réaliser, la machination du curé de Montigny se retournait contre lui. En dépit de tout, je verrais en chair et os le personnage qui avait guidé mes pas vers Paris. Du moins, il me plaisait d'y croire, et ce sentiment où l'orgueil se mêlait à l'excitation, m'exaltait et me troublait plus encore.

Plus de deux années, et autant de saisons bénies, s'étaient écoulées depuis ma rencontre accidentelle et inespérée avec Jacques Lemercier qui, usant de charité et de réconfort, m'avait démontré en actes, et non plus en paroles, que la vie méritait qu'on s'y attache. Mon rétablissement s'était prolongé jusqu'à la Nativité, car mon hôte ne me forçait à rien et laissait agir le temps, comprenant

---

1. On estime les travaux à plus de six cent cinquante mille livres, l'acquisition du seul hôtel de Sillery, pour la réalisation d'une place, s'élevant à cent cinquante mille livres. Le Palais-Cardinal devint Palais Royal après la mort de Richelieu qui en fit don au roi.

qu'il fallait soigner autant les douleurs que les doutes. *Mens sana in corpore sano*, ainsi que l'affirmait Juvénal. L'esprit n'allait pas sans le corps et, tandis que Cunégonde orchestrait le terrestre, Jacques Lemercier me nourrissait de son affection. Agissant avec sagesse, il entreprit de me faire découvrir les promesses de son métier. Il me montra des plans, me raconta peu à peu ses œuvres, ne cachant rien de ses difficultés et de ses joies, mais ne parla que d'espoir et du futur pour me faire oublier la cruauté d'antan.

Cet artiste avait suivi un apprentissage à Rome avant de rentrer en France, affichant bientôt une maîtrise et une assurance à l'égal de son aîné Salomon de Brosse. Le palais du Luxembourg, la façade de l'église Saint-Gervais, le pavillon de l'Horloge, au Louvre, l'agrandissement de l'hôtel de Bouillon pour le duc de Liancourt… Ces hommes mesuraient-ils les effets de leur génie sur Paris ? Partout, la beauté, l'élégance et la grâce voulaient triompher, appelant de nouvelles prouesses, excitant davantage la hardiesse de ces bâtisseurs. Ainsi, chaque église, chaque palais, chaque collège se voulaient plus audacieux et toujours supérieurs aux réalisations précédentes. Demain, emportés par l'opiniâtreté créatrice des architectes, qu'inventeraient les jardiniers, les tailleurs de pierre, les charpentiers, les menuisiers, donnant l'exemple aux poètes, aux peintres, aux musiciens ? La ville frémissait de projets, d'ambition, de grandeur, engendrant une activité féconde qui nourrissait en retour une fourmilière humaine, subjuguée par la vitalité et la richesse du roi et de ses élites. Le palais cardinal en était la nouvelle preuve. Richelieu avait compris que son pouvoir exigeait qu'il s'affichât et le géant de la politique avait choisi Lemercier pour l'orchestrer.

Ce dernier avait-il besoin d'un jeune apprenti, aussi ignorant que moi ? Sûrement pas. Je ne savais pas même tirer un trait, et j'ignorais tout du style, de son histoire et de ses écoles, n'ayant eu pour instruction que la contemplation d'une église romane dont les courbes distrayaient mon ennui quand je balayais. Jacques Lemercier eut tôt fait de se rendre compte que le cas de son protégé nécessitait un long apprentissage, mais rien ne pouvait le décourager. Si je n'avais aucun don pour le dessin, il restait les chiffres, les détails, le suivi de l'exécution qu'il ne fallait pas négliger. Contrôler, surveiller, suivre les travaux, compter les poutres, les planches, les clous ! Son art avait besoin d'un économe en qui – puisqu'il lui devait tout – il pouvait avoir confiance.

— Je manque de temps, soutenait-il. Et les commandes affluent…

Au mois de décembre 1626, alors même que je n'étais pas encore rétabli, Salomon de Brosse s'était éteint, laissant inachevés toutes sortes de chantiers dont celui du palais du Luxembourg, tant désiré par Marie de Médicis, la mère du roi.

— Tu noteras tout, vérifieras les dépenses, inspecteras ce qui est en cours, décida mon employeur. Et, pour ne pas avoir à te courir après quand je te chercherai, tu resteras ici, chez moi.

Et je savais qu'il agissait ainsi afin de me protéger de moi-même et de mon ingénuité.

— D'ailleurs, où irais-tu loger ? Tu ne connais personne ! De grâce, ne commence pas à rechigner. Cunégonde partage cet avis. La maison est grande. Cette chambre te plaît-elle ? Plus tard, nous réfléchirons à ce qui conviendra le mieux. Pour l'heure, je me méfie encore. Saurais-tu circuler sans te faire renverser par une chaise à porteurs ? se moquait-il. Apprends, progresse, cherche à dépasser ton maître et pour cela, écoute-le. Nous sommes donc d'accord… Tu commences aujourd'hui.

Et sans attendre ma réponse, il s'était levé.

— Profite de tes derniers instants de liberté !

La porte se referma. Une autre aventure débutait.

Ces années défilèrent comme la bourrasque. Les plans de l'église Saint-Nicolas-du-Chardonnet, la reconstruction du Collège de la Sorbonne occupaient nos journées – et souvent nos nuits. Mais il fallait y ajouter les travaux entamés par Salomon de Brosse qu'on ne manqua pas de confier à son illustre cadet. Les finitions ! Voilà un travail besogneux, composé de multiples détails allant mal de concert avec l'inspiration débridée du géniteur qui préfère l'invention aux réprimandes du mécène soudain porté à contester ce qu'il approuvait, car tout est bon pour retarder l'échéance du paiement. Tout se discute et se plaide dans le seul dessein de reculer le moment où chaque partie s'avouera enfin satisfaite. Aussi, faut-il noter mot à mot les désirs des uns et des autres, obtenir un accord avant d'engager de nouvelles dépenses et négocier savamment les avances... Pour arriver à mes fins, je compris peu à peu comment user de mon air effacé, de ma jeunesse, et qu'ainsi nombre furent abusés par une timidité imaginaire, au point de croire que tant de faiblesses leur permettraient de conclure selon leur opinion. J'appris à devenir docile, patient, fin manœuvrier, usant d'humilité afin d'obtenir une conclusion favorable à nos intérêts.

Serais-je en train de me flatter ? Refusant toute fausse modestie, et répétant que j'ai promis la vérité, j'affirme que mes qualités, domptées par un enseignement hors de pair, ont été utiles à Jacques Lemercier. Réclamera-t-on des preuves ? Elles viendront, et de manière surprenante, puisque je démontrerai qu'en matière d'architecture, comme pour les secrets d'État, la ruse et la discrétion sont des armes plus efficaces que le tranchant de l'épée...

Pour l'heure, je tentais de corriger mes défauts et je progressais en instruction en courant d'un chantier à l'autre pour entendre les récriminations d'une multitude de corps de métier qui s'agitaient et se conspuaient, s'accusant mutuellement d'être les victimes des erreurs et des retards d'un autre.

Cette engeance, propre au bâtiment, mêle l'aplomb du marchand à la rudesse du mercenaire et il faut combiner avec ces caractères, opposer la douceur à leur fermeté, les écouter gémir patiemment, prendre des airs chafouins, parfois céder – mais toujours modérément – à leurs suppliques. L'habileté dont je faisais preuve dans les négociations ne se comparait pas au brio de M. Jacques Lemercier, mais je sais qu'elle nous fut utile et profitable, car j'agissais dans l'ombre, découvrant que j'aimais les eaux troubles, les alcôves, et que je préférais les coulisses à la scène. Le second et le premier, le maître en pleine lumière et l'assistant, doublure falote et insignifiante. Combien notre complicité, couronnée par la confiance, nous rendit parfaitement heureux... jusqu'à ce jour où il fallut terminer le palais du Luxembourg. Mais c'était l'ordre de Marie de Médicis, mère du roi, et reine mère. Un piège, en réalité, car, ici, je fus mêlé contre mon gré à ce complot contre la Nouvelle-France qu'il me brûle d'exposer pour cent motifs dont le plus insignifiant, mais le plus personnel, est de démontrer que la malice vaut mieux que la force et constitue parfois le meilleur des atouts ; que dès lors, je n'ai pas cédé à la flagornerie en prétendant plus haut que mes talents, fort modérés, avaient épaulé l'art et l'architecture. Et plus encore, Richelieu et le roi…

La Nouvelle-France, je ne l'oublie donc pas. C'est même le sujet principal de cette confession et je me souviens très bien qu'en 1627 et en 1628 la colonie composait le centre des conversations, y trouvant le moyen d'aborder un sujet commun à tous : Richelieu. Sa richesse, son pouvoir, ses ennemis, sa possible disgrâce, sa sévérité en retour, son intolérance, tout donnait lieu à des discussions enflammées et féroces. On le vénérait ou on le honnissait puisque le juste milieu ne convient pas à un homme d'exception, et je mesurais combien les paroles entendues, près de trois ans plus tôt, tandis que j'espérais entrer aux Tuileries, s'unissaient à l'opinion générale. Les impôts, les taxes ! À qui la faute ? Les mauvaises récoltes, la froidure de l'hiver ! À qui la faute ? Les intrigues ! À qui la faute ? Richelieu était responsable du pire, honni par le peuple autant que par la noblesse. Se souvenait-on simplement qu'il s'entêtait à mater les factions opposées à l'autorité de la couronne, à abaisser le pouvoir inique des seigneurs féodaux, à museler la puissance néfaste de la maison d'Autriche, à unifier la foi de la France [1] ? Mais en voulant défendre l'accusé, j'endosse les habits de l'avocat et je prends le risque d'y perdre mon crédit. Aussi, avouant que mon avis est teinté d'admiration, j'ajoute que les décisions du Cardinal souffraient d'être brutales, demeuraient souvent incomprises, subissant en retour, et au premier échec, toutes sortes de critiques acerbes. Or, en ces années où je découvrais Paris, la

---

1. Évocation de la volonté inextinguible de Richelieu d'abaisser et de détruire le pouvoir des protestants, un dessein qui conduira Louis XIV à révoquer la tolérance inscrite dans l'édit de Nantes (voir *L'Insoumise du Roi-Soleil*, même auteur, même éditeur).

Nouvelle-France offrait aux moqueurs un excellent sujet de dissertation.

La conquête du Québec se heurtait à de graves difficultés et tous les éléments se conjuguaient pour en freiner la réalisation. Des nouvelles dramatiques parvenaient des navires s'en revenant du Saint-Laurent. On y parlait de disette, de famine, du typhus, du scorbut, d'Indiens farouches et rien ne voulait fonctionner. Vingt ans s'étaient écoulés depuis que Samuel de Champlain avait trouvé son havre sur les rives de *la Grande Rivière de Canada*, choisissant Québec pour berceau d'une conquête irréversible. Mais, depuis 1608, la progression restait modeste. Reclus dans une simple habitation, les hivernants mouraient de froid, de faim, tandis que les rares survivants attendaient tel un miracle la venue au printemps des navires de France. Que pouvait-on tirer d'un pays dont les terres infinies peinaient à se laisser cultiver ? Des baleines ! À l'exemple de ces pêcheurs basques qui faisaient campagne à Tadoussac[1], avant d'affronter de nouveau les aléas de l'océan dont l'humeur furieuse et versatile engloutissait, en un instant, leurs espoirs.

Que penser du commerce des fourrures, soumis à la même infortune ? Tantôt l'année était bonne, sinon tragique. Tantôt on pactisait avec le sauvage, sinon il tranchait les têtes. Ces dires étaient sommaires, mais parfaitement calculés pour décourager. Au final, une seule idée vint dominer toutes les autres : rien ne réussissait, rien ne résistait à la férocité d'un territoire montrant à l'homme le prix de sa vanité. Valait-il mieux renoncer ?

Quelques courageux, téméraires et héroïques, accrochés à l'espoir plus encore qu'à la vie, s'acharnaient pourtant à soumettre la terre. Louis Hébert, exilé avec femme et enfants, avait réussi à défricher sept arpents à la force des mains, car il n'y avait ni bœuf ni charrue. Que l'on prenne la mesure de ce défi, digne d'Abraham[2], que l'on

---

1. Aujourd'hui, lieu d'observation des cétacés, situé au croisement du Saint-Laurent et de la rivière du Saguenay, en aval de la ville de Québec. Autrefois, centre de pêche.
2. Louis Hébert fut surnommé « l'Abraham de la colonie ». Son souvenir perdure au parc Montmorency, dans la ville Québec. Louis Hébert y est représenté une gerbe de blé dans une main et une faucille dans l'autre.

comprenne aussi qu'un seul homme s'était courageusement décidé à se fixer hors de l'habitation de Québec. Mais ce dernier était mort lors de l'hiver 1627, racontaient ceux qui avaient fui après avoir abandonné et dont le regard fiévreux expliquait l'enfer. Alors oui, on doutait plus que jamais quand surgit le projet d'une compagnie chargée de conquérir l'imprenable. Ils étaient cent, tous associés, tous décidés et fortunés. Ils s'engageaient à engloutir pas moins de trois cent mille livres afin d'affréter de solides navires qui expédieraient chaque année trois cents hommes de plus. Maçons, cultivateurs, forgerons, bâtisseurs... il ne manquerait rien à la fondation d'une nouvelle France, pas même le nom de Richelieu qui, à lui seul, donnait tout son poids à l'entreprise. Si ce dernier y venait, l'affaire était *forcément* bonne. Il s'agissait sans doute d'un filon. Le flair des affairistes fit le reste. En 1627, le registre des inscriptions s'ouvrit. Claude Riquemont de Brison, Louis Haouël du Petit-Pré, Gabriel Lattaignant, Simon Dablon, David Duchesne, Jacques Castillon paraphèrent les premiers et, séduits par cet élan, d'illustres signatures suivirent, portées par l'idée enthousiasmante que l'on se donnait enfin les moyens d'apprivoiser l'eldorado enneigé du Québec.

Mais l'allégresse retomba vite. Car rien ne se déroula comme prévu.

La Compagnie des Cent-Associés, nous y venons, et mon âme se consume dans la haine. Cinquante ans se sont écoulés, mais je n'oublie pas que, dans cette aventure qui excitait l'esprit du père de Marie au point de vendre sa fille afin de profiter de ce « filon », niche le terrible secret que je détiens, et dont il est temps de révéler la face la plus sombre.

Chapitre 14

— Il me semble de très mauvaise humeur…

Jacques Lemercier avait murmuré ces mots, penché à mon oreille, tandis que Richelieu, le regard absent, détaillait la maquette de son futur palais, sans que l'on parvienne à savoir ce qu'il aimait, ce qu'il détestait, et plus étonnant encore, si le sujet l'intéressait.

— Voyez-vous, Éminence, risqua l'architecte pour tenter de briser le silence, les dimensions et l'élévation ne visent pas l'ostentation, mais le pouvoir. Au premier coup d'œil, on doit comprendre que ce palais en est le siège…

— Souhaitez-vous que l'on m'accuse de chercher à rivaliser avec le roi ? rétorqua le Cardinal sans monter la voix. Pensez-vous que mes ennemis ne sauteront pas sur cette belle occasion pour m'accuser d'être trop riche, de voler la Couronne, d'en vouloir toujours plus ?

— C'est pourquoi, reprit son vis-à-vis en s'efforçant de sourire pour masquer l'inquiétude qui le gagnait, la beauté et les richesses ne se montrent qu'à l'intérieur. Il faut entrer, et y être pour cela autorisé. D'ailleurs, regardez encore comment nous avons séparé les lieux destinés à recevoir vos visiteurs, de ceux où vous logerez dans le plus grand secret…

Richelieu daigna tourner la tête vers ce que lui montrait Lemercier à l'aide d'une solide baguette. Moi, je me tenais à l'écart, regrettant que la pièce ne disposât d'aucun recoin où j'aurais voulu me cacher pour mieux observer la scène.

En dépit de la chaleur, le Cardinal portait ce fameux manteau rouge sous lequel se montrait un habit noir rehaussé d'un fin collet de dentelle. Jacques Lemercier avait bien fait d'opter pour une tenue sombre qui ne jurait pas avec celle du visiteur, si bien qu'il existait une sorte d'étrange ressemblance, d'imitation entre le ministre et l'architecte. C'était comme un air de famille, un cousinage entre les deux hommes affichant tous deux une barbe taillée de manière impériale [1]. Mais au-delà de l'apparence, ils semblaient différents et, en détaillant leurs attitudes, je compris ce qui les distinguait.

L'architecte se montrait volubile, affairé, porté par l'événement et ses enjeux ; le Cardinal économisait ses gestes, regardant rarement celui qui lui parlait, s'intéressant peu à cet ouvrage qui nous avait demandé un immense travail. Depuis mon point d'observation, trois pas en retrait, il paraissait distant, lointain, absorbé par les graves pensées qui préoccupent les personnes importantes, conclus-je hâtivement. Tout à mon affaire, je voyais Lemercier qui vantait à présent l'effet de la lumière dont il était si heureux tandis que Richelieu restait silencieux ou ne s'exprimait que pour corriger son interlocuteur, traitant ainsi ces événements avec indifférence, ce qui augmentait le désarroi du pauvre architecte. Mais comment prendre la main, s'imposer dans ce face-à-face quand son contradicteur n'avait pas même besoin de s'exprimer pour apparaître en maître ?

Bouleversé par ce moment d'une rare intimité, et prisonnier de ma curiosité, j'oubliai mes fonctions pour m'intéresser encore au Cardinal. Captivé par sa présence, je me convainquis que rien ne m'empêcherait de l'observer, de ne plus le lâcher des yeux, à condition de ne pas gesticuler. L'audace et la jeunesse encourageaient ma muflerie, mais je crois surtout que je me vengeais du curé de Montigny. Et je confesse que mon bonheur aurait été plus immense si j'avais pu convier de force l'ecclésiastique à ce spectacle. Et le voir mourir d'émoi sur le coup.

— Antoine ! Les plans de la bibliothèque... Vite !

---

1. Ensemble composé d'une moustache et d'une barbe taillée au menton.

Jacques Lemercier me rappelait à l'ordre. Son visage était gris et je vis que sa main tremblait. Il cherchait de l'aide. D'un bond, je sortis de mes songes pour dénicher ce qu'il réclamait. Richelieu jeta un coup d'œil dans ma direction, comme s'il découvrait que quelqu'un se trouvait dans la pièce. Et il sembla m'oublier aussitôt. D'où tirait-il cette impression de puissance ? Ce n'était ni grâce à sa taille ni grâce à sa carrure. De même, il fallait tendre l'oreille pour saisir les infimes inflexions de sa voix, car un peu de douceur ou d'agacement suffisait pour que l'on devine son état d'esprit. C'était peut-être ici que résidait sa force mystérieuse. Sa distance le rendait comme insensible aux événements auxquels il faisait mine de n'accorder que peu de gravité, du moins pas assez pour qu'ils agissent sur son caractère. Son visage n'exprimait rien d'autre que l'ennui d'une conversation trop longue. Impavide, il écoutait Lemercier défendre son projet sans que son regard ne se rembrunisse ou ne s'embrase, et j'en vins à penser que cet homme d'Église éprouvait un attrait modéré pour les choses terrestres, même quand elles mettaient en jeu sa fortune. Richelieu était-il insaisissable, et pour cela détesté, parce qu'il n'octroyait à toutes ces circonstances qu'un rôle secondaire et vain, soumettant l'essentiel à une noble cause, la Couronne et le roi, un projet dont il était le serviteur ? Bien sûr, ces réflexions ne me vinrent pas au premier regard, et ce n'est qu'avec le temps que mon opinion se forgea. Mais ce jour-ci, je mesurai combien l'inflexible ministre n'était pas une légende. Aucun événement ne semblait agir sur lui et, pour l'heure, je dégustais ce moment, car il est vrai que l'on ne peut changer une première impression.

— Antoine !
— Oui, Monsieur Lemercier.
Le rouge me vint aux joues. Richelieu me dévisageait.
— N'as-tu pas entendu que Son Éminence tient à nous féliciter ?
— C'est un peu pour cela que je ne m'en remettais pas, répondis-je maladroitement et sans réfléchir.

Le Cardinal fronça les sourcils et, un instant, son regard s'éclaira :

— Je crois plutôt que vous étiez perdu dans vos pensées.

Il engagea un pas pour me voir de plus près :

— Ainsi, en me rapprochant, votre examen sera-t-il plus complet ?

— Excellence, balbutiai-je... Éminence, me repris-je en baissant les yeux[1].

— Est-ce le bon moment pour contempler vos chausses ? railla-t-il.

Il fit un nouveau pas, amusé par la scène et, sans doute, le premier surpris par l'intérêt qu'il y portait :

— Vous avez usé tout votre temps à me détailler. Puis-je entendre le jugement d'un espion plutôt maladroit ? lança-t-il d'une voix légère qui tranchait avec le ton morne d'avant.

J'aurais tout donné pour me volatiliser, mais il fallait lui répondre.

— Je cherchais à comprendre vos intentions, m'enfonçai-je tandis que Jacques Lemercier, placé dans le dos de Richelieu – et saisi par la panique ! –, m'intimait l'ordre de me taire en posant les mains sur les lèvres.

— Qu'en déduisez-vous ? s'agaça Richelieu, reprenant soudain une attitude austère.

L'architecte, livide, s'appuya sur sa baguette de bois et tendit l'oreille autant que le dos. J'étais perdu, soumis à l'obligation de retourner quelques mots. Hélas, mon cerveau était vide, éteint, s'obstinant dans ce message qui ne résolvait rien : « À ton tour... Ouvre la bouche... »

— Vous parlez rarement, répliquai-je en employant imprudemment le ton direct. Il est difficile de se forger une opinion.

Je ne savais plus comment m'échapper.

— Alors, étudions mes silences ! insista-t-il sèchement, peu habitué à ce qu'on lui résiste. Selon vous, disent-ils si je suis vraiment satisfait ?

Que devais-je répondre à celui qui, de l'aube au coucher du soleil, n'entendait que flatteries et couplets hypocrites ? Souhaitait-il

---

1. Excellence s'emploie pour les évêques.

recevoir les compliments d'un être aussi misérable que moi ? Le visage du curé de Montigny apparut brusquement devant mes yeux. Sa voix se fit entendre pour me railler. J'étais ridicule, ricanait-il. Mon arrogance me condamnait. Maintenant, je devenais grotesque, et ses moqueries réveillèrent la rage que je tentais d'oublier depuis son ignoble trahison. Je devais me battre, gagner ce combat ! Et, pour dissoudre le tourment qui me hantait depuis une nuit de l'hiver 1626, pour l'enterrer à jamais, je fis face à Richelieu, avançant même vers lui :

— Je parle en mon nom et moi seul dois être accusé. Je devine que vous réclamez la franchise, car ce n'est qu'à ce prix que vous pardonnerez l'outrecuidance d'un simple serviteur. Oui, pour vous servir au mieux, je crois qu'il faut, en effet, vous satisfaire, mais sans chercher à vous plaire. Or ce palais vous satisfait plus qu'il ne vous plaît car il serait inconsidéré d'espérer davantage d'une œuvre humaine. Cela ne retire rien au talent de votre architecte, mon maître Jacques Lemercier, dont l'œuvre vous séduit, tant rien de mieux calculé, de mieux mesuré ne pourrait être accompli. Le résultat est à la fois raisonnable et suffisant. Il correspond à votre projet. Il serait dérisoire d'exiger plus de satisfecit. Voilà comment je comprends que vous ayez félicité M. Lemercier.

Ce dernier pâlit et respira fortement avant de bloquer l'air dans ses poumons, attendant, pétrifié, la réaction du Cardinal qui vint après avoir pris le temps d'observer à son tour et intensément ce petit bonhomme qu'il venait d'entendre et à qui il rétorqua ceci :

— Il faudra que je me méfie aussi de mes pensées… Du moins, en votre présence, car je n'ai pas un mot à retirer. En effet, je suis satisfait et pour les raisons évoquées.

Il se tourna vers son bâtisseur :

— Retenez bien ces paroles, M. Lemercier. Je recherche, en effet, l'équilibre entre l'envie et la jalousie, sans jamais franchir l'une de ces frontières. À cette condition, oui, je serai comblé.

Puis il revint vers moi :

— Votre nom, jeune homme ?

— Antoine Petitbois, intervint l'architecte qui reprenait vie.

— Gardez-le précieusement, lâcha le Cardinal. Il nous sera utile.

⚜

Après tant d'émotions, la suite m'apparut plus brouillée. Jacques Lemercier retrouva sa verve et se soucia de prendre des nouvelles du Cardinal. Dès qu'il ne fut plus question de son palais, Richelieu devint plus affable, montrant une réelle affection pour son architecte et bien qu'il fût évident que le temps pressait, il accepta volontiers de s'intéresser aux plats qu'avait fait monter l'irremplaçable Cunégonde, postée derrière la porte et retenant son souffle depuis l'entrée du ministre. On fit porter des chaises, tandis que des victuailles étaient également offertes aux gardes, restés au-dehors de la pièce et dont je dus m'occuper sur l'ordre de Lemercier. Ainsi, je n'eus droit qu'aux premiers échanges entre les deux hommes, mais je fus assez adroit pour entendre les soupirs du Cardinal se plaignant amèrement des revers subis en Nouvelle-France.

— La Compagnie des Cent-Associés rencontre les pires déboires, souffla-t-il.

— Est-ce pour cette raison que vous paraissiez contrarié ? s'inquiéta courtoisement Lemercier.

— La Nouvelle-France, en effet ! Ce n'est pas le plus petit de mes soucis, répondit d'une voix lasse Richelieu.

La porte se referma. La Nouvelle-France ne me lâchait pas.

Chapitre 15

Qu'ARRIVAIT-IL de si grave à cette Compagnie des Cent-Associés ? Pourquoi donc se lamenter sur le sort de ses membres qui, réunis sous les auspices du cardinal Richelieu, s'étaient vus accorder, généreusement, la conquête de la Nouvelle-France ? Quelle générosité, en effet ! Prodigalité et largesses ! Abondance et munificence, pour ces membres bienheureux ! J'y pensais ainsi pour avoir étudié avec gravité ce sujet qui entretenait – je ne parvenais pas à l'oublier – un rapport avec le sort de Marie.

Québec apparaissait, et Montigny renaissait... J'entendais ce baron rançonner l'honneur de sa fille contre le pécule qui lui permettrait de faire fortune dans la fourrure. Combien j'enrageais, redevenais furieux, car tout ressurgissait ! Non, je ne réussissais pas à effacer ce passé dont les vaines promesses avaient été dépravées par la rapacité d'un père et, je l'avoue, je détestais la colonie et sa Compagnie, appelant même son échec puisque je n'avais que ce moyen pour me venger. C'était scandaleux, peu charitable et, je le reconnais, enfantin. J'avais vingt ans, j'étais entouré d'affection et mes journées se nourrissaient de rencontres passionnantes et d'échanges avec des personnages importants, puisque nous bâtissions pour eux. Mais c'était aussi ce métier qui me ramenait toujours au sujet envoûtant de la Nouvelle-France, car il excitait ceux qui possédaient argent et pouvoir, de sorte qu'ils en parlaient souvent, hésitant parfois à construire à Paris et s'interrogeant sur l'intérêt d'investir leur fortune au-delà des océans. Sur ce point, je les comprenais, car les avantages accordés à la Compagnie donnaient à croire qu'un continent avait été simplement cédé aux intérêts privés de quelques favoris.

Bien sûr, et tenant compte des avatars rencontrés – et dont je vais parler –, personne ne trouve, aujourd'hui, à redire à propos de l'octroi de privilèges apparemment avantageux. Mais prenons le temps de revenir sur les attendus qui motivèrent l'entreprise, car ce point est formidablement capital. Que promettait-on ? Le mieux, pour l'apprendre, est de se référer au texte qui unissait les membres et dont je pris connaissance en écoutant simplement parler François Bertrand du Plessis Sainct Prié, un homme délicat et charmant, mais dont l'humeur était changeante. Ainsi, il hésitait entre agrandir son hôtel de la rue des Gravilliers [1] et devenir membre de la Compagnie. Ne pouvant réaliser les deux, il recueillait l'avis de tous, y compris celui d'un commis, et fixait son opinion selon le dernier conseil. De sorte qu'il ne décidait rien et bien que s'étant engagé auprès des Associés, il ne versait pas les mille livres d'acompte qui officialiseraient son enregistrement [2].

— Prudence, chuchotait-il alors qu'il me recevait chez lui. Ma rente ne m'autorise aucun écart.

J'acquiesçais en silence et, déjà, je m'apprêtais à débiter le devis que Lemercier – épuisé par les indécisions du personnage et refusant d'y consacrer plus de temps – m'avait chargé de présenter, quand Bertrand du Plessis Sainct Prié se leva d'un bond et courut à son secrétaire qu'il ouvrit à l'aide d'une clef accrochée à son cou.

— Jugez vous-même.

Il me tendait un exemplaire du contrat fondateur de la Compagnie dans lequel étaient fixées les conditions d'attribution de la seigneurie.

— Antoine, vous manquez d'or pour acheter des parts, mais il vous reste le choix de vous engager. Alors, le feriez-vous après avoir lu ceci ?

---

1. Rue située non loin du quartier Beaubourg, dans le IIIe arrondissement.
2. Le 25 septembre 1628, le registre de la Compagnie ne mentionne pas son versement. Par la suite, son nom disparaît des listes.

— En effet, répondis-je en saisissant le contrat, je suis curieux d'en apprendre sur ce dessein audacieux. Mais restons prudents ! répétai-je, en me souvenant que j'étais ici pour défendre les intérêts de mon bienfaiteur, l'architecte...

Que racontait-on ? En m'attardant sur l'article IV du document, j'appris que la Compagnie recevait *en toute propriété, justice et seigneurie,* le fort et l'habitation de Québec. Ce qui était déjà beaucoup. Mais on ajoutait ceci : *tant le long des côtes depuis la Floride, que les prédécesseurs rois de Sa Majesté ont fait habiter, en rangeant les côtes de la mer jusqu'au cercle Arctique pour latitude, et de longitude depuis l'île de Terre-Neuve, tirant à l'ouest, jusqu'au grand lac, dit la mer douce, et au-delà que dedans les terres et le long des rivières qui y passent, et se déchargent dans le fleuve appelé Saint-Laurent, autrement la grande rivière de Canada, et dans tous les autres fleuves qui les portent à la mer, terres, mines, minières, pour jouir toutefois des dites mines conformément à l'ordonnance, ports et havres, fleuves, rivières, étangs, îles, îlots et généralement toute l'étendue dudit pays au long et au large et par de là, tant et si avant qu'ils pourront étendre et faire connaître le nom de Sa Majesté, ne se réservant Sa dite Majesté que le ressort de la foi et hommage qui lui sera portée, et à ses successeurs rois, par lesdits associés ou l'un d'eux, avec une couronne d'or du poids de huit marcs à chaque mutation de rois...*

Oublions le verbiage confus du juriste et retenons qu'on livrait le Nouveau Monde à cette association pour le poids d'une couronne, à chaque *mutation* de roi, soit dès que l'on venait à le remplacer. Ainsi, fleuves, rivières, étangs et terres, faune et flore, peuplades et mines d'or et d'argent, commerce, négoce, tout était donné aux Associés chargés d'organiser, de peupler, de bâtir, selon leurs intérêts, l'immense territoire. Voici pourquoi, avant la fin de l'an 1628, cinquante-six personnes avaient signé l'engagement et, se montrant en cela moins frileuses que Bertrand du Plessis Sainct Prié, avaient déjà versé une somme conséquente contre la promesse de posséder bientôt les richesses et les territoires d'une moitié du monde.

— Tout cela est trop beau pour être sincère, glissai-je à Bertrand du Plessis Sainct Prié.

Ce dernier opina en silence et, oubliant son sujet aussi vite qu'il s'y était intéressé, il me demanda de lui présenter l'estimation fort élevée de ce bel escalier d'apparat imaginé par Jacques Lemercier.

Et jamais je ne défendis mieux mon parti.

Mais Bertrand du Plessis Sainct Prié n'était pas le seul à hésiter et malgré l'engouement, les fonds déposés auprès de la Compagnie n'étaient pas suffisants pour armer l'expédition de 1628 en partance de Dieppe. Il fallut donc recourir à l'emprunt. Au diable, l'avarice ! On réunit une flotte de sept vaisseaux et une somme de 164 720 livres alors qu'on ne disposait que de 56 000 livres. Et, en avril, quatre cents personnes embarquèrent, parmi lesquelles des jésuites, des récollets, des engagés de tous métiers, des gentilshommes, et Robert Giffard, le maître chirurgien et apothicaire, cité par le père de Marie. Mais ce dernier était-il du voyage ? Avait-il pris part dans la Compagnie ? Une curiosité malsaine me poussait à vouloir en apprendre toujours plus, dans l'espoir coupable d'entendre enfin que ce triste sire avait subi les pires revers. Hélas, Bertrand du Plessis Sainct Prié, mon informateur, las de ne pas oser choisir, avait pris ses distances avec le Québec et ma source s'était tarie. Si je voulais être informé, il me fallait trouver un homme ayant déjà misé. Et le questionner. Or les noms des Associés étaient connus et la caste des fourreurs, avides de se fournir en peaux de castors, s'était jetée à corps perdu dans le projet. Les maîtres chapeliers François Saint-Aubin, Pierre Leblond, Louis d'Ivry, Martin Anceaume, Jean Bourguet et d'autres, se comptaient parmi les signataires. On connaissait leur adresse, et les approcher n'était qu'une affaire de ruse et de présentation.

Je me déplaçais souvent dans Paris pour surveiller nos chantiers, et ma tenue, plus honnête qu'au jour de mon arrivée, doublée d'un solide sourire, ouvrait les portes, d'autant que j'usais du nom de Plessis Sainct Prié pour approcher les Associés de la Compagnie, inventant le projet de partir au Québec comme hivernant lors de la saison prochaine. Avais-je l'espoir d'embarquer ? On se penchait sur mon cas avec bienveillance. En effet, il fallait des bras et l'on sondait ce frêle commis d'architecte. Serait-il bon charpentier ? Les lèvres se pinçaient. Je soupirais, je réclamais des noms au prétexte de rechercher des liens avec les gens de mon pays pour, croyait-on, obtenir un soutien. Je voulais entendre le nom de Montigny ! Hélas, aucun rôle d'embarquement n'avait été conservé. Ainsi, j'attendis la suite, brûlant de savoir si les uns et les autres, dont ce maudit baron, avaient trouvé la fortune ou hérité de la faillite.

Ce n'est qu'après l'été 1628 que la France apprit le destin de cette première expédition. D'abord, les volontaires avaient essuyé une terrible tempête, avant de fuir devant deux vaisseaux armés par l'Angleterre qui ne manquait pas une occasion de rappeler qu'elle nous faisait la guerre. Après une traversée somme toute moins agitée, les navires s'arrêtèrent à l'île d'Anticosti un mois et demi plus tard, soit probablement en juin. Là, ils apprirent qu'une flotte anglaise, dirigée par les frères Kirke, menaçait Tadoussac, et plus encore Québec.

Les frères Kirke… Sans eux, quel aurait été l'avenir du Québec ? Et comment croire que trois hommes, aidés il est vrai par Jacques Michel, un marin huguenot de Dieppe, avaient pu produire tant de mal ? Des années ont passé, et je reconnais que, malgré ma sotte aversion pour la colonie, je fus bouleversé par ce qui s'y produisit, et dont je pris connaissance dans des circonstances que je me dois de rapporter.

Ayant fui l'indécision de Bertrand du Plessis Sainct Prié, j'avais approché le sieur Simon Clarentin, maître chapelier à Paris et membre de la Compagnie dès le 20 décembre 1627, en prétextant mon attachement à la colonie. L'homme était prudent, mais, en me présentant, je pris soin de lui vanter mes fonctions auprès de Lemercier, intime de Richelieu. Il ne retint que cela, oublia ma jeunesse, espérant tirer de cette filiation d'utiles renseignements sur le sort de sa mise. L'audacieux cherchait à se rassurer sur son pécule confié à l'incertitude, et tout secours lui semblait bienvenu. Que se passait-il dans ce vaste pays, isolé de tout, et dont aucun message ne parvenait depuis le départ de la flotte ? De quoi le retour serait-il fait ? Reviendrait-on à l'automne, alourdis de richesses ou, au contraire, de découragement ? À moins que les navires aient coulé, emportés par les tempêtes ou les canons anglais. Bien sûr, personne n'en savait rien. C'est pourquoi la conversation que j'entretenais avec Clarentin s'accompagnait de questions et de rêveries inquiétantes. Seule la Pythie aurait pu répondre à cet homme, préoccupé par son métier, son commerce et son or.

La fourrure constituait le sujet principal de sa vie et il comptait laisser un joli matelas à sa fille Catherine avant de s'éteindre, l'esprit en repos, convaincu d'avoir œuvré pour le bien des siens, mais dans le respect des commandements de Dieu. Cette sage opinion ne lui interdisait pas de monnayer ses intérêts, de viser le profit, d'augmenter son trésor. En ce sens, la fourrure l'aidait. Et c'était en Nouvelle-France que l'on en trouvait pour fournir le débit d'une industrie fréquentée par les meilleures familles parisiennes.

— L'hiver ! Je remercie chaque jour le Seigneur pour son invention. Prions pour que la saison soit glaciale.

La remarque manquait de générosité pour les pauvres, mais c'était dit sans méchanceté, sans même avoir réfléchi à la portée du propos. Un hiver froid augmentait les ventes de chapeaux et autres toques couronnées de fourrure. Simon Clarentin rêvait que la Compagnie des Cent-Associés lui confierait cette manne et, malgré de très nombreux moments de doute, un revenu suffisant pour couvrir, au moins, son investissement.

— Disons que la campagne sera bonne. Oui, partons de ce principe, grognait-il entre ses dents, et je ferai le double ou le triple de l'an passé. En cinq ans, je rembourserai le crédit contracté pour payer mes parts dans la Compagnie. Donc, voilà bien de quoi vivre confortablement.

Il scruta le ciel tout bleu de ce mois de septembre 1628 :

— À condition, bien sûr, qu'il fasse enfin un temps de chien...

Simon trottinait à mes côtés, m'obligeant à forcer la cadence pour rejoindre la maison de Robert Davès, un ancien échevin[1]

---

1. Magistrat municipal chargé de seconder le maire.

habitant rue de la Tissanderie où devaient déjà être réunis deux autres Associés, Haguenier Martin, notaire au Châtelet, demeurant rue Saint-Denis, et Adam Moyen, un riche bourgeois, demeurant rue des Provères, paroisse Saint-Eustache. Et tous avaient misé sur la conquête du Québec.

— J'ai reçu un message de Robert Davès me laissant entendre que des nouvelles importantes sont arrivées de Nouvelle-France, par le biais d'un bateau basque faisant escale à Dieppe, les cales pleines de harengs séchés. J'y vois de bons augures, prédit Simon Clarentin pour se rassurer.

— Que dit-on sur la Compagnie ?

Le chapelier blêmit :

— Absolument rien. Vous devriez le savoir !

— Ainsi, mentis-je, l'embrouillant un peu plus, vous me confirmez ce que mes propres sources de renseignement ignorent...

— Voilà qui m'inquiète. Mais Jacques Berruyer de Manselmont, un conseiller du roi, se joindra à notre assemblée. C'est quelqu'un de bien informé.

Il se tourna brièvement vers moi :

— Et l'un de nos Associés. Il croit tant dans la colonie qu'il songe même à y créer une seigneurie [1]. Non, nous ne craignons rien, bougonna-t-il en fermant les yeux. L'homme est sage, et la Compagnie compte trop de gens éclairés pour que je craigne de m'être fourvoyé...

Il le disait aussi avec fierté, car on gagnait en prestige à partager le sort des plus grands. En effet, n'était-ce pas l'assurance d'un placement judicieux et sérieux ? Clarentin aimait se répéter le nom de ses acolytes. Roussel de Saint-Gilles, conseiller du roi et correcteur en la chambre des comptes de Normandie, Poncet de la Rivière, conseiller du roi en sa Cour des aides de Paris, Martin de Mauvoy, conseiller du roi en ses conseils et surintendant des finances de France [2], Ruzé d'Effiat, marquis Antoine... Et ce matin

---

1. Inscrit à la Compagnie le 27 décembre 1627. En 1636, il devient copropriétaire de la seigneurie de Beaupré, située sur la rive nord du Saint-Laurent. Elle couvre notamment l'île d'Orléans.
2. Maréchal de France en 1631.

encore, l'énumération scandait notre marche vers la rue de la Tissanderie[1] où demeurait Robert Davès. Peut-être lui donnait-elle aussi une sorte de courage…

— Nous y sommes, jeta-t-il enfin d'une voix essoufflée.

Le passage était étroit, comme partout à Paris, et il fallait se serrer contre les murs pour laisser circuler les hommes au travail, hurlant que l'on laisse la voie – qu'on dégage ! – pour que circulent les drapiers, les rémouleurs, les marchands de soupe et de vin, les porteurs de bois, les marchands de poisson ! L'heure n'était pas venue d'abandonner le terrain aux bourgeois prenant l'air, et qui eux-mêmes céderaient prudemment la place, avant que la nuit tombe, aux coupe-jarrets, aux coupeurs de bourse, aux devineresses, aux charlatans, aux princes de la Cour des Miracles…

— Tudieu ! Voyez-vous comme moi que la rue est bouchée ?

Plus rien ne bougeait, plus rien ne circulait.

— C'est exactement là où loge Robert Davès, chez qui nous nous rendons, s'affola mon compagnon.

Ma petite taille m'aida à me fabriquer un chemin au milieu d'une grappe humaine entourant un homme allongé sur le sol. En jouant encore des coudes, je parvins au premier rang.

— Simon Clarentin ! hurlai-je au-dessus des têtes. Accourez !

Les badauds se serrèrent pour faire entrer le nouveau venu dans le cercle.

— Ah ! expira le pauvre chapelier en reconnaissant ce corps exposé au milieu de la rue. C'est Adam Moyen, l'un de mes Associés.

— Bientôt, vous en parlerez au passé, jeta une voix peu charitable. Il n'attend que le curé pour recevoir l'extrême-onction.

Simon Clarentin se pencha sur cet ami qui peinait à respirer.

— De grâce, reprenez-vous, supplia-t-il. Que vous est-il arrivé ?

— Tout est fini, gémit le mourant.

---

1. Aujourd'hui, cette rue a disparu. Elle était proche de la rue François Miron, non loin de l'actuel hôtel de ville de Paris et du cul-de-sac Saint-Faron.

— Tout ! Mais quoi ? Mordiou, parlez !

— La Compagnie, gémit Adam Moyen en se tenant la poitrine, là où il semblait souffrir. Il n'y a plus rien, ni navire ni fourrure...

Le chapelier se mit comme à tanguer sur place.

— Comment le savez-vous ? parvint-il à expirer.

— Le conseiller du roi, Jacques Berruyer de Manselmont, est dans cette maison. Et ce qu'il nous a appris est pire que l'enfer...

Et tous ceux qui entendirent ces paroles se signèrent sur le coup.

Chapitre 16

« LA NOUVELLE-FRANCE… Ce n'est pas le plus petit de mes soucis », avait glissé Richelieu à Jacques Lemercier avant que la porte de l'atelier ne se refermât. Depuis, j'attendais la réapparition des deux hommes en me remémorant les événements de l'automne dernier qui avaient mis à mal l'échevin Adam Moyen et son associé le chapelier Clarentin. Que pouvait-il y avoir de plus grave que ces nouvelles qui annonçaient la perte des navires expédiés par la Compagnie des Cents-Associés ? En vain, je laissais aller ma rêverie, attendant la fin de l'entretien entre le Cardinal et son architecte qui, en s'éternisant, augmentait mes craintes, quand, soudain, un soldat jaillit dans le vestibule où je patientais.

— Un message pour Son Éminence, annonça-t-il d'une voix forte au soldat qui barrait le passage menant à l'atelier.

La porte derrière laquelle se tenait le huis clos s'ouvrit brusquement. Un instant, je vis la maquette du palais, posée sur le sol. Lemercier se trouvait près d'elle, si bien que Richelieu se montra dans l'encadrement et saisit le pli qu'on lui tendait. D'une main nerveuse, il le décacheta. La lecture fut rapide. Ses mâchoires se serrèrent de rage. En relevant la tête, il ne chercha pas à cacher son courroux.

— Annoncez que je me rends de suite au Louvre, dit-il sèchement en s'adressant à l'estafette.

Ce dernier le salua et pivota en claquant des talons. Sans attendre sa sortie, Richelieu prit à témoin l'architecte pour se plaindre de ne jamais trouver un moment de repos. Mais, découvrant que je l'observais de loin, il retrouva aussitôt son attitude impassible.

— Ce n'est pas ce que je viens d'apprendre sur la Nouvelle-France qui vous laissera en paix, intervint Jacques Lemercier sans vérifier qu'il pouvait être entendu.

D'un geste, le Cardinal lui intima l'ordre de se taire et se chargea lui-même de refermer la porte. Le silence retomba. Les mines grises que j'avais entraperçues ne laissaient aucun doute. Quelque chose de nouveau et de grave s'était produit. Ainsi, tout semblait se poursuivre, s'acharnant à détruire les promesses de la belle province du Québec. Qu'avait appris l'architecte ? Accepterait-il de satisfaire ma curiosité ? Comme les gardes qui pestaient contre la chaleur écrasante de cette journée de juillet, je devais attendre que leur maître nous libère, et je mis ce délai à profit pour tenter d'imaginer un événement plus funeste que l'expédition dramatique de la Compagnie des Cent-Associés de 1628 qui avait basculé en septembre dernier quand Simon Clarentin et moi avions trouvé Adam Moyen écroulé sur le sol. Et je fus convaincu que rien ne pouvait dépasser la catastrophe qui avait mis en déroute les espoirs du chapelier et de ses Associés.

Dieu ! Quelle journée... Et je n'en avais oublié aucun détail. « Il n'y a plus rien, ni navire ni fourrure... », gémissait Adam Moyen en se tenant la poitrine, tandis que Clarentin le secouait aux épaules et le suppliait d'expliquer pourquoi il avait cité l'enfer. Un instant, j'avais abandonné les deux hommes pour appeler à l'aide Robert Davès, qui ne sembla pas surpris d'apprendre qu'un membre de la compagnie suffoquait à deux pas de son domicile. Et il me fallut insister pour le pousser dans la rue où il montra alors la même sorte d'indifférence.

— Il a voulu sortir respirer l'air frais, marmotta cet ancien échevin d'une voix d'outre-tombe. Il est vrai que nous sommes hébétés...

— Plus tard, ordonnai-je. Portons-le à l'intérieur.

Simon Clarentin traînait à notre suite, les bras ballants, les yeux cernés, le front barré de rides profondes, signes de l'agitation qui troublait ses pensées.

— Aidez-nous, Simon, supplia l'échevin qui pliait sous la charge.

Le chapelier battit plusieurs fois les paupières et sembla revenir à la vie. De même, les Associés qui s'étaient réunis chez Robert Davès se décidaient enfin à nous assister. Comme découragés, sans prononcer un mot, ils progressaient vaille que vaille, cognant la tête du pauvre Adam Moyen contre les murs, ce qui finit par le faire réagir.

— Les Kirke, les Kirke, répéta-t-il, gémissant et se plaignant autant du traitement qu'on lui faisait subir. Doucement, je vous prie, ajouta-t-il, recouvrant peu à peu sa dignité.

— Marchez-vous même si vous avez assez de force pour donner des ordres ! s'emporta soudain un Davès au comble de la colère.

L'humeur détestable qui gagnait les Associés s'expliquait surtout par le nom prononcé par Moyen. Les Kirke ! Ils étaient donc responsables du désastre que décrivait maintenant Berruyer de Manselmont. David, Lewis, Thomas Kirke, trois frères redoutables avaient été choisis par leur père, Gervase Kirke, pour chasser les Français du Québec. Trois êtres sanguinaires munis de lettres, signées de la main de leur roi Charles Ier, qui les autorisaient à voler l'Acadie et le Canada à la France.

— Et, soudain, leurs navires et leurs hommes armés jusqu'aux dents se sont montrés sur la grande rivière du Saint-Laurent...

Berruyer de Manselmont parlait, les autres écoutaient, assis autour d'une table tandis qu'Adam Moyen reconstituait ses forces à l'aide d'un puissant breuvage composé de pommes bouillies ayant fermenté pendant des mois dans un sombre tonneau.

— Champlain qui était sur place ne disposait d'aucun moyen pour se mesurer. Que pouvait faire une paisible colonie face à cette horde ? jeta le conseiller du roi en sondant l'assemblée.

— Les nôtres disposaient de canons. Ils devaient se battre, enragea le notaire Martin Haguenier. Et tout tenter pour sauver nos intérêts.

— Bien sûr, reprit posément Berruyer de Manselmont, mais selon le témoignage recueilli auprès de pêcheurs basques débarqués à Dieppe, les Anglais arrivèrent avant la flotte des Cent-Associés.

Ils tenaient les points de passage depuis la dévastation de l'Habitation de Miscou...

— Où est-ce ? lança Simon Clarentin en plissant les yeux.

— Dans la baie de Chaleur[1]. N'en demandez pas davantage, grinça le narrateur. J'ignore tout de ces lieux farouches à qui nous devons notre infortune.

— Soyez plus précis, s'interposa Robert Davès d'un ton glacial.

— Les Kirke se sont emparés d'un navire basque – vous comprenez pourquoi ces pêcheurs se sont empressés de rejoindre Dieppe pour nous informer. Puis les Anglais ont abordé un navire de notre flotte qui s'était avancé en éclaireur. La prise fut rapide.

— Tudieu ! En voilà déjà un de moins, pesta l'échevin.

— Il nous reste les autres, espéra le chapelier Simon Clarentin.

— Certes, concéda Berruyer de Manselmont, mais le piège était en train de se refermer. Comment s'aventurer sur le Saint-Laurent en sachant qu'à la première occasion les Anglais, à présent maîtres de Tadoussac – car les bougres remontaient le fleuve –, feraient barrage et n'auraient qu'à braquer leurs canons sur les Français et...

— Tadoussac... Est-ce le poste de pêche et de traite, capital pour nos intérêts ? l'interrompit Davès qui peu à peu prenait la mesure du drame.

— Ce n'était qu'un début, répondit le conseiller d'une voix sombre. Les Kirke ont alors fait savoir à Champlain replié à Québec qu'ils étaient maîtres du fleuve, de ses richesses et qu'ils exigeaient qu'on leur livrât l'Habitation[2].

Il marqua un temps et toisa Davès :

— Et l'ensemble des réserves, y compris les fourrures magasinées au cours de l'hiver qui ne se trouvaient pas à Tadoussac !

La nouvelle fit l'effet d'une tempête. Tout s'effondrait, vraiment.

— Mais bien sûr, l'intrépide Champlain, le conquérant de Québec, a refusé ? s'aventura le notaire Haguenier.

---

1. Ou baie des Chaleurs. Situés en Gaspésie, les lieux profitent d'un effet climatique qui réchauffe les eaux. Jacques Cartier leur donna ce nom, en 1534, après y avoir débarqué.

2. Québec n'est pas encore une ville, mais une simple Habitation, c'est-à-dire un fortin austère dans lequel les colons habitent et se regroupent en hiver.

— Oui, souffla Berruyer de Manselmont en se servant de l'eau-de-vie. En fin stratège, il espérait l'arrivée du gros de la flotte de la Compagnie. D'ailleurs, le 17 juillet, il reçut une nouvelle rassurante. Nos navires montraient leur proue au large de Gaspé, prêts à en découdre avec ces vandales.

On respira.

— Voici pourquoi il vous sera très dur d'entendre la suite, ajouta le conseiller.

Il but encore avant de jeter sa conclusion d'une voix hésitante :

— Malgré douze cents volées de canon, nous perdîmes la bataille. Claude Roquemont de Brison, le capitaine de la flotte, fut alors contraint de composer.

— Qu'advint-il des navires, des hommes, des fourrures qu'il devait embarquer au retour ? souffla le notaire.

— Roquemont de Brison, blessé au cours du combat, est resté entre les mains des Kirke. Les hommes de notre expédition ont été chargés sur deux navires qui font route vers la France et ne tarderont pas à rentrer, si le sort ne s'acharne pas.

— Les autres ? s'impatienta Davès. Les vaisseaux que nous avons achetés et payés comptant ?

— À l'exception d'une unité appartenant au jésuite Noyrot, ils sont entre les mains des Kirke et font route vers l'Angleterre, les soutes et les ponts chargés de vivres et de pièces d'artillerie.

Il déglutit :

— S'y ajoutent les fourrures que nous pensions rapporter...

— Nous sommes donc dépossédés ? voulut encore entendre Simon Clarentin.

— Oui, répondit le conseiller du roi, puisque ce mot résumait tout.

Outre la perte des richesses de la Compagnie, le pillage des frères Kirke – des voleurs repartis comme ils étaient venus – laissait une colonie dévastée et découragée puisqu'elle ne pourrait être approvisionnée avant l'été suivant. Les soutes de la flotte regorgeaient de l'essentiel – de quoi subvenir aux besoins qui, sur place, faisaient défaut. Ni charrue ni bétail, et cent bouches à nourrir qui avaient avalé depuis longtemps le pain, le vin, le beurre, le sel, la viande du dernier envoi. Des mois d'attente et, soudain, plus rien n'existait.

À Paris, les Associés se lamentaient, mais pensaient-ils à la tragédie de ces cent misérables, abandonnés, séparés de leurs proches par l'immensité marine, encerclés de sauvages, prisonniers d'un rêve devenu impossible ? Les Kirke partis, ils avaient sans doute scruté le fleuve, espéré un miracle et fini par rejoindre d'un pas lourd leur Habitation de Québec, soudés par le désarroi. À Paris, les Associés calculaient le montant de leur désastre, mais se souciaient-ils de ceux qui devraient survivre une année sans revoir un bateau ami ? Combien, découragés par les épreuves, usés par l'indigence, s'abandonneraient-ils à la rudesse de l'hiver ?

Chez Robert Davès, je n'écoutais plus ces Associés. Bien sûr, je n'avais rien perdu, mais, pour avoir connu la misère, je pensais d'abord aux hommes qui, j'en étais persuadé, cédant à la lassitude, laisseraient venir la mort. Et j'ai cru que la Nouvelle-France avait vécu.

— Champlain ! grogna Adam Moyen qui avait retrouvé sa vigueur. C'est notre dernier espoir. Lui, il tiendra. Et nous reviendrons l'année prochaine.

— Pour enterrer les morts ! grinça le notaire Martin Haguenier.

— Et comment comptez-vous financer cette nouvelle expédition ? J'ai tout misé sur celle-là, se lamenta Clarentin. Je n'ai plus aucun crédit.

Pour vous, il y a au moins la vie, ai-je songé. Mais que reste-t-il à Samuel de Champlain et aux infortunés ?

Bien plus tard, lorsque nous eûmes le récit précis de cette année épouvantable, je découvris ce qu'il en était de la volonté inébranlable d'un homme insensé, du seul qui avait refusé de s'avouer vaincu. Samuel de Champlain, le fondateur de Québec et le véritable père de la Nouvelle-France, avait pris avec gravité son rôle de chef. Après le départ des Kirke, il avait fait le tour de la colonie, haranguant sa maigre troupe et forçant chacun à faire don à la communauté de ses plus petits restes. Au total, il réunit cinq ou six poinçons [1] de galettes en mauvais état. Ne se décourageant pas, il organisa les restrictions, espérant repousser à l'automne l'échéance de la disette. Hélas, à la fin de l'été, les pois étaient mangés. Il n'y avait plus rien. Et les premières tempêtes de neige persuadèrent les survivants que leur fin était venue.

On questionna Champlain. Que pouvait-il encore inventer ? Et ce dernier trouva de quoi apaiser un temps les souffrances en s'adressant aux Indiens. Ne pouvait-on partager la pitance qu'ils arrachaient à ces terres ? Le conquérant qui ne reculait jamais avait son idée. Alors, le monde bascula, et ceux qui avaient traversé les mers devinrent débiteurs des colonisés, échangeant les rares fourrures ayant échappé à la rapine des Kirke contre une maigre assistance. En somme, il s'agissait d'une sorte de traite inversée : dix anguilles contre une fourrure de castor, c'était le prix du troc et, tandis que la Compagnie imaginait que tous étaient déjà morts, là-bas, on luttait pour retarder l'échéance d'une fin certaine, car s'ajoutait à ce formidable désordre un hiver plus terrible que jamais.

Ensuite, vers où tourner le regard ? Champlain, celui qui ne cédait pas, organisa un nouveau sursis en faisant appel aux Hébert, les seuls qui, sur place, cultivaient quelques maigres arpents. Ne restait-il pas encore des racines à se partager ? Mais, par trop sollicitée, la Providence elle-même s'épuisait et renonçait. Plus aucun légume, plus aucune anguille, plus de grains… Usant leurs dernières forces, et bien que grattant et creusant la terre de leurs mains, les Hébert promirent de fournir un petit supplément de blé. Mais quand la saison viendrait… Et il fallut se rabattre sur un bouillon d'eau qui ne remplissait pas les ventres et faisait grincer les dents. Cette fois, c'en était fini.

Alors, en plein hiver, Samuel de Champlain réunit une dernière fois la colonie pour que l'on sache sa nouvelle idée.

---

1. Mesure ancienne correspondant à environ 250 litres.

La faim ! Les Associés de la Compagnie pouvaient-ils comprendre cette douleur ? Enfant, j'avais souffert de ce fléau. Mais jamais assez pour mordre dans la viande crue, poussant le famélique, excité par le sang de la bête, à se comporter en fauve. La faim ! Elle taraudait, elle rongeait, elle martyrisait les esprits et rendait fous les volontaires expédiés dans la forêt infestée de sauvages pour tenter d'arracher un orignal [1]. Et ils en avaient tué un de belle taille, rugissant devant la dépouille plus précieuse que l'or ou la fourrure, et ne résistant pas à la tentation de croquer un peu dedans, puis beaucoup, et finissant par ne rapporter à la colonie que vingt pauvres livres de chair maigre. Le gras, il l'avait mangé. Devait-on les punir, eux que la vie avait déjà condamnés à devenir plus féroces que les loups ? La faim et la rage, la faim et la peur, la faim et la solitude ! La faim et la mort frappaient les rescapés et nous ne savions rien de ce lent calvaire qui les tuait assurément à petit feu. Nous, nous les pensions déjà morts.

À Paris, les Associés gémissaient, leur vie leur semblait trop dure. Ils ne manquaient de rien, mais se plaignaient de ne pas avoir plus. Aucun d'eux ne parlait du courage des âmes québécoises, portées par l'inflexible détermination de leur chef, Samuel de Champlain, ce héros. Personne ne s'en préoccupait, puisque l'argent comptait plus que tout. Ainsi, on avait livré bataille, on l'avait perdue. Et c'était bien assez pour se trouver mal.

C'est au cours de cet hiver 1628-1629 que mon avis changea, que ma haine s'éteignit et que la honte me gagna. J'avais détesté la Nouvelle-France pour lui reprocher de m'avoir séparé de Marie et obligé à déserter Montigny. Désormais, je ne maudissais que son sort. Aucun esprit, aucun être ne pouvait ignorer ces malheureux dont l'histoire de 1628 rappelait celui de 1608, lors de la création de Québec. À l'époque, sur les vingt-cinq membres de l'expédition, seuls huit avaient survécu au scorbut et ceux-là étaient équipés et préparés au pire. C'est pourquoi prier pour les nouveaux reclus n'était pas qu'une question de charité. La compassion pour ces enfants de Dieu s'y mêlait également. Il s'agissait de nos frères, des miens, de ceux de mon enfance, et je ne pouvais l'ignorer, car

---

1. Un élan. Ce mot vient du basque.

d'avoir souffert me rapprochait de ces esseulés, de ces orphelins à qui personne ne viendrait porter secours avant 1629. Ainsi, et pour ajouter à leur désespoir, ils se savaient forcément abandonnés, n'espéraient aucune aide. Au moins, à Paris, pensions-nous sincèrement, et de temps en temps, à eux ? La vie continuait, et ses soubresauts éphémères, ses drames légers, finissaient par brouiller ce tableau infernal. Des Associés étaient peut-être ruinés, mais ils vivaient, eux. Ils n'étaient pas déshérités.

Au cours de l'hiver, les Associés se réunirent fréquemment, autant pour se soutenir que pour décider de la suite. Ce samedi de janvier, une dizaine de personnes se trouvaient chez le chapelier Simon Clarentin pour entendre l'Associé et médecin André Daniel sur les ravages du scorbut. Il comparait la situation de 1629 (car les mois passaient) à celle de 1608, et sa conclusion était sans appel :

— Je crains qu'il n'y ait aucun survivant.

Les mines devinrent grises, l'allure maussade.

Moi, je pensais que craindre n'empêchait point d'espérer :

— Puis-je prendre la parole ?

Je n'étais qu'invité, mais aucun n'ignorait que j'avais prêté main-forte à l'Associé Adam Moyen suffoquant (presque) devant la maison de Davès. Ajoutons que Simon Clarentin sollicitait mes conseils et que nous étions chez lui. Plus encore, les présents recherchaient une piste qui les sauverait du chaos. Aussi, tous les avis s'entendaient.

— Je vous en prie, répondit pour les autres François Derré de Gand, un Associé, commis du trésorier de l'Épargne, arrivant de Dieppe porteur de nouvelles sur les préparatifs d'une nouvelle expédition.

— Nous savons, débutai-je, que, sous le commandement de Samuel de Champlain, huit hommes ont survécu au terrible hiver 1608. Or rien ne dit assurément pourquoi ils ont pu réchapper à l'enfer.

Les regards se tournèrent vers le médecin André Daniel.

— Il est vrai que c'est… inexplicable, reconnut-il. Tous auraient dû trépasser. Mais, se crut-il obligé d'ajouter, la science médicale n'explique que ce qu'elle prouve.

Cet instant de faiblesse suffit pour que je m'engouffre.

— La volonté, la force de l'esprit et le salut de Dieu, repris-je. Voilà trois raisons suffisantes pour croire qu'il en sera de même au printemps prochain.

D'un désastre, je tentais donc de faire un espoir, tordant le cou aux évidences. Sans preuve irréfutable de l'extinction complète de la colonie, l'optimisme s'imposait, et j'étais prêt à tout pour convaincre Clarentin et ses acolytes de ne pas renoncer. Et j'agissais ainsi dans le dessein de convaincre ces nantis de ne pas abandonner des orphelins.

— Maintenant, messieurs, laissez-moi conter l'histoire de ceux qui, comme certains d'entre vous songeraient, je le crains, à abandonner, et apprendront que d'autres, reprenant courageusement le flambeau, ont à nouveau franchi l'océan, tenté l'aventure, découvrant l'improbable : il y a des survivants… Je vous prie d'imaginer le profit qu'en tireront ces audacieux. La gloire ! Sans compter les bénéfices de la traite.

— Je me moque d'être complimenté pour ma charité, s'interposa le gentilhomme Boissel de Senneville. Nous avons englouti cent soixante mille livres, auxquels il faut ajouter les intérêts. Pour moi, c'est assez !

— Richelieu a-t-il capitulé ? rétorquai-je. Je le vois toujours parmi les membres de votre noble association, et l'homme n'est pas de ceux qui dépensent sans sagesse. Jacques Lemercier en sait quelque chose…

L'argument fit son effet. L'architecte avait du poids.

— Allons, messieurs ! continuai-je, croyant que je pouvais gagner. Il en va de l'honneur autant que de l'intérêt. Comme ceux de la Nouvelle-France, il faut s'acharner.

— Mais en sont-ils capables ? objecta froidement le chapelier.

— Selon le médecin Daniel, la vérité a besoin de preuves. À défaut, tout est encore possible, la tragédie comme son contraire.

— Moi, je prédis qu'ils sont morts et que plus rien n'existe, soupira l'échevin.

— Le devoir d'un chrétien est alors de dresser une digne sépulture. Pour cette seule raison, vous devrez vous y rendre.

— Vous montrez plus de foi que nous n'en avons, s'étonna Davès. Est-ce parce que vous n'y allez pas de votre poche qu'il vous est plus aisé de nous imposer votre morale ?

La flèche me mit mal. Qui étais-je pour donner des leçons !

— Détrompez-vous, M. Davès, repris-je d'une voix adoucie. Soyez assuré que si la vie m'en donne l'occasion, j'investirai au Québec.

— Belles convictions ! Beaux arguments savants ! Mais on voit que vous parlez sans compter, railla mon détracteur. Moi, je pèse mes écus et je trouve qu'il m'en manque de trop.

— Prêtez-moi le dixième de ce que vous avez engagé, et j'investis à Québec, parce que le plus dur est fait. Rien ne remplace l'expérience. On ne commet jamais deux fois la même erreur.

— Il est vrai que nous sommes avertis, intervint Clarentin en venant enfin à mon secours. Et si nous sommes plus prudents…

— L'irréparable s'est produit ! s'emporta Haguenier. Nous pouvons en parler. Ce qui n'est pas le cas de votre ami.

— Monsieur le notaire, refusai-je de céder, pourquoi chercherais-je à vous nuire ? Quel serait mon intérêt ? Croyez-moi, et je parle, en effet, en ami, c'est en poursuivant l'entreprise que vous rentrerez dans vos frais.

— Nous avons déjà tant perdu, gémit Adam Moyen.

— Ce qui est fait ne peut être changé. Mais si vous demeurez ainsi, il est clair que vous aurez investi à fonds perdu.

— Je vous accorde, concéda le notaire, qu'il ne servirait à rien de s'attarder sur le passé. Pour autant, je n'envisage pas le futur tel que vous.

— Et moi, rusai-je, j'affirme que vous devriez miser sur lui pour ne pas abandonner votre place à d'autres au moment où le cours du sort ne peut que s'inverser. Vend-on quand le prix des choses est au plus bas ? Voilà un beau présent que vous offririez à ceux qui n'ont pas eu votre courage… Oui, poursuivez dans la voie que vous avez déjà tracée. Sans nul doute, il n'existe aucun autre moyen de récupérer ce que vous avez perdu.

— Et si nous échouons encore sur ce « sans nul doute » ?

— Au moins, vous survivrez ! m'exclamai-je. Le prix de la fourrure ne fera que grimper. Et vous vendrez plus cher ce qui sera plus rare.

— L'idée se défend, murmura Clarentin qui cherchait à se rassurer.

Il se tourna vers François Derré de Gand :

— Quelles sont les nouvelles que vous nous apportez de Dieppe ?

— Avec ou sans nous, l'expédition reprendra. Deux navires de notre Compagnie seront placés sous le commandement du capitaine Charles Daniel. D'autres bateaux se joindront au convoi et l'on annonce le départ du marchand Emery de Caën. Il semble donc, glissa-t-il en se tournant vers moi, que vous ne soyez pas le seul à vous entêter.

— Ils sont nombreux à vouloir prendre la place des indécis, crus-je utile d'ajouter.

Hagenier se leva d'un bond et montra sa colère :

— Que faites-vous des Anglais, des Kirke ou de tout autre pirate qui n'aura aucune indulgence ? Non ! Non ! Votre projet est insensé !

Mais François Derré de Gand leva alors un bras :

— Il se murmure à Dieppe que les Anglais signeront la paix avec la France avant même que la flotte ne s'engage sur l'océan.

— Voici pourquoi, triomphai-je, Emery de Caën s'en reviendra du Québec les bras chargés des richesses qui vous sont dues…

Je parlais sans savoir, tant j'ignorais les drames qui se jouaient au Québec. Mais, désormais, je me passionnais pour cette terre inconnue.

Chapitre 17

« CE N'EST PAS ce que je viens d'apprendre sur la Nouvelle-France qui vous laissera en paix… », avait laissé échapper Jacques Lemercier avant que Richelieu ne lui imposât le silence. Les deux hommes étaient toujours enfermés dans l'atelier. Le temps s'écoulait et la chaleur de ce matin de juillet ajoutait à la pesanteur du moment. Qu'annonçaient ces paroles sombres, sinon que l'enthousiasme démesuré dont j'avais fait preuve auprès des Associés était en échec ? L'expédition du marchand Emery de Caën, dont Derré du Gand avait évoqué le projet, avait-elle échoué ? Comment pouvait-on le savoir tant que les navires n'étaient pas rentrés ? Ceux qui avaient traversé l'océan au début du printemps se trouvaient toujours – *forcément* – sur le Saint-Laurent, puisque nous étions au milieu de l'été. À moins qu'un des leurs, m'inquiétai-je, n'ait fait naufrage et qu'un bateau de pêcheurs basques ne soit déjà rentré, porteur d'une épouvantable nouvelle… Midi allait bientôt sonner. Je n'en pouvais plus d'attendre. Mon esprit inventait les pires hypothèses. Et pourquoi, me surpris-je à imaginer avec horreur, n'auraient-ils pas tous coulé, victime d'une tempête ou d'une piraterie ?

Soudain, la porte s'ouvrit et le Cardinal surgit sans prévenir. Saisis autant que moi, les gardes se remirent debout dans un beau désordre. Richelieu toisa la scène et, sans un mot, fonça droit vers l'escalier, ne portant guère d'intérêt au commis qui, hissé sur la pointe des pieds, tentait d'apercevoir une dernière fois son manteau rouge. Un silence apaisant suivit la sortie fracassante du ministre et de sa suite. Et l'air sembla soudain plus léger, libéré des pesanteurs qui, en ce mois de juillet, étouffaient Paris.

Dans mon dos, Jacques Lemercier se frottait les mains :

— Rassure-toi, Antoine. Notre projet séduit le Cardinal...

Il évoquait le palais, ne songeait qu'à lui. Ses mots sur le Québec, ceux qui me rongeaient, semblaient oublier. Il tournicotait autour de la maquette, admirant son œuvre, l'air idéalement heureux. Et sa légèreté détonnait tant avec la gravité qu'il avait partagée avec Richelieu que j'y vis une sorte d'insouciance pour le sort d'autrui. Mais lui, porté par l'enthousiasme, ignorant la rage fort injuste qui me gagnait, ne pensait qu'à son œuvre, piétinant le plan dessiné à la craie sur le parquet et sur lequel figuraient les bâtiments entourant le futur palais du Cardinal – y compris ceux appelés à disparaître et que j'avais pris soin de recouvrir patiemment de rayures grises. Je crois surtout que je détestais l'idée de rester dans l'ignorance des confidences dont le Cardinal l'avait gratifié.

— De grâce ! m'emportai-je tant mon humeur se montrait sombre. Vous martyrisez l'hôtel de Sillery.

Ce ton sec et inhabituel le surprit. Il me regarda attentivement, sans renoncer à sa bonne humeur :

— Qu'importe ! Nous allons le détruire et y installer une place que toutes les cours d'Europe nous envieront.

— Vous en parlez comme d'une affaire déjà réglée. Mais si j'en juge à la longueur de votre tête-à-tête, tout se discute, se négocie. Richelieu, bougonnai-je, est comme vos autres clients : il ergote. Je reste persuadé que l'affaire demandera du temps. Aussi, je vous prie de respecter mon travail, et la prudence serait de conserver tout cela en état.

Désormais, il me dévisageait avec attention, cherchait à comprendre cette allure furieuse qu'il ne me connaissait pas.

— C'est fait, je te dis, reprit-il cependant d'une voix toujours légère. Son Éminence applaudit. Il adore, il aime. Il est déjà fou de son palais.

— Sans doute ne connais-je pas comme vous les méandres de son âme, mais rien ne m'interdit d'avoir ma propre opinion... Et, glissai-je entre les dents, je répète qu'il faut être aveugle pour ne pas voir que cet homme est ressorti contrarié de chez vous. Mais à qui la faute ?

Cette fois, ma hargne fut de trop. Le visage courroucé, l'architecte revint vers moi d'un pas décidé :

— Tu te trompes. Il est pleinement satisfait et prêt à dépenser sans compter. Oui, tu te trompes... À moins que ton insolence cache autre chose.

— Je soutiens, affirmai-je d'une voix moins assurée, que l'air qu'il affichait en partant n'était pas celui d'un homme sans souci.

Jacques Lemercier haussa les épaules et se retourna pour regarder sa maquette.

— Vous ne m'empêcherez pas de penser que le Cardinal porte un poids sur le cœur, insistai-je dans l'espoir d'arracher une confidence.

— On le serait à moins... concéda-t-il enfin. Et, pour ton bien, je te prie de ne pas me questionner davantage.

Sans me laisser le temps de lui répondre, il retourna à la maquette qu'il commença à inspecter, marmonnant à voix basse, et notant d'une plume nerveuse les observations du Cardinal.

Il m'avait oublié. Du moins, il s'attachait à m'en convaincre.

Le temps passait, Cunégonde montrerait bientôt son nez pour tenir ses commérages, se plaignant que les gardes avaient crotté son plancher. Très vite, elle assommerait son maître de questions futiles sur notre prestigieux visiteur. Avait-il aimé la poularde, le vin d'Anjou, le consommé de légumes ? Il faudrait lui répondre, la rassurer et, sans doute, la complimenter. J'éprouvais une grande affection pour cette femme, mais – par pitié ! – je ne voulais pas d'elle en ce moment. Je la connaissais pour savoir que les futilités l'emporteraient et que, dans tout ce verbiage, il deviendrait impossible de me faire expliquer la signification de la phrase qui torturait mon esprit : « *Ce n'est pas ce que je viens d'apprendre sur la Nouvelle-France qui vous laissera en paix.* »

Mystérieuse et sentant le soufre, elle annonçait le pire. J'en étais de plus en plus persuadé et le mutisme dans lequel s'était enfermé Jacques Lemercier n'avait que renforcé mes craintes.

Les cloches de Saint-Germain sonnèrent l'angélus[1]. Lemercier leva le nez de ses papiers :

— Dieu, le temps passe trop vite. Antoine, déniche-moi une plume neuve et remplis l'encrier, glissa-t-il d'une voix calme, rompant enfin le silence pesant qui régnait dans l'atelier.

L'incident semblait clos. Et j'y voyais autant de bien que de mal car, si j'y gagnais la paix, c'était en renonçant à mes questions…

— De grâce, range précieusement les papiers, me demanda-t-il sans s'agacer. Ce désordre est impossible. J'imagine, sourit-il franchement, le retour impromptu de Richelieu. C'est un coup à perdre son crédit !

— D'autant, répondis-je, risquant le tout pour le tout, qu'il n'est pas d'humeur facile…

— Ah ! concéda son architecte sans se méfier, ces jours-ci, il vaut mieux ne pas le contrarier.

J'approchais. Je brûlais. La tentation fut trop forte.

— Savez-vous pourquoi, ce matin, il s'est montré si soucieux ?

— La charge de l'État, accepta-t-il de me répondre. Voilà ce qui le ronge.

C'était un peu court pour satisfaire mon appétit.

— Tiens ! fis-je mine de m'étonner. Et comment en êtes-vous sûr ?

— Le Cardinal me l'a dit, lâcha Lemercier en se redressant.

Nous y étions. À la passe suivante, je me découvris :

— Ainsi, je saisis mieux vos sinistres paroles à propos du Québec.

---

[1]. Prière de dévotion, en l'honneur de l'Incarnation, récitée matin, midi et soir, au son de la cloche de l'Angélus.

Ma remarque le laissa d'abord interloqué. Mais, l'instant suivant, il fronça les sourcils pour me faire comprendre que mon insistance lui déplaisait grandement.

— Oui, le Québec, répétai-je cependant d'un ton assuré.

Son visage pâlit et, sans ajouter un mot, il alla fermer la porte avant de s'approcher de moi.

— Ne m'apprends pas que tu nous as espionnés !, s'emporta-t-il.

— Ce ne fut nullement nécessaire, me défendis-je. L'estafette sortait et vous vous exprimiez assez fort pour que je profite de vos remarques.

— Tu mens !, s'énerva-t-il. Tu ne sais rien du sort de l'expédition de la Compagnie des Cent-Associés.

Il songea peut-être à rompre pour ne pas aggraver cette dispute, mais, au dernier moment, il hésita, bougonna dans sa barbe et se rapprocha brusquement de moi pour me saisir rudement aux épaules :

— Le départ des frères Kirke pour le Saint-Laurent... Le *savais-tu* ? commença-t-il, tandis que son ton montait, porté par la colère.

Mordiou ! Les Kirke menaçaient de reprendre pied en Nouvelle-France.

La nouvelle me foudroya.

— Te voilà moins à l'aise, grinça-t-il. Mais c'est toi qui as ouvert la boîte de Pandore. Tu meurs d'envie d'entrer dans la confidence ? Parfait ! Savais-tu pour les déboires d'Emery de Caën, ce marchand qui comptait rejoindre la colonie ? Un curieux comme toi a assurément entendu le Cardinal m'apprendre que l'équipage de Caën avait fait escale à La Rochelle après avoir essuyé une tempête, et que son aventure était pour le moins compromise...

Lui aussi allait échouer... Et je me souvins de mon assurance lors de mes discussions avec Simon Clarentin et les siens. *Dans quelle misère les avais-je entraînés ?*

— Ne dites plus rien ! criai-je en me bouchant les oreilles, pétrifié par ces annonces.

Bien au contraire, il éleva encore la voix :

— Tu veux partager le poids d'un secret ? Tant mieux... Tu m'aides et tu me libères de celui que m'a confié Richelieu. Aussi, apprends qu'il craint le pire à propos de la flotte de la Compagnie des Cent-Associés. L'expédition ne se compose que de quatre navires car, après avoir perdu quarante jours à attendre en vain, le capitaine Charles Daniel a quitté La Rochelle sans l'appui des forces navales de Razilly dont on espérait l'escorte. Bougre ! grogna-t-il, comment tenir tête à ces Kirke qui ne feront qu'une bouchée d'une proie si facile ?

L'emportement de Lemercier ne faiblissait pas :

— Ainsi, tu voulais *savoir* ce qui rongeait Richelieu ? Eh bien, te voilà satisfait... Toi et moi sommes à égalité. Et, pour ma part, Dieu n'ignore pas combien j'aurais voulu ignorer ce que j'ai appris.

S'ils tenaient le Saint-Laurent, ces maudits Anglais couleraient la flotte. Cette fois, la Compagnie perdrait vraiment tout.

Mon sang se glaça. Que réserveraient-ils à ceux qui, par miracle, avaient peut-être survécu à l'hiver ?

— Arrêtez, je vous prie. ! Ce drame est insupportable à entendre...

— Il est trop tard, jeune homme ! railla-t-il plus encore.

— C'est au-dessus de ce que j'imaginais, balbutiai-je.

Lemercier me relâcha comme si je l'avais piqué :

— Ah Diable ! C'est donc que tu ignorais tout de ce désastre... Mais ne disais-tu pas que tu m'avais entendu parler de Québec ?

— Il s'agissait de trois ou quatre mots mystérieux, me défendis-je misérablement. Mais, à présent, vous parlez, vous parlez...

Il se figea sur place :

— Tu me confirmes donc que tu ne *savais* rien ?

— Je vous l'assure, soufflai-je. Et vous n'imaginez pas combien je regrette d'avoir cédé à l'envie d'apprendre. Je n'y ai gagné que la perte de tout espoir pour ces pauvres gens de la Nouvelle-France...

— Ce n'est que le juste prix de ce que tu réclamais, répondit-il alors tandis qu'il recouvrait peu à peu son calme.

— Le prix ? répétai-je. Mais de quoi ?

— Du secret que nous partageons désormais car *savoir*, murmura-t-il, ne s'obtient pas sans échange...

Il ne hurlait plus, il ne me menaçait plus. Que me réservait-il ?

— Tu passes ton temps auprès des Associés de cette Compagnie, dit-il alors et parfaitement adouci, dans l'espoir, là aussi, de satisfaire ta curiosité. Bien sûr, il serait réjouissant de courir les retrouver pour les informer de ce que tu *sais* vraiment. Or voilà le prix de notre échange. J'ai parlé, oui, puisque tu le voulais. Et toi, il te faudra tenir ta langue. Pourtant, tu mourras d'envie de prouver que tu es renseigné. Hélas, je te l'interdis. Jamais tu ne devras rien dévoiler, sous peine de trahir ma confiance et celle du Cardinal, puisque ces secrets viennent de lui.

— N'en doutez pas, me vantai-je. Je suis curieux, mais peu bavard.

Lemercier soupira lourdement :

— Tu ne mesures pas combien ma loi sera dure. Le serpent sifflera à ton oreille pour te tenter. Mais, si un Associé t'interroge – et même si ton orgueil en souffre –, tu devras jouer l'idiot, ne rien dire, ne rien sous-entendre.

— Je le promets, m'engageai-je sur-le-champ, persuadé de m'en tirer à bon compte.

— Ne te réjouis pas, rétorqua-t-il. L'affaire est loin d'être entendue. Se taire quand on *sait* est une épreuve difficile, mais, en te l'imposant, tu apprendras à te connaître et, surtout, à mesurer la fidélité que tu me portes.

— Je jure de vous être fidèle ! m'emportai-je, puisqu'il n'y avait rien à redouter.

— Ne crie pas victoire trop tôt, Antoine. L'exercice est redoutable.

— Je n'y vois aucune torture, répondis-je avec assurance.

— Détrompe-toi, soupira-t-il. Mais, pour t'aider, quand tu seras sur le point de céder à la tentation de parler, répète-toi que nous sommes sans nouvelles sur le sort du Québec car aucun de nos navires n'en est revenu. Les Kirke sont-ils sur le Saint-Laurent ? Emery de Caën a-t-il pu traverser l'océan ? La flotte de la Compagnie est-elle arrivée à bon port ? Nul, sinon Dieu, ne *sait*... Pas même toi, sourit-il tristement. Dès lors, pourquoi imaginer le pire tant que nous ne sommes sûrs de rien ? Oui, il faut attendre le retour de l'expédition pour se faire une opinion.

— Selon vous, tout est perdu pour Québec ? ne pus-je m'empêcher de lui demander.

— Encore ce sujet, grogna-t-il de nouveau.

— Quel est votre avis ? suppliai-je.

— Si je te le donne, tu imagineras qu'il s'agit de celui de Richelieu, et tu seras tenté d'en faire état. C'est pourquoi plus un mot.

— Ainsi, vous pensez que je pourrais vous trahir ?

— Non ! lança-t-il de bon cœur, puisque tu ne tireras rien d'autre de moi. Plus rien ! D'ailleurs, rompit-il, j'entends Cunégonde et je meurs de faim...

Chapitre 18

Le secret est pire que la lèpre. Il ronge l'esprit, l'enfièvre, le mine. Il n'est pas un instant où il laisse en paix vos pensées. On s'endort avec, on se réveille en sa compagnie, il vous suit pas à pas, à chaque heure du jour. Il vous rend plus stupide que vous ne l'étiez puisqu'il est impossible d'aborder le sujet dont il traite, de peur de trahir la parole de celui qui vous a gratifié de la sienne. Au moment de le recevoir, on se croit honoré et mieux informé qu'auparavant. En réalité, il ne fait que jeter le trouble, perturbant l'entourage, rendu méfiant par ces lèvres obstinément fermées quand, la veille, l'ignorance et la liberté autorisaient à échafauder toutes sortes de considérations où l'espoir se mêlait également à l'inquiétude.

Au cours de ces mois de l'été 1629, les Associés de la Compagnie ne se rongeaient pas le sang. Ils espéraient. Moi, je me taisais. Le Québec se mourait-il ? Les frères Kirke l'avait-il pillé ? Ceux qui avaient misé le gros de leur fortune n'imaginaient pas le pire ou se refusaient d'y penser. Repoussant la peur de tout perdre, ils s'entêtaient dans une foi aveugle. Le sort ne pouvait pas être aussi funeste qu'en 1628. Moi, je n'avais pas le droit de jouir de cet espoir hypothétique, alors même que les nouvelles que j'avais négociées auprès de Jacques Lemercier ne m'assuraient pas pour autant de détenir la vérité.

Ainsi, ce secret ne me permettait que des supputations stériles qui n'éclairaient rien et paralysaient mon jugement. À propos du Québec, tout était-il exact puisque rien n'était certain ? Dieu ! Si, au moins, j'avais pu échanger... Ainsi, avant d'être dépositaire de ces confidences, j'étais libre de cogiter et maître de mes idées. Désormais, mon opinion ne pouvait plus être honnête puisqu'elle avait été suggestionnée et, pour respecter la confiance d'un seul, je devais assurément trahir celle des autres.

Ne rien dire. Ne rien avouer quand on me suppliait de m'entendre, moi qui avais toujours un mot, un avis sur la Nouvelle-France. En restant silencieux, j'aggravais la situation et, ne parvenant plus à être moi-même, à être naturel, je corrompais d'une certaine façon le serment qui m'obligeait à ne rien changer de ma personne.

Pour en avoir fait par la suite maintes fois l'expérience, je sais que le secret annihile la saine critique, détruit l'imagination qui se forme et se nourrit d'heureuses incertitudes. J'avertis le lecteur pour qu'il en tire une leçon. Le secret offense l'intelligence qui spécule selon son génie et perd ou gagne, mais honnêtement. Si le secret n'apaise aucune peine, il affadit les plaisirs et les joies qu'offre le hasard et assassine l'exaltation d'avoir su parfois anticiper – et parfois vu juste. Ainsi, il déshonore le mérite et ne rend supérieur en rien car, pourquoi savoir, si l'on ne peut en profiter ? Par définition, le secret oblige à se renfermer de peur qu'il influence la moindre des actions. Se taire, si l'on sait : maudit avantage ! Lemercier ne s'était pas trompé. La punition se comparait à un emprisonnement, une mise à l'écart. J'étais proscrit de ce monde pour en connaître les secrets. Et ce paradoxe méritait sans doute qu'on philosophe dessus. Mais avec qui puisque cela m'était aussi interdit ?

Ainsi, pendant que les Associés dissertaient sans fin sur l'avenir du Québec, excellant dans l'art indémontrable de la prédiction, je les écoutais, immobile et sans vie, de peur que le moindre de mes soupirs ne soit pris pour une sorte de jugement trahissant mon opinion. Dans cette assemblée, j'étais le seul à imaginer le pire, les autres étant portés à l'optimisme sans lequel il leur était impossible de vivre. Québec souffrait-il sous le joug des Kirke ? Au moins ces bandits avaient-ils traversé les mers sans encombre ? À la mort cruelle des colons qui avaient peut-être échappé à l'hiver, devait-on ajouter la ruine de la Compagnie des Cent-Associés ? Rien. Aucun bateau de pêche basque n'était encore rentré de campagne. Ainsi, pas un témoin ne pouvait soulager la chape qui, chaque jour, s'alourdissait davantage.

— Ils sont à l'ouvrage et bien occupés à remplir les cales de belles morues, soutenait le chapelier Simon Clarentin… Et, sans doute, de peaux de fourrures, murmurait-il alors en se signant discrètement.

Les mois s'écoulèrent sans autres nouvelles. Bientôt vint l'automne qui nous rapprochait de la vérité. Plus le temps passait, plus l'excitation grandissait. Pour calmer son impatience, Clarentin m'invitait à partager ses flâneries sur la rive septentrionale de la Seine. Il allait le nez en l'air, tourné vers l'ouest en direction de ce continent lointain, inaccessible et terriblement muet, auquel il avait confié ses biens – plus encore en cédant à l'offre d'un usurier pour financer sa part dans la nouvelle expédition. Au début d'octobre, un ciel étincelant de bleu invitait à croire au plus parfait des mondes, et c'est en confiance que le chapelier se rendait en ma compagnie chez l'ancien échevin Davès afin de tenir salon sur le Québec. Que se diraient-ils puisqu'ils ne savaient rien ? Le fait de se serrer autour d'une cause commune, et de partager leur rêve, les aidait à supporter le cours du temps. Patienter ! En guise de remède, le chapelier s'appliquait à marcher d'un pas lent, de celui du notable dont la solidité est telle qu'il ne redoute pas le sort et attend du futur un progrès profitable. Ainsi, ce soir-là, le regard attiré par une poignée de moineaux piaillant et se chamaillant sur la branche d'un chêne, Clarentin vaticinait le plus légèrement, mais sans jamais oublier de citer la Nouvelle-France dans ses sujets :

— Regardez ce volatile. Libre d'aller où bon lui semble, s'exclama-t-il d'une voix qu'il s'efforçait d'assurer. Il faudrait qu'un génie, à l'égal de Vinci, vienne à inventer un moyen de déplacement plus rapide que le vent. Tenez, Antoine, j'ai même pensé à une chose plus légère que l'air et qui, empruntant sa fluidité, volerait vers nous, porteuse de ces nouvelles pour lesquelles je m'impatiente. Oui, il me faudrait un messager tel ce soldat rentrant de Marathon pour annoncer à la cité d'Athènes sa victoire sur l'Empire perse des Achéménides.

Il s'arrêta de marcher et me saisit le bras :

— M'écoutez-vous ?

Comment lui avouer que je songeais plutôt à Némésis, déesse de l'Olympe venant annoncer le malheur aux hommes ?

— Je cherchais le nom de ce messager, mentis-je effrontément.

— Phidippidès ! clama le chapelier, ravi de montrer son savoir. Et vous souvenez-vous des mots qu'il prononça en arrivant à Athènes ?

— Je les ignore, le trompai-je à nouveau, soulagé d'abord un sujet qui nous éloignait de la Nouvelle-France.

— Nenikamen ! s'emporta Simon. Nous avons gagné !

Je pris soin de ne pas rappeler au docte chapelier que Phidippidès était mort après avoir prononcé ces paroles. D'ailleurs, je fus empêché de tout car un homme courait vers nous agitant ses bras au-dessus de la tête.

— Diantre ! s'emporta Clarentin d'une voix où naissait l'inquiétude. C'est Robert Davès qui vient à notre rencontre et il se montre fort pâle. Il faut accuser la course, se raisonna-t-il. Voici donc Phidippidès, et c'est un bon présage, eut-il le temps d'ajouter avant que l'ancien échevin ne se jette dans nos bras, le souffle court.

— Je détiens du nouveau, expira ce dernier.

— Allons, mon cher ami, reprenez-vous, bredouilla le chapelier qui ne tenait plus en place. Vous semblez poursuivi par la mort...

— Je le suis déjà, gémit Davès. Il n'y a plus d'espoir. Nous sommes sûrement ruinés...

Le chapelier se mit à inspirer de manière désordonnée comme s'il se noyait. Il brassa l'air, cherchant une prise pour se raccrocher et je dus le saisir aux épaules pour l'empêcher de s'effondrer.

— S'agit-il de Québec ? intervins-je, profitant de cet incident pour me libérer de la promesse faite à Jacques Lemercier.

Avant de répondre, notre messager déglutit et gonfla ses poumons dans l'espoir de soulager le charivari de son cœur :

— Une lettre destinée aux Associés de notre Compagnie est arrivée d'Espagne, parvint-il enfin à murmurer.

— Vous délirez, Davès, jetai-je cruellement. Je parle de la Nouvelle-France. Je me moque de l'Espagne !

— Pourtant, le lien est certain, irréfutable. Elle arrive d'Espagne et parle du Québec, bredouilla-t-il encore en roulant des yeux.
— De qui est-elle ? réclamai-je d'un ton que je cherchais à adoucir. Oui, commençons par cela. Qui écrit et pourquoi ?
— Elle est signée par le père Lallemant, un prêtre qui s'était joint à l'expédition de la Compagnie.
— Que fait-il en Espagne ?
— Son navire a fait naufrage et il ne doit la vie qu'à l'hospitalité d'un bateau de pêcheurs basques venus lui porter secours.

Partir de France et atterrir en Espagne, quand on cherche Québec... Ce périple annonçait sans doute une incroyable aventure. Pourtant, et bien que regrettable, il n'expliquait pas le désarroi de l'échevin et son lien avec la Nouvelle-France.

— Hélas, soupirai-je, cette nouvelle fort triste pour ce jésuite ayant armé l'embarcation ne dit rien sur la situation dans la colonie.
— Bien au contraire, rugit Davès et voici le plus grave. Lallemant a fait naufrage au retour et non en arrivant à Québec. C'est pourquoi il sait tout.
— Pourquoi est-il reparti aussi vite ? fis-je semblant de m'étonner, car je devinais déjà la suite.
— Les Anglais ! Ils sont sur place ! Ils occupent Québec ! Le père Lallemant fuyait leur férocité. Mais le sort l'a rattrapé.

Il se frappa le torse du poing :

— Nous sommes maudits ! Nous avons tout perdu !
— Ainsi, les nôtres ont péri ? glissai-je le premier car j'étais prêt à entendre le pire.

Davès ne répondit rien. Il semblait égaré, fou de douleur.

— Mais la paix est faite avec l'Angleterre depuis le mois d'avril [1], intervint le chapelier qui retrouvait ses esprits. Se peut-il que ces bougres d'Anglais n'aient pas respecté l'accord négocié entre les princes ?
— Tous l'ignoraient, rugit Davès en bondissant tel un diable. Ils ont pris la mer avant que le traité ne soit signé. Ils n'étaient pas au courant... Le père Lallemant a lui-même appris l'existence d'un

---

1. Le traité de Suze.

accord de paix en débarquant en Espagne. Mais, sur le Saint-Laurent, ils se font la guerre...

— C'est donc qu'il y a des survivants ? m'écriai-je.

— Parlez-en comme de prisonniers, jeta l'ancien échevin en livrant un regard brûlant. Québec est tombé. Les Anglais ont pris possession de l'Habitation et Champlain est leur prisonnier.

Cette série de nouvelles bouleversa Clarentin qui s'écarta de nous pour laisser couler ses larmes. Je l'entendis supplier Dieu de lui venir en aide afin d'obtenir le pardon de son épouse à qui il n'avait avoué que le quart de la dette contractée pour financer l'expédition.

— Qu'en est-il de la flotte de la Compagnie ? demandai-je en me retournant vers Robert Davès. A-t-on des nouvelles ?

Celui-ci baissa la tête :

— Le navire du jésuite est arrivé le premier. Les nôtres le suivaient. Il a fui la Nouvelle-France sans certitude sur leur sort.

— Les Français résisteront, lançai-je d'une voix forte puisqu'ils en savaient autant que moi, et que plus rien ne m'empêchait de m'exprimer. Oui, rugis-je en redevenant moi-même, je crois à leur triomphe !

Le pauvre chapelier écarquilla les yeux. Comment avais-je pu être muet quand il espérait, et si peu avare de mots maintenant qu'il se voyait ruiné ?

Chapitre 19

L'UNION FAIT LA FORCE, raconte-t-on. Et ce dicton est sans doute vrai. Mais le caractère du Français s'accorde moyennement avec les règles et les contraintes du groupe. Il croit dans l'exploit personnel. Il cherche à se mesurer à lui-même, si bien qu'il perd tout le plus souvent. L'expédition de l'an 1629 manquait d'harmonie et de cohésion. D'un côté, le navire du jésuite ; de l'autre, celui d'Emery de Caën, parti sans attendre le reste des forces navales. Et, au milieu de cet océan d'ambitions disparates, la flotte des Associés voguait, à quarante jours de mer, pour avoir perdu ce temps à espérer le soutien de M. de Razilly, échappé, quant à lui, vers le Maroc. Dans ces conditions, comment faire face à l'imprévu ?

L'union, la communauté d'intérêts ! On en mesurait le sens en lisant les mots du père Lallemant, débutant sa lettre par un hommage ému à ces hommes qui, à Québec, étaient parvenus à tenir, à résister à l'hiver. Ainsi, Samuel de Champlain avait réussi à sauver l'essentiel en convainquant les colons de faire front tous ensemble et d'agir sous ce commandement. Le résultat était probant, expliquait le jésuite ayant réchappé au naufrage. Malgré un hiver d'une dureté inconcevable, la colonie, écrivait-il, avait survécu à une redoutable famine. Pourtant, Champlain n'avait presque rien obtenu des Indiens et pas plus de la pêche puisqu'ils manquaient de filets et de lignes. Quant aux dix ou douze arpents de terre cultivés par la famille Hébert, il fallait attendre le printemps pour en mesurer le résultat. Aussi, les quatre-vingts rescapés s'étaient-ils contentés d'absorber des racines, appelées Sceau de Salomon [1], mêlées à des glands indigestes. Une bête serait morte à la suite de ce traitement. Eux, ils avaient résisté, serrés les uns contre les autres dans l'Habitation qui ne protégeait aucunement du froid. Imagine-t-on ces jours, plus courts que les nuits et qui se succédaient sans en voir la fin ? Peut-on se représenter ces semaines, ces mois, quand le vent hurlait, que les pieds et les mains s'engourdissaient et menaçaient de geler, que l'eau devenait glace, que l'entretien du feu ordonnait au moins affaibli de sortir et de s'éloigner de plus en plus pour aller chercher du bois, cet ultime gage de vie ? Attendre l'accalmie des tempêtes de neige, en suppliant que la nature se réveille et libère la terre de sa gangue. Sortir enfin, plus mort que vivant, et découvrir un ciel éblouissant, épargné par la colère, preuve que Dieu acceptait de ménager son troupeau et lui offrait Sa renaissance. Ainsi, ils avaient connu les abîmes et en revenaient épuisés, éreintés, mais plus décidés. Ils avaient triomphé du pire, croyaient-ils, et n'attendaient que le retour des envoyés de la Compagnie des Cent-Associés.

L'union de tous les avait sauvés. Mais, de l'autre côté de l'océan, on ignorait cette vertu, chacun poussant son avantage et agissant selon ses intérêts. Ainsi, écrivions-nous, Emery de Caën était parti, sans attendre la flotte attardée à La Rochelle. Pour quelle raison faisait-il route en solitaire ? Il affirmait courir au secours des colons en leur livrant des vivres, mais, à ce prétexte, s'ajoutait la recherche médiocre du profit de la traite de la fourrure, puisque rien n'avait pu être récupéré l'an passé du fait des Kirke qui avaient saisi la flotte. En somme, un trésor, croyait-on, attendait le conquistador et attisait les convoitises. Le premier arrivé serait le premier à se servir.

⚜

Loin de ces calculs, réservés aux gens ne souffrant d'aucun mal, si ce n'est la rapacité, Champlain attendait de l'aide, mais elle ne venait pas. De sorte qu'au milieu du mois de juin il décida

---

1. Fleur comestible portant des baies bleues.

d'envoyer en éclaireur une vingtaine de colons, en aval du fleuve, à la frontière des terres et de l'immensité des eaux. À bout de force, ces hommes descendirent le Saint-Laurent vers Gaspé[1] avec pour mission de s'y installer et de ne lâcher l'horizon qu'après avoir aperçu une voile amie. Hélas, ils ne virent aucun signe. Le groupe se décida alors à rentrer à Québec, muni de deux sacs de farine de cinquante livres, négociés âprement auprès des Indiens. Et tout sembla désespérément fini quand, le 19 juillet – comment oublier ce jour, écrivait Lallemant ? – un des leurs, laissé à l'avant, aperçut trois navires venant de la Pointe-Lévy[2].

L'homme tomba à genoux et remercia le Tout-Puissant. Oubliant les épreuves, il écourta sa prière et, se relevant déjà, il brandit les bras et hurla sa joie, agissant si bien qu'il finit par attirer l'attention de la vigie du bateau de tête, allant jusqu'à s'avancer vers la rive et indiquant par des gestes la route à suivre afin d'éviter au pilote de sombrer dans les remous du fleuve. Bientôt, le terrien et le marin se trouvèrent assez près pour se dévisager. Cette silhouette, cette tenue, le Français s'en souvenait pour les avoir vues l'an passé. Il leva les yeux et vit ce qu'il redoutait le plus au monde : à bord, on hissait le pavillon anglais. Tout s'écroula. Les Kirke étaient de retour.

Nous étions assemblés dans la demeure de Robert Davès et pas un bruit, pas un murmure ne venait troubler sa lecture de la lettre du jésuite Lallemant. Ce dernier avait pris soin de décrire par le menu les multiples épisodes qui avaient marqué son passage au Québec. Il agissait par souci d'exactitude et voulait que son récit soit le plus précis possible, car il se pouvait qu'il soit désormais le seul témoin vivant de ces événements. Son naufrage, et plus encore son sauvetage, qu'il comparait à un miracle, le poussaient à penser que son sort, décidé par Dieu, était de raconter celui des misérables

---

1. Gaspé se situe à l'est de la péninsule gaspésienne, sur le golfe du Saint-Laurent, à 650 kilomètres de Québec.
2. Ainsi nommée en l'honneur de Lévy de Vantadour. Aujourd'hui Lauzon, situé un peu en aval de Québec, sur la rive sud du fleuve.

tombés entre les griffes des frères Kirke et de leur clique armée. Ainsi, soutenait-il, il n'avait survécu que pour coucher les derniers jours de Québec sur le papier, ajoutant à ce devoir impérieux une opinion dont le pessimisme sonnait comme le glas.

Bien sûr, cette vision ne fit qu'aggraver les craintes des Associés qui s'étaient rejoints après avoir appris l'existence d'une missive arrivant d'Espagne. À Paris, le bouche à oreille avait fonctionné pour que chacun se rende chez Davès où, pas un pied, pas un pouce de la bibliothèque de l'ancien échevin n'était libre. Je me tenais au fond, non loin de l'imposant Claude Roquemont de Brison, l'un des fondateurs de la Compagnie. Son rang l'autorisait à siéger devant, mais, par malheur, il avait commandé l'expédition navale de 1628, conclue une première fois par le triomphe des frères Kirke. Blessé lors des combats et fait prisonnier, le solide marin ne s'était jamais remis de sa défaite et en gardait une violence rentrée qui assombrissait sa vie. Il ne se montrait plus guère aux Associés depuis sa libération, mais, ce jour-ci, rompant avec sa morne solitude, Roquemont de Brison était venu au pas de charge depuis son domicile de la rue du Temple. Mal remis de sa course, il suait et respirait fortement et tapait du pied tant il manquait de patience, ne cherchant qu'à connaître le sort de la flotte. Sa colère ne voulait pas tomber et je l'imaginais prêt à sortir l'épée pour embrocher le quidam qui s'opposerait à lui. Je crois qu'il cherchait à venger, même aveuglément, son honneur englouti dans le Saint-Laurent.

— Laissez de côté les égarements et les supputations grotesques du père Lallemant, rugit-il soudain. Je me moque de ces soupirs de vieux curé. Avancez ! Lisez de suite ce qu'il peut nous apprendre sur la flotte !

— Je comprends votre impatience, cingla Davès en se dressant pour mieux épingler l'impétueux Roquemont de Brison, égaré dans la mêlée de têtes. Mais vous devrez vous plier à notre méthode comme nous le fîmes par le passé alors que vous étiez maître à bord. Avez-vous subi des griefs pour le tort subi ? Nous avons accepté votre échec sans broncher, sans rien vous reprocher. Alors, apprenez la mesure et, comme nous, avancez pas à pas. Vous n'êtes plus à la bataille, persifla-t-il, et nous n'obéirons pas à des ordres qui nous ont enseigné qu'agir en soudard ne permettait pas de gagner !

La réplique fit l'effet d'un soufflet. Roquemont de Brison devint écarlate et je l'entendis grommeler comme si la forge de Vulcain prenait possession de son corps. Il allait bondir, se jeter sur l'impudent, lui briser le cou. Ah ! je n'aurais pas donné cher de la vie de Davès, mais alors que l'insulté s'apprêtait à fendre les rangs, deux mains anonymes se mirent à applaudir, suivies de dix, puis de vingt autres. La salve grossit, submergea l'offensé qui en resta coi et se figea sur place. L'autre effet de cette sortie courageuse fut de souder sur-le-champ les infortunés et ce sursaut leur rendit leur fierté. Bientôt, on cria, s'exclama pour accabler le malheureux capitaine, engendrant un désordre qui eut pour mérite de soulager d'un peu la pression pesant sur les esprits.

— Continuez, mon cher Davès, lança un Associé pour que le calme revienne. Lisez, je vous prie, et le plus lentement possible.

— Si nous avons tout perdu, au moins jouissons du moment, railla un autre.

— Cette lettre va peut-être me coûter dix mille livres, ajouta un troisième. De grâce, laissez-moi profiter de ce plaisir…

Les rires se joignirent à l'assaut et emportèrent la colère de Brison. Si les Associés étaient ruinés, ils entendaient se soumettre dignement.

Les Kirke étaient donc revenus, armés comme il se devait puisque leur intention n'était rien de moins que de rayer de la carte la Nouvelle-France et d'y établir à la place une Nouvelle-Angleterre. Leur audace se nourrissait d'un mandat du roi Charles Ier, décidé à évincer les Français du fleuve Saint-Laurent. C'était le prolongement de la campagne engagée en Acadie où l'Angleterre disposait de colonies. Ainsi, après la Nouvelle-Écosse, composée de l'île de Sable, du Cap-Breton, de la Gaspésie, du Nouveau-Brunswick et de la péninsule acadienne, le père Lallemant nous annonçait le projet catastrophique d'un capitaine David Kirke arrogant et sans vergogne.

— Il l'a donc rencontré ? ne put s'empêcher de lancer un Associé situé au premier rang.

— Patience, répondit Davès qui s'exprimait avec calme pour déjà savoir ce qu'il en était de la suite. J'y viens.

Les Kirke, racontait Lallemant, avaient armé six navires, couplés à deux embarcations plus légères. Accompagnés du sieur Jacques Michel, un huguenot de Dieppe, familier du Saint-Laurent et de ses dangers, ils avaient quitté l'Angleterre le 5 avril, prenant ainsi une avance irréversible sur les Français. N'ayant donc rencontré aucune résistance, ils purent se présenter le 25 juin devant Gaspé, et se rendre sans attendre à Tadoussac afin de s'emparer de quatre mille quatre cent quarante peaux de castor et de quatre cent trente-deux peaux de chevreuil.

Cette comptabilité macabre étant achevée, Davès se tut. À l'évidence, la Compagnie avait tout perdu. Pourtant, aucun de nous ne broncha, tant nous étions frappés de stupeur. Seul Roquemont de Brison grogna dans son coin. Simon Clarentin ne fit que serrer les poings, attendant, comme nous autres, que Davès reprenne sa lecture, ce qu'il entreprit d'une voix morne qui nous poussait à conserver notre calme.

Enrichi par sa prise, David Kirke avait alors décidé d'envoyer ses frères Lewis et Thomas avec trois vaisseaux pour faire céder Québec. Le 19 juillet, une chaloupe se détacha du navire amiral afin de porter une lettre à Champlain. L'Anglais exigeait la capitulation et le faisait en latin pour que l'on comprenne tous ses mots. L'Anglais chassait le Français et c'était sans appel. En revenant dans leur camp, les émissaires du capitaine Kirke décrivirent l'état et la situation de l'Habitation. Champlain ne pouvait tenir. Il céderait. Mais c'était sans compter sur la ruse du Français qui prit soin d'indiquer qu'il réfléchissait, exigeant quelques accommodements et toutes sortes de précisions dans le dessein de gagner du temps. Champlain espérait encore l'arrivée de la flotte française, et sa détermination souleva l'admiration des Associés. Mais Dieu, qu'ils étaient pressés de connaître la suite !

❦

Davès déglutit et nous comprîmes que le pire venait. Le 20 juillet, en effet, cédant à la menace de Lewis et Thomas Kirke qui exigeaient de dormir le soir même dans le fort de Québec – par la force s'il le fallait –, Champlain ne prit pas le risque de voir mourir ceux qui avaient survécu à l'enfer. Le cœur brisé, il fit ouvrir les portes aux cent cinquante soldats de l'expédition anglaise et nous comprîmes qu'il n'avait pas d'autre choix. Au moins, rapportait le père Lallemant, avait-il obtenu que les Français emportassent les fourrures qui n'avaient pas été chapardées, ainsi que la promesse de rester en vie et d'être rapatriés dans leur pays.

Moi seul, je savais que le 20 juillet était le jour où Richelieu s'était rendu chez Jacques Lemercier. « La Nouvelle-France, soufflait d'un ton las le Cardinal. Ce n'est pas le plus petit de mes soucis… » Et jamais, une prédiction n'avait été plus juste.

Le lendemain, les Kirke firent hisser leur drapeau sur le bastion et, joignant à ce geste scélérat le fracas d'une salve, la troupe fit savoir que la vallée du Saint-Laurent venait de tomber entre leurs mains. Ensuite, le pillage débuta.

Toutes les fourrures furent saisies, ruinant les engagés et, à fortiori la Compagnie des Cent-Associés. Et, pour ajouter à ce désastre, quelques Français, cédant à la trahison dans l'espoir de négocier leur personne, se rangèrent aux côtés de l'envahisseur. Lallemant livrait les noms, Davès d'une voix lourde fournit la liste des judas :

— Étienne Brûlé, Nicolas Marsolet, Gros-Jean et le charron[1] Pierre Raye, l'un des plus perfides traîtres et méchants qui fût en la bande…

— Mordiou ! s'emporta un Associé. Mais où donc se trouvaient les navires d'Emery de Caën ?

Davès saisit la page suivante :

— Les voici. Et préparez-vous à entendre de graves désagréments.

---

1. Celui qui répare les chariots.

⚜

Vers la fin de juillet, Thomas Kirke organisa l'exil des Français. Un premier groupe de colons quitta Québec pour rejoindre Tadoussac. On y trouvait Champlain désireux de rencontrer le général David Kirke afin de négocier au mieux la survie de ses hommes. Accrochés au bastingage, tous se nourrissaient des dernières images de la Nouvelle-France, car il ne faisait aucun doute qu'une page se tournait. Tant d'efforts et de sacrifices, pour en venir à cette fin ! Par un étrange effet de l'âme humaine, ceux qui avaient souffert regrettaient à présent leur vie de misère. Ils aimaient ces paysages qui défilaient au rythme sage du courant d'un fleuve qui avait déposé les armes et cherchait à se faire pardonner sa fureur hivernale. L'eau invitait à venir s'y baigner, à goûter au plaisir licencieux de se jeter dans un miroir renvoyant les milliers d'étincelles d'un soleil parfaitement rond et plein comme le ventre fécond d'une mère nourricière. Ce tableau, identique à celui du premier jour de la Création, rappelait cruellement aux bannis, qu'ici ils avaient été libres, conquérants d'un continent ignorant les maux de la société des hommes. En retrouvant des visages d'Europe, qu'avaient-ils appris ? À détester un monde qui leur était devenu étranger pour s'être détourné du bienfait de l'âge d'or. La Nouvelle-France portait justement son nom. Tout y était inédit, immense, et pourtant accessible aux courageux. Seul le mérite leur servait de titre et de privilège. Mais en quittant le Saint-Laurent, ils retrouveraient les conventions viciées d'un royaume désuet et vieux qu'ils avaient presque oublié.

Les colons, même les plus affaiblis, affirmait Lallemant, vivaient ce départ comme une épreuve. Pour ajouter à leurs supplices, le navire anglais flemmardait, se laissant porter par les flots. La torture durait donc et tous, assemblés à l'arrière du pont supérieur, se remplissaient les yeux de ce spectacle surgissant de l'éden, humant les senteurs exhalées par la forêt gorgée d'essences puissantes. Les arbres se dressaient dans le ciel, attaquaient les courbes dulcifiées de la terre, descendaient jusqu'à la rive pour livrer leur fragrance gorgée de suc et de sève aux accents inconnus. Dans ce pays des extrêmes, et devenu le leur, la longue saison d'hiver n'épuisait pas la nature, mais, au contraire, la fortifiait, donnant à ce tableau désormais estival la majesté qui sied à ceux qui triomphent de ses pièges. On soutient qu'il existe une forme de communion entre l'homme et son pays. Eh bien ! en concluait Lallemant, le Québec, par la grâce de Dieu, apportait la preuve éclatante de la justesse de cette saine opinion. Champlain et les siens avaient survécu parce qu'ils s'étaient fondus dans cet univers sauvage jusqu'à ce qu'il leur devienne familier et, contre toute attente, ils en revenaient fortifiés, à l'exemple de cette flore majestueuse.

En un éclair, il me revint les douces paroles de Marie de Montigny alors que nous étions cachés dans la bibliothèque de son père. Elle ouvrait un livre, et c'était celui qui racontait Québec. Elle caressait la carte de ce continent et parlait de ses promesses. Je ne savais que lui opposer ma peur pour ces contrées peuplées d'Indiens qui seuls supportaient la sévérité du climat, et je découvrais à la lecture du témoignage du père Lallemant que le plus insupportable pour les colons était d'abandonner ce qu'ils avaient aimé, envers et contre tout. Ils gémissaient sur ce pays féroce qui ne se livrait qu'en échange de sacrifices redoutables, mais ils regrettaient aussi leur liberté perdue, plus insurmontable que la souffrance physique. Vivre sans entraves, était-ce un état irréductible ? Il semblait, selon l'auteur, que ce privilège n'avait aucun prix, ne se mesurait pas et ne s'échangeait pas même contre un trésor composé de milliers et de milliers de fourrures. Et ce troupeau égaré, malgré sa douleur, louait Dieu de lui avoir offert ces moments désormais passés. La liberté ! Je comprenais mieux qu'un autre le sens de ce mot dont la justesse me fit deviner que Lallemant rapportait l'exacte vérité d'événements par ailleurs fort regrettables.

— Mais comment a-t-il pu constater tout cela ? demanda l'un des Associés, rompant ainsi le silence et la discipline qu'observaient jusque-là ces coreligionnaires.

— De qui parlez-vous ? répondit Davès sans cacher son agacement.

— Lallemant ! s'interposa un autre. Oui, comment être certain que ce jésuite ne fabule pas ?

— Parce qu'il était aux premières loges, rétorqua l'ancien échevin.

— Vous affirmez ainsi qu'il se tenait sur le navire anglais, aux côtés des colons. Mais il ne l'a pas écrit. Et comment cela est-il possible ? Je le croyais en mer…

— Et maintenant, bougonna mon voisin, le voilà décrivant l'exil du peuple de la Nouvelle-France, chassé de la Terre promise.

Il se hissa sur la pointe des pieds pour se faire entendre :

— Expliquez-vous, Davès !

L'échevin soupira pour que l'on comprenne son impatience.

— La règle est que vous m'écoutiez. Je lis d'abord. Ensuite, nous en discuterons.

— Au moins, savez-vous d'où lui vient toute cette science ?

Davès hésita avant de répondre. Il restait le nez dans ses papiers, décidé à poursuivre, mais l'assemblée devint houleuse.

— Soit ! cria-t-il en levant les mains au ciel. Lallemant connaît son histoire pour la bonne raison qu'il fut lui-même près de se faire harponner par les Anglais. C'est pourquoi je vous annonçais qu'il se trouvait aux premières loges.

La nouvelle provoqua la stupeur. Dieu ! Un de plus…

— Quand ? Comment ? s'emporta mon voisin.

— Il s'en explique plus loin et je ne vois pas l'intérêt de changer de méthode. Avançons à son rythme…

Mais, ici et là, on perdait patience. Le bloc uni se fissurait. Les uns voulaient en venir à la conclusion, d'autres exigeaient d'entendre le récit *in extenso*. Roquemont de Brison crut pouvoir profiter de l'incident pour reprendre pied.

— Oubliez les atermoiements de ces misérables. Livrez-nous ce qui compte. Combien de morts, combien de prisonniers ? Et qu'en est-il de nos fourrures ? Avons-nous vraiment été pillés ?

Davès posa sur le bureau derrière lequel il se trouvait la lettre du père Lallemant. Puis il releva la tête et il répondit d'une voix sombre :

— Vous doutez de la sincérité du narrateur ? Eh bien, apprenez que son navire s'est en effet brisé sur les rocs de Canseau au mois d'août, soit après la chute de Québec. Voilà qui fait de lui un solide témoin. Il était sur terre pendant les événements, mais ce n'est pas tout. Réfugié un temps à Cap-Breton en compagnie du père Vieuxpont, il s'est efforcé d'amasser de nombreux témoignages sur la situation parmi ceux qui se terraient dans les postes avancés, à l'embouchure du Saint-Laurent et dans les territoires voisins. Des coureurs de bois isolés ont vu la descente du Saint-Laurent par les Anglais. Ils ont reconnu formellement Champlain situé à la proue d'un de leurs navires. D'autres, échappés de la nasse lors de la prise de Québec, ont fui vers la côte dans l'espoir de trouver des Français encore libres. C'est ici, à Cap-Breton, qu'ils ont rencontré Lallemant qui n'a fait que consigner leurs avis. Alors, quand il fut certain que tout était perdu, il a fui précipitamment vers l'Espagne à bord d'une embarcation basque qui elle-même fit naufrage. Maintenant, puis-je avancer ?

Il me semble que le notaire Martin Haguenier, un homme sévère et rigoureux, leva alors une main pour demander la parole :

— Pourquoi précisez-vous que *tout était perdu* et, qu'alors, il a fui *précipitamment* le Québec ?

— Pour une raison fort légitime, souffla Davès. Le père Lallemant venait d'apprendre qu'Emery de Caën était à son tour tombé dans le piège de l'envahisseur. En somme, que tout se finissait...

Chapitre 20

NOUS VENIONS de quitter le domicile de Robert Davès, et Clarentin, comme les autres, n'avait pas souhaité prolonger de vains bavardages. Même le fougueux Roquemont de Brison avait fui sans un regard, sans un salut. Les âmes étaient lasses, l'humeur maussade et, dans les cervelles, fermentaient des pensées ténébreuses. L'heure fort avancée n'expliquait pas ce comportement peu habituel. La cause tenait entièrement dans la lettre de Lallemant que tous jugeaient catastrophique et irrévocablement désespérante.

La pluie couronnait ce bien triste jour d'octobre. La rue, rendue boueuse, charriait les immondices de Paris qui s'ajoutaient aux odeurs pestilentielles du cloaque dans lequel nous marchions. L'eau alourdissait les manteaux de laine et le froid entrait sous les chemises et glaçait les os. Le cuir des bottes prenait l'eau et les honnêtes gens marchaient à vive allure pour échapper au déluge, ou pour fuir la nuit sombre dans laquelle se glissaient des silhouettes menaçantes. Hélas, Clarentin traînait le pas, peu pressé de rentrer. Le chapelier baguenaudait, cherchant peut-être les mots qui éteindraient l'ire de Mme Athénaïs Clarentin, quand cette épouse, dont il redoutait le caractère rogue, apprendrait le désastre subi par un mari imprudent. Pour l'heure, il ruminait sur ses déconvenues, prenant peu à peu la mesure du problème. Et, plus le temps passait, plus il devenait étrange, indifférent à ma présence, s'emmurant dans un soliloque qui me fit bientôt craindre pour l'équilibre de sa personne.

— Si Emery de Caën avait été au courant de la présence des Kirke avant de s'avancer sur le Saint-Laurent, marmonna-t-il pour lui-même, le sort de la bataille aurait basculé...

À quoi bon refaire le monde ? avais-je envie de crier pour secouer cet esprit qui s'abandonnait à la mélancolie. Mais je n'avais pas investi, et la candeur me poussait encore à espérer. À l'inverse, le pauvre homme se serrant à mes côtés se montrait à l'image des Associés. Brisé, assommé, presque décapité.

— Voyez-vous, soupira-t-il, les yeux fixés sur ses souliers et sans que je puisse assurer qu'il s'adressait à moi, s'il est un point sur lequel je n'ai pas varié, c'est l'invention capitale d'un moyen de se mouvoir plus rapidement que le vent. Si Emery de Caën avait pu être tenu au courant de la présence des Anglais, répéta-t-il, nous aurions sauvé Québec...

— Je vous trouve trop pessimiste, répondis-je tout de go, profitant de ses premiers mots enfin audibles pour me glisser dans sa rêverie.

Clarentin s'arrêta de marcher et me toisa d'un air abasourdi. Me découvrait-il ?

Que cet ami faisait peine à voir ! D'habitude si prompt à réagir, il restait immobile, les pieds plantés dans la vase, les cheveux collés au front, les bras ballants, transformé, par le seul fait d'une lettre, en être misérable. Il découvrait le même soir que, ce qu'il avait bâti, ce à quoi il croyait, pouvait s'effondrer, retourner à la terre, se corrompre comme la boue qui ravinait la rue, creusait des lacis tortueux avant d'être fatalement engloutie dans les eaux noires de la Seine. Clarentin songeait-il à y mêler son désespoir ? Un pressentiment détestable me fit oublier la confortable demeure de Jacques Lemercier où m'attendaient un bon feu et le souper de Cunégonde. Si Clarentin envisageait de se tuer, je devais veiller sur lui. Surtout, l'empêcher d'agir.

— Venez par ici, Simon. Venez vous protéger de la pluie, suggérai-je doucement en me glissant sous l'avancée d'un toit dans l'espoir d'être quelque peu épargné par l'averse qui redoublait de violence.

Dans la nuit, il me sembla que cette ombre, revenant d'une longue absence, bougeait, mais sans décider s'il fallait se rapprocher de moi ou déguerpir. Je fis donc un pas et je le saisis pour le guider sous mon abri de fortune. Il grelottait et claquait des dents, mais je fus le premier à éternuer. D'un coup, il sortit de ses songes, sursauta et se tourna dans ma direction comme s'il découvrait ma présence :

— Antoine, bredouilla-t-il. Il faut rentrer chez vous…

Et le laisser seul pour qu'il accomplisse l'irréparable ?

— Oui, je fais peine à voir, rétorquai-je d'une voix que je cherchai à rendre légère. Je suis trempé à tordre et je devine mon allure en détaillant la vôtre. À coup sûr, soufflai-je, nous allons attraper la mort.

Je vis enfin ses yeux. Ils étaient éteints, sans vie, ou peut-être déjà tournés vers l'au-delà.

— La mort ? reprit-il d'une voix inquiétante.

— Celle qui, si vous y songiez, mettrait fin à l'espoir, celle-là seule qui vous assurerait que vous avez perdu et vous ordonnerait de céder à son attrait afin de vous voler un bien plus précieux que l'or.

Il se détacha de moi d'un geste brusque :

— Parlez à votre aise ! jeta-t-il sur le ton du forcené. Ignorez-vous encore que je suis ruiné ? Ruiné ! hurla-t-il de plus en plus fort, faisant preuve d'une vigueur aussi inquiétante qu'insoupçonnée.

— Je vous préfère ainsi, Clarentin, repris-je d'une voix calme, mais solide. Allez-y ! Fâchez-vous, cédez à la colère ! Elle vous vengera de vos misères…

Il serra les dents et je crus qu'il allait se jeter sur moi :

— Il vous est facile de railler mon état. Vous n'avez rien misé, rien perdu ! Qu'ai-je à faire des leçons de morale d'un petit commis ! En quoi m'êtes-vous utile ? Vous ne parlez que lorsque tout va mal, et j'ai fini par comprendre que seul le malheur de l'autre vous rendait prolixe. Qu'avez-vous fait pour me conseiller, me détourner de cette aventure, m'interdire d'y engouffrer mes biens ? Depuis des mois vous restiez muet, spéculant sans doute sur mon désastre. Soyez satisfait, le rideau est tombé. Partez, maintenant ! Partez, Petitbois, vous et votre impudence…

Sur mon silence, je ne pouvais répondre, mais, pour le reste, j'avais mon mot à dire.

— Un instant ! lançai-je du même ton. Ne sous-estimez pas les gens de petite condition. Ce soir, la vôtre n'a rien à envier à la mienne et je sais ce qu'il en est de manquer de tout, même d'une amitié sincère. Une nuit comme celle-ci, voilà trois ans, je me suis senti abandonné et perdu. La vie n'ayant plus de sens, j'ai songé à commettre le plus grave des péchés en reprenant la vie que Dieu m'avait offerte. Je ressemblais à ce fantôme à qui je parle, et rien n'aurait pu me décider à ne pas organiser mon propre crime. Mais Jacques Lemercier a surgi et, telle la providence, il m'a sauvé de moi-même. Ainsi, vous savez pourquoi je suis encore vivant, parlant avec vous au risque de vous déplaire. Fus-je épargné pour qu'à mon tour je puisse tendre la main à une autre vie ? demandai-je, adouci. Seul le Seigneur connaît la réponse, mais je vous assure que je connais vos pensées pour les avoir accueillies. Elles me hanteront toujours et je me désole d'avoir cédé à leur attirance. Si je suis ici, c'est parce que j'ai été malheureux comme seul un être ayant souffert peut l'imaginer. Oui, je vous comprends, et c'est pourquoi je cherche à vous soutenir. Ne renoncez pas ! Je vous le dis pour avoir maudit ma faiblesse et pour vous assurer que la vie est une source de bienfaits que vous ne pourrez jamais épuiser. Vivez, Simon. Espérez ! C'est peut-être pour vous ordonner cela que Jacques Lemercier est venu à mon aide et, pour cette seule raison, je ne regrette pas de vous tenir compagnie.

Je jure qu'à cet instant la pluie s'est arrêtée. Un silence épaissi par l'humidité de l'air succéda au vacarme du déluge qui nous tombait du ciel. Les gouttes, piquantes comme des hallebardes, cessèrent de nous torturer. Il n'y avait plus un souffle de vent, tout semblait apaisé, et Clarentin leva la tête, me donnant à penser qu'il interrogeait le ciel. Mais une tout autre chose se produisit.

— Ah… Ah… Atchoum ! rugit-il.

L'écho lui répondit. Et un chien errant, je crois. Il éternua encore et je fis de même. Cette fois, nous eûmes droit au concert des cabots. Un volet s'ouvrit, une voix d'homme menaça d'alerter les gens d'armes. La vie reprenait le dessus. Nous étions à Paris, la nuit avançait, une bande de coupe-jarrets pouvait surgir d'une impasse. Nos regards se croisèrent.

— De grâce, tonnai-je en me forçant à rire, avançons avant qu'une mauvaise fièvre ou qu'un trousse-chemise ne décide de notre sort.

Il bloqua mon élan. Il ne bougeait pas :

— Pensez-vous sincèrement que je mérite encore de vivre ?

— Je vous en conjure, Simon, cessez d'offenser Dieu. Et pour me donner à croire que ma vie ne sera pas inutile, laissez-moi espérer que je vais réussir à vous convaincre. Oui, rendez ce service à l'un de vos plus proches amis.

Je pris sa main. Il tremblait toujours.

— Repensez à la lettre de Lallemant, ajoutai-je doucement. A-t-il tout vu ? Et que s'est-il passé depuis sa fuite ? Son attitude n'est-elle pas le signe d'un esprit anxieux, animé par la peur ? Présentez à cet homme un flacon entamé, je suis sûr qu'il vous soutiendra qu'il manque la moitié du nectar.

Sa main se serra dans la mienne et je fis de même :

— Avez-vous songé au malheur que vous ajouterez à ceux qui vous sont chers en commettant un geste sans retour ? Sans compter, glissai-je, que vous auriez belle mine si, rendu en enfer, vous découvriez que j'avais eu raison de penser que la bouteille était toujours à moitié pleine...

Sa main s'agrippa davantage, réchauffant notre sang :

— Laissez-moi, Antoine. Je ne mérite pas l'attention que vous me portez.

— Il est vrai que vous m'avez traité durement et même injustement, grognai-je en abandonnant notre poignée.

— Comprenez ma situation, gémit-il de nouveau, passant ainsi d'un extrême à l'autre, preuve que son égarement était sincère.

— Me jugez-vous responsable de vos malheurs ?

Il répondit non d'un geste de la tête.

— Pensez-vous que je m'en réjouisse ?

Il procéda de même.

— À la bonne heure ! m'exclamai-je.

— Et je vous sais gré de vous tenir à mes côtés, souffla-t-il enfin d'une voix hésitante.

— Trempé comme vous, et sentant le chien mouillé ! Sans parler du bougre qui nous menace à sa fenêtre, et nous promet d'être emprisonnés et bastonnés... Pitié, Simon, et cette fois, je vous le conseille clairement, avançons, sinon c'est la Bastille...

Il me sembla qu'il grimaçait un sourire :

— Quoi qu'il se produise, j'apprécie que vous ne m'ayez pas quitté en sortant de chez Davès...

— Me croyez-vous capable de vous dire le bonsoir et de tourner les talons comme le feront ceux qui se prétendaient vos amis et baisseront le nez en vous croisant demain ?

— Je devine tout cela, marmonna-t-il. C'est pourquoi acceptez mes excuses.

— Mais de quoi ? fis-je mine de m'étonner.

— J'ai été injuste avec vous. Et, ajouta-t-il d'une voix hachée, je ne savais pas que vous-même vous aviez connu des épreuves qui...

— Oublions ce moment, le coupai-je. Ce sera notre secret et vous n'imaginez pas combien il est parfois dur de tenir sa parole.

Et profitant de ce moment où il me semblait retrouver un semblant de raison, je le poussai devant :

— La seule façon de vous faire pardonner est d'accélérer l'allure.

Je fis un mouvement et, cette fois-ci, il accepta de se glisser à ma suite. J'y vis le signe d'un progrès. Bien sûr, il n'était pas lui-même, mais je le sentais troublé, touché par notre conversation. Nous fîmes quelques pas sans échanger un mot, nous éloignant ainsi de la Seine. En pénétrant dans la rue suivante, Simon gagna le haut du pavé pour ne plus patauger dans l'égout qui coulait au milieu de la voie. S'il veillait sur l'état de ses chausses, en conclus-je, c'est qu'il songeait à les réemployer.

— À ma place, qu'avoueriez-vous à mon épouse ? lança-t-il.

— Qu'une bouteille n'est vide qu'une fois achevée. La partie n'est pas finie, Simon.

— Faites-vous semblant d'espérer pour le Québec ?

— Pas un instant !

— Mais le navire d'Emery de Caën a bien été capturé par les Kirke.

Et je ne répondis rien car, pour tout dire, la bouteille était en effet largement entamée. Sur ce point, je ne pouvais accuser Clarentin de céder au défaitisme.

Le père Lallemant avait rapporté les conditions de cette prise dont la fin regrettable s'expliquait par un enchaînement de circonstances et de causes laissant penser que la Fortune avait déserté le camp des Français. Ainsi, Emery de Caën avait été piégé pour être certain que la guerre était finie. Pourquoi en aurait-il douté puisqu'il avait quitté la France, fin avril, accompagné de cette nouvelle ? De sorte qu'il s'était approché des côtes sans méfiance, persuadé qu'il ne risquait rien.

Son opinion fut renforcée par sa rencontre avec Eustache Boullé, chargé de guetter l'arrivée de la flotte française dans le Saint-Laurent. Ce coup-ci, les hourras et les vivats s'adressèrent au bon camp. On fit monter Eustache Boullé à bord du navire et, tout en le restaurant, on le pria de donner des nouvelles de Champlain et de l'Habitation. Éloigné depuis longtemps de Québec, Boullé ignorait que l'Anglais avait remonté le fleuve dans l'intention de nuire aux intérêts français et, tandis que Caën apprenait à Boullé que l'Angleterre et la France étaient en paix, le second assurait au premier que la route était sans encombres. Un galimatias, un quiproquo général, aggravé par le fait que Boullé courut informer Samuel de Champlain que les vivres arrivaient et qu'ils étaient sauvés.

Pendant ce temps, Emery de Caën se préparait à remonter le fleuve. Et puisqu'il ne craignait rien – du moins, il en était convaincu –, il n'engagea qu'un navire, prenant encore du temps et ne se précipitant pas. En somme, il partit quand Boullé arrivait à Tadoussac. Où le malheureux colon découvrit un camp d'Anglais dirigé par un certain David Kirke.

Ajoutant alors le bavardage à la maladresse, il n'avait pas hésité à parler de la flotte de Caën. Pourquoi se taire, puisque la paix était signée ? Bien sûr, le capitaine Kirke ne retint que ce qui l'arrangeait. Si un navire approchait, d'autres suivaient. Il se sentit donc en danger et décida d'agir. Voici comment s'expliquait sa hâte à s'emparer de Québec. Ainsi, en concluait Lallemant, l'arrivée de Caën, stupéfiant paradoxe, n'avait fait qu'accélérer la chute de l'Habitation.

Québec étant tombé, Kirke put se tourner vers sa nouvelle proie. Inconscient du piège dans lequel il se précipitait, Caën passa au large de Tadoussac, mais, protégé par la brume, il échappa à un combat perdu d'avance, tant rien ne l'y avait préparé. Hélas, ce sursis ne fut que provisoire et, forçant le hasard, Caën, qui ignorait les caprices du fleuve, finit par s'échouer devant l'île Rouge. Il se trouva bloqué, tel un scarabée sur le dos, incapable d'engager la manœuvre ou de riposter au moindre engagement. Les Kirke, qui pour avoir tant de chance avaient sans doute signé un pacte avec le diable, choisirent ce moment pour quitter Québec, et descendre le fleuve à bord de navires alourdis par la charge des fourrures et des prisonniers. Car il y avait Champlain et les autres, quand ils tombèrent sur Caën.

Si le navire de ce dernier n'avait pas été immobilisé… S'il s'était préparé au combat, s'il n'avait pas fait escale à La Rochelle au moment du départ pour cause de tempête… Si, dès lors, il était parvenu plus tôt à Gaspé, remontant le Saint-Laurent avant les Kirke et soulageant l'Habitation… Des *si* dont l'Histoire est, hélas, coutumière. Sous les yeux effarés des colons, les canons entrèrent en action. Ainsi, aux peines précédentes s'ajouta le spectacle d'un abordage, scandé par l'odeur de la poudre et la rage des combattants. On comptait les coups et les salves, on saluait chaque riposte des Français. Ils tenaient, résistaient ! Ils pouvaient, malgré tout, l'emporter. C'était oublier l'esprit retors des Kirke qui, usant de méthodes abjectes, obtinrent une victoire inique.

Le capitaine Kirke négocia en effet une trêve et fit savoir qu'il exigeait la reddition ou qu'il se vengerait sur ses otages. Ainsi, concluait Lallemant, Caën avait cédé pour éviter la mort de ceux qui y avaient échappé mille fois, triomphant de l'hiver, de la faim et ayant surmonté ces épreuves, mais en vain. Oui, le désastre était consommé. Oui, il y avait de quoi être abattu, d'autant que Kirke avoua, mais après les combats, avoir su que la guerre était finie… Ainsi, il avait agi contre la loi et contre les traités, contre son roi et celui de France.

Cette succession de nouvelles avait atterré les Associés. Sur la fin, la voix de Robert Davès avait faibli, et ce n'était pas seulement pour avoir parlé si longtemps. Mais rien ne nous échappait, pas un détail, pas une des atrocités que les Kirke avaient fait subir aux Français qui étaient vaincus, prisonniers d'une engeance scélérate ayant agi en dépit des conventions. Que pouvait-on y faire ? Le Saint-Laurent était tombé, et le joug anglais s'y exerçait souverainement…

Nous marchions en silence, Simon Clarentin et moi, dans un Paris désert, et sans doute pensions-nous de même, ressassant les dernières minutes de la réunion des Associés de la Compagnie.

Davès s'était interrompu pour se désaltérer. Il tenait en main trois feuillets. Il y avait donc une suite. Tout n'était peut-être pas terminé. Et il avait repris la parole :

— Vous vous demandez aussi ce qu'il est advenu de notre flotte ?

— Nous serions heureux d'obtenir quelques éclaircissements sur ce que chacun a financé sur ses biens, répliqua d'une voix glaciale le notaire Martin Haguenier.

— Enfin, nous y venons ! rugit Claude Roquemont de Brison.

Davès leva une main :

— Ne formez pas trop d'espoir…

Le père Lallemant s'était échoué au mois d'août et avait gagné le Cap-Breton aussitôt. De là, il avait amassé les témoignages afin de former son récit. Puis, apprenant la prise par les Kirke d'Emery de Caën, il avait jugé utile de s'échapper afin que l'on sache ce qui s'était produit.

— Mais alors qu'il s'apprêtait à partir sur le bateau basque, d'autres voiles se montrèrent au large, ajouta Davès sans consulter la lettre du père Lallemant. La flotte de la Compagnie arrivait enfin au Cap-Breton.

Un désordre inouï s'empara de notre assemblée. On se serrait la main, on cédait à l'accolade, on se félicitait. La réussite – enfin ! – avait changé de camp.

Ignorant ses effusions, je surveillais Davès qui ne se livrait pas à cet enthousiasme. Il attendit que le calme revienne et martela la table avec la lame de sa dague pour obtenir un peu d'attention.

— Je vous informe donc que les quatre navires de la Compagnie ont abordé sains et saufs, le 28 août, au Cap-Breton [1]. Son commandant, le capitaine Charles Daniel, fut alors informé de l'occupation de Québec par les Anglais.

— Je sais déjà qu'il nous a vengés, grogna Roquemont de Brison.

Ignorant cette intervention, Davès poursuivit :

— Dès lors, Charles Daniel a pris la décision de ne pas remonter le Saint-Laurent.

L'euphorie retomba brutalement.

— Par Dieu, parlez ! ne put s'empêcher d'ajouter ce diable de Brison. Qu'a-t-il fait ensuite ?

— Convaincu que le fleuve était un piège dont il ne sortirait pas, Daniel a mis le cap avec ses quatre navires sur l'Habitation écossaise de Port-aux-Baleines afin de rendre la pareille aux Anglais.

— Et Québec ? insista Roquemont de Brison.

Davès secoua la tête d'un air désolé :

— Lallemant a quitté la Nouvelle-France en sachant que le capitaine Daniel partait à l'attaque. Depuis, nous ne savons plus rien…

Il posa le dernier feuillet qu'il tenait en main :

— J'ai tout dit. Et nous voilà désormais à égalité.

Vaut-il mieux savoir ou ignorer ? Simon Clarentin avait vécu des mois dans le doute et il regrettait cet état dans lequel surnageait un espoir.

---

1. Dans le Grand Cibou, dit aujourd'hui baie de Bras-d'Or.

— Tout est fini, répéta-t-il alors que nous parvenions enfin devant sa maison.

— Voulez-vous entendre une dernière fois mon avis ?

— Vous me direz d'abord, grinça-t-il, que les exactions des pirates anglais n'auront pas de suite, puisque la paix est signée, et que leur prise sera jugée irrecevable. Vous ajouterez, pour me l'avoir déjà dit, que nos diplomates entreront en scène et qu'ils feront valoir nos droits.

— Je n'ai pas un mot à ajouter, l'applaudis-je.

— Et ces bavardages dureront combien de siècles ? Croyez-vous que mon créancier prolongera d'autant son crédit ? En apprenant mon malheur, il frappera à la porte et, avant de discuter, il saisira mes meubles.

— Que faites-vous de la flotte de la Compagnie ? Qui vous dit que Charles Daniel n'a pas brisé en mille miettes celle des Anglais, car le sort ne peut sans cesse s'acharner contre nous ?

— Vous ne changerez pas mon opinion, murmura-t-il tristement.

— Eh bien, moi, tentai-je une dernière fois, je reste sur ma faim…

La porte de la maison de Clarentin s'ouvrit à cet instant. Athénaïs, l'épouse du chapelier, se tenait derrière.

— Rassurez-vous, dit-elle gentiment, un bon repas vous attend.

— Depuis combien de temps nous écoutes-tu ? balbutia son mari.

— Assez pour avoir appris que tu n'as pas confiance en moi, mais aussi que, de tous les trésors, je préfère encore mon époux. Entre, Simon. Je t'assure que personne ne viendra te déloger tant que nous serons réunis.

— Athénaïs, pardonne-moi, ne sut-il que lui répondre.

— Je vous laisse, murmurai-je. Prenez soin de lui…

Elle garda le silence, mais sourit. Simon avait tort de se plaindre de tout. Il maudissait la chance alors qu'elle demeurait près de lui.

Chapitre 21

LE COURS DE LA VIE reprit, du moins quelque temps. Nous avancions vers l'hiver 1629-1630, espérant le retour glorieux de la flotte depuis que de rares, mais de bons échos arrivaient de la Nouvelle-France, via les navires basques s'en revenant de campagne. Il se confirmait que le capitaine Daniel avait attaqué avec succès l'Habitation écossaise de Port-aux-Baleines et qu'il s'y était installé. Le 18 septembre, affirmait-on, il avait fait évacuer les lieux où demeuraient quatre-vingts âmes du royaume d'Angleterre et il fonçait à présent plus au haut nord, vers le Grand Cibou [1], pour y bâtir un fort. Ces faits d'armes, applaudis par des Associés qui n'en restaient pas moins impuissants, ne renseignaient en rien sur la situation le long du Saint-Laurent. L'édification d'un fort, piètre revanche, ne compensait pas le pillage des Kirke et l'abandon de Québec auxquels s'ajoutaient les pertes considérables de la Compagnie dont le capital avait été englouti dans les campagnes précédentes tandis que les Anglais s'enrichissaient de milliers et de milliers de fourrures. Mais le revers financier se compliquait aussi d'un échec politique car la France subissait un affront, plus encore une grande défaite. Qui fallait-il accuser ? Un pilote portant le titre de capitaine ? Un crime de cette importance – le fiasco en Nouvelle-France – exigeait un auteur illustre, un coupable de taille et, à défaut de s'en prendre au roi, les critiques se fixaient sur son conseiller le plus proche – l'inventeur de la Compagnie des Cent-Associés. Richelieu avait raison d'afficher ce visage grave

---

1. Lac du Bras-d'Or.

quand il rendait visite à son architecte. La désertion du Saint-Laurent, clef de voûte d'une conquête générale, sonnait comme une faute dont il portait la responsabilité. Du procès en viendrait-on au jugement, puis à la condamnation ? Ainsi, telle une tragédie inéluctable, les situations et les personnes, si éloignées, si étrangères, se rapprochaient fatalement sans que moi – et tant d'autres ! – ne nous en doutions. Les terres lointaines du Québec vivaient-elles sous le joug anglais ? Échappaient-elles à la France ? Dans ce cas, ce « naufrage », s'il se confirmait, arrangerait-il les ennemis du Cardinal, toujours prêts à lui servir l'une de ces perfidies dont le Paris des comploteurs avait le génie ?

Incapable de prédire – simplement d'imaginer – l'effet redoutable d'un désastre possible sur la personne du Cardinal ; ignorant, à fortiori, ce qui germait peut-être dans l'ombre, je n'en gardais pas moins un œil sur Clarentin car j'étais certain que la Compagnie ne pouvait aller que de mal en pis. J'agissais par pure bonne conscience, m'inquiétant du sort de cet ami, et je découvris, non sans stupeur, que le mourant d'hier retrouvait peu à peu une excellente humeur. Les mauvaises idées déclenchées par la lecture de la lettre du père Lallemant semblaient oubliées. Sa peur s'était effacée au prétexte d'un sursis obtenu auprès de son créancier. Un retournement si inespéré méritait une explication, et Simon annonçait, un large sourire aux lèvres, qu'usant de l'argument que nous étions sans nouvelles de la flotte du capitaine Daniel, il avait convaincu l'usurier de ne procéder à aucune conclusion hâtive. Les supputations, se défendait-il, valaient dans tous les sens et il y avait du bon à prêter de l'argent quand il continuait de rapporter. De sorte que sa dette augmentait, mais il se faisait une raison et, étrangement, en acceptait les risques.

Ayant préalablement pu mesurer son inquiétude, je ne comprenais pas son audace, pour le moins singulière, et peu appropriée à ce caractère prudent. Pourtant, à le croire, les épreuves précédentes lui avaient apporté la preuve de se savoir aimé pour sa personne et non pour ses possessions. Prêt à renoncer, il avait été sauvé, mesurant le prix d'une véritable amitié. De retour chez lui, son épouse lui avait ouvert les bras, et, depuis, ne cessait de le chérir, de l'encourager à vivre, même s'il fallait pour cela se convertir à l'ascèse. Connaissant cet homme, je fus vite convaincu qu'il subissait un désordre plus profond que le précédent car il était tout à fait impossible d'imaginer que ce bourgeois se contente de bons sentiments. Il avait besoin d'espèces sonnantes et trébuchantes, de confort, de serviteurs dévoués. À l'instant où le désastre serait consommé, il sombrerait encore plus bas. À moins qu'*autre chose*, de l'ordre de ces perfidies que j'annonçais, ne se tramât en secret. Mais pour quelle raison y aurais-je donc songé ?

Aussi, pariant peu sur la réussite de Charles Daniel, m'attendant de ce fait aux pires nouvelles, redoutant alors que le chapelier sombre de nouveau dans le désespoir, je mis tout en œuvre pour lui démontrer son inconstance. Je le mettais en garde, le suppliais d'être méfiant, de ne pas céder à l'insouciance. Mais, plus je m'inquiétais, plus il répétait qu'il concevait les difficultés à venir comme la part irréductible des ennuis qui se joignent toujours au bonheur car, sur terre, aucune joie n'était parfaite. Le commerçant devenait poète et philosophe, et cette métamorphose acheva de me rendre perplexe. On ne pouvait s'abuser à ce point. Disposait-il de faits nouveaux, d'un atout secret qui lui permettaient d'espérer, du moins, de rester obstinément serein ? Comment deviner qu'*autre chose* se dessinait peu à peu ? De sorte qu'en parfait innocent, je m'étonnais, doutais parfois, supputais inutilement quand, après l'avoir interrogé sérieusement, je ne retenais de ses arguments que l'assurance d'un bourgeois, jurant *mordicus* que seule la découverte du bonheur hédoniste expliquait qu'il ait triomphé de ses anxiétés.

— Vous aviez raison, cher Antoine, répétait-il. La vie ne se conçoit qu'en compagnie d'incertitudes piquantes. Je peux parler du bonheur, car je connais le mien. Quel que soit mon malheur, il ne sera jamais si grand. *Carpe Diem* ! Profitez du moment… Et croyez-moi, murmurait-il, quand j'affirme que tout s'arrangera.

En entendant une telle prose, ma bouche restait close. Le chapelier s'exaltait pour des aventures qui menaçaient de le ruiner et je ne pouvais me résoudre à une telle légèreté. Il n'avait pu tant changer. Et je finis par me convaincre qu'il cachait l'essentiel.

N'étant pas Associé, je pouvais ignorer certaines négociations ténébreuses. Avait-il reçu des assurances à propos de Québec ? L'énigme finit par m'obséder.

Multipliant les prétextes, je me rendais régulièrement dans l'établissement du maître chapelier, situé non loin de la rue de la Tissanderie où habitait Robert Davès. L'adresse était connue pour la qualité de ses peaux et l'exemplarité de son service. Clarentin tenait par-dessus tout à la réputation de ces lieux bien famés où se retrouvaient les femmes de la noblesse et des robins, ces conseillers du roi réunis au sein du Parlement. C'était d'ailleurs en fréquentant les maris de ces dames, toujours présents au moment du paiement, que le chapelier avait pu se glisser parmi les Associés de la Compagnie. Cette ascension sociale le réjouissait et me donnait une nouvelle occasion de douter de son indifférence s'il devait, un jour, abandonner ce monde.

Le bâtiment s'ornait d'une enseigne glorieuse où dominait le nom de son propriétaire. La manufacture de peaux de M. Clarentin était le fier symbole de toute sa vie et je reconnaissais que l'ensemble ne manquait pas d'allure. La porte franchie, on découvrait une pièce tout en longueur dont le premier mérite était de faire paraître l'ensemble plus grand que la réalité. Au centre, se trouvait un escalier taillé dans la pierre, descendant aux ateliers d'où parvenaient les bruits de la fourmilière qui s'activait sur l'ouvrage. Couturières et tailleuses travaillaient sans relâche et leur studieuse officine gardait son mystère, plus inaccessible que l'antre d'un dieu peuplé de muses et de sylphides. Parfois, l'une d'elles surgissait du repaire, portant telle une relique l'ultime pièce façonnée, afin de soumettre son effet à l'examen du maître. Il y avait peu de mots, quelques gestes, et il valait mieux. Le silence de Simon Clarentin équivalait à un accord. Alors, son esclave s'en retournait à sa besogne.

Au rez-de-chaussée, s'exposaient donc les modèles fabriqués sur place. Manteaux, vestes, chausses, chapeaux, gants et gilets se voulaient autant d'œuvres uniques, dédiées à l'art inépuisable du cuir et de la fourrure. Le parfum entêtant de ces nobles matières se mêlait à l'odeur de l'huile et de la suie des grands chandeliers posés sur des tables en chêne. L'atmosphère mordorée apportait une touche mystérieuse et inquiétante aux épaisses fourrures présentées également dans leur état naturel sur de vastes comptoirs. En pénétrant dans les lieux, la vue devait s'habituer à une mise en scène d'autant plus irréelle que l'éclairage volontairement délicat et frêle troublait le regard voilé par la lumière du jour. Dedans, les ombres s'imposaient, laissant imaginer que les fauves inanimés pouvaient n'être qu'assoupis et, sortant de leur sommeil, bondir pour se venger. À l'entrée, un ours aussi immense que momifié se dressait sur ses pattes, griffes sorties, rage rentrée. Sa gueule s'ouvrait sur des crocs d'une taille inquiétante et il arrivait qu'une femme, poussant la porte du chapelier pour la première fois, s'emporte et soupire d'étonnement, décidant le propriétaire à voler élégamment au secours de l'effrayée. La méthode s'apparentait à une coutume. Il saisissait une main tremblante qu'il menait à pas lents et feutrés vers un fauteuil confortable où l'impétrante pourrait détailler *ad libitum* le *nec plus ultra* des modèles. Le reste était affaire de boniment, et Simon excellait dans cette matière.

À toute heure du jour, le chaland, noble ou bourgeois, se montrait. Si bien que Clarentin trottinait continuellement, affichant son petit air de chapelier. Il ne montrait aucune fatigue et avait l'œil à tout, houspillant son armée d'apprentis soumis qui, surgissant de la cave, se précipitaient au premier éclat de voix pour une peau mal taillée ou un cuir mal cousu, et autant d'occasions d'affirmer la tyrannie sur ce fief. Et on l'écoutait prudemment alors qu'il parlait encore et toujours de la réputation, cheville capitale d'un sacerdoce auquel il avait consacré sa vie et qu'un misérable détail pouvait mettre en pièce comme ces bêtes, hier puissantes, dont une seule flèche avait brisé la gloire, illusoire et passagère.

J'adorais le surprendre dans un de ces beaux moments, quand, au début du jour, guettant le premier chaland, il discourait devant ses gens, réunis en cercle et se tenant droit, les bras croisés sagement dans le dos, attendant qu'on les libère pour retourner à leurs tâches urgentes, sachant que, le soir venu, leur mentor viendrait leur reprocher d'avoir dépensé trop de temps en billevesées. Un matin de novembre, je profitai d'une visite sur un chantier situé non loin de son royaume pour lui rendre visite. De la rue, je voyais la scène et devinais son monologue pour l'avoir entendu tant de fois. J'ai poussé la porte, je me suis faufilé. Il ne m'a pas vu. D'où lui venaient cette énergie, cette confiance retrouvée, alors que, ce jour-là, il parlait encore de sa réussite qui ne tenait qu'à l'exaltation, au travail et au courage ? Oui, je voulais en avoir le cœur net, déchiffrer ces oscillations étonnantes entre le pire et le meilleur.

— Bravo ! l'applaudis-je alors que je m'étais glissé derrière lui en silence, à l'instant où il achevait son sermon.

Il sursauta. Son petit monde pouffa de rire.

— Antoine, bredouilla-t-il, vexé d'avoir été surpris.

— Oui, c'est Antoine ! répétai-je, pour amuser nos spectateurs.

Clarentin retrouva aussitôt l'autorité du chef.

— Allez ! Au travail. Vous avez assez paressé, s'exclama-t-il.

La valetaille se dispersa.

— Et voilà que vous recommencez ! s'agita-t-il. Vous, le plus jeune, vous parlez comme un vieux sage aigri.

Je n'avais fait que prendre de ses nouvelles, mais Simon devinait où je voulais en venir.

— Avez-vous songé à couvrir un peu vos dettes ? insistai-je. En vendant, peut-être, quelques biens ?

Il sonda son établissement. Heureusement, personne n'y traînait. Je compris qu'il détestait que l'on parle de ce sujet.

— Chassez ces idées noires, fit-il en balayant l'air de la main pour disperser une hypothétique poussière. Pardonnez-moi, mais je suis pressé.

Déjà, il sondait une table chargée de fourrures, espérant y trouver une occupation qui lui donnerait l'occasion d'échapper à l'interrogatoire.

— Réfléchissez, lançai-je en l'attrapant par la manche. Vous n'avez pas le couteau sous la gorge. C'est le bon moment. Mais quand il faudra vous presser, on négociera au prix le plus bas.

— Vous ne misez donc plus sur le succès de la Compagnie ? railla-t-il d'une voix agacée.
— Je l'espère de tout mon cœur, mais...
Clarentin leva les yeux au ciel :
— Ainsi, je vois que nos rôles sont inversés. Hier, je devais croire à votre audace, mais, aujourd'hui, le même ne songe qu'au pire. D'où vous vient cette constante infidélité à vos propres idées ? persifla-t-il.

Il voulait que quelqu'un l'entende, que l'on sache, au cas où, qu'il ne craignait rien. Il plastronnait, mains posées sur les hanches, me jouant une sorte de pantalonnade, car, ici, sur ses terres, rien ne devait l'atteindre et, moins encore, se montrer.

— Monsieur, je n'apprécie guère votre arrogance, cinglai-je pour me sentir piqué. Vous sembliez moins fier, le mois dernier, quand vous songiez à mourir. Mais je n'ai pas oublié vos pleurnicheries et ce bras que je vous ai tendu pour venir à votre secours. Brisons là. Et ne comptez pas sur lui pour vous sauver une seconde fois !

Je bondis vers la sortie, décidé à le quitter sur-le-champ.
— Antoine !
Il cherchait à me retenir en se plaçant entre la porte et moi.
— Laissez-moi partir, Monsieur le chapelier.
— Pas avant de me promettre que notre amitié ne souffrira pas de cet éclat, bougonna-t-il d'un air que je crus sincèrement navré.
— Si vous tenez à ce qui nous unit, cessez cette mascarade. Vous n'êtes pas dupe ! Vous mesurez parfaitement les risques encourus et vous savez que la ruine vous menace. Alors, pourquoi jouez-vous ?
— Je ne triche pas, murmura-t-il en jetant un œil dans le dos. Mais, de grâce, ne parlez pas si fort...

Les apprentis devaient tendre l'oreille et Clarentin redoutait les effets de notre algarade. La réputation ! Son bien le plus précieux ! Et je fus persuadé que cet homme me mentait de nouveau. Il cherchait à me calmer pour s'éviter une indignation. Craignait-il que je parle à haute voix de la Nouvelle-France ? Et, en le détaillant encore, je sus qu'il n'avait pas changé : c'était un bourgeois, hanté par la crainte de tout perdre.

La porte s'ouvrit, une belle Parisienne entra. Il salua bas la femme qu'il connaissait et la supplia d'attendre un instant.

— Mettons fin à cet échange qui ne débouche sur rien, glissa-t-il entre ses dents.
— Ne comptez pas sur moi ! lançai-je.

La cliente se tourna vers nous, curieuse et surprise.

Clarentin pâlit. Que faire pour ne pas accroître l'incident ? Dieu ! dut-il se dire, pourvu que ce maudit Petitbois ne parle pas encore de ce moment où je me suis montré si faible.

Il avait repris l'air abattu que j'avais découvert lors de cette nuit mémorable. Ses mains tremblaient et je vis dans son regard l'inquiétude qui le tenaillait, qu'il s'efforçait de cacher, qu'il refoulait et qui, à cet instant, brisait le masque composé depuis des semaines.

— Venez ! sortons, jeta-t-il angoissé.

Et il me poussa dehors.

— Me promettez-vous de ne jamais parler ?
— Vous insultez notre amitié, répondis-je prudemment, sans rien lui assurer. Oubliez-vous ce que j'ai fait pour vous ? Vous a-t-on rapporté que je vous avais trahi ?
— Non, non… Antoine, pardonnez cette nouvelle maladresse…
— Votre seule excuse recevable est de vous expliquer. J'en ai assez de jouer l'imbécile !

Il baissa la tête et se referma sur lui comme l'aurait fait un enfant.

— Pourquoi vous forcez-vous à paraître si serein devant les autres ? repris-je plus calmement dans l'espoir de le faire céder. Je vous connais assez pour savoir que votre âme pèse d'un poids considérable… Simon, livrez-moi ce qui vous accable.

Il resta muet comme une carpe. Seuls ses pieds bougèrent, mais sans changer de place. Palsambleu ! Que l'aveu semblait difficile.

— Adieu, jetai-je en reprenant ma mauvaise voix. Je me détache de vous et reprends ma parole. Je ne me sens plus lié à vous puisque vous me montrez que je ne suis pas un ami. Tant pis si je discours, vous écorche, et pis, si j'invente. Mais n'en voulez qu'à vous !

Il s'accrocha brusquement à moi :

— Pour l'argent, j'ai des assurances, se décida-t-il d'une voix de mort.

— Que dîtes-vous ? fis-je le cœur battant.
— Je n'ai rien à craindre pour mes dettes, ajouta-t-il à regret.
— Encore des fadaises ! Je veux entendre des faits précis.
— C'est très délicat, minauda-t-il. Une affaire personnelle...
— Vous ne racontez toujours pas, et j'imagine le pire, grinçai-je. Donc, je vais divaguer. Mieux, j'échangerai mon opinion avec d'autres afin de me forger un avis sérieux. Maintenant que tout est fini, retournez à votre tâche. Une cliente s'impatiente. Adieu, monsieur.
— Non, non, restez encore...
— Je perds patience, criai-je si fort que la femme qui se trouvait à l'intérieur se retourna vers nous.

Il posa la main sur ma bouche pour me forcer à me taire et sourit à une passante qui observait son manège. Mais la rue s'animait. Les autres commerces ouvraient un à un. Bientôt, il y aurait du monde, des noms et des visages connus. Qu'en serait-il alors de la réputation du chapelier !

— Vous me forcez à vous avouer le pire, enragea-t-il.
— Clarentin, soupirai-je. Vous augmentez mon inquiétude.
— Ne le soyez plus, s'exclama-t-il en roulant les yeux.
— Êtes-vous lié à une affaire qui vous met en danger ? demandai-je sur un ton à nouveau apaisé. Soulagez votre conscience en partageant vos tourments avec un fidèle qui pourra peut-être vous venir en aide...

Ces mots, prononcés à voix douce, cette offre, sonnant comme la promesse d'un honnête homme, le rassurèrent-ils ? De nous deux, j'étais peut-être le plus faux, mais comme ce jour où j'avais tant fait pour que Jacques Lemercier se confie, je voulais satisfaire ma curiosité et, pour cela, j'étais prêt à tout. Ainsi, pas un instant je n'ai songé à la leçon de mon maître l'architecte sur le prix élevé d'un secret. D'autant que Clarentin s'approchait à me toucher et, maintenant, ouvrait la bouche.

— Athénaïs, une femme merveilleuse, a accepté de me venir en aide en puisant dans le reliquat d'un héritage, avoua-t-il misérablement. Pour l'heure, nous faisons face aux dépenses courantes et, l'hiver approchant, je ne manque pas de commandes en fourrures. Si le pire se produisait, ma tendre épouse est décidée à se séparer d'une ferme qu'elle a reçue de sa mère. Ainsi, je peux déjà couvrir les trois quarts de ma dette, intérêts et principal.

— Je comprends pourquoi vous l'aimez, répondis-je en faisant tout pour cacher ma surprise car le soutien de sa conjointe ne méritait pas un tel culte du secret.

— Oui, c'est en effet elle qui me sauve...

— Et quel mal y voyez-vous ?

— Aucun, sursauta-t-il.

— Alors, pourquoi tant de mystères ? insistai-je.

— Comprenez-moi, c'est une question d'honneur, cafouilla-t-il en se tordant les mains.

— Auriez-vous honte ? m'étonnai-je.

— Je ne voulais pas paraître pour un misérable. Voilà pourquoi j'ai mis si longtemps à vous en faire part...

— Il est vrai que tant d'hésitations pour accoucher d'une si noble action pourraient me faire douter...

Ses traits se durcirent. La peur revenait.

— Mais je vous crois, cher Simon, le rassurai-je. Il faut accuser votre obsession pour le qu'en-dira-t-on. Mesurez plutôt que, par votre manque de franchise, nous avons failli y laisser une belle amitié.

Son visage retrouva son calme :

— Votre soutien est de grande valeur, mais vous n'imaginez pas le tort que subiraient mes propres affaires si l'on apprenait que je subis une passe difficile. La concurrence est si vive, la clientèle si volage ! Il suffirait d'un bruit, d'une rumeur pour que je perde pied.

— Ce n'est donc pas le moment de raconter des balivernes.

— Oui, taisons tout cela, me supplia-t-il.

— Et laissons agir le temps, ajoutai-je. Motus et bouche cousue...

— Je vous entends donc pour la dernière fois sur ce sujet ?

— Parfaitement.

— Et je vous avoue que votre décision me satisfait entièrement.
— Allons ! Vous ne craignez rien d'Antoine Petitbois.
— Peut-il s'engager solennellement ? expira-t-il misérablement.

Son insistance me blessa, et, surtout, renforça mes doutes. Il ne m'avait pas tout dit. Ou bien, il inventait. Mais je fis mine de croire à son histoire, allant jusqu'à me plier à ses exigences.

— Je jure qu'aucun de vos concurrents, aucun de vos Associés, aucun de vos amis et, si vous en aviez, aucun de vos ennemis n'apprendra par moi le redoutable secret du plus honnête chapelier de Paris.
— Vous songez bien à moi... À Simon Clarentin, s'inquiéta-t-il.
— Qui d'autre, enfin ?
— Alors, précisez-le, s'il vous plaît, eut-il le toupet de réclamer.
— Eh bien, ajoutai-je sans dissimuler mon agacement, je promets de me couper la langue plutôt que de répéter un de vos mots à l'un de ceux dont j'ai établi la liste à l'instant.
— Amis, ennemis ou concurrents ?
— Sans oublier vos Associés. Et vos charmantes clientes...

Ce dernier détail lui rendit le sourire.

— Ne m'en voulez pas, Antoine, ronronna-t-il. Je reconnais que ma prudence peut parfois...
— Maintenant, filez, le coupai-je. Une belle visiteuse vous attend...
— Comment vous remercier ?
— En rentrant chez vous ! Nous avons trop perdu de temps à nous torturer. Tant d'énergie pour un si petit résultat !
— Ainsi, vous me croyez ? eut-il la maladresse d'ajouter.
— Pourquoi douterais-je ? Ne sommes-nous pas complices, liés par un serment ?

Il me tendit une main molle et collante, et m'obligea à m'en saisir. Déjà, je lui tournais le dos, filant d'un pas rapide. Le chantier de Jacques Lemercier pouvait attendre encore une heure et je n'en réclamais pas plus pour rendre visite à la seule personne qui pouvait éteindre mes doutes ou les enflammer : Clarentin brodait-il ? Plus encore, me trompait-il ? Et, dans ce cas, pourquoi ?

J'avais juré de me taire, parfaisant la promesse d'une énumération qui ne laissait guère de liberté. Mais c'était exactement grâce à cet excès de prudence que le chapelier s'était lui-même escroqué. Amis, ennemis, concurrents, Associés... Et clientes... En ajoutant cette catégorie à la liste, une idée amusante m'était venue. Tous et toutes, oui, à l'exception d'une seule personne à qui il n'avait pas songé parce que sa trahison lui semblait impossible. Mais, pour profiter de cet oubli, il fallait interroger le témoin avant que la vérité ne soit singée. Questionner sur le vif, sinon, je risquais fort d'entendre un son de cloche tout aussi faux à mon oreille.

Chapitre 22

— JE PRÉVIENS MADAME...
La jeune servante qui avait ouvert la porte passa devant pour me conduire dans le salon où je n'eus guère besoin d'attendre. La maîtresse de maison se présentait déjà, douce et souriante, comme je la connaissais, bien qu'un peu étonnée par cette visite matinale, mais ne s'en offusquant pas, puisqu'elle accueillait un ami fidèle.

— Un chantier, non loin de là, prétendis-je, et je passais dans votre rue... Mais vous dérangé-je ? Je peux repasser plus...

— Vous avez bien fait de vous arrêter, m'interrompit-elle de sa voix légère et gracieuse. Quel bon vent vous amène ?

— Celui qui vient après la tempête, répondis-je gravement.

Son visage se crispa, marquant ses traits du peu charitable effet de l'âge. Mais, à trente ans, elle n'en restait pas moins désirable et, une fois encore, j'en vins à me demander comment cette femme très belle, et que l'on me disait fortunée, pouvait apprécier la vie fade et somnolente de son mari plus âgé qu'elle.

— Vous m'inquiétez ! s'écria-t-elle, gonflant une gorge fort ronde et pleine qui abritait en son creux un joli collier de perles fines.

— Ce n'est pas mon souhait, rétorquai-je en détournant le regard de son agréable physionomie. Puis-je m'asseoir près de vous ?

Elle acquiesça en silence, mais se plaça sur le côté pour garder une distance raisonnable.

— Ainsi, tout s'apaise, tout se calme, tout revient comme avant...

— Pardon ? balbutia-t-elle en me regardant curieusement. De grâce, Antoine, je ne comprends rien à votre énigme...

— C'est moi qui devrais me plaindre de ne pas avoir été averti, fis-je mine de la gronder. Vous n'imaginez pas combien j'étais inquiet...

— Dieu du ciel ! De quoi parlez-vous ? Je vous assure que je ne devine rien du sujet dont vous m'entretenez.

— Enfin quoi, Athénaïs ! bougonnai-je ajoutant à ces mots un léger froncement des sourcils afin de lui faire croire que j'étais un peu boudeur. Je quitte à l'instant votre mari et...

— Simon ? s'emporta-t-elle.

— Simon Clarentin, en effet et...

— Il s'agit d'un malheur, gémit-elle. Dites-moi tout, Antoine...

Elle semblait sincèrement émue par les tracas de son époux. Doux Jésus, que lui trouvait-elle ?

— Rassurez-vous, chère Athénaïs. Il va pour le mieux, prétendis-je en lui saisissant le poignet.

Et je marquai un temps avant d'enchaîner :

— Malgré tous ses problèmes...

Sa main s'échappa de la mienne.

— La Nouvelle-France, soupira-t-elle. C'est cela ?

Je pris soin de ne pas broncher, alors que mon pouls s'emballait.

— Pourquoi s'y est-il aventuré ? se désola-t-elle, les larmes au bord des yeux. Vingt mille livres dépensées...

— C'est pourquoi, me décidai-je, je suis très heureux d'apprendre que tout est enfin réglé.

— Que dites-vous... ne trouva-t-elle qu'à répondre, restant bouche ouverte, et découvrant ainsi d'adorables dents que les années n'avaient ni cariées ni jaunies.

J'aurais pu rester longtemps à la dévisager, oubliant que j'étais venu tirer les vers de ce mignon petit nez, quand un doigt toqua à la porte.

— Entrez, se ressaisit-elle en se levant d'un bond.

Clarentin ! sursautai-je à mon tour, le souffle court. Le mari allait entrer et, en me découvrant, il crierait à la trahison, se jetterait sur moi. J'y gagnerais quelques horions, un soufflet, la promesse d'une bastonnade, mais certainement pas la vérité.

❦

Par bonheur, une servante se présenta seule.

— Je viens dire à Madame que je sors pour les emplettes, zézaya la soubrette en espionnant la scène.

— Faites, faites ! l'expédia sa maîtresse tant elle voulait m'entendre.

Déjà, Athénaïs se retournait vers moi :

— Tout serait-il réglé ? répéta-t-elle.

Pourquoi me le demandait-elle puisqu'elle était censée avoir sacrifié son héritage et décidée à se séparer de fermes et de terres pour payer les dettes de Clarentin ? Mais peut-être s'en cachait-elle dans le souci fort charitable de servir l'orgueil d'un petit mari blessé d'avouer que son salut dépendait de cette femme.

Ses yeux d'un bleu pur n'affichaient que l'innocence. Elle ou lui, qui mentait ? Elle serra ses mains sur sa poitrine, ses lèvres s'entrouvrirent pour former une prière muette. Elle suppliait, prête à tout pour que je parle. Athénaïs était perdue, elle ne me trompait pas.

Et je me sentis misérable, mais j'allais duper cette femme adorable.

— Ce matin, commençai-je à regret, comme si elle me forçait et que je cédais à sa torture, j'ai rendu visite à Simon. Je m'inquiète pour lui et vous savez combien je me soucie pour cet ami.

— Nous vous devons tant, reconnut-elle. Depuis cette nuit où vous l'avez reconduit ici, je remercie Dieu de vous avoir mis sur notre chemin. Sans vous…

— Tout cela est du passé, Athénaïs, rétorquai-je magnanime. Fini et terminé. Si bien que demain s'annonce tel l'azur de vos yeux.

— Comment en êtes-vous certain ?

— Il semble que le cours de l'histoire vous soit favorable. Bientôt, vous n'aurez plus de dettes…

La nouvelle – car, de fait, il était évident qu'elle ne l'attendait pas – entra lentement dans cette jolie tête innocente, provoquant bientôt un émouvant battement de cils. C'était trop beau, impossible… D'ailleurs, elle secoua la tête, refusant d'y croire.

— Si. Je vous l'affirme, insistai-je, redoublant de ruse.

Son cœur se souleva. Combien ce spectacle me troubla ! Vaincue par l'émotion, elle chercha un siège et, le trouvant sous sa main, s'abîma dedans tout en douceur.

— Ainsi, nous serions sauvés ? se raconta-t-elle pour se convaincre. Cela semble si... incroyable. Antoine, en êtes-vous certain ?

— Ne me forcez pas davantage... Je n'ajouterai plus un mot.

— Eh bien ! Si vous dîtes vrai, se dit-elle prudemment pour ne pas briser son rêve.

— Dès lors, insinuai-je fielleusement, vous n'aurez pas à puiser dans votre héritage.

— Cela tombe bien, s'exclama-t-elle, je n'en ai pas.

— Ni besoin de vendre vos fermes.

— Encore heureux ! Et, si je le voulais, j'en serais incapable !

— Et pourquoi ? demandai-je du bout des lèvres.

— Pour la bonne raison que je n'en compte aucune...

Nous étions sur le bord de sa porte. J'étais impatient de partir pour mûrir ces nouvelles diablement capitales. Ah ! Le fourbe ! L'ignoble ! Mêler son épouse à son affaire sordide, prétendre qu'elle lui venait en aide, lui mentir sans doute sur la gravité de ses dettes... Un instant, me vint l'idée de jeter le masque, d'avouer tout à celle qui m'avait reçu. Et qu'y aurais-je gagné ? La colère d'une femme dupée se jetant sur son mari pour maudire sa traîtrise ? Assurément, une porte close à jamais, m'interdisant de démêler les fils de cette énigme. À menteur, menteur et demi, me dis-je, choisissant sur le moment de ne pas dévoiler à Athénaïs les mystifications de cet homme. Mais cette décision pouvait être lourde de conséquences. Si elle lui parlait de notre entretien, mon sort se compliquait. La fureur s'emparerait du chapelier. Et de quels moyens disposait-il pour me corriger si le reste de sa vie était aussi scabreux et mystérieux que ces multiples leurres ? Aucune ferme, pas d'héritage... Mordiou ! D'où ce commerçant tirait-il son or ?

— Gardez notre secret, Athénaïs, dis-je avec le plus grand sérieux à mon hôtesse. Vous gâcheriez le plaisir de Simon qui, j'en suis sûr, vous annoncera bientôt un heureux dénouement.

— Je suis si impatiente de l'entendre.

— Laissez-le venir, insistai-je. Un mari aime ménager sa surprise.

— Mais j'ai tant de hâte, minauda-t-elle.

— Vous avez promis, fis-je mine de la tancer : silence et discrétion.

Elle posa l'index sur ses lèvres charnues :

— Motus, céda-t-elle. Je le dois au bon messager que vous fûtes.

— Ne trahissez pas l'ami de votre époux, ajoutai-je, plus perfide que le serpent.

— Je ne le ferai pas, m'assura-t-elle. Et pour une autre raison que vous ignorez.

— Laquelle ?

— J'adore l'idée de cette aventure que nous partageons à deux, et que Simon ignore.

— C'est un peu comme si nous le trompions, me hasardai-je.

— En pensée, Antoine, gloussa cette belle innocente. En pensée, seulement…

Chapitre 23

ME VENDIT-ELLE ? Nous le saurons bientôt. Pour l'heure, l'attitude de Simon Clarentin ne variait pas. Ni regard en coin, ni fureur rentrée, ni menaces de mort. Mieux encore, nos relations semblaient s'être apaisées depuis ce violent échange où je l'avais forcé à m'avouer... un mensonge – car j'en avais eu la preuve avec les propos de son épouse. Mais il restait à comprendre comment ce misérable comptait échapper à la ruine. En somme, pour découvrir ce qu'il dissimulait tel un secret d'État, il me fallait prendre le risque de rester à ses côtés, de continuer à le voir. Peut-être avais-je aussi envie de savoir si Athénaïs restait fidèle à sa promesse... De fait, je ne lâchais pas l'époux.

À chaque visite, ma gorge se serrait et, en poussant la lourde porte de la manufacture de peaux de M. Clarentin, je me préparais au pire. Je l'imaginais furieux, bondissant sur moi pour m'écharper à l'aide d'un de ces outils tranchants dont les gens de son atelier se servaient pour dépiauter la carcasse des fauves. Mais rien ne changeait, n'eût été une sorte de gêne où se mêlait l'agacement qui le faisait grimacer quand il me découvrait entrant dans son antre, toujours d'excellente humeur, et me précipitant pour étreindre un solide ami.

Nos conversations ressemblaient à une ritournelle. Ni confidences ni échanges sincères, mais des banalités, et les mêmes mots cherchant à me convaincre qu'il se portait à ravir. Ainsi, il s'obligeait à me répéter qu'il avait foi dans l'avenir, car, martelait-il, tout se réglerait. Plus de dettes, puisqu'elles étaient couvertes par des terres, des fermes et un héritage, offerts par son épouse. Et j'allais de concert, faisant mine d'être rassuré par cette fable qu'il avait fait surgir de son chapeau. Et je souriais à ce malhonnête, le trompant en retour puisque je jouais parfaitement au sot, le convainquant peu à peu que j'avais gobé sa misérable tromperie. Mais que n'aurais-je fait pour découvrir par quel secours il s'était, apparemment, tiré de son affreux embarras !

Bien sûr, l'arlequinade ne pouvait durer et il arriva ce qui devait se produire : un imbroglio comme seules les comédies italiennes savent les inventer.

Un soir, vers la fin de novembre, je faillis marcher sur les pieds de la belle Athénaïs, sortant de chez son époux. Elle semblait absente, triste, peut-être, et, en me découvrant, sembla aussi étonnée que moi.

— Antoine, je ne vous vois plus. Auriez-vous décidé, vous aussi, de me chagriner ?

La rue était encombrée de boutiquiers et de marchands ambulants qui battaient la semelle, abordant le chaland pour lui vendre de l'eau, tirée le matin d'un cloaque voisin, ou du vin piquant et frelaté, ou des abats de viande avariée, ou du poisson mort depuis belle lurette, et des huîtres dont l'odeur pestilentielle couvrait celle d'un bouquet d'écrevisses carnassières arrachées d'une mare fétide où se jetaient les morts. Et tous vantaient ces trésors comme des denrées fraîches. Il s'agissait toujours des mêmes, du peuple chamarré et bruyant de Paris que j'avais découvert le jour de mon arrivée, accompagné du charretier Gaston Galapiat, maudissant cette ville inspirée, selon lui, de Sodome et Gomorrhe. Mais j'avais appris à aimer ces lieux, ces rues, ces détours parfois redoutables, et devenus familiers pour avoir accueilli un orphelin. Les visages croisés en entrant dans Paris ne m'avaient jamais quitté... Que devenait Théophraste Renaudot, ce docte écrivain, vaticinant sur la Seine ? Et ce personnage inquiétant, Thierry de Millard, qui, alors que je traversais la même rivière, promettait pis que pendre à Richelieu ? Puis ce tableau me ramenait à mon sauveur, Jacques Lemercier, que j'informais de mes excursions chez le chapelier devenu si mystérieux, et qui m'accordait ce loisir sans rechigner, tout en maudissant cette curiosité maladive aux conséquences, soutenait-il, dangereuses.

Et en revoyant Athénaïs, je crus que l'architecte allait avoir raison.

— Qu'avez-vous, Antoine ? Votre teint devient pâle. Seriez-vous souffrant ?

Je ne répondis toujours pas, ne songeant qu'à ce mari qui, s'il nous voyait réunis, soupçonnerait ma duperie. Quelque chose comme la lame affûtée d'une hache passa devant mes yeux, et cette scène me fit sursauter.

— Allons plus loin, glissai-je à mon vis-à-vis. Ici, il y a trop de bruit et je ne vous entends pas.

Je pris ce bras si tendre, cherchant à m'éloigner de la devanture du chapelier. En face, se trouvait un coin plus tranquille que je pus négocier à un mendiant en échange d'une petite pièce.

— Et vous-même, l'entrepris-je, comment vous portez-vous ?

Elle plissa le nez, ce qui ne fit qu'ajouter à son charme :

— Comme ci et comme ça, susurra-t-elle, complétant sa charmante expression par une moue diablement envoûtante.

— Peut-on savoir pourquoi ? tentai-je, croyant toucher au but, car son mari lui avait peut-être avoué son secret.

— Simon, répondit-elle sans hésiter, ne me dit rien, ne parle jamais de ses dettes et de sa Compagnie. À la fin, je me lasse d'attendre ce que vous m'avez promis, il y a quelque temps. J'en viens à douter qu'il s'en sorte et je me demande même s'il ne vous a pas menti à propos de la sortie de ses ennuis dans le dessein de rassurer un ami. D'ailleurs, ne fait-il pas de même pour moi ? Ainsi, quand je le questionne, il ne varie pas de discours. Je dois attendre. Pour tout vous avouer, soupira-t-elle donnant du rouge à ses joues, je n'en puis plus. Qu'y a-t-il de vrai chez cet homme ?

— Pas de nouvelles, bonnes nouvelles, répondis-je en cherchant à cacher ma déception.

— Mais vous aviez affirmé qu'il m'annoncerait la fin de nos soucis, gémit-elle d'une voix cristalline.

— Patientez, Athénaïs. Ne changez surtout rien à votre attitude. Et, pour me rassurer, tenez-moi informé de tout agréable changement...

— Simon me l'a défendu, avoua-t-elle en baissant la tête.

— Tiens donc ? sursautai-je.

— Il m'a questionné à votre sujet. Pour je ne sais quel motif, il se méfie de vous, et c'est une étrangeté de plus. Un proche comme vous ! Il vous doit tant. Pourtant, il m'a ordonné...

— Et ? l'invitai-je à poursuivre.

Elle se taisait.

— Auriez-vous laissé entendre que je vous avais rencontrée ?

L'attente durait. Ses yeux, aussi muets que sa bouche plus tentante que la pomme de l'Éden, fixaient un point au-dessus de mon épaule. Son visage blêmit.

— Simon, souffla-t-elle alors.

Je me retournai d'un bond. L'autre était là. Et depuis quand ? Je n'eus guère le temps de creuser cette interrogation cruciale – et peut-être vitale. Nous apercevant en train de deviser, Clarentin avait surgi de son atelier, tel un mari cocu voulant attraper le diable par la queue. Je ne pus m'empêcher de jeter un coup d'œil sur ses mains. Pas d'arme. Au moins, j'y gagnais un sursis. Et avais-je encore le temps de bondir, de me noyer dans le flot de la rue ? Mais il me saisit au bras, mettant fin à ma retraite.

— Que murmuriez-vous ? jeta-t-il d'un air affreusement méfiant.

— Je me félicitais de la belle mine de Mme Clarentin, y ajoutant que l'hiver n'ôtait rien à la pureté de son teint.

La galanterie s'acoquinait avec l'outrage et elle méritait en retour une réplique cinglante. Pourtant, il ne rétorqua qu'un :

— Est-ce là tout ?

— Évidemment, répondis-je en regardant de biais Athénaïs. Un mot de plus et vous m'auriez obligé à en répondre par un duel.

Il me sonda comme il le faisait avec les bêtes mortes dont il tirait ses revenus. Il appréciait la chair à la manière du maquignon.

Étais-je de la carne infectée par le vice et la peste du mensonge ? Alors, profitant de notre échange auquel le chapelier consacrait toute son attention, l'épouse s'écarta d'un pas et vint derrière son conjoint, gardant toujours un œil sur moi. De la sorte, elle m'envoya sans être vu une sorte de regard complice, masquant en même temps sa bouche de la main. Son message était clair. Chut ! Elle n'avait pas brisé notre serment. La grâce du geste, autant que le sentiment délicieusement coupable d'une troublante complicité, me fit hélas oublier qui me faisait face. Je ne pus retenir un sourire. Aussitôt, le pauvre mari se retourna et la fixa d'un air soupçonneux :

— Qu'y a-t-il ?

— Je bâille, dit-elle avec aplomb, sans interrompre son mouvement. Je bâille parce que vous m'ennuyez.

— Qu'ai-je fait ? balbutia le chapelier qui, ébranlé par la morgue de son épouse, se replia sottement en défense, y abandonnant au passage une partie de son courroux.

— Je n'aime guère votre air pitoyable de fausse férocité, continua-t-elle, profitant de la faiblesse de son conjoint pour se poser en mégère. Auriez-vous déjà oublié ce que vous devez à M. Petitbois ? Vous vous comportez envers lui tel un sauvage de cette Nouvelle-France qui vous a rendu fou ! Aussi, corrigez vite cette allure qui me déplaît fortement.

Elle tourna les talons.

— Athénaïs ! tenta d'ordonner le chapelier, mais on ne se retourna point.

— Je répondrai quand vous-même vous redeviendrez honnête ! jeta-t-elle alors qu'elle s'enfonçait dans la foule.

— Mais qu'ai-je fait encore ? répéta-t-il sans que l'on sache à qui il s'adressait.

Il se tourna vers moi, décidé :

— Tout est votre faute ! Vous tournez, vous rôdez... Pour finir, vous ruinez notre ménage dans le seul dessein de satisfaire votre appétit.

Je crus un instant qu'il songeait à la chair. De fait, l'homme était trop tourmenté par ses propres soucis.

— Vous m'espionnez ! rugit-il.

Mais la méthode d'Athénaïs m'avait montré que ce bonhomme était moins solide qu'il y paraissait. Le chapelier ne m'impressionnait plus.

— Halte, Monsieur ! ripostai-je théâtralement. Vous franchissez les bornes. Je ne sais pas encore pourquoi, mais votre raison défaille. Et j'ai compris que madame votre épouse partageait cet avis. Est-ce moi qui l'ai fait fuir ? Diable, reprenez-vous et ne taquinez pas trop votre chance ! Que vous soyez injuste à mon endroit, passe encore, mais il est scandaleux d'afficher une telle impolitesse envers une femme qui vous a tant donné. Et si je n'étais pas tenu par un serment… glissai-je sans le moindre scrupule.

— Ainsi, murmura-t-il, vous avez tenu parole ?

Ce triste sire ne croyait plus en rien, pas même en sa colère. Il cédait à l'égarement, le regard tourné vers la rue où Athénaïs s'était échappée. Il allait fuir encore. Et moi, tout perdre. Je le saisis par la manche, mais sans forcer, et, changeant du tout au tout, je décidai de m'adresser à lui avec mansuétude.

— Comment peut-on être si injuste ? m'emportai-je alors en regardant le ciel afin que Clarentin ne doute pas de ma fausse commisération.

— Oubliez les mots précédents, grogna-t-il en forme d'excuse alors qu'il tentait de s'échapper.

— Je me refuse à vous faire grief de votre iniquité, continuai-je de la même manière. Je ne vous juge pas car je devine que vous souffrez. Je sens qu'une chose horrible vous étrangle au point de ne plus être vous-même… Et je vous plains, mon pauvre Simon.

Ah ! cet air de le comprendre, de me lamenter de sa peine, combien je m'efforçais de bien le jouer. Mais ma méthode ne portait-elle pas ses fruits ? Voilà que ce lascar abandonnait la silhouette de son épouse se fondant dans la masse et rentrait les épaules, sans doute parce que le poids qu'elles supportaient finissait par devenir trop lourd. Moi, j'étais là, tendu, attentif, prêt à le soulager du pire…

— Il reste que, dans votre entêtement, glissai-je prudemment, vous risquez d'y perdre tout, y compris l'amour sincère d'Athénaïs…

Il releva la tête et me montra un regard hagard, en proie à toutes les interrogations. Devait-il se laisser aller à la confiance, me croire quand j'affirmais que je n'avais rien dévoilé de sa (fausse) confession et, dans ce cas, céder, m'expliquer la bonne fortune qui l'avait secouru et sauvé de la ruine ?

— Je vous renouvelle mon offre, risquai-je. Libérez-vous. Y êtes-vous enfin décidé ?

Il ne répondit pas. Je n'avais plus d'argument, plus rien à inventer. Et la rage m'emporta.

— Je crois donc que nous nous sommes tout dit, fis-je claquer.

Et je partis dans la même direction que son épouse.

— Antoine ! crus-je entendre malgré le brouhaha de la rue.

Je ne ralentis pas mon pas. J'avais échoué. Simon Clarentin ne se confesserait pas. Et c'était autant mon échec que le sien.

Chapitre 24

L'ENTÊTEMENT DU CHAPELIER m'avait décidé à remettre l'enquête à plus tard, à chercher d'autres voies, à me tourner, peut-être, vers un Associé plus prolixe, mais surtout moins mystérieux. Si bien que le soir même, de retour à l'atelier, je ruminais, vaticinais en la présence de l'architecte, cherchant qui aurait pu recueillir les confidences de Clarentin... Robert Davès ? Adam Moyen ?

— Mais qui es-tu pour te préoccuper du secret d'un autre ?

Jacques Lemercier désapprouvait ma méthode qu'il comparait à celle de l'Inquisition :

— Tu accuses sans preuve. Tu supputes, et c'est grave. Clarentin a-t-il un poids sur la conscience ? La lâcheté seule explique peut-être son attitude. Il fuit la réalité, attendant que l'épée de Damoclès cisaille le crin et tombe sur lui, provoquant un désastre. D'ailleurs, continuait cet homme sage, qu'il ait ou non mêlé sa vie à des atrocités trempées dans le soufre t'indiffère. Rien ne te lie à lui et tu n'es pas de la Compagnie... Qu'il aille rôtir dans les flammes de l'enfer, si cela lui chante !

Retardant son départ alors qu'il se disait pressé, cet homme sage tenta encore de me raisonner, m'obligeant avant de me quitter à reconnaître que mon action avait tourné au fiasco. J'avais perdu une bataille ; je ne renonçais pas à la guerre. Mais nous tombions d'accord au moins sur un point. Il fallait une pause, pour un temps oublier. Et cette concession suffit pour qu'il se sente soulagé, imaginant que le quotidien triompherait peu à peu de mon obstination.

Nous nous quittâmes ainsi, la nuit portant conseil, et il fila vers son rendez-vous mystérieux – pour, dès le lendemain matin, revenir à la charge : étais-je décidé à me sortir le chapelier... de la tête ?

Et dans le dessein premier de rassurer mon protecteur, je promis encore de m'en libérer.

— Je suis fort aise de voir que mon jeune apprenti s'est décidé à se détourner d'inutiles rêvasseries, se félicita-t-il.

Il éprouvait un réel soulagement, comme si ma parole lui ôtait un poids de la conscience. J'avoue ne pas avoir porté plus d'attention à sa réaction, d'autant qu'il régnait un désordre certain dans l'atelier et qu'il s'empressa de me rappeler que, par mes fonctions, j'étais grandement responsable de l'ordre et du rangement. Ainsi, la tolérance comportait des limites. L'heure de la remontrance sonnait, mais escortée de l'indulgence qui seyait à ce caractère remarquable :

— Sais-tu que le travail afflue ? As-tu la moindre idée du nombre d'affaires parvenues ces semaines, alors que tu traquais des chimères ? Te souviens-tu de la mission exaltante que nous a confiée un certain cardinal de Richelieu ? Un palais ! Rien que cela... D'autant qu'un succès ne venant jamais seul, nous croulons – je te le rappelle ! – sous les commandes. Ajoutons-y les missions que feu mon confrère l'architecte Salomon de Brosse a laissées en plan, et tu comprendras que je sois impatient de te parler de choses plus concrètes que ton espionnage dont le mobile, pour y avoir réfléchi cette nuit, me semble désormais moins innocent que tu le prétends...

— J'effleurais la vérité, je la tenais presque, répondis-je, à nouveau enflammé.

Mais les derniers mots de l'architecte me revinrent d'un coup :

— De quel... mobile parlez-vous ?

— En épiant le chapelier, ne cherchais-tu pas plutôt à... t'attirer les faveurs d'une certaine Athénaïs ? insinua-t-il d'un air amusé.

— Que sous-entendez-vous ? me troublai-je.

— Que ton esprit divague, Que ton imagination est trop grande. Il y a trois ans, j'ai hérité d'un naïf, railla-t-il, et voilà que sa candeur mue en ardeur. Chaque fois qu'il cite Athénaïs, son visage s'empourpre. De grâce, ne colle plus aux basques d'une femme dont tu ne cesses de me conter la beauté... mais qui n'est ni veuve ni ruinée.

Il s'approcha de moi :

— Tu cours Paris tout le jour et les visages agréables ne manquent pas. Laisse faire le hasard et ne t'entête plus à vouloir le provoquer.

Il revint à sa table :

— Crois-moi, martela-t-il. Oublie ce Clarentin et sa dame...

Il reposa brutalement la plume qu'il venait de saisir.

— Et oublie, même le Québec, lâcha-t-il à regret.

Son visage devint grave, presque désespéré :

— Antoine, peu importe qu'il y ait un secret ou un mystère derrière tout cela et, si ce chapelier manigance, ajouta-t-il non sans avoir hésité, sa fin est proche...

Je bondis vers lui :

— Qu'avez-vous appris ? Qu'y a-t-il ?

— Hier soir, en te quittant, j'ai parlé d'un rendez-vous, commença-t-il d'une voix morne.

— De grâce, poursuivez, l'encourageai-je, car il hésitait.

— J'étais avec Richelieu, finit-il pas lâcher. Et j'ai peu de gêne à te répéter ses mots car, demain, ils seront sur toutes les bouches. Samuel de Champlain est à Douvres, prisonnier des Anglais. Voilà qui est bien plus grave que les manœuvres d'un commerçant. Le Cardinal sait qu'on lui fera le reproche d'avoir échoué. Le Québec ! Voici de quoi alimenter la cause de ses détracteurs. Oui, des jours fort troubles se préparent...

— Qu'en est-il de la flotte de la Compagnie ? dis-je, jetant dans ces mots mes derniers espoirs.

Lemercier baissa les yeux sans me répondre.

Chapitre 25

DES NOUVELLES nous parvenaient enfin et elles emportaient tout. Un maelström se déversait sur les hommes. Sur ceux qui avaient misé leurs biens dans cette épopée, mais aussi sur ceux qui devraient assumer ce désastre souffleté à l'orgueil de la France et sans autre recours que la ruine et le chaos.

La flotte des Cent-Associés ? Commandée par le capitaine Daniel, elle était donc parvenue sur le Saint-Laurent pour apprendre que les Kirke tenaient Québec. Le premier renoncement des Français avait été de refuser l'affrontement avec l'Anglais, préférant occuper l'Habitation écossaise de Port-aux-Baleines, quand il fallait défier l'occupant dans un face-à-face grandiose, porté par l'espoir de libérer Champlain, les colons et, à l'occasion, récupérer les fourrures escamotées à Québec – en somme, toute la richesse de la Compagnie. Mais les Kirke ne lâchaient pas le Saint-Laurent et la flotte de la Compagnie vint à manquer de vivres. Si bien que Daniel, convaincu qu'il ne pourrait forcer le barrage anglais avant l'hiver, se résolut à reprendre la mer le 5 novembre 1629 pour ne pas subir les tempêtes hivernales, s'évitant d'ajouter un nouveau drame à cette litanie.

Les Français partirent, donc, l'esprit tourmenté par le sentiment de n'avoir ni échoué ni réussi. Ils abandonnaient la Nouvelle-France sans avoir livré un véritable combat, privés de cet affrontement qui, perdu ou gagné, aurait sauvé leur honneur. Pour eux, la frustration s'ajoutait à la dépossession. Ici ou là, dans cette terre immense qu'ils fuyaient pour rejoindre l'infini de l'océan, il y avait les leurs, prisonniers des Kirke. Peut-être – croyaient-ils – n'étaient-ils qu'à un jet de pierre, cachés derrière cette dernière forêt dont ils apercevaient les cimes éperdument rougeoyantes puisque l'automne, en signe d'adieu, leur offrait ce spectacle final. Que cachait encore cette colline, ultime balise d'un monde qui s'effaçait dans un soleil souverain aux rayons étourdissants ? Et tous restaient muets, immobiles, pétrifiés. Ils avaient parcouru tant de milles, navigué tant de jours et de nuits, erré du nord au sud et ils rentraient bredouilles, vaincus, têtes basses, humiliés et dépouillés. On vira de bord, la Nouvelle-France disparut. Il leur restait l'horizon plat et désespérément vide, unique compagnon d'une traversée poignante qui s'achèverait sans vivats.

À bord de la flotte de Charles Daniel, on trouvait lord Ochiltree et d'autres prisonniers. Une prise bien maigre si on la comparait à celle des Kirke. La place de Québec était entre leurs mains, occupée par une solide garnison. Mais la rage des Français fut plus grande quand ils apprirent, en revenant dans leur pays, que les Anglais avaient vidé l'Habitation de ses occupants dès le début du mois de septembre. Leur blessure devint alors inguérissable. C'était une plaie saignante, rongeant les consciences. S'ils avaient osé franchir le barrage… Car, pendant qu'ils sillonnaient le nord, les frères Kirke avaient déserté les lieux, offrant peut-être au capitaine Charles Daniel l'unique chance d'un retour glorieux.

Pendant ce temps, les Anglais riaient sous cape et, se félicitant d'un triomphe si heureux, organisaient l'exode de Champlain et de ses troupes. Seule une poignée de colons, dont la famille de feu l'agriculteur Hébert, fut admise à demeurer dans la vallée du Saint-Laurent. Les autres embarquèrent pour Tadoussac, afin de rejoindre le général David Kirke, chef de cette expédition. Ensuite, le ton changea.

Autant ses jeunes frères s'étaient montrés conciliants, autant l'aîné se révéla inflexible. Il ne fut plus question de négociations. Malgré les promesses précédentes, il n'y eut aucune concession, aucun geste pour amoindrir les pertes considérables des Français, privés de leurs biens et de leur travail. Et tous quittèrent Tadoussac le 14 septembre, le général Kirke annonçant alors à ses hôtes, mais une fois en mer, qu'ils étaient ses prisonniers et qu'à ce titre ils les suivaient en Angleterre, en compagnie de son lourd butin. Les chiffres donnaient le tournis. Près de quatre mille peaux de castor, plus de quatre cents peaux de chevreuil, soit, selon le camp, une perte ou gain de cent soixante mille livres, car c'était le prix auquel se négocierait le pactole. Si l'on y ajoutait la rareté, dont les effets seraient amplifiés en France du fait de la confiscation, la valeur grossirait, soumise à la spéculation. Kirke pouvait naviguer prudemment, lentement. Plus les jours passaient, plus son trésor fructifiait.

Mais ces chiffres abyssaux qu'Hadès, maître des enfers, aurait lui-même eu du mal à sonder ne livraient qu'une vision partielle de la scène, car il fallait y ajouter – pour débuter – les sommes considérables investies par les Associés. Ainsi, le débit s'alourdissait des cent quatre mille livres versées par les membres de la Compagnie pour financer leur campagne. Et comment oublier le deuil précédent puisque la campagne de 1628, par l'action des mêmes Kirke, avait été aussi funeste ? Ainsi, Clarentin et ses acolytes avaient englouti plus de deux cent soixante mille livres, soit la quasi-totalité des fonds récoltés. Des trois cent mille livres de départ, il ne restait que trente mille livres, une somme misérable qui ne permettait pas de monter une nouvelle expédition. D'ailleurs, à quoi bon ? Puisque la Nouvelle-France n'existait plus !

En quittant le fleuve Saint-Laurent, les Kirke s'étaient également emparés d'une vingtaine de bateaux français et basques chargés à ras bord de morues. Voilà qui faisaient d'eux des hommes de plus en plus riches, dotés de surcroît d'une solide monnaie d'échange. Sur leurs navires, on trouvait Champlain, son lieutenant Eustache Boullé, ainsi que des sujets aisément négociables dont Emery de Caën, Gravé du Pont, trois jésuites et quatre récollets qui débarquèrent à Douvres dans le plus grand secret. Alors, on sépara le bon grain de l'ivraie. Les pauvres, les misérables qui avaient survécu à ces abominations s'ajoutant aux rudesses précédentes, à la faim, au froid, aux privations, au désespoir de s'être crus abandonnés, furent jetés sans égard dans le premier port de ce pays qu'ils avaient cru ne jamais retrouver. Où se trouvaient leurs proches ? Étaient-ils vivants ? D'ailleurs, comment les rejoindre ? Pouvaient-ils seulement compter sur leurs commanditaires, ces Associés ruinés ? Et ceux qui avaient survécu héritèrent de ce supplément d'épreuves. Mais les otages retenus ne furent pas en reste, subissant un nouvel outrage. Il y avait encore de l'argent à puiser. Aussi, les Anglais gardèrent-ils Champlain, Boullé, Caën et Nicolas Blondel pour les rançonner. À Londres, l'hiver se déployait. Il pleuvait. À Québec, se racontaient les détenus, c'était le temps où tout était devenu blanc, silencieux, virginal. Et l'on s'imaginait seul au monde, à l'origine créé par Dieu. Notre seule vérité, se répétaient-ils, c'est de cheminer avec l'aventure, de marcher dans les pas du Huron, de se sentir terre, eau, feu et glace jusqu'à devenir loup et se fondre alors dans l'âme du Québec. Et il n'y avait qu'eux, solidaires, combatifs, pour persévérer dans ce rêve homérique, car, là-bas, chez eux, il ne restait qu'une poignée de coureurs des bois cernés par l'Anglais, et les descendants du colon Louis Hébert, s'échinant à féconder quelques arpents de terre dans un océan de glace...

Ainsi s'achevait, pensait-on, l'aventure formidable de Champlain, qui, en 1608, avait inventé Québec et cru conquérir le Nouveau Monde. Plus de vingt années venaient de s'écouler. Les enfants nés alors que ce conquérant découvrait le Saint-Laurent étaient à présent des hommes. Une vie, pour le plus grand nombre, s'était écoulée. Et tout cela en vain, si l'on songeait à Québec et à la France...

Oui, j'y pensais ainsi, ignorant que, dans les entrailles de ce drame, germait encore une peste effroyable car, de ce désastre, certains imaginaient tirer un profit tourné contre Richelieu, mais aussi contre le roi. Et cet odieux complot, si j'avais su le percer à temps, m'aurait permis de comprendre l'étrange attitude du sieur Simon Clarentin – et de quelques autres de ses acolytes...

Chapitre 26

ET QUE PENSAIENT les Associés de la Compagnie de cette situation ? Voilà que débutait, ou que se poursuivait, dans le cas de Clarentin, un sacré mystère. On prétend que l'Anglais n'a pas son pareil en matière de flegme. On le qualifie de placide face à l'adversité, mais, en ces temps-là, il y avait des leçons à prendre en observant certains Français, impavides et étrangement mesurés, malgré l'addition de nouvelles affolantes. Ainsi, alors que les premiers mois de 1630 débutaient tristement, d'aucuns demeuraient confiants et s'entêtaient à n'afficher aucun affolement. De fait, Champlain avait peut-être été libéré – sans rançon ! –, mais il demeurait à Londres et tentait d'obtenir réparation pour les exactions commises par les Kirke. Il s'agissait, au moins, de piraterie, plus encore d'un crime, si on soumettait leurs actes au jugement des édiles, puisqu'ils s'étaient déroulés en tant de paix. Dès lors, il n'y avait aucun droit discutable sur la Nouvelle-France, depuis le traité de Suze signé par l'Angleterre et la France, le 24 avril 1629, et Champlain se battait pour faire entendre sa raison, refusant de céder. Accompagné par la diplomatie de notre ambassade, le héros de la Nouvelle-France contestait cette confiscation inique, et la rapine qui l'accompagnait.

Mais allait-il obtenir gain de cause ? Les Associés étaient partagés en deux clans d'égale importance. Les fatalistes, soumis à la décision de Dieu, et les inquiets qui tentaient d'échapper aux créanciers en leur jurant leur optimisme. Simon Clarentin ? Son cas, à l'exemple de quelques-uns, échappait à ces deux groupes.

Nos échanges se cantonnaient à un salut distant, quand nous étions forcés de nous croiser. Ajoutons qu'il m'arrivait plus souvent qu'à lui de me trouver sur son chemin, car je fréquentais toujours le cénacle de la Compagnie des Cent-Associés. Je n'y voyais aucun mal et je ne pensais pas manquer de respect envers Jacques Lemercier. Il m'était conseillé de fuir Clarentin, et quasiment interdit d'approcher son épouse, mais aucune limite ne m'avait été fixée à propos de la Nouvelle-France, une affaire publique, royale – et bientôt cardinale. Si je ne questionnais pas Clarentin, rien ne m'interdisait en revanche de me mêler aux Associés habitués à ma présence, et le drame du Québec me donnait une nouvelle occasion de m'intéresser au sujet. Ainsi, pour être devenu un familier, je pus mieux écouter, regarder, percevant alors une nouvelle étrangeté.

Comme je l'annonçais, les fatalistes et les inquiets n'étaient pas la seule, et peut-être pas la bonne manière de ranger ces personnages car, au-delà des apparences, perçait un autre classement. Il y avait aussi les insouciants et ceux qui se tordaient les mains et l'esprit. Fallait-il alors diviser cette Compagnie en deux catégories opposées, l'une composée de gens nantis, indifférents à la perte de vingt mille livres ? L'autre, formée d'impécunieux désormais à la peine pour avoir misé tous leurs fonds, vidé leur coffre, et s'être endettés jusqu'à la ruine ? Mais c'était là où le bât blessait. Clarentin n'était pas riche, pourtant, il ne semblait plus affolé, plus même préoccupé. Il phrasait avec assurance et certitude sur l'avenir, prophétisait un prompt et heureux dénouement, réconfortait même ses confrères inconsolables, allant d'un homme à l'autre, torse en avant, regard ferme, sourire aux lèvres. On nous l'avait changé et j'ignorais par quel miracle ! Et bien qu'étudiant désormais de loin ce chapelier craintif, hier au bord du désespoir, je m'interrogeais sur ce retournement suspect et incompréhensible, car je savais que l'héritage, les terres, les fermes de la charmante Athénaïs n'étaient qu'une affabulation. L'excitation revenait, d'autant qu'en poussant l'étude, je réalisai que l'étrange attitude du susvisé ne constituait pas un cas isolé, et je notai par là que, parmi les moins argentés, nombre apparaissaient sereins. Un soir, j'entrepris même une sorte de comptage. D'un côté, je plaçai les visages éteints, minés, torturés ; de l'autre, les réjouis. À nouveau, deux groupes émergeaient, et tout aussi peuplés d'indigents que de fortunés. Y avait-il une autre forme d'analyse ? Un autre moyen de séparer les castes ? De fait, si j'avais trouvé la clef, le sort de cette histoire aurait été changé. Mais comment deviner ce qui se tramait ? Seul, le rébus s'épaississait.

Je crois cependant me souvenir qu'en me tordant la cervelle une autre idée m'effleura. Au fond, parmi les Associés, il se pouvait que l'on trouvât de ceux qui, ayant tourné le dos à la Nouvelle-France, n'y voyaient déjà plus qu'une passion éteinte. Le jouet était cassé, leur enthousiasme retombait. Le Québec n'avait plus d'importance. L'histoire avançait et le futur leur indiquait d'autres horizons. Oui, il y avait peut-être les entêtés, les hardis, les acharnés s'accrochant à ce rêve porté par un Champlain qui ferraillait pour faire entendre les droits irréductibles de la Compagnie, et les résignés, ne songeant qu'à se retirer, qu'à oublier, et se répétant que plaie d'argent n'était pas forcément mortelle. Mais que devais-je faire de Simon Clarentin, si torturé par le confort, si casanier, si avare, et pourtant si jovial ? Et si retors. Oui, si j'avais su creuser cette nouvelle piste…

Mais, coincé dans ce labyrinthe où mes pensées se perdaient, je ne trouvais pas la lumière. Comment d'ailleurs comprendre l'indifférence de certains quand Champlain rentra de Londres sans avoir rien obtenu ? Comment juger leur peu d'intérêt pour ce pays qu'ils avaient adoré comme le Veau d'or ? Comment, à l'inverse, interpréter la position des obstinés qui, la plupart exsangues, juraient de se battre, d'emprunter encore pour monter une expédition, alors que les Kirke occupaient Québec ?

Et comment expliquer qu'un modeste chapelier du nom de Simon Clarentin se présentât au printemps 1630 à ses Associés en assurant qu'il avait payé ses dettes ? La réponse exigeait de contempler la scène dans son ensemble, d'y mêler le sort de Québec et celui du royaume. En somme, de tenir compte de toutes les pièces dont celle qui réunissait l'ensemble et ne pouvait être que Richelieu, l'homme qui, pour servir le roi, tenait les rênes de l'ancienne et de la nouvelle France…

Chapitre 27

LE PROJET DU CARDINAL n'avait guère subi de transformations depuis sa présentation, un an plutôt. Dès l'esquisse, l'idée juste était venue, grâce au talent de l'architecte. Nous étions peu à connaître l'exact dessein de l'homme d'État qui, partant d'un hôtel particulier, avait déjà imaginé la grandeur d'un palais. Le résultat final exigerait des années de travail et de patience, et Lemercier s'inquiétait de savoir si Dieu lui accorderait assez de vie pour mener à son apogée une entreprise monumentale nécessitant l'engloutissement de sommes considérables que Louis XIII aurait eu lui-même bien du mal à assembler. Mais, une fois achevé, le tout donnerait la mesure de la puissance et de la fortune du plus proche conseiller de la couronne de France, écrasant de sa superbe les courtisans, les seigneurs, et prouvant, si nécessaire, qui était le maître après le roi.

Lucide, le Cardinal n'ignorait point combien l'envie, la jalousie, la rancœur infecteraient le regard de ceux qui contempleraient ces façades altières, abritant des salons, des salles d'apparat, un théâtre [1] et même une galerie dédiée aux hommes illustres, peints par Philippe de Champaigne, un grand artiste de ces temps. Et pour en avoir partagé chaque détail avec celui qui en dessinait les plans, je savais que ce palais, une fois achevé, se comparerait au royal voisinage. Alors, la question se poserait – où nichait vraiment le

---

1. Aimant le théâtre, Richelieu fit construire dans l'aile sud-est une salle de spectacles. Plus tard, Molière, directeur de la troupe du roi, s'y établit et y joua ses pièces. C'est dans ce théâtre qu'il interpréta, le 17 février 1673, la dernière représentation du *Malade imaginaire*.

pouvoir ? –, attisant l'aigreur et la répulsion... Richelieu souriait quand Lemercier s'inquiétait pour lui, car ce n'était ni l'orgueil ni la gloire que visait le Cardinal, mais la volonté de laisser au futur la trace éclatante d'un lieu où le sens de l'État fût grand. Pour preuve, j'en tiens le destin de cette œuvre qui, à la mort de son propriétaire, fut donnée en héritage au roi [1]. Et cette décision suffit pour mettre fin à l'accusation d'ambition personnelle et d'enrichissement indu dont on l'accabla. Si la vanité se juge à l'aune de ce que l'on possède, il faudra se souvenir de ce don offert à la postérité quand il sera question d'aimer ou de détester celui qui sut se détacher des biens matériels.

En y pensant encore, des décennies plus tard, je me demande si le jeune roi Louis XIV n'a pas, mieux que quiconque, saisi l'importance d'un lieu altier, preuve d'une force majeure, en observant cette résidence-ci, car c'est en se comparant que le maître s'impose. Versailles [2] remplira à coup sûr cette mission, même si je crains de ne pas être de ce monde pour en juger. Mais j'étais bien présent quand le rideau se leva sur l'acte I de l'édifice cardinal de l'homme le plus haï du royaume. La pièce se jouait, pourtant, celui qui acceptait d'affronter l'opprobre contemplait la scène, les acteurs, les belligérants et semblait les ignorer. Le palais ! Rien n'était assez beau et, à chacune de ses visites, il nous répétait de dépenser sans compter.

Dès qu'il sortait, je sondais la maquette et ce qu'elle deviendrait : le cœur d'une domination sans rivale, posée au centre de Paris, et plus près du trône que tout et n'importe qui. Jusqu'à quel point ce lieu, insolent de puissance, n'enflerait-il pas la colère de ceux qui juraient que le dessein du prélat était de rivaliser avec son souverain ? Marie de Médicis, reine et mère de Louis XIII, était l'exemple

---

1. Anne d'Autriche et son fils Louis XIV résidèrent dans l'aile nord-est, à partir de 1643. Louis XIV délaissera ce Palais (devenu Royal) pour gagner le Louvre, en 1661.
2. Louis XIV et la Cour y résideront en permanence à partir du 6 mai 1682. Or, le récit d'Antoine Petitbois est daté du 21 décembre 1680.

même de la passion destructrice qui s'exerçait à l'égard du Cardinal. Hier, ces deux-là chantaient en canon, se servaient réciproquement de l'autre pour satisfaire leurs appétits. Ainsi, Richelieu avait gravi les échelons, gagné les sommets, s'imposant auprès du roi par l'action de Marie de Médicis, une protectrice qui ne voyait que par lui. Aujourd'hui, telle une femme blessée ou trahie, semblable à ces fureurs italiennes qu'un sang chaud ne cherche qu'à enflammer, la reine mère cherchait à écarter celui qui, devenu son concurrent, l'éloignait du monarque, son propre fils. La haine étant proche de l'amour, Marie de Médicis brûlait ce qu'elle avait adoré. Sans retenue, aveuglément, animée d'une violence qui l'avait portée précédemment vers des sentiments aussi excessifs que contraires. Maintenant, elle voulait la perte de cet homme accusé d'abus, de malveillance, d'aversion envers la noblesse et le parti dévot. Le projet du prélat n'était-il pas de proposer une alliance avec les protestants allemands – et, de fait, contre le Vatican – au prétexte que ces princes-ci luttaient contre l'empereur Habsbourg, maître d'une Espagne catholique [1] ? Les lacis tortueux de la diplomatie autorisaient-ils un accord contre le Saint-Siège et notre religion, au prétexte que les ennemis de nos ennemis pouvaient devenir nos amis ? La thèse sentait le soufre, aggravait le désaccord avec Marie de Médicis. Et qu'en serait-il quand elle et d'autres découvriraient ce palais les narguant de sa superbe ? Trop grand, me disais-je, trop provocateur. Assez pour réussir la collusion de clans opposés, mais qui, de rage, voudront étouffer cette ambition. Et détruire son auteur.

— Et s'il cherchait à les provoquer ? souriait Jacques Lemercier.

— Dans quel dessein voudrait-il exciter la fureur de ceux qui en ont déjà tant à son endroit ?

— Peut-être pour qu'ils se montrent au grand jour, convaincus que la quantité fera leur force et, ainsi, les démasquer tous ? suggérait-il.

---

1. Richelieu souhaite réduire la puissance de la maison d'Autriche en Europe. Les Habsbourg ont en effet uni l'Autriche, l'Espagne, le Portugal et, se fondant sur le ciment du catholicisme, ils veulent affaiblir les États protestants d'Allemagne.

— Voilà une méthode qui, si elle se vérifiait, serait la plus coûteuse que l'on puisse concevoir, rétorquais-je, n'imaginant pas un instant que le sage architecte avait touché de près la vérité.

Et je me disais encore que ces bâtisses, ces cours, ces alcôves, ces pièces secrètes, si immenses qu'on les inventât, ne le seraient jamais assez pour accueillir la totalité des adversaires du Cardinal, tant leur nombre me semblait élevé.

L'échec de la Nouvelle-France n'avait qu'ajouté à ce délitement de l'opinion. L'épisode rejoignait la longue liste des récriminations que l'on réservait à Richelieu. Au fond, ce dernier n'était pas responsable des erreurs de Caën ou du capitaine Charles Daniel, mais, comme je l'avais imaginé, Paris voulait combler son désarroi en clouant au pilori un responsable. Qui avait voulu créer la Compagnie ? Qui était grand maître et surintendant de la Navigation et du Commerce de France[1] ? Qui pouvait et aurait dû ordonner à Razilly de rentrer du Maroc pour escorter la flotte des Associés ? D'ailleurs, cette désertion criminelle ne cachait-elle pas un de ces tours malicieux dont ce *prélat rouge* avait le secret ? En somme, il fallait un accusé pour accepter l'échec et ce maudit personnage faisait au moins l'unanimité sur un point : l'exécration. Ainsi, dans ce concert de doléances, les nobles mêlaient leur voix pour lui reprocher de vouloir abaisser leurs pouvoirs féodaux. Les bourgeois et les commerçants se plaignaient, à l'habitude, de payer trop de taxes, les pauvres d'être de plus en plus pauvres, quand les protestants de France – saisissant ce paradoxe formidable puisque Richelieu se tournait vers ceux d'Allemagne – tempêtaient d'être pourchassés et poussés à abjurer leur foi. Dès lors, les cabales contre le Cardinal s'ajoutaient et se multipliaient, suivant l'exemple d'un comte de Chalais qui, en 1626, jurant de voir mourir Richelieu, n'avait réussi qu'à être décapité par un bourreau fort maladroit[2]. L'histoire

---

1. Depuis 1626.
2. Les amis d'Henri de Talleyrand, comte de Chalais, ayant convaincu le bourreau de ne pas l'exécuter, on confia la besogne à un condamné gracié qui porta près de trente coups de haches avant de décapiter sa victime. Il se raconta, qu'au vingtième coup de hache, le pauvre Chalais était toujours vivant…

n'avait guère plu au clan de cet Henri de Talleyrand, ajoutant à l'ire des grands du royaume où l'on trouvait variablement Gaston d'Orléans, le frère du roi, un homme intelligent, mais indécis, oscillant tantôt du côté des comploteurs, tantôt se rangeant fidèlement auprès de son frère Louis XIII. L'année suivante, en 1627, Richelieu avait à nouveau défié la noblesse en faisant exécuter François de Montmorency-Bouteville pour avoir piétiné l'interdiction du duel, édictée en 1626, et condamnant les coupables à la peine de mort. Depuis, on jurait d'en finir avec cet évêque crotté, devenu cardinal, puis duc et pair[1] par la grâce d'un roi faible, envoûté par son conseiller et qui, de plus, tardait à produire sa propre descendance – trouvant dans ce motif, murmurait-on, de quoi convaincre l'influençable Gaston qu'un régicide pourrait le placer sur le trône.

Au cours des derniers mois, j'avais ignoré quelque peu ces échos, si fréquents dans Paris, tant la Nouvelle-France hantait mon esprit. Mais le palais me ramenait vers ces questions. Comment réagiraient ceux que notre éminent mécène cherchait à assujettir quand ils découvriraient son nouveau signe d'audace – et aussi de mépris ? Les paroles de ce Thierry de Millard remontaient à ma mémoire alors qu'il critiquait sans vergogne Richelieu. Où étaient-ils, ces factieux, ces intrigants ? Ils patientaient sans doute, prêts à rougir la cape du cardinal. Tandis que celui-ci ne montrait rien, nous pressant même d'afficher son triomphe, pourtant si incertain.

Richelieu passait, de temps à autre, chez Lemercier, toujours en coup de vent, et toujours sans prévenir. Telle l'onde provoquée par un caillou jeté dans l'eau, et qui se propage en des cercles de plus en plus grands, ses mots, même insignifiants, mais exprimés d'une voix décidée, affolaient l'équipe agrandie et réunie depuis peu autour de Jacques Lemercier. Une remarque légère du Cardinal devenait un ordre, puis un cri dont se faisaient écho les métreurs Breton et Saint-Génard, le graveur Amaury, le trésorier Gesbert, et ainsi de suite, enflant et se démultipliant en hurlements jusqu'au

---

1. Le 26 novembre 1629.

pauvre apprenti, forcé de courir par monts et par vaux pour résoudre toutes sortes de questions devenues urgentes par la seule décision d'une poignée d'esprits enflammés qui se transmettaient ainsi, et sottement, leurs inquiétudes. Dans l'atelier de l'architecte, l'air devint vite irrespirable et l'humeur plus tendue que la corde d'un arc. Et j'espérais ce moment où l'on m'enverrait à l'autre bout de Paris, porter qui une esquisse à l'un des charpentiers retenus pour l'affaire, qui une facture refusée au marbrier, qui un échantillon de tissu aux tapissiers. Et j'occupais ainsi mon impatience puisque le sujet de la Nouvelle-France s'épuisait peu à peu de lui-même. Car pouvait-on se passionner pour un moribond ?

Aux désastres précédents, s'ajoutait maintenant la décision du roi d'interdire une prochaine campagne à la Compagnie. Québec, le Saint-Laurent, la route mythique vers la Chine, les vallées et les montagnes, les lacs, les mines, l'eldorado d'une contrée prodigieuse, tout semblait donc abandonné. Et c'était inconcevable. Il me revenait en pensée l'article IV du contrat liant la Compagnie au royaume et dont m'avait fait part, se souvient-on, Bertrand du Plessis Sainct Prié, alors qu'il hésitait à mettre sa fortune dans l'aventure. Pourtant, que l'affaire paraissait tentante ! Du Saint-Laurent à la Floride, sans limites à l'ouest, les Associés se voyaient en possession d'un territoire immense, inimaginable pour l'esprit humain. Il s'agissait d'une propriété complète, privée, exclusive, dont on ne fixait le bornage que par la disparition des terres, et dans laquelle cent hommes allaient librement exercer leur propre pouvoir. Une prérogative dont les promesses laissaient entendre qu'ils s'autorisaient à créer de toutes pièces un État, dénommé Nouvelle-France. Et voilà que l'on tirait un trait sur ce rêve, abandonnant ainsi la conquête de l'ultime continent libre que Dieu avait créé sur terre. Le renoncement à une telle ambition avait, pour moi, valeur de symbole. Louis XIII perdait l'occasion d'étendre son influence sur le monde, de se mesurer aux autres, d'afficher sa volonté de ne se soumettre à aucun. Le pays de ce roi était-il déjà assez grand pour lui ? Je ne comprenais pas ses choix mesurés et médiocres qu'il devait cependant partager avec Richelieu, tout le contraire d'un tiède.

Je prenais la mesure de ce caractère solide quand il se rendait chez Lemercier. Placé au dernier rang, je le sondais du regard pour percer sa carapace, brûlant d'interrompre le débit de l'architecte pour poser mes questions, et n'osant évidemment jamais le faire… Comment pouvait-il accepter une décision dont il était la victime, puisque la création de la Compagnie des Cent-Associés remontait à la réunion sous son autorité des six fondateurs, dont l'intempestif Claude Roquemont de Brison ? L'échec l'obligeait également à tirer un trait sur les sommes qu'il avait lui-même investies pour financer l'entreprise. Bien sûr, j'aurais pu me convaincre que dix, vingt, trente mille livres n'étaient rien pour lui, mais, ayant constaté sa fougue quand il s'agissait de défendre ses propres deniers, je ne pouvais me résoudre à cette thèse. Ainsi, je tournais dans ma cervelle toutes sortes d'hypothèses, y pensant du seul point de vue du perdant, sans qu'il me vienne l'idée qu'il puisse être l'auteur d'une mesure qui lui nuisait.

Ma jeunesse, mon enthousiasme me poussaient encore à déplorer le sacrifice de ceux qui, telle les Hébert, avaient accepté de rester et qu'on abandonnait aux chiens. Comment expliquer ce choix qui ruinait l'espoir d'une vengeance et devait enrager les Associés ? Un bruit courait. Il se racontait que Louis XIII cherchait, provisoirement, en renonçant à ses droits sur la Nouvelle-France, à ne pas indisposer la couronne anglaise dont il attendait d'autres accords et, peut-être, d'autres avantages. Cet argument ne me suffisait pas et j'étais certain qu'il existait une noble et juste raison pour justifier le piétinement d'une ambition, hier souveraine et, désormais, enfouie dans les oubliettes. En attendant, cette décision sidérante ne plaidait pas en faveur du Cardinal, et voilà qui noircissait le tableau, ajoutait aux critiques s'exerçant contre lui car, de toute évidence, en coupant les ailes à une nouvelle campagne sur le Saint-Laurent, on interrompait la saignée d'argent frais, mais on renonçait par là même à libérer Québec, laissant ainsi filer la seule chance de compenser les pertes précédentes.

Parmi les Associés, nombre n'avouaient pas qu'ils se trouvaient soulagés de ne pas avoir à puiser à nouveau dans leurs caisses. D'ailleurs, l'auraient-ils pu ? Mais l'orgueil ou l'esbroufe les poussait à se plaindre, à hausser le ton, à dresser le col, jurant qu'ils se sentaient prêts, comme les parieurs ruinés à la table de jeux, à miser sur la partie suivante, à risquer le tout pour le tout. Et rien n'aurait pu les décider à avouer le contraire puisqu'ils n'avaient guère d'autre choix pour convaincre leurs créanciers qu'ils n'étaient pas tout à fait ravagés. D'aucuns avouaient s'être séparés à vil prix de leurs parts dans la Compagnie pour ne jamais y revenir. Quant à Clarentin, agissant au contraire de toutes les prévisions, il n'avait pas succombé au suicide, ni changé sa vie. Que ce coquin aille au diable ! m'emportai-je, tentant par ces incantations de me convaincre que ses secrets m'indifféraient. Et je crus en avoir fini avec ce sujet dont je n'allais garder comme seul bon souvenir que le visage d'Athénaïs. Oui, j'allais tourner la page, du moins essayer, suivant en cela l'avis de Jacques Lemercier : « À Paris, les visages agréables ne manquent pas. Laisse agir le hasard… »

Et Dieu m'apprit combien, sur ce point, il avait raison.

Le palais de Richelieu n'était, hélas, pas le seul de nos soucis et l'empilement des chantiers ajoutait à la confusion qui régnait dans l'atelier. Hurlements et colères ! Et j'étais le premier à offrir mes services pour fuir l'orage qui grondait continuellement sur ces lieux d'habitude si accueillants, et qui obligeait même notre Cunégonde à déserter l'étage, par peur de recevoir son lot de reproches injustifiés. Aussi, je plaidais que courir m'allait comme un gant, que j'étais habile négociateur et plus rusé que le renard. Tant d'autres fiers arguments qui, pour ne plus les entendre – car ils s'ajoutaient aux jérémiades des clients, des fournisseurs, des gens de métier –, obligeaient Lemercier à céder à mes supplices : je réclamais des missions à l'extérieur. Et, au cours de cette fin d'automne 1630, nous n'en manquions point.

— Avez-vous songé aux tableaux du peintre Rubens ? glissai-je en chargeant du bois dans la vaste cheminée de l'atelier.

Le pauvre architecte redressa une tête épuisée. Le jour se levait à peine, mais l'épais voile nuageux qui masquait le ciel nous promettait un matin triste et gris. Nous étions encore seuls et je mettais toujours à profit ces moments d'intimité devenus rares pour aborder les sujets personnels. Quatre grosses bougies brûlaient au-dessus du plan sur lequel l'architecte s'usait les yeux, mais il me fit un signe pour que je lui porte un second chandelier :

— De quoi me parles-tu encore, Antoine ? murmura-t-il, délaissant à regret son étude.

— N'est-ce pas aujourd'hui que se finit la pose des toiles du maître dans le palais du Luxembourg ? Ne sommes-nous pas en novembre et le 8 du mois ? martelai-je. N'est-ce pas à vous de vous en préoccuper puisque vous suivez désormais ce chantier commencé par Salomon de Brosse ?

— Dieu ! gémit le malheureux Lemercier. Tant de choses se mêlent et se précipitent...

Au surcroît de besogne, s'ajoutait depuis peu une mauvaise fièvre, aumône pernicieuse dont il avait hérité en marchant dans ces rues de Paris traversées par un air humide qui se glisse sous les manteaux.

— Il faut encore que je m'habille...

— Prenez garde de le faire avec soin, dis-je gentiment. La ville n'est plus qu'un courant d'air.

— Le courage me manque, grogna-t-il en toussant.

— Pourtant, je ne saurais trop vous conseiller de tout abandonner et de vous précipiter au Luxembourg. L'heure avance...

— Quoi ! Maintenant ? vociféra-t-il en jetant un regard perdu sur le fatras de son bureau.

— Les toiles sont livrées en ce moment à son propriétaire, Marie de Médicis. Et je crois bien que votre présence est recommandée [1]...

— Tais-toi ! cria-t-il en se bouchant les oreilles.

---

1. Ces toiles furent commandées au peintre flamand Rubens pour les appartements de la reine mère (aile de droite) et de son fils Louis XIII (aile de gauche). Il n'en fut réalisé que treize pour le logement de Marie de Médicis, exposées aujourd'hui au Louvre.

— Sans compter, ajoutai-je, que vous devez aussi vous rendre chez le duc de...

— Ah ! cela suffit, Antoine ! Es-tu là pour m'aider ou m'accabler ?

— On ne peut être ici et là. Je n'affirme que cela, rétorquai-je d'une voix faible. Ainsi, moi-même, pour vous rendre service, je pourrais...

Il sonda son apprenti. Il l'imagina devant la reine mère et secoua aussitôt la tête. Impossible. Trop jeune. Trop de risques.

— En fait, plaidai-je, devinant ses pensées, il s'agit de vérifier si les clous sont fixés à la bonne hauteur, si la lumière n'est ni trop vive ni trop faible, si les cadres sont droits. Des tâches ingrates, mais il faut quelqu'un pour y veiller, puisque leur finalité est royale...

L'architecte me regarda en coin. Il refusait toujours.

— Il s'agit des tableaux destinés à l'aile gauche du palais, plaidai-je d'une voix calme. Ce ne sont pas ceux de ses appartements. La reine mère ne sera donc pas présente. Il suffit simplement de se montrer.

— Je n'ai pas les moyens de prêter mes gens au Luxembourg pour une banale figuration. Merci de tes conseils, mais personne ne s'y rendra. Et puisque tu cherches à t'occuper, voilà de quoi...

— Nous parlons tout de même des appartements de son fils, notre roi, le coupai-je impoliment.

Jacques Lemercier devint blême. Qu'avait-il fait pour endurer tant de maux ?

— Rassurez-vous, continuai-je. Il chasse à Versailles. Il ne sera pas là. J'ai pris mes renseignements.

— Nous sommes sauvés, expira-t-il en se penchant de nouveau sur son travail.

— À moins, glissai-je, qu'un être mal intentionné n'aille rapporter à qui voudra l'entendre que vous avez préféré vous atteler à une tâche plus capitale que le confort de la Couronne...

L'humeur de l'architecte s'assombrit plus encore.

— Treize tableaux, précisai-je sournoisement. Ce n'est pas rien... Mais, d'un autre côté, en partant de suite, je serai rentré avant souper...

— Bien, bien, soupira-t-il. J'ai compris que tu ne céderas point.

— J'agis pour votre bien, me défendis-je.

— En prétendant que tu te sens capable de faire bonne figure au cœur de la Cour ?

— Je me rends de ce pas dans ce palais. Je reste modeste, ne parle que lorsqu'on m'interroge, puis je note et vous rapporte tout ce qu'on me dira.

— Un mot de trop et tu détruirais ma réputation, menaça-t-il.

— Je ferai assez d'éloges sur Rubens pour que l'on sache que vous y étiez bien représenté. Pour le reste, je me tais.

— Pourquoi faudrait-il que je suive ton conseil ? céda-t-il alors un peu, mais sans encore le vouloir.

— Parce que les absents ont toujours tort... Et si personne ne vous représente...

Il hésitait toujours, tiraillé entre la lassitude qui le poussait à satisfaire ma demande et l'imprudence accompagnant une telle décision.

— Je vais et je reviens, soufflai-je. Tenez ! Je travaillerai plus tard. D'ailleurs, je me sens plus efficace quand il y a moins de monde.

— Eh bien, décidons puisque c'est le seul moyen d'obtenir la paix, déclara-t-il d'une voix épuisée. Soit. Mais me promets-tu de te montrer avisé ?

— Vous serez étonné par ma discrétion, l'assurai-je aussitôt.

— Un geste de travers et nous y perdrons beaucoup. La reine mère n'apprécie guère les proches de Richelieu. Chaque jour s'annonce plus sombre. Le roi tend l'oreille à ceux qui voudraient la déchéance de son conseiller.

— Richelieu est-il vraiment en danger ?

Pour toute réponse, il se leva, maudissant ces tremblements de fièvre qui enflammaient son dos et torturaient ses épaules.

— Il suffit. File à présent et reviens vite pour me rendre compte.

Je bondis sur la porte avant qu'il ne change d'avis.

— N'en profite pas pour t'évader encore dans Paris ! cria-t-il.

— J'écoute vos conseils ! hurlai-je en dévalant l'escalier. Je laisse agir le hasard et ne m'entête plus à vouloir le provoquer...

Chapitre 28

Parmi les réalisations de Salomon de Brosse, il en est qui honorent une vie et exauceraient les rêves et les vœux du plus exigeant des créateurs. Je veux parler ici de cet autre merveilleux palais, au nom de Luxembourg[1], un chef-d'œuvre de grâce et d'équilibre dont la visite commence pour moi, à chaque nouveau rendez-vous, par la redécouverte de son parc et de ses jardins auxquels je songe toujours comme aux prémices du paradis.

J'y vais encore, de temps à autre, bien que je sois moins vif qu'au temps de mes vingt ans. Je marche discrètement, craignant de tomber sur l'un des personnages dont j'ai croisé ou forcé le destin, et à qui j'aurais nui. Si la plupart de ceux, mêlés à l'aventure formidable que j'ai vécue – et qui renaît peu à peu sous la plume –, sont morts, quelques-uns des protagonistes hantent encore cette terre et, bien que mon visage, mon nom soient inconnus pour la plupart, et que ma silhouette ne fût le plus souvent qu'une ombre furtive, j'ai gardé de ces intrigues le parfum et le goût de la discrétion. Je me plais dans cet état et m'en contente pour toute gloire. Et c'est ainsi que je me présente au Luxembourg, le dos courbé, ma canne au pommeau d'ébène à la main ; en somme, un petit vieillard indifférent aux autres.

J'entre alors librement puisque la première des hôtesses, Marie de Médicis, mère de Louis XIII, avait décidé d'ouvrir et de partager

---

1. Ce palais doit son nom à l'hôtel bâti au XVIe siècle par François de Piney, duc de Luxembourg.

ces lieux avec le commun des mortels et que rien, sur ce point, n'a heureusement changé, offrant au voyageur la plus anonyme et la plus délicieuse des aventures.

Après avoir fui l'incertitude des rues voisines, je pénètre dans ce havre orné de belles grilles en franchissant l'une des portes qui annoncent l'île minérale et sylvestre, étrangère au tumulte de la ville qu'on entendait dix pas avant et qui soudain s'efface, s'oublie, se désagrège, laissant imaginer qu'une armée de lutins veille sur le repos et la paix de ce parc, comme enveloppé d'un voile irréel. Alors, le miracle s'installe ou se reproduit, selon que l'on se trouve familier de la promenade, ou profane, égaré dans un monde dont on craint de ne jamais retrouver le chemin, tant il paraît inespéré, et tel l'aboutissement de ces songes qui parfois se concrétisent lorsque l'on se réveille.

Ici, et depuis toujours, la douceur, l'équilibre dominent, inventant un tableau changeant à chaque rendez-vous, à chaque saison. Il faut s'y rendre en hiver pour écouter l'endormissement de la faune et de la flore, prisonnières d'une chape glacée qui se fendille sous le pas. Au printemps, il faut venir pour s'étourdir du parfum de ses roses dont on dit qu'il s'en compte autant que d'amours venues se confier ou gémir sur leur passion. L'été, je m'y hasarde pour jouir des murmures de l'eau des fontaines où gisent dans leur belle tenue de pierre des sylphides stoïques mais aussi émouvantes que ces femmes, allant d'un air naturel, un enfant à la main dans une voie ombragée. Je les écoute alors fredonner une comptine qui rassure leur petit et je marche près d'elles, secrètement, sans les déranger, frôlant de la semelle les gravillons des allées pour ne pas effrayer l'oiseau mâle au bec orangé, brossant son plumage chamarré afin de briller auprès de sa belle.

Les belles... Du temps où j'étais jeune, elles venaient se promener en toutes saisons, par tous les climats à l'orée du beau palais, caressant du regard le travail remarquable de l'architecte Salomon de Brosse, et c'était là que je me rendais le 8 novembre 1630. Le mauvais temps avait renoncé à s'imposer, délivrant une journée exquise des premiers pièges de l'hiver. Oui, c'était un moment idéal et je ne regrettais pas d'avoir fui l'atelier plein de cris angoissants de mon maître Lemercier, d'autant que, devant la façade principale du palais, une femme, qui me tournait le dos, observait l'harmonie parfaite de l'édifice.

Moi, je détaillais sa silhouette et j'en vins (honte à moi !) à la comparer à la pureté des lignes du château inspiré du palais Pitti, selon les souhaits de Marie de Médicis [1]. Calé dans son sillage, j'admirais la grâce de son allure qui escamotait la majesté du corps d'entrée surmonté d'un dôme magnifique. À propos, qu'en était-il du port de tête ? Je n'en voyais que le verso, mais, formé par les leçons de l'architecture, je n'eus aucun mal à conclure qu'il consacrait les vertus de l'équilibre auquel s'ajoutaient les mouvements d'une chevelure blonde et bouclée qu'une main aérienne d'une douce blancheur replaçait de temps à autre.

Pourquoi fallut-il que ce simple geste m'émeuve plus qu'un autre ? J'éprouvais le désir de m'y abandonner, de céder à son attirance pour me sentir comme en des terres familières. Pourtant, cette apparition regardait droit devant, ignorant toujours ma présence, ce qui me laissa espérer que je pouvais détailler sa tenue. Cédant à la mode récente qui voulait que la taille se rehausse, le corps de sa jupe était baleiné d'un plastron couvrant le bas. L'ensemble, trop sévère et, pour tout dire, pompeux, m'indiquait que j'espionnais une femme de noblesse, mais encore jeune, ajoutai-je, si je m'en tenais à la légèreté des formes dont les vêtements ne parvenaient pas à dissimuler le témoignage fort émouvant.

Mais alors que je cherchais à comparer la soie d'un châle, posé sur ses épaules, au bossage des pierres taillées du palais de Marie de Médicis, un mouvement s'engagea. La jolie dame fit un pas en avant, puis deux et trois. Elle partait, lasse ou satisfaite de sa visite, et l'idée de ne pas avoir aperçu son visage me devint impossible. Il a suffi que je grogne, puis que je traîne la jambe sur les gravillons pour qu'elle sursaute et tourne son profil d'un quart. Je fis de même pour pouvoir la contempler, au mieux le temps d'un éclair et, pour

---

1. Palais Pitti, à Florence, en Italie.

toute réponse, le ciel m'expédia le tonnerre et la foudre. Ce visage, jamais il ne m'avait quitté. C'était celui de Marie de Montigny.

Laisse agir le hasard et ne t'entête plus à vouloir le provoquer… Les paroles de Jacques Lemercier me fracassaient le crâne et, de même, cette nuit, l'émotion m'assaille, m'envahit. Sans cesse, le tableau revient et je ne parviens pas à m'en lasser. Marie me regarda, me reconnut, ouvrit la bouche, hurla sa surprise et sa joie.

— Antoine ! Antoine ! répéta-t-elle je ne sais combien de fois.

Rien, rien au monde, pas même le roi s'il s'était présenté ou Marie de Médicis déambulant avec Rubens ou Lemercier accompagné de Richelieu, rien, je vous dis, et personne, n'aurait pu nous empêcher de nous étouffer d'embrassades et de pleurer aussi, tant nos gorges se serraient. Et le temps prolongea ce rêve, du moins je m'en souviens ainsi. Puis Marie décida de se détacher de moi, prenant le risque de rompre le silence.

— Pas une lettre, pas un signe de vie… J'ai cru que…

— Mort ? souris-je tristement. Je le fus une nuit, mais pour quelques heures seulement. Un archange s'est porté à mon secours. Et me voilà…

— Allons, raconte-moi tout ! Ta vie ? Que fais-tu à Paris ?

— Et toi, tu es donc mariée ? demandai-je en fixant sa main gauche ornée d'un anneau nuptial.

Elle baissa les yeux et ferma le poing.

— Es-tu heureuse ? ajoutai-je doucement.

— Je mentirais en affirmant le contraire. Mais s'agit-il du bonheur ? s'interrogea-t-elle tristement.

C'est étrange à dire, mais, à l'instant, nous étions les êtres les plus heureux du monde, pareils aux premiers jours de notre enfance, et, peu à peu, le présent reprenait le dessus ; nos vies retrouvaient la place qu'elles occupaient avant cette rencontre improbable. Comment oublier les raisons de mon départ, de ma fuite, de mon exil ? Tant d'autres choses à se dire, à expliquer… Pourquoi n'avais-je pas voulu la revoir avant de déserter ? M'en faisait-elle le reproche ?

Les paroles ne venaient pas, les minutes filaient, les toiles de Rubens attendaient...

— Depuis quand es-tu à Paris ? demanda-t-elle enfin d'une voix emplie de tendresse et de douceur.

— Trois années, répondis-je sobrement.

Le reste ne voulait pas venir. Marie calculait. Trois ans. Donc dès après notre séparation. Je détaillais son visage, je ne m'en lassais pas, me remplissant les yeux de la vision d'une femme que j'avais connue enfant et que je retrouvais épanouie, gracieuse, sensuelle. Je l'imaginais mariée, tendrement attachée à son époux, lui baisant les lèvres alors qu'ils allaient dormir ensemble... Je n'avais pas ma place dans ce tableau.

— Que deviens-tu ? reprit-elle dans le dessein de meubler le silence et de chasser la gêne qui s'installait.

Ni elle ni moi ne voulions rompre, mais sans savoir comment agir pour que renaisse notre complicité d'antan.

— J'exerce comme second d'un grand architecte, mentis-je pour me grandir. Et habites-tu à Paris ?

Les paroles venaient enfin et je crus que la mélancolie ne prendrait pas le dessus, que mon bonheur ne s'échapperait pas aussi vite qu'il était venu.

— Je demeure toujours dans le Perche, m'annonça-t-elle d'une voix qui ressemblait de plus en plus à celle que j'avais connue. Non loin du fief de mon...

Elle s'arrêta. Son père ! Entre nous, ce personnage était de trop. Le miracle songea à s'évanouir.

— Un architecte, me dis-tu ? enchaîna-t-elle brusquement. Son nom est-il un secret ou acceptes-tu de le partager avec moi ?

— Jacques Lemercier, répondis-je avec fierté. Nous travaillons pour le cardinal de Richelieu.

En citant ce personnage, il me sembla que ses traits se tendaient. Et je mis cette émotion sur le coup d'une annonce qu'elle jugeait, en effet, de grande importance. Richelieu. Voilà qui renseignait mieux que tout sur la nouvelle vie d'Antoine Petitbois.

— Et vois-tu, continuai-je, de peur que se rompent nos amarres, je viens au Luxembourg pour surveiller la pose des tableaux de Rubens.

Dieu du ciel ! Les clous ! Les toiles ! Marie de Médicis...

— Je dois partir ! lançai-je soudain, retrouvant sur-le-champ l'air affolé du petit garçon qu'elle n'avait pu oublier.

Elle sourit comme par le passé et je crus l'avoir vraiment retrouvée.

— Promets-moi que nous nous reverrons avant trois ans...

— Demain, veux-tu ? lui proposai-je en tapant du pied.

— Oui, demain, je serai encore à Paris, dit-elle joyeusement.

Je n'eus pas le temps de lui demander pourquoi elle y résidait.

— Où ? s'inquiéta-t-elle encore, me laissant redécouvrir le caractère décidé de celle qui m'avait guidé, appris à écrire, à lire jusqu'à ce que...

— Devant la grotte des jardins du Luxembourg. Là-bas ! Vois-tu ?

— Je connais, rit-elle franchement. Allons ! Sauve-toi, puisque c'est notre façon d'être ensemble...

Son visage s'éteignit un instant. Oui, les souvenirs venaient, même ceux que nous regrettions.

Je courus à grandes enjambées, pénétrant au beau milieu de la cour carrée de la façon la plus fantasque, provoquant un désordre considérable parmi quatre chevaux puissants attelés à un carrosse. Un garde se jeta sur moi, exigeant que je lui montre patte blanche.

— Les tableaux de Rubens, soufflai-je en agitant mon sauf-conduit.

— Il est temps, gronda-t-il en pivotant vers le carrosse. Sa Majesté, la reine mère, est ici, et elle s'impatiente.

Chapitre 29

— QU'AS-TU, ANTOINE ? Pourquoi t'es-tu absenté si longtemps ?

Jacques Lemercier ne cachait pas son impatience, et le petit air d'abattement que j'affichais ne lui prédisait rien de bon. Les tableaux ! Il y avait eu un drame. Il ne pensait qu'à cela.

— Il fait nuit et j'attends depuis l'aube ! commença-t-il en s'approchant de moi. Je tourne en rond, je m'inquiète et je veille seul, quand je devrais être dans mon lit, soigné par les onguents de ma bonne Cunégonde.

— Ce fut plus long que prévu, dis-je sans lever les yeux.

— Commence par les mauvaises nouvelles, souffla-t-il en se forçant à se calmer. Et surtout, ne me cache rien.

— Elle n'a pas changé, murmurai-je. Sa voix, sa beauté, son sourire, tout est comme avant.

— Sacrebleu ! De qui parles-tu ?

— Marie, répondis-je, le regard dans le vague.

Il toucha son front brûlant de fièvre. Soudain, sa mine blanchit.

— Par tous les saints du paradis, bredouilla-t-il. Il s'agit de Médicis et il l'appelle Marie. La reine mère ! Marie ! Marie ! hurla-t-il en poussant de plus en plus haut la voix. Elle était donc là ! Maudit pressentiment… Je savais qu'il ne fallait pas céder à cette demande.

— Oui, Marie… répétai-je aussi vaguement.

— Ce garçon est fou, l'entendis-je pester. Allons ! Antoine, reprend ton calme, supplia-t-il, quand lui-même en manquait effroyablement. Et répète encore une fois : est-ce bien Marie de…

— Mais au fait, murmurai-je à moi-même, quel nom porte-t-elle à présent ?

Le pauvre homme qui me faisait face écarquilla les yeux, persuadé que le diable était entré dans mon corps.

— Dieu, glissa-t-il, je vous supplie de rendre son esprit à ce garçon.

— Montigny, continuai-je. Je ne connais que celui-là.

Il se figea sur place. Il cherchait. Soudain, tout lui revint :

— Montigny ? bredouilla-t-il. Donne-moi un peu d'eau... Là, sur ma table.

Il s'empara du bol bien rempli que je lui tendais.

— Morbleu ! grogna-t-il. La fille du baron... Mais où l'as-tu vue ?

— Dans les jardins du Luxembourg. Juste avant de rencontrer Marie de Médicis, répondis-je alors qu'il avalait une belle gorgée.

Sous l'effet de cette annonce, il lui prit la mauvaise idée d'inspirer alors que le liquide entrait dans son gosier.

— Médicis... gémit-il entre deux toux plaintives. Et tu étais là ?

— Hélas, répondis-je sombrement, achevant de l'inquiéter.

Médicis attendait ! Je n'avais eu guère de temps pour arranger ma tenue, malmenée par la course folle qui m'avait conduit au Luxembourg. Oubliant la beauté des lieux, je pressai le valet qui m'accompagnait.

— Nous y sommes, annonça enfin celui qui me servait de guide.

Il me sonda d'un air supérieur et ouvrit la porte.

— Rentrez votre chemise, me conseilla-t-il en me poussant pour que j'avance.

Il me vint l'idée de rester ainsi, yeux fermés, et d'attendre que l'on m'ordonne de sortir sur-le-champ afin d'avertir Lemercier que sa mission s'achevait, qu'il était renvoyé, banni, interdit d'exercer son art à Paris. Mais l'accueil fut fort différent, et je dus faire face à un barrage inattendu. On grognait, jappait, menaçait de mordre mes chausses. Un chien, puis un autre, puis un troisième tournaient autour de moi, montrant leurs canines. Le plus féroce n'atteignait pas la taille d'un lapin et, n'eût été son épaisse fourrure, qu'il gonflait pour se donner un air important, il aurait pu tenir dans le creux de la main. Mais la bête ne manquait pas d'audace et faisait face. En un mot, elle méritait une leçon et il me vint l'idée de lui botter le derrière. Alors mon pied se leva...

— Non ! hurla une voix venant du fond de la galerie.

Le menuisier chargé de fixer les tableaux levait les bras.

— Méfiez-vous ! Ce sont les chiens de la reine mère, m'avertit-il.

Et l'on choisit ce moment pour ouvrir à nouveau la porte :

— Mes petits chéris !

C'était elle. Accompagnée d'un domestique et d'un gentilhomme.

— Gaspard ! Balthazar ! Et toi, entêté Melchior ! roucoula-t-elle en s'adressant au roquet qui s'acharnait sur moi. Allons, viens ici...

À regret, le cabot abandonna sa proie pour filer se nicher dans les plis de la robe de sa maîtresse. Une griffe s'accrocha à la soie, martyrisant le patient travail du brodeur qui avait usé ses yeux sur son chef-d'œuvre. Médicis se moquait de ce sacrilège, préférant gratouiller le poil de son ignoble possession, tandis que les deux autres animaux aboyaient, réclamant leur part de câlinage et de gratouillis, ce à quoi elle se plia, y mêlant d'obscurs gazouillis qui ravissaient la meute.

— Récompense ! ordonna-t-elle soudainement.

Le valet déposa sur le sol un gâteau que dévorèrent sans vergogne les petits monstres. Durant ce festin, elle ne quitta pas des yeux la scène, se penchant pour flatter ses « bandits » en italien. « *Gentile* », gloussait-elle, tançant tendrement un vorace qui crachait les miettes sur le parquet immaculé de la galerie. « *Si piccolo.* » Quand, subitement, et malgré son embonpoint, elle se releva, démontrant que l'agilité qui, racontait-on, lui avait permis de fuir le château de Blois par une fenêtre alors que Louis XIII l'avait emprisonnée n'était pas légendaire [1]. Recouvrant aussitôt sa sévérité, elle toisa la galerie sans

---

[1]. Parvenant à s'évader du château de Blois en 1619, elle conduit alors une coalition contre son fils. Vaincue, elle négocie sa réconciliation en se servant de Richelieu...

prêter attention au petit commis, tétanisé par son apparition, et fonça devant un rideau de velours jaune.

— J'ai exigé que l'on change cette horreur ! cria la furie. Le roi, mon fils, détestera !

À qui s'adressait-elle ? Au gentilhomme qui la suivait comme son ombre, au valet, au menuisier, à moi ? Dans un mouvement altier, elle fit volte-face. Sa robe noire, ornée au col d'un parement de dentelle fine, tourna sur place, mais son buste demeura immobile, comme fixé au reste du corps par ce cou épais, paré d'un collier de perles. À défaut d'être beau, l'ensemble impressionnait. Pis, il inquiétait, car cette dame jouait son rôle avec autant d'audace que de morgue. Si bien qu'elle passa devant moi sans un regard et fila vers le fond de la galerie où l'attendait le menuisier tremblant de peur. Je crus bon de suivre, et personne ne s'y opposa. Sans doute savait-on qui j'étais. C'est pourquoi ma présence ne comptait pas.

— Raconte-moi tout ! gémit Lemercier. Même le plus regrettable...

— Des compliments et des applaudissements, répondis-je, auxquels s'ajoutent de chaleureuses félicitations à vous transmettre.

— En es-tu bien certain ? voulut-il s'assurer.

— La reine mère a dirigé elle-même l'installation des toiles. Je n'ai parlé que pour satisfaire sa curiosité sur les secrets d'un savant éclairage. Sur la fin, me grandis-je, elle semblait comblée.

— Aucune remarque désobligeante ? demanda-t-il en pinçant le nez.

— Sur les tableaux de Rubens, aucunement.

— Parfait, se rassura l'architecte sans y croire. Et quoi d'autre ?

— Je vous rassure : jusqu'au moment de partir, quelques banalités...

— Parfait ! répéta-t-il, cherchant à se convaincre qu'il pouvait enfin s'adoucir. Mais es-tu certain de ne rien oublier avant que nous parlions de Marie de Montigny – car je brûle aussi de t'entendre sur cette affaire ?

— Mais, au moment de partir, vous disais-je...

— Ah ! Quoi, encore ? s'emporta-t-il aussitôt.
— La reine mère n'a pu retenir sa cruauté…
— Je la reconnais bien… Contre qui ?
— Tout a commencé alors que le menuisier achevait son travail.
— Laisse-moi deviner, grommela-t-il. Elle a braillé que ce tableau-ci devait être fixé plus à droite et qu'un autre n'avait pas sa place au centre.
— Point du tout. Elle s'est réjouie du résultat et s'est dite impatiente de le partager avec le roi puisqu'ils se verront bientôt. Voici pourquoi elle tenait tant à assister à la pose. Elle ne cachait pas son impatience. *Bientôt*, oui. Ce mot l'excitait, et il éclairait son visage d'un sourire mystérieux…
— Bientôt ? reprit en écho l'architecte.
— C'est exactement après ce mot qu'elle se mordit les lèvres. Et je suis prêt à parier qu'elle regrettait cette étourderie, commise, selon moi, pour avoir oublié la présence du petit commis de Jacques Lemercier.
— Vous étiez seuls ? s'étonna celui-ci.
— Un menuisier renfrogné, un valet de sa suite qui se tenait loin et, si j'excepte votre serviteur, un gentilhomme silencieux, vers qui elle s'est tournée après avoir sottement parlé du roi et de ce rendez-vous.
— A-t-il réagi ? questionna mon vis-à-vis devenu très attentif.
— D'une manière laissant penser qu'il se trame en coulisse quelque chose de grande importance. Oui, ce rendez-vous est une confidence que ni moi ni aucun autre n'aurions dû entendre…
— Comment peux-tu l'affirmer ?
— Comprenant son erreur, la reine mère interrogea du regard cet homme secret, car elle avait l'air de s'inquiéter, maudissant sa maladresse et cherchant à mesurer ses effets.
— A-t-elle donné un nom ou un titre à ce personnage auprès duquel, affirmes-tu, elle cherchait à se rassurer ?
— Il ne fut jamais appelé et n'a pas parlé. Mais je l'ai vu poser la main sur sa bouche, enjoignant la reine mère de ne plus ajouter un mot.

Le visage de Lemercier devint grave.

— Un ordre adressé à Médicis ? s'étonna-t-il lui-même. Pour quelle raison se serait-on permis une telle audace ?

— C'est évident, triomphai-je. Le sujet est si sérieux qu'il ne devait pas être évoqué devant des tiers.

— Le fait qu'une mère rencontre son fils ? insista Lemercier qui peu à peu s'imprégnait de mon récit et en mesurait les conséquences.

— Parce que la rencontre se veut secrète, affirmai-je d'un ton sûr et vous le savez aussi. Hier, le roi et sa mère se querellaient à propos de tout et de Richelieu en particulier. Qui aurait pu parier sur leur réconciliation ? Et je vous apprends qu'ils vont se rencontrer bientôt. N'en doutez pas, ils se voient pour mettre fin à leur différend. Et qui en fera les frais ?

Le visage de Lemercier se ferma et j'étais certain qu'il partageait mon avis. Pourtant, il choisit de se dérober.

— Te voilà convaincu d'être sur le chemin d'un nouveau mystère, se moqua-t-il dans l'intention de réduire à néant mon point de vue.

— Qu'en conclurait Richelieu s'il apprenait que le roi et sa mère ne sont plus fâchés ? me renfrognai-je.

— Allons, Antoine, oublie ces élucubrations. Parle-moi plutôt de ta Marie, tenta-t-il encore de s'échapper.

— Le roi, sa mère et Richelieu ! m'emportai-je. Vous savez comme moi qu'il y en a un de trop. Si la disgrâce n'est plus de mise pour la reine mère, qui subira les effets de cette rencontre surprenante ?

— J'ai assez de soucis pour ne pas éprouver le besoin d'en inventer d'autres, se défaussa-t-il.

— Que penserez-vous de la suite quand je vous apprendrai que...

— Assez, brisa-t-il. Marie ! J'accepte volontiers de discourir sur une femme bien vivante, et non sur ces fantômes prenant la place de ceux qui te font défaut depuis que tu ne t'intéresses plus autant à ce Simon Clarentin.

— Dans ce cas, tout est dit ! m'emportai-je en lui tournant le dos.

J'allais claquer la porte, dévaler l'escalier, me jeter dans la rue, mais son bras me retint :

— Antoine ! Où vas-tu ainsi ?

— Laissez-moi. Vous me faites mal.

— Moins que le jour où les sabots de mes chevaux ont blessé cette forte tête, glissa-t-il.

Il posa la main sur mes cheveux, cherchant à m'apaiser.

— Revoir Marie t'a rendu si malheureux ? glissa-t-il en me souriant comme un père.

— Ne parlons plus jamais de ce sujet ! me débattis-je.

— Au premier regard échangé, tout est revenu, insista-t-il, sans rien changer à sa gentillesse, et tout te manque ? L'enfance, et ces jours avec Marie, quand vous vous chuchotiez vos rêves dans la bibliothèque, et ce château, et ce curé que tu as maudit... Le mauvais s'efface, il ne reste que le meilleur, mais oublies-tu déjà ce que tu as connu depuis ? Ne t'ai-je pas offert mon affection, te montrant peu à peu que je t'aimais tel un fils ? Tu es vif, enthousiaste, empli d'attentions. Ta compagnie ne me laisse point en repos, mais elle m'amuse, me surprend et me plaît. D'ailleurs, me suis-je lassé, une seule fois, de ta présence ? Voilà donc des mots qui devraient te rassurer. La vie ne t'a peut-être rien épargné, mais souviens-toi de ce qu'elle t'a offert. Regarde-moi, dit-il tendrement. Raconte-moi, comme tu le ferais à un ami, ton histoire avec Marie de Montigny...

— Mon maître... murmurai-je, tant l'émotion me submergeait.

— Ton ami, corrigea-t-il, puisque nous le sommes.

— Je me sens si misérable, si incapable...

— Fais-tu fi de mon jugement ?

— Mais, à l'instant, alors que je cherchais à vous convaincre d'une affaire capitale, vous avez rompu, prouvant ainsi que mon crédit auprès de vous était de peu d'importance.

— En clôturant cette discussion, je voulais te protéger, expira-t-il, puisque je devine le danger. Mais ton entêtement a toujours raison de mes résolutions. Oublie pour le moment le roi et sa mère, et je te promets d'y revenir. Oui, je veux t'entendre sur Marie pour être d'abord sensible à ce qui te touche ou à ce qui t'attriste.

— Je n'ai, hélas, rien à vous confier, me décidai-je, bouleversé par tant de générosité. Marie était près de moi… Pourtant, rien de ce que je me suis répété mille fois, si Dieu m'autorisait à la retrouver, n'est sorti de ma bouche.

— La surprise se mêlait à la timidité, voulut-il me rassurer. Quoi de plus humain ?

— Et que lui dirai-je demain ?

— Ainsi, tu la revois ? s'exclama-t-il. Tous les espoirs sont permis !

— Elle est mariée, m'assombris-je. Et vous oubliez son rang.

— Ton esprit est plus noble que nombre de ceux qui ont hérité de ce titre, rétorqua-t-il. Et j'ai confiance en ton adresse.

— Ne me livrez plus à de faux espoirs. Je ne sais où je dois aller…

— Une chose est acquise, soupira-t-il en se détachant de moi. Tu es un fin limier. Retrouver Marie en plein Paris ! lança-t-il gaiement.

— Il ne s'agit que du hasard. Vous le savez.

— Et surprendre la reine mère en train de manigancer dans le dos de Richelieu ? ajouta-t-il en se félicitant de son effet de surprise.

— Ainsi, vous pensez vraiment comme moi ? m'excitai-je.

— Il faut y réfléchir encore, répondit-il sobrement.

— Alors vous devez entendre ceci. Je vous parlais tout à l'heure de la cruauté de Marie de Médicis.

— En effet, m'invita-t-il à poursuivre.

— Or j'en détiens la preuve.

— Et si nous la partagions afin que j'en apprécie le poids ?

— Très bien ! Reprenons à ce moment où j'annonçais une prochaine rencontre avec le roi, et le malaise qui s'ensuivit. Puis l'incident sembla clos et, alors que je saluais pour me retirer, elle voulut me féliciter encore et je crus adroit de rétorquer que ces louanges devaient s'adresser à vous, ce à quoi la reine mère consentit.

— Mais où est la cruauté que tu m'annonçais ?

— J'y viens, claironnai-je. Je m'éloignais et, déjà, elle oubliait cet être insignifiant. Quand je l'entendis grincer méchamment en s'adressant au mystérieux gentilhomme : « Lemercier ! Ce bon architecte n'aura pas à chercher du travail quand certains dispendieux n'auront plus besoin de ses services. » J'étais trop loin pour saisir la suite. Mais, selon vous, qui de vos clients est le plus dispendieux ?

— Richelieu, lâcha sombrement son architecte.

— Lui seul peut déjouer le rapprochement du fils et de la mère qui se produira bientôt. N'est-ce pas assez pour conclure qu'il est menacé ?

Je pris soin de marquer un temps avant de conclure :

— Et que faisons-nous à présent ?

Jacques Lemercier était déjà à sa table de travail :

— J'écris à Richelieu. Dieu ! Il faut que je pèse mes mots...

— Et moi, je vous regarde ?

Il releva la tête :

— Je te réserve une autre mission, sourit-il mystérieusement.

Chapitre 30

LE LENDEMAIN, 9 novembre 1630, à la même heure que la veille, je me présentai devant la grotte du Luxembourg, ne faisant qu'exécuter à la lettre l'ordre de Jacques Lemercier. J'avais, prétendait-il, produit ma part de travail, rapporté de belles informations. La suite dépendait de sa seule personne. Et rien ne pouvait se négocier. Il me donnait quartier libre et je ne l'avais guère supplié de rester à ses côtés tant j'espérais, et redoutais à la fois, de revoir Marie.

Au cours de la nuit précédente, j'avais passé en revue toutes les émotions qu'engendre l'âme humaine, mêlant aux moments d'insomnie, des rêveries fiévreuses dans lesquelles je torturais le passé, recomposais le présent. Je murmurais aux ombres des discours déraisonnables, inventais l'espoir pour céder aussi vite au chagrin. Si bien que ces vaticinations solitaires m'avaient laissé épuisé, et je fus sur le point de renoncer quand je découvris, en tentant de me lever, que mes jambes refusaient de porter ce corps autant que son esprit. Assis, je tremblais ; debout, le sol vacillait. Par quelle drogue étais-je infesté ? Il me vint que la fièvre m'empêcherait de me rendre à ce rendez-vous. Mais, aussitôt, l'idée de renoncer me parut si atroce que l'énergie revint. J'avais peur, tout bonnement.

À présent, je me dirigeais d'un pas hésitant vers le fronton de la grotte des jardins où se dressaient glorieusement les armes de la

France et des Médicis, mêlées étroitement. Pour un esprit diablement imaginatif, ce tableau annonçait peut-être le projet d'une réconciliation entre Louis XIII et sa mère[1]. S'il se produisait, Richelieu en serait-il la victime ? Au grand jour, mes craintes s'atténuaient grandement. Avais-je par trop laissé cours à mes propres supputations, exagérant tout, comme dans le cas de Simon Clarentin ?

Ce matin, les hypothétiques déboires du Cardinal passaient au second plan. Je préférais user mes yeux à traquer la silhouette de Marie, et je ne voyais qu'une petite fille, penchée sur le bassin, et jouant à pousser l'onde de la main. Oui, il n'y avait qu'elle pour tenir compagnie aux deux allégories du Rhône et de la Seine encadrant le fronton du monument où se trouvait derrière la rue d'Enfer. Et moi, quel nom donnerais-je à ces lieux ? Les gazouillis de l'enfant firent taire mes questions, d'autant que je réalisai l'incongruité de la situation. Était-elle abandonnée ? Mais, en approchant, j'entendis la voix d'une femme qui devait se trouver derrière le fronton de la grotte. Elle fredonnait une comptine pour calmer l'enfant qui ne la voyait plus et, bien que le chant fût murmuré, je reconnus les paroles surgissant d'une époque que j'avais cru oubliée. « Tant je suis de vous en grande mélancolie, tant je suis de vous… » Mon cœur s'emballa. Marie fredonnait cet air le premier soir où j'étais entré dans les cuisines du château de Montigny. « Je suis là », ai-je murmuré. La petite fille aux cheveux blonds qui se trouvait près du bassin leva la tête pour regarder cet étranger et, bien que plus jeune, je revis le portrait de celle que j'avais connue près de quinze ans plus tôt.

— Antoine !

Marie se montra. Elle tenait à la main une courte branche de bois mort qu'elle donna gentiment à l'enfant.

— Ma fille… Hélène, dit-elle doucement.

Hélène, en entendant son prénom, tendit les bras vers sa maman et réclama un baiser.

---

[1]. Aujourd'hui, la fontaine Médicis est un élément décoratif du jardin du Luxembourg. Marie de Médicis commanda cet ouvrage qui, après plusieurs transformations, occupe sa nouvelle place depuis le XIXe siècle.

— Hélène, je te présente Antoine, un très, très vieil ami...

Et l'enfant sourit en montrant du doigt cet homme de vingt ans. Désormais, nous étions trois au monde, Hélène, Marie et moi. La petite s'inventait une histoire avec le morceau de bois que sa mère avait déniché et le jetait pour cela de toutes ses forces dans l'eau, espérant ainsi lui faire gagner le milieu du bassin. Le bâton allait tranquillement sur son aire et quand il menaçait de ne plus avancer, la brise légère l'obligeait à virer de bord ramenant un vaisseau chargé d'aventures enfantines dont sa jeune navigatrice faisait ses babillages. Marie et moi étions assis sur le bord de la fontaine. Nous la regardions s'occuper sagement, captivée par son petit monde, et ne s'en détournant que si sa maman parlait d'elle :

— Hélène aura bientôt deux ans.

Je fis le calcul à l'envers et Marie s'en doutait.

— Je me suis mariée quelques mois après ton... départ.

Avec un hobereau, grognai-je intérieurement, fils d'un misérable qui avait traité cette union en échange d'un peu d'or que l'odieux baron de Montigny désirait investir en Nouvelle-France.

— Mais j'ai refusé ce que voulait m'imposer mon père, poursuivit-elle, devinant mes pensées.

Elle grimaça sans parvenir à enlaidir les traits de son visage :

— Le parti que je lui proposais était plus fortuné et, si ce n'était pas ce que je désirais, il me convenait mieux.

Allais-je savoir ce qu'elle avait souhaité vraiment ? Elle plongea ses yeux dans les miens :

— J'eus le sentiment de sauver mon honneur. On ne m'achetait pas, puisqu'il n'y avait aucun troc... Et j'avais donné mon consentement.

Ce choix était-il vraiment celui de l'amour ? Hier, elle s'annonçait heureuse, mais avouait dans le même temps ne pas savoir si elle éprouvait le bonheur. La question me brûlait les lèvres, mais j'ai renoncé.

— Quel nom portes-tu ? ne sus-je que demander.

— Marie de Balençay, marquise de Puychâteau.

Elle me tendit la main en éclatant de rire et, entrant dans son jeu, j'effleurai sa paume.

— Antoine Petitbois, second de l'architecte Jacques Lemercier, fis-je en ôtant mon chapeau et en saluant très bas.

— Antoine, comment en es-tu arrivé là ? s'enquit-elle.

— Le destin, Marie. Celui qui me condamnait jusqu'à… tomber sur ce saint homme. Il m'a pris en affection, enseigné un métier quand j'étais condamné à l'errance. Le reste est sans intérêt. Et toi, que fais-tu à Paris ?

— Mon époux s'active aux affaires. Il pourrait décider de quitter la province du Perche où nous sommes installés, s'il obtient gain de cause. Il est riche et cela ne lui suffit pas. Il veut faire carrière, rêve d'être influent. Alors, souffla-t-elle comme si tout cela l'ennuyait, il flatte ses relations…

— La Cour ? demandai-je par politesse, car l'ambition de ce marquis ne m'intéressait nullement.

— Plus haut ! répondit-elle en riant aux éclats. La reine mère. Voici pourquoi je me trouvais, hier, dans ces jardins pendant que Philippe… le marquis de Puychâteau rencontrait Marie de Médicis. Et, aujourd'hui, le voilà de nouveau avec elle, pour je ne sais quelle cause très importante…

Le tonnerre me frappa et je ne pus cacher mon trouble.

— Ah ! m'exclamai-je. Tu m'annonces qu'il est ici ?

— Oui. D'ailleurs, il ne devrait pas tarder.

Je tournai sur les talons. Rien à l'horizon.

— Pourquoi sembles-tu inquiet, Antoine ?

— Oublies-tu que je suis le manant qui a mis le feu au château de ton père et qui a fui sa correction ?

— Rien de très méchant, au final, et l'histoire est ancienne, tenta-t-elle de m'assagir. De plus, Philippe n'a guère d'estime pour mon père.

— Cette qualité n'ôte rien à mon passé, soufflai-je. Aussi, je crains de tomber sur lui et de…

— Allons ! me coupa-t-elle en riant de bon cœur. Serais-tu toujours aussi craintif ?

— Simplement prudent, bougonnai-je. Mais j'ai appris à me méfier depuis la trahison de ce maudit curé qui m'a obligé à fuir sans me donner le temps de te revoir.

La marquise de Puychâteau me prit aimablement la main :

— Ce ne fut pas nécessaire pour que je te comprenne. Ce curé a tant fait pour que je te déteste, te traitant de voleur, d'incendiaire, de criminel, que j'ai saisi sa manœuvre.

Elle soupira et son regard devint triste :

— Mais avions-nous d'autres choix ?

Marie était résolue. Notre histoire appartenait au passé. Comment pouvait-il en être autrement quand je voyais sa petite fille, nichée dans ses jupes ? Nous restâmes ainsi un long moment, chacun refaisant le chemin de nos vies d'enfant. Les jours, les saisons défilaient, et les regrets aussi. Mon regard s'échappa vers la rue d'Enfer. La chrysalide ne retournant jamais à sa vie antérieure, il était devenu impossible de caresser de nouveau les largesses du paradis dont Marie de Montigny m'avait entrouvert les portes. Comme le papillon échappé de sa nymphe, et que rien ne pouvait ramener à son état d'avant, je redécouvrais cruellement ce que j'avais perdu en fuyant, et combien la promesse de son monde m'était à présent étrangère. Par son silence, elle me faisait également comprendre qu'un acte définitif s'était joué, et que notre rencontre dans ce jardin ne servait qu'à nous enseigner qu'une pièce s'achevait, que le rideau tombait, que nous avions changé de décors, et que ce tout refuserait à présent d'aller de concert. Eût-il mieux valu que nous ne nous revoyions pas ? Marie montrait sa fatigue. Sa nuit avait-elle été également agitée ? Maintenant, la réalité éclatait, mettant fin aux élucubrations puériles. Oui, je crois que nous y pensâmes pareillement ce jour-là, et ce fut, peut-être, la seule entente que réussirent à conjuguer deux êtres soudain étrangers.

— Te plais-tu à Paris ? demandai-je pour dénouer notre embarras.

Elle soupira, montrant que cette existence-ci ne lui convenait pas.

— Je ne sais même pas si nous nous y installerons.

— Mais, à l'instant, tu parlais de ton mari, annonçant qu'il cherchait à se rapprocher de la Couronne ?

Son visage se durcit :

— Rien n'est fait. Philippe espère beaucoup d'une rencontre capitale qui, me dit-il, doit se tenir *bientôt*.

— Quand ? glissai-je d'une voix blanche sans la regarder.

— Demain, je crois. Ainsi, affirme-t-il, nous serons fixés lundi.

Hélène, la petite fille de Marie, se fit entendre. Elle roucoulait dans sa langue et se mit soudain à pousser des cris de joie en montrant au loin la silhouette d'un homme se dirigeant vers nous à grands pas.

— Philippe ! lança gaiement Marie, car elle s'en trouvait comme soulagée.

— Je me retire, glissai-je en tentant de détailler le personnage qui ne se montrait pas encore vraiment.

— Tu ne veux pas l'attendre ? demanda-t-elle par politesse.

— Oublies-tu Montigny ? mentis-je.

— Prends soin de toi, Antoine, conclut-elle sans insister puisqu'elle ne le désirait point.

— Si tu en éprouves le besoin, écris-moi chez Jacques Lemercier, répondis-je de mon côté. Et que Dieu veille sur toi et sur Hélène, soufflai-je à voix basse en jetant un dernier regard sur le marquis de Puychâteau.

Je filai par la rue d'Enfer sans croiser l'époux. M'avait-il aperçu ? La réponse avait son importance, car j'avais, pour ma part, reconnu le gentilhomme qui, la veille, au palais du Luxembourg, se tenait près de la reine mère, quand elle parlait de rencontrer bientôt le roi.

Ainsi, de cette triste matinée, je retenais que ce bientôt décidant de l'avenir de Philippe de Balençay, de Marie de Médicis, de Louis XIII – et, peut-être, de celui de Richelieu –, se confondait avec demain, dimanche 10 novembre 1630. En cela, je rapportais de la mission singulière que l'on m'avait confiée une nouvelle peu ordinaire – et fort inattendue pour mon maître l'architecte…

Chapitre 31

— **P**AS UN MOT !
C'était un ordre, et la ruche bourdonnante de l'atelier obtempéra sur-le-champ. Les plumes se levèrent, les visages se figèrent et, dans un moment de silence aussi rare qu'appréciable, le petit monde de l'atelier se tourna vers Jacques Lemercier, l'auteur d'une injonction dont la sévérité surprenait.

— Reprenez votre travail ! lança-t-il à ceux qui s'étonnaient d'une méthode autoritaire et inaccoutumée.

Que cachait donc cette nervosité ?

— Toi ! Suis-moi, ajouta-t-il pareillement à mon intention.

Sans plus d'explications, il me saisit par le bras et me poussa vers la porte que je venais pourtant de franchir. Aussi vite, nous descendîmes l'escalier, puis débouchâmes dans la rue qu'il inspecta d'un regard circulaire et de conspirateur.

— Le mieux serait de se rendre à la Pomme-de-pin, grogna-t-il enfin dans sa barbe. Mais il faut courir jusqu'à la Madeleine et nous n'en avons guère le temps...

La Pomme-de-pin était une fameuse taverne de Paris, connue pour ses fréquentations littéraires, sa paillardise et sa bonne humeur, chantées dès le Moyen Âge par le poète Villon. Les lieux se prêtaient aux ripailles, à l'amour, aux joutes oratoires, aux duels, aux jeux de dés et de cartes. En somme, à toutes sortes de trafic que le roi interdisait et, pour tout avouer, je n'imaginais pas l'architecte plastronnant dans ces lieux de perdition.

— Il reste les Fainéants, ajouta-t-il, évoquant une taverne située non loin de sa demeure, mais dont la réputation était épouvantable.

— Connais-tu ? me demanda-t-il d'un air soupçonneux.
— Non, soutins-je en mentant effrontément.
— Eh bien ! Tentons l'aventure, soupira-t-il. Ce que j'ai à te dire ne souffre pas d'être entendu dans mon atelier. Trop d'oreilles, jeta-t-il. Et je me méfie de toutes…

Jusqu'au seuil des Fainéants, Jacques Lemercier resta silencieux, marchant alertement. Mais, en poussant la porte de la taverne, il fut saisi d'un haut-le-cœur qui, un instant, le fit reculer.
— D'où vient ce fumet étrange ? s'étonna-t-il, alors qu'il se décidait à franchir le seuil, yeux plissés pour sonder la pénombre régnant sur les lieux.
La salle était infectée par toutes sortes d'odeurs nauséabondes où le graillon se mêlait à la sueur. Dans l'air visqueux, flottait une poussière épaisse, soulevée par les pieds des chalands foulant le sol en terre battue. Mais, on étouffait surtout à cause de la chaleur dégagée par une rôtisserie encrassée de suie où cuisaient dans un jus peu ragoûtant des poules d'Inde et des paons maigrelets[1]. Les lieux étaient assaillis par les marauds et les charlatans auxquels se joignaient une poignée de mercenaires assoiffés de vin, prêts à en découdre au moindre regard de travers. Sur le côté gauche, on trouvait des joueurs de cartes et de dés, jurant, crachant sur le sol pour conjurer le sort. L'un d'eux hurla soudain qu'il misait sa bourse. Il se leva en titubant et jeta ses pièces qui roulèrent sur la table avant de tomber. Il y eut une bousculade. Mais, alors que certains songeaient à se baisser pour s'emparer de ce trésor, un hardi porta la main à la ceinture pour s'emparer d'un couteau à la lame aiguisée. On se jugeait. On allait se battre.
— Tout doux ! vociféra une voix féroce. Assis ! J'ai dit : assis !
Un géant borgne s'avança vers la scène, brandissant une massue énorme taillée dans du chêne qu'il souleva d'une main sans la moindre difficulté avant de la faire retomber d'un coup violent au

---
1. La poule d'Inde est notre dinde ou notre dindon.

nez des joueurs. La table gémit mais survécut à ce traitement familier. Aussitôt, la paix revint – du moins, provisoirement.

— Ne vous inquiétez pas, soufflai-je à l'architecte. Il s'agit du sieur Ménard. C'est le propriétaire...

Lemercier, pétrifié, cligna des yeux et se tourna vers moi :

— Comment le connais-tu ? murmura-t-il.

Mais, avant que je produise un nouveau mensonge, Ménard décida de nous rejoindre.

— Antoine, grogna-t-il. Que deviens-tu ? On ne te voit plus depuis que tu as gagné une somme rondelette au trictrac[1] !

— J'ai décidé de ne plus jouer, répondis-je misérablement en jetant un regard sur Lemercier qui semblait me redécouvrir.

Ménard, devinant mon malaise, n'en ajouta pas plus.

— Pouvez-vous nous trouver une table tranquille ? lui demandai-je.

— Celle-là fera l'affaire, se manifesta sèchement Lemercier.

— Non, grommela Ménard en écarquillant son œil mort et vitreux. Elle est prise.

Les tabourets étaient pourtant inoccupés.

— Et ici ? reprit l'architecte d'une voix moins assurée.

— Si vous voulez, rétorqua l'aubergiste en forçant son amabilité. Je la réserve à ceux qui viennent chercher l'amour. Mes servantes – ah ! que de très jolies filles – sont à l'étage, mais elles descendront bientôt, jubila-t-il, tandis qu'un air salace brillait dans sa pupille valide.

— Allons près de la rôtisserie, intervins-je en poussant un Jacques Lemercier désemparé et dépassé, nous y serons au calme. Portez-nous de l'excellent vin, ajoutai-je pour amadouer notre hôte. S'il vous plaît, pas de la piquette mélangée à de l'eau tiède.

— Si vous payez les taxes, claironna le tenancier, j'ai le meilleur de Paris. Je l'achète à Saint-Cloud, au cabaret de la Duryer fréquenté par nos seigneurs. C'est celui que boit Gaston d'Orléans, le propre frère du roi. Installez-vous. Je vais à la cave et je reviens...

---

1. Jeu de dames et de dés qui se rapproche du jacquet.

— Eh bien ! Laissons-nous faire, soupira Lemercier en s'asseyant.

— Vous y laisserez une fortune, glissai-je. Ce vin est le plus cher de Paris. On n'en boit qu'à l'extérieur de la ville pour échapper à l'impôt.

— Ce que j'ai à te dire mérite bien un extra, proféra-t-il d'une voix d'outre-tombe.

Ménard, le tavernier, sentant la proie facile, avait d'autorité porté sur la table une marmite collante et graisseuse dans laquelle mijotait un assortiment incertain de viande bouillie et de racines.

— Grattez les bords, nous conseilla-t-il. Comme ceci, ajouta-t-il en plongeant une main crasseuse dans le récipient. Les meilleurs morceaux s'y collent avec les oignons et les carottes.

Il acheva sa leçon en fourrant ses doigts dans la bouche. Si fait, il ôta de la même poigne le chiffon noué autour du col qui fermait le flacon de vin et vida le liquide dans le bol douteux de Lemercier.

— Goûtez, commanda-t-il.

Le pauvre s'exécuta prudemment et déglutit en fronçant le front tant le nectar devait être aigre.

— Alors, comment est-il, ce vin ? Vous ai-je menti !

La question exigeait une réponse enthousiaste :

— Excellent, assura l'architecte en parfait diplomate.

— Alors, buvez sans compter. Il m'en reste un tonneau. Et tenez ! Je vous apporte un beau ramoneur de gosier. J'ai reçu ces jours-ci de bons poissons de la Manche et de la charcuterie à peine salée. Vous m'en direz des nouvelles…

Moyennant la commande, que Lemercier eut la sagesse d'accepter d'un geste du menton, on nous laissa en paix. Aussitôt, l'architecte reposa son bol, se frotta vigoureusement la bouche pour ôter le goût de vinaigre et se pencha vers moi :

— Palsambleu, je crois bien que tu avais raison, Antoine. Richelieu est menacé…

Jacques Lemercier fit un rapide tour d'horizon pour s'assurer que personne n'écoutait, mais, aux Fainéants, la discrétion avait force de loi.

— Ainsi… reprit-il, plus agité qu'un lion en cage.

— Que direz-vous, le coupai-je, quand je vous apprendrai que…

— Plus tard, intervint-il à son tour à voix basse. À l'instant, je quitte Richelieu qui m'a fait convoquer après avoir lu ma mise en garde, et tout corrobore, tout se confirme. Ses espions l'ont également informé d'un complot ourdi contre sa personne. Hélas, personne n'en connaît la date !

— Je peux vous assurer que, de mon côté…

— Tais-toi, Antoine ! Ce que je sais est plus grave que tout. Nous devons faire face à une manœuvre qui cherche à abattre le meilleur des hommes. Une alliance contre-nature nourrie par l'orgueil de Médicis qui cherche à convaincre son fils, Louis XIII, d'éliminer le Cardinal au motif que ce dernier veut conclure un accord avec les protestants d'Allemagne. Ainsi, les ennemis irréductibles d'hier vont se réconcilier pour l'occasion, et pour le pire. Leur proie est désignée. Le Cardinal fera bientôt le gras de leur banquet.

Ménard choisit ce moment pour s'annoncer :

— Le rôti n'est pas fin prêt. J'apporte une bonne soupe grasse pour vous faire patienter et deux belles portions de salmigondins [1].

— C'est parfait, bredouilla Lemercier qui aurait tout avalé pour ne plus être dérangé.

— Que voulez-vous pour la desserte ? insista l'aubergiste, devinant que le faisan du jour ne se trouvait pas en cuisine, mais à cette table… Du fromage ou des fruits de gâteau ?

— Un peu de chaque, répondit l'architecte sans le regarder.

— C'est vous qui décidez, osa lui répondre Ménard en tournant les talons.

— À mon tour, entendez-moi, débutai-je après m'être assuré que Ménard œuvrait en cuisine sur ce repas rabelaisien. Je sais…

— Mais après l'avoir occis, continua Lemercier sans m'écouter, le roi et sa mère s'empoisonneront à leur tour. Oui, Richelieu passé

---

1. Mélange de viandes salées…

de vie à trépas, ils se déchireront. Et qui fera les frais de ce bain de sang, digne des pires diableries de Lucrèce Borgia[1] ? La couronne de France, soumise à l'appétit des seigneurs féodaux dont rien ne pourra juguler la folie arbitraire.

Il saisit une cuillère posée sur la table et la brandit devant lui :

— Un coup à gauche, un coup à droite ! Guerres intestines entre les clans ! Au total, chaos et misère ! s'emporta-t-il, scandant chacune de ses sorties d'un geste vif.

Par bonheur, l'exercice l'épuisa très vite et le découragement mit fin à ses prouesses. Alors, il s'approcha de moi, le sourcil menaçant :

— C'est une cabale, continua-t-il en affichant un air menaçant, et Richelieu ne l'ignore pas. En veux-tu la preuve ? Hier soir, Monsieur[2] est passé devant le Cardinal sans même lui adresser un regard ou un salut de la tête. Devines-tu les chuchoteries d'une Cour avide de symboles ? C'est la répudiation. Au mieux, l'exil, peut-être la mort, car voilà un signe qui n'a trompé personne. L'indécision de Gaston d'Orléans n'a pu être battue en brèche que par l'assurance du roi et de sa mère. Les jours du Cardinal sont comptés.

Il secoua la tête et se tassa dans son siège :

— Mais quand ! Quand ? gémit-il plusieurs fois. Ah ! Je donnerais ce bras, s'engagea-t-il imprudemment en dressant celui qui tenait encore la cuillère, pour qu'on me livre la réponse...

— Bientôt... parvins-je enfin à glisser.

— Ne plaisante pas, Antoine, bougonna-t-il.

— Bientôt, c'est-à-dire, demain, ajoutai-je calmement. Dimanche, si vous préférez. Oui, le 10 novembre. Voilà ce que j'ai appris aujourd'hui.

Son regard hésita un instant entre la perplexité et la stupéfaction :

---

1. Cette très jolie femme romaine vécut à cheval sur le XVe et le XVIe siècle. Mêlée aux arcanes du pouvoir, elle fut accusée de tous les maux dont celui d'empoisonneuse, mais cette légende est aujourd'hui partiellement remise en cause.

2. Gaston d'Orléans, le frère du roi. Monsieur étant le « titre » que porta également, mais plus tard, le frère de Louis XIV.

— Où étais-tu ? finit-il par me demander.
— Au Luxembourg…
— Ah, oui, Marie, soupira-il, n'accordant aucun intérêt à ce sujet.
— Il y avait également son époux.
— Très bien, très bien… La voici donc mariée, fit-il distraitement.
— À Balençay, marquis de Puychâteau. Le connaissez-vous ?
— Aucunement et, pardonne-moi, mais je n'ai guère envie de tendre l'oreille à tes mondanités.
— C'est un des comploteurs, plaçai-je soudainement.

D'un coup, l'excitation revint :

— Comment le sais-tu ?
— J'ai évoqué un homme qui, hier, au Luxembourg, se trouvait aux côtés de Marie de Médicis et lui intimait l'ordre de se taire.
— Bien, bien… Et pourquoi m'en reparles-tu ?
— Il s'agit du mari de Marie de Montigny. C'est lui. C'est le même. C'est notre comploteur…
— Palsambleu ! jura Lemercier. La Providence nous met enfin sur une piste. C'est un miracle… Bravo, Antoine. Bravo !

Il s'interrompit un instant :

— Tu en es absolument certain ? se prit-il à douter.
— Sur ma vie, je le jure, répondis-je. Mais, attendez la suite. J'ai aussi appris de l'innocente Marie que, demain, une rencontre cruciale se tiendrait au palais de la reine mère. Son mari y sera. Qui d'autre ? Le roi, si je me souviens des mots maladroits de Médicis. Il ne m'en faut pas plus pour en déduire que nous venons de déchiffrer le rébus qui se cachait derrière l'adverbe *bientôt*.

L'architecte se leva d'un bond :

— Je cours rejoindre Richelieu ! hurla-t-il, oubliant où nous nous trouvions.

Les joueurs tournèrent le regard dans notre direction. Richelieu… Ce nom n'avait rien de bon à être entendu ici. Un silence de plomb plana sur les lieux. On dévisageait l'inconnu. On estimait le gibier.

❦

Par chance, Ménard choisit ce moment pour nous retrouver.

— Vous n'avez pas touché à ma saulgrenée, s'inquiéta-t-il.

— Je n'apprécie guère les fèves, répondit Lemercier sans méfiance.

— Je peux comprendre, consentit l'aubergiste. En échange, je vous prépare une carbonnade de viande grillée et j'ajoute, à mes frais, un solide morceau de parodelle [1] et quelques poignées de boutargues que je gardais au frais depuis deux mois pour une grande occasion [2]…

— Dites-moi surtout ce que je vous dois et comptez large, lança son prestigieux visiteur en posant sur la table une bourse bien trop pleine.

Ménard écarquilla son œil valide. Payer avant d'avoir consommé ? Ce gentilhomme, dut-il penser, avait de drôles d'usages. Mais si l'affaire était bonne… Et il s'en retourna aux cuisines, marmonnant entre ses dents et comptant sur ses doigts le prix de sa généreuse hospitalité.

Jacques Lemercier se levait déjà.

— Attendez, soufflai-je à voix basse en le saisissant au bras.

— Quoi ? Qu'y a-t-il ? s'agaça-t-il.

— Méfions-nous de tout, même de son entourage. Cette information est essentielle, mais nous n'en avons guère d'autres. Or, je propose de ne pas gâcher cette maigre cartouche. Et même de la faire fructifier…

— Quelle est ton idée ?

— Je la livrerai en échange d'une promesse que je veux obtenir de la bouche même de Richelieu, annonçai-je avec autorité.

L'architecte m'observa, puis ses yeux glissèrent jusqu'à ce bras que je refusais de lâcher. Pourquoi étais-je soudainement si décidé ?

— Diable ! Antoine, que t'arrive-t-il ? Tu y vas fort, bredouilla-t-il, mais parle et je verrai…

---

1. Gâteau au fromage.
2. Œufs de mulets fumés et séchés.

— Quel que soit le sort qui nous attend et si, d'aventure, le Cardinal tire son épingle du jeu, j'exige que le marquis de Puychâteau, son épouse, Marie de Balençay, et leur fille Hélène aient la vie sauve.

Je lui rendis enfin sa liberté :

— Et vous devez m'assurer que j'obtiendrai gain de cause.

Chapitre 32

— PLUS VITE !
Jacques Lemercier tapait du poing sur le plafond de son carrosse, poussant le cocher à forcer l'allure. Ainsi, les attaques contre Richelieu allaient porter leurs fruits. Dans quelle mesure l'échec de la Nouvelle-France y tenait-il sa place ? Dans cette course, je ne songeais plus guère à Québec, à Samuel de Champlain, à ses frères d'aventure, moins encore au chapelier Clarentin. Mais comment deviner que, fonçant à tombeau ouvert dans cet entrelacs tortueux et extravagant de ruelles étroites, j'approchais du mystère qui cernait la Compagnie des Cent-Associés ?

Malgré une nuit d'encre qui obligeait notre cicérone acrobate à prendre tous les risques, y compris celui de nous renverser, nous courions rejoindre Richelieu, les bras chargés de papiers et de notes qui nous seraient fort utiles pour expliquer le plan audacieux, et tout aussi risqué, que j'avais proposé.

— C'est un suicide, grondait l'architecte, quand il ne réclamait pas le triple galop. On le jette dans la gueule du loup. Il ne peut s'en sortir.

— Avez-vous une meilleure idée ? bredouillai-je en m'accrochant à la portière.

Il se renfrogna. Non, il n'avait pas mieux et, sur ce fondement très fragile, nous allions, à hue et à dia dans Paris, portés par les cris du pilote qui excitait les chevaux pour forcer le passage, hurlant après eux, et tirant sur les rênes dès qu'il leur venait une hésitation sur le chemin à prendre, et claquant le fouet pour briser leur peur

– ou attiser leur ardeur. Un volet s'ouvrit au passage. L'alezan, un foudre de guerre qui menait le train, rua et mordit son *alter ego* parce que ce dernier avait relevé la tête, cédant un instant à l'épuisement. La punition suffit pour que, d'un coup de rein, ils se remettent à l'unisson, galopant à nouveau du même pied et reprenant la course folle qui torturait notre piètre habitacle. La machinerie gémissait sa souffrance comme la carcasse du navire piégé par la tempête, mais l'ordre était d'avancer et rien d'autre ne comptait. Par la fenêtre située à l'avant, j'apercevais le corps puissant des équidés, des forçats, des titans couverts de sueur et de bave, prêts à rompre leur harnachement pour aller, sans savoir, jusqu'au bout de leur force. Les éclats projetés par les fers de leurs huit sabots brisaient en mille miettes l'empierrement de la chaussée. Une myriade d'étincelles éclairait la route, évoquant les fanaux d'êtres diaboliques chargés de nous attirer vers les portes de l'enfer. Vers quoi nous dirigions-nous vraiment ?

Cette question en éveillait beaucoup d'autres, comme la peur de m'être trompé car j'avais soumis à Lemercier *mon idée* – de fait, un plan aux contours imprécis dont les chances de succès étaient infinitésimales. Ainsi, je proposais, à ma façon, de ne pas fuir la cabale et ses dangers, mais de les affronter. En somme, de voguer vers Scylla. À cela s'ajoutait la gageure d'avoir cru sur parole mon protecteur. Lemercier promettait d'intercéder en faveur de Marie. Mais, dans le cas incertain où Richelieu triompherait, serait-il prêt à épargner le marquis de Puychâteau et son clan ? Un simple commis avait donc l'inconscience de vouloir infléchir le caractère d'un homme intraitable, sachant que son courroux se mesurerait, en cas de réussite, à l'aune d'un parcours qui était sans compromis pour les autres. À défaut de s'en prendre à la reine mère, il se vengerait sur le factotum qui était à sa solde. Prison, décapitation, tels étaient les remèdes, même pour les nobles. François de Montmorency avait fait les frais de son dédain pour le Cardinal. Pendu pour un duel ! Qu'en serait-il pour Puychâteau si l'on démontrait qu'il avait trempé dans une affaire visant à se débarrasser du Cardinal ? La hache saignant le cou du comte de Chalais ne laissait aucun espoir aux ennemis du Cardinal. Oui, il y avait de quoi douter de mon projet dont la part la plus improbable restait *l'idée* que j'avais imaginée. Dangereuse, aventureuse et « suicidaire », si j'écoutais l'architecte. Pourtant, nous nous y précipitions, téméraires et fatalistes, laissant au Destin le choix de décider du triomphe ou de la défaite.

J'errais dans cet état indécis, ballotté également entre la volonté de soutenir Richelieu – et mon sauveur, Jacques Lemercier –, et le sentiment coupable de briser la dernière belle image de mon enfance. En me servant de l'innocente Marie, en usant de ses paroles sans son consentement, je trahissais sa confiance. Mais pouvais-je cacher ce que j'avais compris d'elle, autant que de Marie de Médicis ? Devais-je taire ce qui m'apparaissait comme une vérité terrible – demain, la reine mère revoyait son fils et de toutes les civilités qu'ils s'échangeraient émergerait *bientôt* le nom de Richelieu, proie d'une femme décidée à se venger ? Fallait-il en effet garder pour moi cette découverte cruciale, la cacher à Jacques Lemercier et, dans ce cas, tromper celui qui était venu au secours de l'orphelin ? Ainsi, je défendais ma décision, du moins, je cherchais à me convaincre de sa justesse, au nom de l'affection et de la reconnaissance. De sorte que, je m'apprêtais à assassiner le souvenir de la chrysalide. Et, ce jour-là, le 9 novembre 1630, affrontant ce que Pierre Corneille inventerait quelques années plus tard pour *Le Cid*, je compris le sens de l'utopie dans un monde ni vertueux ni idéal. Je devais trancher un nœud, d'une façon ou d'une autre, sachant qu'aucune voie n'était parfaite, ou simplement juste, mais que toutes seraient misérablement humaines.

Dans ce que le philosophe appelle un dilemme, mûrissait encore une autre forme pernicieuse de la culpabilité. Avais-je agi sous le coup de la jalousie ? Étais-je animé par le désir détestable de vouloir me venger ou de nuire à l'époux de Marie ? Ce sentiment m'avait rongé alors que je revenais à l'atelier, réfléchissant sur le choix d'un camp qui deviendrait irrémédiable. Parler ou se taire ? Je revoyais le sourire de la petite Hélène à qui je ne voulais aucun mal. Je ne pouvais donc souhaiter le malheur pour son père et sa mère. C'était le vœu immanent d'un orphelin qui avait connu la souffrance et le poids de la solitude. Aussi, je prends Dieu à témoin puisqu'Il sait plus que nul autre. Jamais je ne fus esclave de la haine ou de la rancœur qui aurait abaissé mes actes au rang de péché mortel. Mentir aujourd'hui, alors que tout est accompli depuis longtemps, ne servirait qu'à déclencher l'ire du Créateur qui me fit à l'image de Son fils. Aux derniers jours de ma vie, je n'ai ni l'audace ni l'envie d'inventer. Je n'y gagnerais rien ; et j'y perdrais tout. Aussi, en poussant la porte de l'atelier, j'avais tranché le nœud dans le vif et pris ma décision, espérant naïvement gagner sur tous les tableaux. Si nous échouions dans notre entreprise, Marie serait *ipso facto* sauvée. Et si nous réussissions à briser le complot, je négocierais alors le prix d'un coup de génie contre le sauf-conduit du jeune marquis et de son épouse, Marie de Montigny.

Voilà pourquoi j'allais rencontrer Richelieu.

Je m'étais imaginé que nous nous rendions au Louvre, ce palais qui m'avait fermé ses portes, le soir même de mon arrivée dans Paris. Et j'allais y pénétrer par la voie officielle, soumettant les gardes au mot magique de Richelieu. Mais, partis en coup de vent de l'église Saint-Germain, nous avions rejoint le quai et traversé la Seine, pour la quitter sitôt, filant alors vers l'est de Paris. Un parcours tortueux et inédit, une étrangeté qui me fit adresser un regard inquiet et questionneur à mon compagnon.

— Ah, Dieu, quel fracas ! rugit-il. Je crains que nous n'arrivions pas entiers à la Bastille…

Ce nom, synonyme des pires atrocités, me fit déglutir.

Jacques Lemercier trouva alors la force de sourire :

— Est-ce le prix à payer pour entrer dans le labyrinthe du pouvoir ?

— Richelieu n'est donc pas au Louvre ? demandai-je en cherchant à dissimuler mon appréhension.

— Moins encore dans son hôtel particulier, gloussa-t-il, ravi de me prouver ô combien il partageait les secrets de son Éminence.

— Sauf votre respect, puis-je savoir si nous courons à notre perte ? ajoutai-je timidement, sans lui cacher que je m'inquiétais.

Il resta muet, surveillant la route. Il jouait à me faire peur et s'en amusait.

— J'insiste pour obtenir plus de détails, me tendis-je.

— Rassure-toi, finit-il par avouer, nous n'entrerons pas à la Bastille. Du moins, pas cette nuit. Mais, demain, souffla-t-il, nous apprendrons si ce porte-respect[1] servira de nouveau logis à deux esprits intrépides. Ah ! Nous y sommes…

Le carrosse entrait sur la place de la Bastille. De l'autre côté, les lourdes tours de la prison royale montaient à l'assaut de la lune. Les lieux étaient désertés. Peu d'hommes honnêtes les fréquentaient par peur d'être avalés dans cet antre cerné de murs lugubres. Deux corbeaux, dérangés dans leur dépiautage d'immondices putrides, s'envolèrent lourdement en poussant leur cri aigu et vinrent se poser sur une branche squelettique de l'un des rares arbres qui poussait ici vaille que vaille. Leurs croassements meublaient seuls la nuit macabre. Là-bas, pas un flambeau ne brillait aux meurtrières de la forteresse qui, elle, flottait tel un vaisseau fantôme, entre nuage et ciel, isolée de la ville, écartée de la vie, marquant la frontière entre la vie et la mort, la liberté et le joug.

— Halte !

Le cri me fit sursauter. Lemercier hurlait son ordre au cocher. On tira sur les rênes et sur le frein pour briser l'élan des quatre colosses. La machine s'arrêta dans un ultime grincement, libérant le bruit étourdissant du silence. Tout était calme. Paris dormait.

— Allons-y !

L'architecte sautait déjà à pieds joints sur le sol, témoignant d'une vigueur nouvelle. C'était imprévu, surprenant. Je ne le reconnaissais plus. Lui, d'habitude si prudent, marchait fièrement en tête

---

1. Cette façon de désigner une prison illustre les privilèges (féodaux, ecclésiastiques et royaux, avant de devenir impériaux, puis républicains) qui y sont… attachés.

et à si grands pas qu'il m'était impossible de lui rappeler sa promesse de soutenir Marie et les siens. La chasse commençait et il semblait apprécier ce moment et ses dangers, y puisant une sorte de seconde jeunesse. Il jetait des regards à la ronde, à la manière de l'espion, et, d'un geste impatient, m'ordonna de le suivre en forçant la cadence. J'avoue qu'il me vint l'idée que l'architecte n'en était pas à sa première aventure...

Moi, je n'en menais pas large quand il se présenta à la porte d'une maison plus étroite que haute et d'allure modeste. Banale me vient sous la plume ; de ces bâtisses discrètes dont on ne découvre l'existence qu'après être passé cent fois devant. Mais alors que je tentais de me faire une idée de sa façade, la nuit n'aidant pas l'affaire, mon compère frappa trois coups espacés en se servant d'une poignée en bronze fichée dans la porte. Rien. Il recommença la manœuvre et l'on ouvrit enfin, lentement, usant d'une prudence inquiétante. Une ombre se découpa dans l'ouverture et je vis un religieux vêtu à la manière d'un moine dont les traits étaient cachés sous un épais capuchon. L'inconnu leva sa torche pour observer le visage des visiteurs. L'examen de l'architecte fut rapide. Le mien, en revanche, se prolongea. Toujours silencieux, l'ecclésiastique s'attardait sur mon cas afin d'entrer chaque détail dans sa cervelle. Il jeta encore un œil sur les plans et les papiers que nous tenions en main et jugeant que nous avions réussi l'épreuve, s'effaça, indiquant ainsi que nous pouvions entrer. Mais alors que Lemercier engageait un pas, il barra brusquement le passage de sa torche.

— Avant de pénétrer, glissa-t-il d'une voix sourde, ordonnez à ce cocher de ne pas rester ici. On ne voit que lui. Qu'il s'en aille...

— Antoine ! fit claquer un Lemercier transfiguré. Charge-toi de la besogne.

Chapitre 33

JE COURUS au carrosse donner l'ordre et revins à la même allure de peur de trouver porte close. Un mince interstice me rendit espoir et je pris mon courage à deux mains pour entrer prudemment, progressant à tâtons, adossé au mur, car le couloir était plongé dans le noir. Vingt pas devant, la flamme falote de notre guide mystérieux me servait de fanal. J'avançais et elle reculait. Je tâtonnais, trébuchais tel l'aveugle. Soudain, le moine se retourna et brandit le flambeau, éclairant le passage. C'était propre, sans fioritures, dépouillé à l'extrême. Mais, en levant le nez, je vis, peint sur les murs, les scènes du chemin de croix du Christ. Plus loin, dans une niche incrustée dans la pierre, trônait la reproduction de saint Antoine. La statue était de toute beauté et, dans la pénombre, elle me sembla vivante, d'autant que je crus entendre le murmure d'une prière chuchotée derrière une porte close et massive. Un frisson me fit hérisser les cheveux et je ne pus retenir un signe de croix.

— Antoine ! grommela Lemercier, la main posée sur la rampe d'un escalier en chêne dont les marches étaient rehaussées de tommettes.

Je bondis jusqu'à lui. Le moine éclairait un goulot étroit dont le pas de vis cachait la destination finale.

— Son Éminence attend, souffla le cerbère en tendant sa torche au plus âgé des deux.

Puis il tourna les talons et disparut dans ce couloir qui semblait sans fin. De cette nuit inoubliable, ce furent les seuls mots qu'il prononça.

⚜

— Le fait que Richelieu se trouve ici est inquiétant, maugréa l'architecte. Il se cache là où il se sait en confiance.

— Quel rapport y a-t-il entre ces lieux et Saint-Antoine ? demandai-je à voix basse.

— Nous sommes dans une propriété appartenant à l'abbaye de Saint-Antoine [1], répondit-il machinalement sur le même ton.

Mais, aussitôt, il arrêta sa progression :

— Miséricorde ! Comment as-tu deviné ? grogna-t-il en approchant la torche de mon visage.

— Il y avait une belle représentation de ce saint dans le passage où vous m'avez lâchement abandonné. Mais, fanfaronnai-je, à mon âge, on a l'œil à tout !

Était-ce le moment d'user de galéjade ? Ma sortie ne fit qu'agacer l'architecte, qui reprit l'ascension d'un pas rapide :

— Un conseil, Antoine. Tu ne parles que lorsque l'on t'interroge. Tu n'écoutes que l'essentiel, c'est-à-dire le Cardinal. Et tu ne recouvres la vue qu'une fois sorti. Est-ce clair ?

Je répondis d'un haussement d'épaule rageur. Cela devait suffire, puisque j'étais désormais sourd et muet.

Sur le palier, se trouvait un autre moine aussi secret que son frère d'en bas. Il nous fit un signe pour avancer et ouvrit une lourde porte avec le plus grand calme. Une lumière éblouissante jaillit dans le corridor, car la pièce où nous entrions était fortement éclairée, et il me fallut un peu de temps pour prendre la mesure de la scène.

Je vis d'abord le feu dorant dans une vaste cheminée, surmontée d'un tableau représentant Louis XIII. Puis les candélabres, posés çà et là sur des meubles parmi lesquels se comptaient deux ou trois tables basses et un secrétaire, et encore un lit de campagne en désordre où sommeillait une robe de chambre de soie blanche ourlée

---

1. Au 10 de la place de la Bastille se trouvait en effet une maison bâtie sur une ancienne propriété de l'abbaye Saint-Antoine.

de carmin. Un christ, ou plus exactement une croix de procession ciselée dans l'or et l'argent, dominait le coin dédié au repos et, sur le côté gauche, un prie-dieu tissé de velours accueillait une Bible, ouverte en son milieu.

Voilà les premiers détails que je parvins à saisir, malgré les ordres de mon commandant, car Richelieu travaillait tête baissée à un bureau nappé de tissu vert et ne nous regardait point. Lui-même était vêtu de son manteau rouge duquel émergeait le col d'une chemise immaculée, et il siégeait ainsi, n'affichant que la sérénité, et ignorant toujours notre présence. Ici, le temps, les bouleversements qui se déroulaient dans le monde temporel perdaient leur sens, et cette scène gagnait en douceur grâce aux bougies qui auréolaient les lieux de nuances cuivrées. Pour nous qui surgissions d'une course endiablée, cette quiétude quasi palpable augmenta la durée de ce moment court et extravagamment démesuré qui, hélas, s'interrompit lorsque le Cardinal accepta de montrer son visage. Il avait achevé d'écrire sa lettre et prit soin de sécher l'encre, d'apposer son cachet sur le pli avant de s'adresser au moine pour le prier de faire porter la missive à son destinataire. L'homme encapuchonné se courba pour saluer et sortit sans prononcer un mot. Alors seulement notre hôte s'intéressa à nous. Ses traits étaient terriblement tirés et, malgré cette froide retenue qui ne le quittait pas, la contrariété se devinait à la pâleur des joues piquées de barbe. Mais ce moment d'abandon ne dura point et, se ressaisissant aussitôt, il sourit à Lemercier, s'adressant de même à son jeune aide de camp qu'il détailla sans trahir son jugement.

— Prenez place, messieurs, dit sereinement le maître des lieux, en désignant les deux profonds fauteuils situés devant sa table de travail.

Je le fis comme je pus, jambes serrées, mains posées sagement sur les genoux, tête raide, figé sur un reliquaire posé au centre du bureau dont je détaillais les anges ailés qui souriaient d'extase puisqu'ils portaient, en contemplant le ciel, un coffre taillé dans l'or et surmonté d'un christ dont la sainte Croix était fleurie de lys. Et Dieu, que je souffris de cette envie irrépressible de me gorger de chaque détail d'une scène irréelle ; hier encore, inaccessible.

Chapitre 34

— CERTES, débuta Richelieu en s'adressant à Lemercier d'une voix ferme, votre dernier message est intéressant, mais parfaitement inquiétant. Vous m'annoncez la date de la rencontre entre Marie de Médicis et le roi. Demain, au palais du Luxembourg ? Il se peut, en effet, avança-t-il, que la reine mère se sente assez solide pour réclamer ma tête. Les accusations ne manquent pas. Je sais qu'elle a obtenu le soutien du parti dévot qui ne me pardonne pas ce projet d'alliance avec les Protestants d'Allemagne dont le dessein est pourtant d'affaiblir Habsbourg au profit de la France. Ainsi, mon futur se jouerait, selon vous, le 10 novembre et, conclut-il posément, le verdict s'annoncerait médiocre…

— Je vous ai également écrit que nous avions un plan, intervint son architecte.

— J'ai pris connaissance de cette… promesse avec un certain intérêt. Un plan pour me sauver ? Des mots certes encourageants, mais, toutefois, sibyllins. Aussi, je vous reçois, mais sans trop espérer, pour vous entendre sur cette affaire dont mes espions me soutiennent également que j'en serai bientôt la victime sans qu'aucun ne puisse me confirmer cette prédiction.

Il se cala dans son siège et fixa fermement mon voisin :

— Commençons par cela. La date, jeta-t-il sèchement. Sur quoi se fondent vos certitudes ?

— Votre Éminence, répondit son architecte d'une voix mal assurée, je vous présente Antoine Petitbois. Il travaille pour moi et…

— Je le connais, le coupa son vis-à-vis sans me regarder. Un jour où je me trouvais dans votre atelier, il rôdait autour de vous et de moi, curieux de tout jusqu'à se montrer très indiscret. Ce défaut aurait-il produit un effet dont je pourrais me réjouir ?

Le trait, violent, me laissa désemparé. La sévérité et la froideur de Richelieu n'avaient donc rien d'une légende.

— Hier, reprit un Lemercier impavide, il se trouvait au Luxembourg où il a su, grâce à la maladresse de la reine mère, qu'une rencontre secrète devait avoir lieu entre elle et le roi.

— Vous me l'avez déjà écrit, s'interposa sèchement Richelieu.

— Mais, ce matin, continua le narrateur sans se troubler, Antoine s'est rendu de nouveau au Luxembourg.

— Toujours pour les tableaux de Rubens ? lui demanda-t-on, ce qui prouvait, malgré le choix d'une posture imperturbable, que l'information ne laissait pas indifférent.

— L'affaire se voulait privée, répondit Lemercier après avoir hésité. Un rendez-vous avec une jeune femme...

— Pour quelque galanterie ? insista-t-on d'un air narquois.

La remarque me piqua et fit rougir mes joues, mais non pour ce qu'elle sous-entendait. Je songeais d'abord à Marie et à la promesse de mon protecteur de négocier sa grâce.

— Il s'agissait pour moi de revoir en ami Marie de... Montigny, me jetai-je sans réfléchir. Rien de plus qu'un souvenir d'enfance.

Lemercier me foudroya du regard. En face, le Cardinal ne montrait aucune émotion.

— Montigny ? chercha-t-il. Son père est-il baron ?

— Oui, répondis-je, alors qu'à mes côtés on rongeait son frein.

— N'est-elle pas mariée au marquis de Puychâteau ?

— En effet, répliquai-je, impressionné par cette mémoire infaillible. Philippe de Balençay.

Richelieu lissa sa moustache en me fixant avec détachement. Où ces détails le menaient-ils ? Il fallait de l'imprévu car son temps était compté. Et je vis son attention diminuer.

— C'est de lui dont nous souhaitions vous entretenir, bredouillai-je en me tournant vers l'architecte de qui j'espérais un secours.

Mais ce dernier ne fit rien pour venir à mon aide. Je voulais parler alors qu'il me l'avait interdit ? Soit. Et d'un geste impatient, il m'ordonna de continuer.

— Ce gentilhomme, repris-je d'une voix hésitante, se trouvait avec la reine mère quand elle commit l'imprudence d'évoquer une prochaine rencontre avec le roi.

— Jeune homme, fit claquer le cardinal de Richelieu, ne jugez pas hâtivement Marie de Médicis qui a maintes fois démontré que rien, chez elle, ne tenait au hasard. A-t-elle cherché à vous berner ? N'ignorant pas mes liens avec votre maître, ne voulut-elle pas user de son serviteur pour me jeter sur une fausse piste ? Qu'elle veuille rencontrer secrètement le roi, je dois y croire. Que le roi ait accepté, je peux m'y résoudre puisque, de toutes parts, ce bruit me revient. Mais est-ce vraiment demain ?

— Ce caractère curieux, bondis-je sans réfléchir, ce trait dont vous souligniez le défaut ne vous trahit pas. Et il pourrait, en effet, produire un effet dont vous vous réjouirez. C'est pourquoi j'assure que la reine mère regretta ses mots. Seule l'allure fort modeste du commis qui vous parle la persuada que sa maladresse resterait sans suite. D'ailleurs, crânai-je, d'autres événements me donnent à penser que j'ai raison.

Richelieu fit mine d'oublier ce qu'il y avait d'effronterie dans ma tirade. Je crois que mon ton décidé l'intéressait. Ma fougue lui plaisait, et mon audace était au moins le signe de ma sincérité.

— Avancez donc, grommela-t-il, puisque vous vous montrez ferme et décidé. Ainsi, le marquis de Puychâteau aurait rejoint le camp adverse. Voilà un nom de plus que j'ajoute à la liste de mes ennemis. Mais ce n'est toujours pas ainsi que j'apprendrai quand on brandira la dague contre moi.

Ennemi ? Je devinais le sort qu'il réservait à l'épithète. Marie et la petite Hélène passèrent devant mes yeux et elles me souriaient. Ainsi, le mal était fait et il me fallait coûte que coûte le réparer.

— Je peux dater ce « bientôt », me jetai-je, car Marie de Montigny m'a appris que son époux participerait, demain, à une réunion où Louis XIII et sa mère seront présents et, pour aller à l'essentiel, tout laisse à croire qu'il s'agit de rassembler les auteurs de ce projet qui vous menace.

Il n'y eut aucun mouvement – même son regard resta fixe –, mais ces mots dont je me souviens parfaitement :

— De quoi seraient-ils les auteurs ? Songez-vous à ceux qui veulent me nuire ? Pour les réunir tous, grinça-t-il, il faudrait dénicher un lieu plus vaste que le parlement de Paris !

Il reprit aussitôt cet air supérieur et imperturbable qui m'expliquait pourquoi tant de gens pouvaient le détester :

— Vos accusations restent vagues. Sur la foi de quels... bavardages sont-elles fondées ? Quelques mots échappés de la bouche de Marie de... Balençay. Chez vous, la naïveté s'ajoute-t-elle donc à la curiosité ?

— Elle n'a pas menti, répliquai-je, piqué au vif, oubliant à qui je parlais.

Richelieu ne s'émut toujours pas de mon outrecuidance. Mieux, il s'avança dans son siège, comme s'il voulait se rapprocher et sonder l'âme de celui qui lui tenait tête :

— Pourquoi, s'adoucit-il, accordez-vous votre confiance à l'épouse du marquis de Puychâteau, un homme dont vous m'avez annoncé qu'il complotait contre moi ?

Ce changement brutal de ton et d'allure, ce charivari qu'il menait à sa guise me désarçonna davantage. J'étais muet. Désemparé.

— Marie de Médicis, puis maintenant Marie de Balencay, railla-t-il de nouveau, s'amusant de ma personne comme le chat l'aurait fait avec sa proie. Vos informations prennent-elles toujours leur source dans le cœur des femmes ? Mon garçon, je vous repose ma question, et pour la dernière fois : comment êtes-vous certain qu'elle ne vous a pas menti ?

Je pris soin de déglutir avant de répondre :

— Parce que nous sommes amis...

Bien sûr, la réponse n'obtint pas le succès que j'espérais.

— Parce que je l'ai moi-même trompée, ajoutai-je d'une voix forte, en la conduisant à me dire ce qu'elle n'a d'ailleurs pas cherché à me cacher. Parce qu'en ignorant que j'étais présent au palais du Luxembourg quand son mari s'y trouvait, elle ne pouvait deviner que je l'avais croisé. Parce qu'elle s'est alors exprimée sincèrement, sans mesurer l'importance et la gravité de ses paroles, ne sachant rien, martelai-je, des agissements du père de sa fille. Sinon, l'aurait-elle trahi ? Parce qu'en vous parlant à mon tour j'expose cette femme innocente au danger et la soumets à votre jugement, pis, à votre vengeance. Parce que cette réunion aura lieu, je pourrais le jurer, et qu'en l'empêchant vous gagnerez.

Je repris ma respiration :

— Et qu'en venant vous confier la vérité, Marie, assurément, perdra tout. Alors, m'entendis-je presque crier, comment pouvez-vous douter de mon honnêteté et de la sienne ?

Ses yeux se dessillèrent et ce fut la seule marque de son émotion. Je le sus plus tard, mais ma tirade l'avait touché. Pourtant, il n'en montra pas plus sur le moment.

— En avez-vous fini ? demanda-t-il après un long silence.

— Je peux ajouter ceci, glissai-je en me dominant pour m'assagir. Si tout était faux, ou si je me trompais, vous n'auriez rien à craindre. Si je dis vrai, voilà de nouveaux atouts que ne négligeraient pas vos espions.

Sa main gauche bougea pour caresser la croix qu'il portait en boucle sur son manteau :

— Ces arguments ont leur poids et ils plaident en votre faveur.

Il se tourna vers Lemercier et, à mon grand étonnement, lui sourit :

— Ne vous ai-je pas conseillé de surveiller ce jeune homme ?

— C'est tout à fait exact, bredouilla l'architecte en bougeant dans son siège.

— N'ai-je pas dit qu'il me semblait rusé et qu'il savait observer ?

— Je m'en souviens, oui… Vous veniez à mon atelier et…

D'un geste, le Cardinal l'interrompit.

— Ne regrettez pas ma méthode, continua-t-il en s'adressant à moi. J'ai pu vous laisser croire que je doutais, et cela ne vous plaît guère. Mais j'ai voulu apprécier votre caractère. Je comprends à présent que la curiosité s'accompagne chez vous d'un esprit passionné, sans doute naïf, mais que je juge droit et franc. Vous vous défendez bien et, contrairement à ce que vous imaginez, je suis sensible à votre thèse, murmura-t-il de ce même air de félin, car je dispose d'une autre carte...

Richelieu revint vers Lemercier :

— Votre lettre a orienté mes recherches et j'ai chargé quelques-uns de mes hommes de surveiller le palais du Luxembourg. Depuis hier, on s'agite, on renforce la garde et, par deux fois, Gaston d'Orléans, le frère du roi, s'est présenté à sa mère. Ajoutons que, selon son emploi du temps, il disparaît dimanche. J'ai aussi demandé audience au roi pour ce même jour, mais il m'a fait savoir qu'il ne pourrait pas me recevoir. La chasse a bon dos... Aussi, continua-t-il sans élever le ton, je crois que Petitbois a vu juste. Ce sera demain.

Oubliant Lemercier, il me scruta de nouveau avec attention :

— Mais, si nous connaissons presque sûrement le jour où Pandore ouvrira la boîte pour en faire jaillir les pires maux, je n'ai aucun moyen d'empêcher cette action. Le roi entendra l'avis de mes opposants sans que je puisse plaider ma cause.

Il serra la mâchoire et son regard se détourna pour fixer un point connu de lui seul :

— Pourtant, j'ai besoin d'un tribunal où le roi siégerait et jugerait en son âme et conscience. Un prétoire où l'iniquité de Michel de Marillac ne viendrait pas putréfier la sentence [1]. Je me défendrais en répétant au roi que le parti dévot soutenu par Médicis vise l'allégeance aux Habsbourg et à l'Espagne quand, moi, je songe à la couronne de France. On m'accuse de trahir en défendant l'alliance avec les protestants d'Allemagne, quand j'espère un royaume apaisé où chaque religion serait au service de son roi. On me croit ennemi du Vatican ? Je ne cherche qu'à renforcer la foi de nos sujets dont la sincérité s'accompagne forcément de la liberté. Et je triompherai de ces accusations ignobles et fausses, car je dispose d'assez de preuves pour confondre ceux qui agissent contre le roi et son autorité. Devant lui, devant moi, ces félons ne pourraient nier leur fausseté, leur bassesse, leur soumission à d'autres clans que

---

1. Favorable à l'Espagne, Michel de Marillac fut garde des Sceaux lors de la régence de Marie de Médicis. Chef du parti dévot opposé à Richelieu, il fut victime de la vengeance du Cardinal qui provoqua sa chute en 1630.

celui de la France. Oui, la réunion de ces renégats, alliés à Marie de Médicis pour arracher au roi la promesse de ma déchéance, serait une formidable occasion de briser leur arrogance. Et par un étrange paradoxe, je calcule qu'en s'assemblant pour me nuire, à mon tour, je les déferai. D'un coup !

Jacques Lemercier choisit ce moment pour intervenir :

— Ils seraient stupéfaits, abasourdis par ce retournement, d'autant que, convaincus d'être en sûreté, ils n'auraient pas préparé leur défense.

— Je sais tout cela, intervint Richelieu en levant paisiblement une main. D'un danger, la victime traquée pourrait tirer un avantage définitif. Il suffirait de compter les présents et de démasquer leur scélératesse en rappelant leurs précédentes trahisons envers la Couronne...

Il sonda le secrétaire où devaient se cacher tant de secrets d'État :

— Après l'avoir redoutée, cette épreuve pourrait être l'occasion de mettre fin à toutes les précédentes...

Il détourna la tête et ferma les yeux, comme renonçant à ce projet :

— Mais, ce n'est qu'utopie car je n'ai aucun moyen d'entrer dans le palais du Luxembourg...

— À moins de posséder une clef, glissai-je du bout des lèvres.

Jacques Lemercier se leva d'un bond :

— Nous sommes arrivés à la même conclusion. Pour déjouer ce complot, il faut, en effet, pénétrer dans le palais. L'idée est donc à la fois simple et tout à fait dangereuse car, demain, le Luxembourg sera mieux gardé que le harem du sultan de la Sublime Porte...

La comparaison, fort hardie, provoqua une réprobation silencieuse chez l'ecclésiastique. D'une moue, charitable et sévère à la fois, il invita cependant son vis-à-vis à poursuivre.

— Ainsi, s'emporta l'architecte, passionné par son raisonnement, Pandore et les siens se barricaderont pour comploter et convaincre le roi de vous chasser. Mais rien ne les assure que vous n'aurez pas eu vent de l'affaire. Vos espions enquêtent. Une indiscrétion ou une maladresse n'est pas impossible. D'ailleurs, nous venons d'en apporter la preuve. Dès lors, répéta-t-il plus chrétiennement, demain, les portes du palais du Luxembourg seront protégées par une armée à la solde de ceux qui désirent votre perte. Voici pourquoi, ils se croiront à l'abri de votre attaque. Et c'est ici que nous intervenons...

Lemercier jubilait, s'emportait. Il saisit une plume d'oie posée sur le bureau et la brandit comme le maître d'école l'aurait fait avec sa règle.

— Et donc ? s'enquit simplement Richelieu.

— Nous allons réinventer le cheval de Troie. On vous croira dehors, et vous serez déjà à l'intérieur. Antoine ! rugit-il en ne retenant plus son enthousiasme. Montre-nous le champ de bataille !

Je saisis la liasse posée à mes pieds et déroulai le premier feuillet.

— Ce sont les plans du palais du Luxembourg, tels que les a dessinés feu l'architecte Salomon de Brosse, commença notre orateur. J'en détiens l'original depuis que j'ai pris la suite des travaux. Ici, le palais *in extenso*. Ici le Petit Luxembourg où vous logez parfois [1]. Ici, les appartements de Marie de Médicis, ceux du roi, puis les salons. Nous avons même trouvé les sous-sols. Prenez la pièce entre vos mains. Vous lirez mieux ainsi... Et qu'avons-nous fait de l'accès aux communs ?

— Ils sont sous votre coude, glissai-je à voix basse.

— Ah ! s'exclama le stratège, en s'emparant du précieux document. Ainsi, constatez que nous n'ignorons rien du labyrinthe... C'est pourquoi nous en ferons une souricière.

Il serra les doigts, se les tordit comme s'il étouffait une ombre :

— Tous dans la nasse, grinça-t-il. Car nous avons trouvé un chemin d'accès que pas un ne soupçonne, et encore moins ne connaît. Une entrée secrète qui conduit directement aux appartements de la reine mère...

---

1. Aujourd'hui, résidence du président du Sénat, le Petit Luxembourg est situé du côté de la rue de Vaugirard. Cet hôtel, partie du même ensemble que le Grand Luxembourg, avait été offert à Richelieu par la reine mère en 1627, alors qu'ils étaient proches...

Son index se posa au centre du plan :

— Là !

Richelieu se pencha et examina l'endroit :

— Amusant... reconnut-il. Et d'un bel effet pour un cardinal...

Redoublant d'énergie, Lemercier s'élança de plus belle :

— Ainsi, vous entrez avec vos hommes, vous les placez aux bons endroits, vous saisissez les armes, et vous forcez la porte de la reine. Ah ! la belle surprise. Je voudrais être là pour croquer leurs mines. Pris à leur propre piège ! Dépités, démasqués, désarçonnés illico. Oui, votre victoire sera belle, car totale...

Le plaideur se rassit, épuisé. Et ravi.

— Avez-vous terminé, cher ami ? glissa notre hôte.

— Non. Je précise que ce projet ingénieux fut conçu par Antoine.

— Il y a, en effet, du talent et du panache, reconnut-on. Une sorte de mise en scène dont on imagine la chute avec un duel à l'épée, des râles, des soupirs, des aveux et, sans doute, du sang...

Il se leva, impassible et imperturbable :

— Oui, l'aventure est tentante, mais, hélas, impossible.

— Elle ne vous séduit pas ? se désola Jacques Lemercier.

Le ciel lui tombait sur la tête et moi, je songeais à Marie. Tout cela pour rien. Richelieu possédait assez d'informations pour agir à sa guise et condamner le marquis et les siens selon ses vœux. Je ne disposais d'aucun moyen de l'en empêcher.

— Détrompez-vous, reprit-il. J'y réfléchis, et plus je le fais, moins je vois les inconvénients. Entrer par surprise et enrayer mes opposants, je suis pour.

Il nous regarda tour à tour :

— Mais il n'y aura ni artillerie, ni gardes ni empoignade...

— Allons ! bredouilla l'architecte. C'est impossible...

— Réfléchissez, Lemercier. Ce n'est pas en me présentant entouré d'hommes armés jusqu'aux dents que je ferai céder Marie de Médicis et ses sbires. Il s'agirait d'un affront fait au roi car, devant lui, personne ne peut lever l'épée. Oui, je commettrais une offense à la Couronne alors que je m'efforce de l'élever au-dessus des féodaux en brimant leurs pouvoirs. D'un côté, je décapiterais pour un duel et, de l'autre, je m'autoriserais à me servir du fer ? Voyez-vous ce coup porté à la souveraineté de notre roi ? Pour la restaurer, il serait obligé de sévir à mon endroit... Du moins, son conseiller, encore proche, lui soufflerait ce remède. Ainsi, que ferais-je d'une victoire à la Pyrrhus qui me condamnerait tout autant ? Savez-vous, continua-t-il en venant s'asseoir à nos côtés, comment se raconterait l'histoire ? J'ai menacé le roi, moi qui prétends le défendre. J'ai sommé Sa Majesté, moi qui ai juré de me soumettre et de m'incliner devant elle. Richelieu, hurlerait-on, a organisé un coup d'État. Et après avoir gagné une manche, je perdrais la partie puisque mes ennemis trouveraient dans cette action le moyen d'unir le roi et les courtisans contre ma personne.

— Ainsi, vous renoncez ? ne pus-je m'empêcher de lui demander.

— Non, jeune Antoine. Je réfléchis, vous dis-je, et conçois de plus en plus nettement une autre piste.

— Vous ne songez plus à entrer par surprise ? intervint Lemercier.

— Si.

— Et le feriez-vous par la porte que nous avons trouvée ?

— Oui.

— Alors, où est le changement ?

— Je me présenterai seul, sans armes et sans soldats.

Son plan prenait forme. Son visage s'éclaira :

— Je parlerai au roi qu'on le veuille ou non. Je dévoilerai les traîtres qui l'entourent, je dénoncerai l'hypocrisie de leur soumission dont le seul dessein est de l'approcher pour mieux l'étouffer.

Il revint s'asseoir derrière son bureau :

— Venant sans peur et désarmé, le roi m'écoutera, car c'est en me présentant ainsi, tête nue et mains vides, que ma cause sera la plus forte.

Il nous regarda, amusé par notre mine désespérée :

— Vous restez muets. Quoi ? Qu'y a-t-il ?

Comment oser lui dire que ce projet était plus fou que tout et voué à l'échec ?

— Seriez-vous en désaccord ? À l'instant, si braves et, quand il faut passer à l'action, manquant soudain d'audace ?

Rien. Pas un mot.

— Allons, ne traînons pas, nous houspilla-t-il. Ressortez ces plans... Antoine, donnez-moi celui-ci. Ainsi, soutenez-vous, il existe ici une porte dérobée qui conduit directement chez la reine mère ?

— C'est parfaitement juste, Votre Éminence, répondit Lemercier d'une voix atone.

— Le Berger suprême montre Son chemin, jubila le Cardinal. Je pénétrerai entouré de Sa Gloire, s'emporta-t-il, car l'aventure lui plaisait.

— Dans cette alcôve, vous trouverez certainement plus d'anges que de gardes, grogna l'architecte. Mais ne vaudrait-il pas mieux l'inverse ?

Le Cardinal balaya l'air de la main pour chasser ce pessimisme :

— Pour rien au monde, je ne voudrais manquer cette entrée qui me mènera de l'ombre à la lumière. Une porte dérobée et, soudain, je jaillis dans les appartements de la reine mère, sourit-il. Croyez-moi, ce passage est miraculeux et il restera dans l'histoire...

Il fit sonner une cloche et l'on vint sur-le-champ :

— Il nous faut à manger et de quoi tenir toute la nuit. Chargez la cheminée et apportez-nous des couvertures...

Profitant de ce moment, Jacques Lemercier se tourna vers moi et me montra un visage à la fois terreux et blême :

— Entouré de soldats, c'était un suicide, soupira-t-il. Désormais, je n'ai plus de mots pour qualifier la folie dans laquelle tu nous as entraînés.

Chapitre 35

C'EST DONC LA NUIT du 9 novembre 1630 que s'organisa ce que le courtisan Bautru, comte de Serrant, appela fort justement la journée des Dupes. Abusés, tous le furent, en effet, comme on le verra. Et l'affaire fit si grand bruit que l'on en oublia presque le sujet essentiel. Qui visait-on vraiment ? Qui voulait-on abattre ? Richelieu, raconta-t-on. En somme, la journée des Dupes pouvait se résumer à une joute personnelle opposant Médicis au Cardinal, comme deux passions contraires. Mais l'arbre, aussi éminent qu'il fût, cachait une forêt épaisse. Celle qui ne se montrait pas encore était hantée d'ombres malfaisantes, de cloaques où pataugeaient la cupidité, la prévarication et la lâcheté. Aussi faut-il chercher au-delà des apparences, gratter l'épiderme pour voir apparaître la noirceur des âmes qui œuvraient en coulisse, et dont Richelieu, je le sus plus tard, n'ignorait rien. De fait, le 10 novembre cachait une autre affaire et, pour comprendre combien elle s'annonçait périlleuse, je dois m'y intéresser maintenant.

Bien sûr, je devine l'impatience de celui qui désire apprendre ce qu'il advint de notre duo de combattants, tandis que les heures sombres de la nuit se nourrissaient de préparatifs fébriles et d'hypothèses de toutes sortes qui inquiétaient Jacques Lemercier, désormais convaincu que nous allions échouer. Que l'on sache, en guise d'antipasti, qu'avant l'aube il nous tomba dessus une idée miraculeuse dont personne n'a jamais rien su. Et, pour plus de détails, je prie que l'on m'excuse car, avant de les livrer, il faudra prêter grande attention aux lignes que voici, puisqu'elles forment le véritable cœur de notre histoire, parce qu'elles expliquent combien la journée des Dupes fut bien plus qu'une cabale exercée contre le ministre d'un roi. Mieux encore, puisqu'elles nous rapprochent inéluctablement de la Nouvelle-France et du mystère qui entourait cette Compagnie des Cent-Associés dont j'avais, jusque-là, soupesé les malheurs autant que les secrets sans comprendre leur gravité.

La journée des Dupes fut présentée, par la suite, comme une sorte de lutte à mort entre Richelieu et Marie de Médicis, chef de file, avec son fils Gaston d'Orléans, du parti dévot. Une affaire politique où se jouait le pouvoir des catholiques et, indirectement, l'ingérence du Vatican sur les œuvres de sa fille gallicane. Comme Richelieu l'avait laissé entendre, la haine qui s'exerçait contre lui s'expliquait en grande partie du fait de son alliance avec les protestants d'Allemagne, car s'y mêlait l'insondable et dogmatique question de la foi. Un cardinal, ce qui enflait la colère, s'était acoquiné avec l'hérésie. Usant de l'argument, Médicis, prête à tout pour nuire à Richelieu, son ancien protégé, conjurait le roi de se séparer d'un être cynique, coupable d'inconstance qui, hier, muselait les protestants de l'intérieur, et songeait aujourd'hui à s'allier à ceux de l'extérieur.

Vers qui s'inclinerait le glaive tenu par Louis XIII ? Voilà résumé l'affrontement qui se préparait la veille du 10 novembre dans une modeste maison de la Bastille. Si Richelieu pénétrait au Luxembourg et parvenait à exposer son point de vue, il pouvait triompher. Il lui suffisait de jurer sa soumission au roi, de lui répéter qu'il se servait des protestants d'Allemagne pour la raison qu'ils étaient les ennemis de ses ennemis et, selon cet adage, qu'ils servaient objectivement les intérêts de la couronne de France. L'argument était digne de Machiavel et il s'agissait de manier habilement l'art vicié de la politique. Et, si la cause à défendre semblait délicate – florentine en quelque sorte –, il ne déplaisait pas au Cardinal d'affronter Médicis en usant d'une arme que n'aurait pas reniée l'âme délicate d'une Italienne…

Richelieu voulait donc se rendre au roi pour rappeler la vérité des faits qui plaidaient en faveur de la Couronne. Il ne songeait pas à défendre sa personne, et laissez à un témoin le soin d'en apporter la preuve. Jamais, au cours de cette nuit, il n'évoqua son cas. Le roi et la France comptaient plus que tout. Il écouta d'un air détaché les craintes de l'architecte qui ne cessait de lui répéter qu'en se présentant seul, il risquait la mort, ce à quoi l'intéressé répondit en ne montrant aucune peur, aucune émotion, parlant de la volonté de Dieu, ajoutant qu'il n'était qu'un sujet dont le rang, les titres et même les habits tenaient entre les mains d'un souverain auquel il abandonnerait volontiers ces privilèges pour faire entendre sa cause.

— Vous ne pouvez renoncer à la pourpre cardinalice ! s'insurgea alors le brave Lemercier.

— S'il le faut, pour que le roi m'entende…

Richelieu s'interrompit et son visage s'éclaira car, en prononçant ces mots, l'idée miraculeuse que j'annonçais lui était venue, prouvant, si nécessaire, que les voies du Seigneur sont et resteront impénétrables…

La journée commença par une nouvelle galopade dans Paris alors que l'aube se levait à peine. À bord de la voiture, s'entassaient Lemercier, un apprenti, un cardinal en grande tenue et, qu'il eût été bon d'apprendre, pour les ennemis de ce dernier, que le conseiller honni se déplaçait sans escorte, fonçant vers ceux qui voulaient sa perte. Richelieu retournait au Petit Palais du Luxembourg car c'était à partir de ce lieu qu'il comptait rejoindre les appartements de la reine mère.

— Je ne comprends pas, s'était étonné Lemercier en apprenant le choix du Cardinal peu avant notre départ. Vous allez là où on vous attend. Le Petit Palais est une voie sans issue dont vous ne parviendrez pas à vous enfuir. Les alentours de l'hôtel où vous logez sont certainement surveillés par les espions de la reine mère, clabaudait-il. Coincé comme dans une nasse, vous n'échapperez plus à leur vigilance.

Mais l'intéressé avait balayé l'argument, pour se saisir d'un autre dont il nous avait réservé la surprise – et ses effets – peu avant que nous entrions en action.

Dans le carrosse, Lemercier montrait pour la centième fois le trajet à effectuer pour rejoindre les appartements de la reine mère.

— Ensuite, vogue l'aventure, bredouilla-t-il.

Richelieu lui tapota la main doucement :

— Cessez de vous inquiéter. Tout se passera très bien.

— Et si une serrure a été posée cette nuit ou la semaine passée. Ah ! se rongeait-il, si je pouvais vérifier par moi-même...

Mais les consignes de Richelieu étaient sans appel.

— Contentez-vous d'effectuer votre mission comme je l'ai dit.

Il se tourna vers moi :

— Eh bien ! Antoine, te sens-tu prêt ?

Ce tutoiement s'accompagna d'un regard solide qui cherchait sans doute à sonder ma témérité.

— Aucun démon ne pourra me faire reculer, assurai-je alors que mes jambes tremblaient.

Mais, dans cette voiture éclairée par un faible lampion, un pieux mensonge était toujours permis.

— Nous récapitulons, reprit le Cardinal sur un ton assuré. Monsieur l'architecte, vous descendez de la voiture. Et que faites-vous, alors ?

— Je ne salue pas les gardes. Je monte les marches d'un pas vif. Je prends l'escalier pour me rendre au premier où je m'enferme à double tour et je n'ouvre à personne. Si fait, ajouta-t-il, je consacrerai mon temps à prier...

— Parfait, expira le Cardinal. N'oubliez pas de rester toujours digne de la tenue que vous portez. La pourpre indique que vous êtes prêt à offrir votre vie pour la cause que vous servez...

— Laissez-moi espérer que je n'aurai pas l'occasion d'entrevoir une situation aussi cruelle.

— Alors, redressez votre coiffe. Je la porte plutôt ainsi...

La belle allure que nous montrait Jacques Lemercier dans sa tenue de *porporato*[1] ! Car voici venu le temps d'expliquer qu'il était

---

1. Vêtu de pourpre.

habillé en cardinal, en lieu et place du véritable. Ce détail que j'annonçais plus tôt, cet argument nous permet de plonger au cœur du stratagème imaginé par son inventeur : se rapprocher du palais du Luxembourg et montrer *urbi et orbi* sa doublure afin de laisser croire aux espions qu'il rentrait au Petit Palais. Enfin, compter sur l'efficacité d'un traître pour qu'il coure rendre compte à Médicis. Et, alors que le faux se tiendrait dans les appartements, le vrai foncerait vers le palais, forcerait une porte, entrerait, se montrerait au roi...

— Mais... avait articulé difficilement son remplaçant en apprenant qu'il servirait d'appât.

D'un geste, on l'avait obligé à se taire :

— La nuit s'ajoutera à notre ressemblance. Même tête, même barbe, même taille, avait ajouté Richelieu. Dieu se chargera des autres détails.

Et c'était vrai, jusqu'à un certain point, car j'avais moi-même été frappé par la similitude entre ces deux hommes en découvrant le Cardinal dans l'atelier de Jacques Lemercier. Le reste, selon le prélat, était affaire de conviction ou de croyance, d'éclairage, de manière de se déplacer, de surprise, puisque personne n'oserait y penser, et, si l'on doutait de la réussite de cet argument, il valait mieux taire ses critiques. Richelieu ayant tranché, mon compagnon n'avait fait que soupirer fort discrètement...

— Antoine, avait-il encore décidé, m'accompagnera dans la voiture afin d'ajouter au change. N'oubliez pas que, pour l'observateur, je serai, un instant, l'architecte Lemercier, rentrant en compagnie de son apprenti. Et nous irons ainsi jusqu'à ce que le carrosse emprunte la rue menant vers le village de Vaugirard. Alors, nous nous quitterons, et Dieu veillera sur Son troupeau.

Il s'était levé, mettant fin à notre réunion :

— Il est temps d'entrer en scène. Monsieur Lemercier, avait-il alors lancé d'une voix forte, vous voici dans votre plus beau rôle. Cardinal ? Y auriez-vous songé avant ce moment mémorable ?

— N'y a-t-il pas quelque parjure ou offense au Seigneur ? tenta-t-il de plaider.

— Je me charge d'obtenir votre pardon, rétorqua-t-on. Maintenant, suivez ce moine qui vous conduira dans une chambre où vous trouverez une tenue cardinalice. N'oubliez pas de porter la barrette. Je la serre ainsi dans ma main gauche quand je me déplace. Usez du détail en gravissant, tête baissée, l'escalier. La réussite repose sur l'assurance. N'affichez pas la peur. Pensez comme Richelieu !

C'est donc dans un tintamarre assourdissant, et tout à fait voulu, que le carrosse se montra dans la cour du Petit Luxembourg, car il fallait exposer notre acteur qui jurait dans sa barbe sur les complications que lui procuraient les plis de son manteau.

— *Audaces fortuna juvat*[1], murmura son véritable titulaire avant de fermer la porte de la voiture, signal convenu auquel le cocher répondit en faisant claquer son fouet.

Le trajet fut court. Quelques arpents, franchis au petit trot, afin de vérifier que notre carrosse ne faisait l'objet d'aucune surveillance, et l'on revint se placer à l'entrée de la rue de Vaugirard, face au palais du Luxembourg. La peur autant que la timidité me poussèrent à me saisir des plans afin de vérifier ce que je connaissais déjà pour en avoir étudié mille fois chaque détail. Mais l'illustre passager avec qui je faisais route me demanda de poser les feuilles :

— Ce n'est plus nécessaire. Je connais mon chemin et pourrais m'y rendre les yeux fermés. C'est pourquoi je n'ai plus besoin de ton aide.

— Votre Éminence… débutai-je.

Il leva un doigt et cela suffit pour que je me taise :

— Tu as déjà bien servi ma cause et je saurai m'en souvenir si tout se déroule comme nous le souhaitons. Ce soir, espérant que je serai toujours libre, je te prie de me rejoindre dans cette maison où nous nous trouvions la nuit dernière. Nous parlerons et je pourrai te demander d'autres services. Pour l'heure, je sais déjà comment te remercier.

— Une seule chose compte pour moi…

---

1. La Fortune sourit aux audacieux.

— Je l'ai devinée, reprit-il. Marie de Montigny. Ou, si tu préfères, Marie de Balençay, marquise de Puychâteau.

— Monseigneur, le suppliai-je en serrant les mains. De grâce, ne lui faites aucun mal… Elle n'y est pour rien…

— Je le sais, sourit-il. C'est pourquoi, venant de moi, tu ne dois rien craindre pour elle. Vois-tu, il est même certain qu'en me confiant ce qu'elle t'avait appris tu l'as sauvée d'un sort regrettable.

Il tourna délicatement l'anneau en or qu'il portait à la main droite :

— Mes espions m'avaient prévenu de cette réunion. Je te l'ai dit. Tu n'as fait que confirmer ce que je savais déjà. Voilà pour le premier point. Ensuite, je crois que, d'une manière ou d'une autre, j'aurais tenté d'entrer au Luxembourg, puisque je ne dispose que de ce moyen pour me sauver. Tu m'as livré une solution qui sera peut-être la bonne… Nous verrons… Si nous réussissons, ce sera donc un peu grâce à Marie de Montigny car, sans elle, je n'aurais pas croisé le rusé Antoine Petitbois. Voudrais-tu que je nuise à mes alliés ? Marie, cette jeune femme à qui tu sembles tenir, en fait partie. Elle ne le sait pas et ne le saura jamais, que nous réchappions de ce périple ou que nous échouions. Mais une chose est certaine. Elle ne fera pas l'objet de ma vindicte.

— Et pour sa fille Hélène ? insistai-je sans penser à le remercier.

— Il en sera de même.

— Son mari ? osai-je encore.

— Vois-tu, soupira-t-il, il vaut mieux connaître ses ennemis. D'eux, on se méfie. On les tient à distance. Ainsi, on les contrôle. Qu'ai-je à faire d'un adversaire mort ? Un autre prendra sa place dans l'ombre et il s'agira peut-être de quelqu'un que je considérais comme un ami… Non, je ne vais pas me priver de cet avantage. Au contraire, je sourirai, le complimenterai pour ses actes et ses tenues… Toutefois, sans jamais boire le vin qu'il me tendra.

— Ainsi, ils ne craignent rien de votre ire.

— Quand je le peux, je me sers de la tempérance, cingla-t-il. Et, si je dois exercer ma vengeance, je le fais avec férocité.

Il resserra la ceinture de soie rouge qu'il portait sur sa soutane noire.

— Tu découvriras, peut-être, tout ceci si je survis à cette journée...

Il ouvrit la porte du carrosse.

— Votre Éminence ! Comment vous remercier ?

— Montre-moi toujours la même fidélité. Et ne parlons plus jamais de ce juste retour des choses. Je m'acquitte toujours de mes dettes. C'est aussi pourquoi, gronda-t-il, il en coûte cher à ceux qui me trahissent...

Il s'éloignait déjà vers les jardins du palais du Luxembourg, dans cette tenue modeste dont les seuls signes de prince de l'Église se montraient dans une ceinture de soie et une calotte ornée de boutons rouges. Oui, ainsi, il pouvait peut-être entrer. Ensuite, il lui faudrait gravir un étage... Dieu ! S'il croisait des gardes, si le verrou de cette porte était lui-même fermé ? Sa silhouette s'effaça. Le cocher cria son ordre à l'attelage. Aussitôt, le carrosse s'ébranla.

Et, pour me tenir compagnie, je n'avais qu'à compter les minutes et les heures de cette redoutable journée.

Chapitre 36

— TOUT EST PERDU !
La nuit venait quand Jacques Lemercier entra dans son atelier, la mine défaite, épuisé, revêtu d'une cape noire sous laquelle se montraient ses habits habituels. Il s'avança d'un pas hésitant, cherchant un lieu pour accueillir son malheur et choisit de s'effondrer dans le fauteuil situé devant la cheminée, où il s'absorba, l'œil hagard, dans l'observation du foyer. Une grosse bûche se brisa net, rompant le silence accablant que je n'osais interrompre et, roulant sur les braises, elle finit son périple sur les bottes de l'architecte. Qui ne broncha pas. Usant des pinces en fer qui se trouvaient au bord de l'âtre, je rendis aux flammes leur pâture et vins me poser près de cet homme, indifférent à mon manège.

— Perdu… Que cherchez-vous à m'annoncer ? essayai-je d'une voix que je m'efforçai de rendre douce.

Il sortit de ces mauvais songes et me regarda fixement :

— Dieu, dans quoi sommes-nous entraînés ?

La peur me serra le ventre ; un tourbillon d'images funestes défila devant mes yeux. Le stratagème avait achoppé. Les espions de Médicis avaient suivi son carrosse, et des gardes se précipitaient déjà pour nous conduire dans une geôle.

— Il faut déguerpir ! criai-je en secouant les épaules de Lemercier.

— Oui, confirma-t-il sans agir. Sans doute le faudrait-il puisque le Cardinal en fait de même…

Ces dernières paroles achevèrent de détruire mes espoirs. Non, je ne rêvais pas. Richelieu avait vraiment échoué. Mais le caractère est ainsi fait qu'il ne peut se résoudre à l'inacceptable. Si l'annonce provoquait ses ravages dans la cervelle, l'esprit refusait de se résoudre.

— Expliquez-vous ! hurlai-je. Qui devons-nous fuir ?

— Médicis autant que le roi, répondit-il d'une voix blanche. Je tiens ces détails de la bouche même de Richelieu.

Qu'il fut long d'obtenir la confession complète de cette journée, et que de temps perdu alors qu'il semblait urgent d'organiser notre départ ! Mais Lemercier cédait peu à peu au regrettable appel de la fatalité. Il ne voulait plus bouger et ne parlait que d'attendre le bourreau. On viendrait. On frapperait à sa porte et il se livrerait à la vengeance du vainqueur, car, selon lui, il ne faisait aucun doute que notre complicité serait mise au jour. Et quand je songeais à m'écarter pour rassembler dans un sac une poignée de vêtements, et une bourse remplie, et peut-être ces papiers qui traînaient sur le bureau – sans jamais parvenir à produire assez de calme pour trier l'accessoire de l'indispensable – ou, quand je voulais courir vers ce coffre dans lequel se trouvait, sans doute, inscrit sur un cahier, le nom de ces quelques amis chez qui nous pourrions nous terrer, l'architecte bloquait mon élan en me retenant par le bras et reprenait un récit, haché de silences et de soupirs.

Richelieu était bien entré au Luxembourg et, comme il le rapporta plus tard dans ses Mémoires, l'occasion d'une porte non barrée lui avait livré l'espoir de se défendre lorsqu'on tâchait de conclure à l'exécution de sa ruine. Si bien qu'il avait débouché dans les appartements de la reine mère, provoquant sa stupeur... Suivie d'une colère formidable... Marie de Médicis n'avait pas fléchi devant le regard de l'intrus et, retrouvant sitôt sa dignité, n'avait pas démenti quand celui-ci « gageait » que leurs Majestés étaient en train de parler de lui. Oui ! braillait-elle, s'approchant du roi, et se serrant à lui pour le supplier, au nom de l'amour d'une mère, de renier ce conseiller car, tempêtait-elle, l'accusé manœuvrait, mentait, trahissait la Couronne, la Chrétienté et Rome. Oui ! conspuait-elle, elle exigeait le bannissement d'un renégat, honni par la cour, la noblesse et le peuple. Et Richelieu n'avait pas manqué de détailler le génie d'une femme, pleurant et hurlant à la fois, souriant à travers ses larmes et se jetant au pied du roi, usant alors de tout son charme afin que plie l'indécision d'un fils.

— Comment le roi a-t-il réagi ? demandai-je en tentant de me lever.

— Il a tourné le dos, me répondit-on en emprisonnant ma main pour que je ne puisse pas m'éloigner. Il a filé à Versailles sans même avoir pris soin de prononcer un mot en faveur de son conseiller.

Louis XIII avait donc fui, lui aussi, abandonnant lâchement son plus fidèle ministre à la vindicte de Médicis qui, exhibant son triomphe, n'avait pas épargné le prélat. Après le départ du roi, la reine mère s'était acharnée à rappeler qu'Armand Jean du Plessis, l'évêque crotté, fait baron de Luçon et devenu cardinal ministre, lui devait tout. Puis, ouvrant cette porte par où il s'était présenté, elle l'avait congédié, plus cruellement que son dernier valet, l'obligeant à quitter la scène par les coulisses puisque ce lieu seul convenait à un homme désavoué. Et, sous un tel feu, il n'y avait, en effet, qu'à s'éclipser.

— Avant de me rendre ma liberté, Richelieu m'a expliqué qu'il partait se terrer à Luçon, dans son fief vendéen.

— Suivons-le ! lançai-je en me dégageant enfin de son emprise.

Une flamme sembla se rallumer dans le regard de l'architecte.

— Levez-vous, insistai-je, croyant avoir gagné la partie.

Mais le bruit d'une cavalcade retentit dans l'escalier. Des hommes montaient et j'entendais le cliquetis de leurs armes frottant à leur ceinture sous le coup de leur marche forcée. Au milieu de ce vacarme, Cunégonde glapissait et tentait de s'opposer à l'assaut.

— Ils viennent nous arrêter, bredouillai-je.

On tambourina à la porte. Et Jacques Lemercier, d'un geste las et désespéré, m'ordonna d'ouvrir.

Chapitre 37

— PRESSEZ-VOUS. Prenez peu d'effets. Un baluchon suffira. La conversation du capitaine se limitait à l'essentiel. Un homme à lui était placé devant la fenêtre avec pour mission de surveiller les allées et venues de la rue Saint-Germain. À la porte de l'atelier se tenait la brave Cunégonde, le visage défait par la peur.

— Que va-t-il nous arriver ? pleurnichait-elle.

— Allons ! Montre-toi digne comme nous le sommes, lança Jacques Lemercier qui, depuis peu, me donnait l'impression de reprendre des forces.

— Dois-je vous préparer un souper ? demanda-t-elle en se tordant les mains, attendant une réponse qui laisserait penser que le cours normal de sa vie n'était pas bouleversé.

— Je ne crois pas, murmura l'architecte.

Puis il se tourna vers le capitaine dont le visage était orné d'une profonde cicatrice :

— Nous sommes prêts.

— Mes hommes passeront devant. Au premier geste – comme ceci, précisa-t-il en levant une main gantée – vous vous arrêterez. S'il y a du grabuge, écartez-vous. En avant…

Il grimaça son ordre à ses troupes, étirant la blessure ancienne qui barrait sa joue gauche :

— Le cardinal de Richelieu est formel, annonça-t-il brutalement. Il les veut vivants…

Et nous suivîmes ces hommes, sur la croyance d'une courte lettre que leur chef nous avait remise en entrant. Ainsi ils ne venaient pas nous arrêter, mais, à l'inverse se prétendaient du Cardinal, munis, pour nous en apporter la preuve, d'un pli dont le sceau reprenait les effigies de saint Pierre et de saint Paul.

— C'est bien la marque de Richelieu, m'avait assuré Lemercier. Les deux apôtres du Christ figurent sur l'anneau qu'il porte à la main droite. Et je reconnaîtrai son écriture entre mille.

— Que dit-il ?

— Presque rien, grinça l'architecte qui s'approcha d'un candélabre pour déchiffrer à nouveau ce message. Il nous annonce qu'il ne quitte plus Paris et nous invite à nous rendre dans la maison où nous nous trouvions la nuit dernière. Nous devons l'attendre. Il n'écrit que cela.

Le cocher de la voiture qui patientait rue Saint-Germain ne prêta aucune attention à ses passagers. Sitôt la porte fermée, il détendit les rênes des chevaux qui, aussitôt, se détachèrent rudement de la chaussée. Le voyage vers la Bastille s'engagea à bon train. Le capitaine fermait la marche tandis que le cocher menait l'allure sous les ordres d'un cavalier placé devant en éclaireur. Celui-ci allait, guidant sa monture d'une main, l'autre brandissant un flambeau qui éclairait la voie et prévenait les rares piétons de notre passage. Si, par mégarde, on ne se reculait pas assez vite, ce cicérone hurlait son ordre et se servait de sa torche comme d'une arme qu'il tournait au-dessus de sa tête avant de l'incliner, bras tendu, à hauteur de ses hanches, n'hésitant pas à frôler les visages des curieux d'éclats sang et or. Alors, on s'effaçait. On faisait place à la voiture.

En arrivant à la Seine, à l'entrée du Pont-Neuf, il fallut cependant ralentir tant la foule était dense. C'était l'heure des diseuses d'aventure, des maquerelles, des marauds prêts à tuer pour le poids d'une bourse. Le jour, les échoppes bigarrées des merciers, des drapiers, des rémouleurs, des écrivains publics, des poissonniers d'eau douce, des espiciers dont les vêtements fleuraient, hiver comme été, les mystères de l'Orient, attiraient sur le Pont-Neuf la populace curieuse et affairée de Paris. La nuit, d'autres commerces prenaient leur suite. On y vendait les corps et les âmes. On s'y enrichissait au jeu avant que l'aube ne ruine et ne vole les illusions de ces ombres où se mêlaient également des enfants en guenilles, venus ici pour tirer l'eau boueuse et nauséabonde à la pompe de la Samaritaine destinée, en principe, à l'alimentation du Louvre et des Tuileries.

Le pont était si encombré que nous dûmes nous arrêter. Mais le cavalier de tête continua sa progression sans égard, faisant plier la foule en se servant des jambes, du poitrail du cheval. Aussitôt, on beugla contre la force, maudissant les seigneurs que l'on croyait transportés. Le cavalier se tourna vers le cocher et il siffla. Le signal suffit pour que l'un et l'autre fassent jaillir leur fouet. Le cuir claqua dans l'air. On recula. Pas assez. La manœuvre reprit. Le coup suivant fut si tendu qu'il vint cingler la joue du balourd enivré de mauvais vin qui ne cédait pas. Il tituba et s'effondra en gémissant, la main accrochée à sa joue saignante. Pas un de ses voisins ne vint à son secours, et l'un d'eux salua son malheur d'un rire diabolique.

— Ordure ! hurla cependant un homme perdu dans la masse.

Notre guide tourna ses rênes, cherchant l'auteur de l'insulte. Des talons, il excitait son cheval qui piaffait sur place et se montrait menaçant, prêt à se jeter en avant, mordant si fort son mors que sa bouche vomit du sel et de l'écume. Tiraillée par les coups de botte, la bête hennit, se cabra. Il y eut un mouvement de panique. On recula encore, on s'entassa pêle-mêle, contre les devantures closes des échoppes du Pont-Neuf qui plièrent à se rompre et gémirent sous le poids de ce magma. Derrière, il n'y avait plus que les eaux sombres de la Seine.

— Qui a assez de courage pour se frotter à moi ? grogna le cavalier en montrant son fouet.

Cela suffit pour étouffer la rébellion.

— En marche ! fit-il ajoutant le geste à la parole.

Notre voiture s'ébranla, frôlant cette engeance où se mêlaient aux vagabonds d'odieuses sorcières qui tendaient la main et tapaient à la porte du carrosse dans l'espoir d'hériter d'une misérable pièce. Mais on trouvait aussi des filles jeunes, offertes, sensuelles à se damner. Elles soulevaient leurs jupes, montraient leurs cuisses nues, caressaient leurs seins dont elle découvrait la pure fermeté en écartant leur chemise. Une audacieuse, une brune au teint doré, s'avança jusqu'à effleurer la jambe du cavalier. Celui-ci répondit d'un coup de pied qui l'envoya au sol. Elle resta ainsi, jambes écartées, et montra son visage à notre passage pour cracher sur la portière.

— Dieu tout-puissant, souffla Jacques Lemercier. Que Dieu vienne au secours de ses créatures...

La cadence reprit. La Seine était passée. Les rues perdirent de leur animation. On se frottait moins au quartier de la Bastille et de sa voisine, la forteresse terrifiante.

Sitôt arrivés, le capitaine nous confia à un moine aussi silencieux que ceux que nous avions croisés la veille. Il nous installa à l'étage, dans la chambre où Jacques Lemercier s'était changé en *porporato*. Combien ce moment me semblait loin ! Mais tout était là, suspendu au temps. Les effets de l'architecte reposaient sur une chaise, pliés par l'une des mains invisibles qui régnaient sur ces lieux. Et nous restâmes ainsi, chacun plongé dans ses pensées, sans savoir ce que nous réservait l'avenir.

Fort tard, un moine vint nous porter une soupe liquide, un brouet sans viande ni légumes qui me laissa le ventre vide et me fit comprendre, en avalant goulûment, combien j'étais affamé. Pourtant, nous engloutîmes ce met monacal, non pas de bon cœur, mais convaincus qu'il fallait remplir nos ventres et nos esprits d'un repas qui pouvait être le dernier que nous partagions librement. Bientôt, la fatigue vint à bout de mes craintes et de mes questions. Quelle heure pouvait-il être ? Le jour se levait-il bientôt ? Mes yeux s'alourdirent et, renonçant à l'effort, je sombrai dans un monde fréquenté par de mauvais songes où se succédèrent, je crois me souvenir, le château de Montigny dévoré par les flammes, la méchante tête de son curé, mes premières heures dans Paris, alors que j'errais, désespéré, avant de céder à l'attirance d'un carrosse sortant de la nuit. Je n'avais jamais revu si nettement ces images du passé, et je crus être soumis à l'examen de conscience précédant tout passage devant l'Éternel. Je revoyais ma vie pour que Dieu forme Son jugement. Tout, donc – ainsi que l'avait prédit Jacques Lemercier –, était fatalement fini. D'ailleurs, la vision cessa et une lueur vive passa devant mes yeux tandis qu'un personnage, enrobé de lumière, se penchait sur moi, et ce ne pouvait être qu'un ange venu de l'au-delà pour me guider dans le Nouveau Monde. « Antoine », souffla-t-il à mon oreille en posant la main sur mon épaule. « Antoine, il est temps de te réveiller... » Mes paupières se décollèrent et je vis l'apparition : un homme habillé de pourpre, et dont le visage, bien que formidablement marqué, me souriait.

Longtemps après, Marie de Médicis reconnut que, si elle n'avait pas « négligé de fermer un verrou, le Cardinal était perdu ». Devrais-je en tirer une fierté particulière, puisque moi, Petitbois, j'étais l'inventeur de cette idée ? Raison gardons. L'important se produisit par la suite et, sans conteste, cette journée des Dupes porta bien son nom, car qui croyait réussir échoua ; et qui croyait perdre l'emporta.

Louis XIII avait préféré se retirer à Versailles pour ne plus avoir à supporter les criaillements de sa mère. Et son conseiller s'était vu perdu. Mais, dans son relais de chasse, le roi avait entendu l'avis de ses proches, dont celui du duc de Saint-Simon, allié du prélat, et, par un retournement que l'on qualifiera d'imprévu, le souverain décida alors de recevoir le banni.

Tout s'était mis en place à l'aube. Informé de ce sursis inespéré, le Cardinal fit atteler un carrosse à quatre chevaux et fila ventre à terre à Versailles, emportant à son bord ses derniers espoirs. Deux jours qu'il ne dormait pas, et il se présenta au suzerain tel l'humble évêque crotté que raillait la reine mère. Il s'agenouilla aux pieds de son maître et, saisissant sa main, la baisa, répétant que sa fidélité et sa soumission, dans l'exil auquel il se préparait, resteraient à l'image de ces années où il avait servi avec honneur, fierté et honnêteté un roi et un homme à qui il réserverait dans son cœur et dans ses prières – quel que soit le sort qui l'attendait – la tendresse, l'amitié, l'affection qu'un père pouvait porter à un fils. Le roi, touché par ces mots sincères, se souvint de ces heures et de ces nuits où ils avaient œuvré ensemble, sans différence, sans gaucherie, échangeant également les joies et les peines. Combien ils avaient partagé les secrets, l'émotion des frères d'armes ! Pourtant, ce matin, Richelieu ne réclamait aucune faveur et ne cherchait pas à sauver sa personne. Plus encore que n'importe quel argument de raison, cette attitude toucha le roi.

Appliquant sa méthode, Louis XIII reçut l'hommage en silence et, se détournant alors, il contempla les vues de ce domaine dont il aimait la sauvagerie et le calme, et il resta longtemps ainsi, silencieux, pensif, mesurant le poids de sa charge et les terribles effets du choix qu'il devait arrêter. Médicis, arrogante et fière, ou cet homme qui demeurait à genoux, attendant que la sentence tombe ? Couper les liens du sang, si souvent chahutés, ou bannir celui qui, âme en paix, se montrait soumis à la divine volonté d'un roi que rien n'empêcherait d'agir ?

Les paroles de Saint-Simon plaidant la cause du Cardinal sonnaient à l'oreille de Louis XIII. « Il est votre allié, votre recours. Il subit l'assaut des frondeurs, des féodaux sans rechigner, sans céder. Il vous défend et ne vous trahit jamais. » Le roi soupira et, se retournant, pria son conseiller de se relever afin d'expliquer son entrée audacieuse dont Médicis avait parlé comme d'un outrage. Forcer la porte et se présenter à leurs Majestés sans y avoir été invité ! Louis XIII prenait l'air furieux, mais ses yeux riaient de bonheur. La stupéfaction de sa mère devant cet assaut inédit l'avait réjoui au plus haut point. Le souffle court, les mains serrant sa gorge, Marie de Médicis, suffoquant et cherchant ses mots, s'était tournée vers son fils pour le supplier d'agir, de condamner cette barbarie, de chasser son auteur. Or, le roi n'avait rien reproché à l'intrus, ravi de voir cette femme en défaut et prise à son propre piège, puisqu'elle n'avait pas agi autrement en organisant cette réunion secrète dans l'espoir d'emporter sauvagement la partie. Richelieu était entré comme un voleur ! rugissait-elle à présent... Mais qui avait cherché à voler l'opinion du roi ? Richelieu ne voulait que défendre son point de vue et ne parlait pas de cette disgrâce que la reine mère ne cessait d'exiger avec rage et fureur. Le prélat, à l'inverse, gardait son calme, et Louis XIII reconnaissait dans ces nobles manières celles d'un grand homme. Lui-même, s'il avait dû figurer à la place de son vis-à-vis, aurait-il eu ce courage ? Ces pensées affectueuses qui influençaient son avis et l'invitaient à comprendre – à pardonner – se montraient si vivement dans la salle de chasse de Versailles que Richelieu eut peu de mal à plaider une cause qu'il affirmait conforme à celle de son seigneur. Il expliqua longuement, patiemment, simplement qu'en s'alliant aux protestants d'Allemagne, il œuvrait dans la continuité du roi Henri IV, hissé au-dessus de toutes les confessions, arbitre de tous les Français, et détenteur d'un pouvoir qui devait, coûte que coûte, échapper aux catholiques, aux protestants ou à Rome, puisqu'il s'agissait de gouverner la France.

Le roi l'entendit sans l'interrompre – mais son esprit avait tranché dès le début de l'entretien. Il éprouvait du plaisir à s'accorder avec celui qui lui avait déjà tant donné. Vers la fin du discours, il ordonna à son conseiller de se rendre au Louvre pour reprendre ses fonctions. Richelieu était confirmé et Médicis, défaite, ne le savait pas encore.

Au cours de cette journée du 11 novembre 1630, les courtisans se précipitaient encore à sa suite, saluant bas la prêtresse des dévots et la maîtresse éphémère du Louvre. On eut l'occasion de voir les ravages de la courtisanerie dont ses plus vils adeptes usaient à profusion et sans pudeur afin d'estimer s'ils seraient adoubés ou proscrits. Ils s'approchaient de la reine mère, s'inclinaient plus bas que terre, osaient une mimique soumise dans l'espoir d'obtenir en retour un simple battement de cils. On spéculait sur les charges à redistribuer, parlant sans suite logique de la décapitation sociale à venir des alliés de feu Richelieu. On prédisait la saine révolution des charges et des taxes exécrables qu'avait imposées le maudit prélat à la noblesse. Ce matin-là, on se sentait féodal et dévot, annonçant bien haut que l'on se rendait à la messe afin de confesser ses péchés et de laver ses fautes, vouant à l'enfer – et dans une même pensée peu charitable – ceux qui s'acharnaient à défendre le Cardinal. À midi, l'affaire était entendue. Tout le sujet était de découvrir le nom des convives qui souperaient avec Médicis pour fêter son triomphe. On achetait des informations dans l'espoir d'approcher les élus et d'être retenu à leur table.

C'est alors qu'une furieuse contre-rumeur se propagea. Médicis quittait Paris. Gaston d'Orléans en aurait déjà fait autant. D'abord, on sourit de tant de médisances, mais, afin d'étrangler ce bruit, on courut çà et là dans le vaste palais. Et Dieu que la Grande Galerie édifiée par Henri IV parut longue... Marie de Médicis était-elle dans les jardins des Tuileries comme on le murmurait ? On soudoya des jardiniers, des femmes de chambre, des valets. L'un d'eux, à court d'idées, finit par glisser qu'il lui semblait avoir aperçu des malles aux armes de Médicis... Il n'en fallut guère plus pour que, de fil en aiguille et de bouche en oreille, le tintamarre se transforme en saine certitude. Le carrosse de la reine mère voguait vers Compiègne où elle serait emprisonnée par son propre fils. Ce retournement spectaculaire parut bien banal, puisqu'elle avait déjà subi, à Blois, le même affront des années plus tôt [1].

Dans la soirée, les langues informées – et dirigées par Richelieu – se répandirent dans les nobles hôtels de Paris. Louis XIII avait rencontré le concurrent de sa mère. Ils avaient parlé et le prélat était reparti libre. Aussitôt, les manteaux se retournèrent. Ainsi, sans avoir à agir, le cardinal de Richelieu, duc et pair, se présenta en conquérant à une Cour soumise.

La vérité oblige à préciser que Marie de Médicis n'était pas encore arrêtée, mais ce n'était guère mieux. Elle se terrait dans ses appartements, attendant les courtisans du matin qui, frivoles, trouvaient, soudain, mieux à faire que de lui tenir compagnie. Quand le soleil se coucha, elle se sentit seule. À la nuit tombée, un mousquetaire vint lui annoncer sa disgrâce. Le roi voulait l'entendre pour l'informer d'un exil au château de Compiègne. Ce fut de trop. Elle

---
1. En 1619. Voir la note 1 du chapitre 29. Médicis s'évada de Blois par une fenêtre.

renvoya le cuistre et, martelant d'un pas rageur le sol du Luxembourg, convoqua une ultime poignée de fidèles. Parmi eux, les traîtres habités par la peur ne manquaient pas. Et s'y mêlaient les espions du Cardinal... Les uns et les autres n'eurent qu'à noter ses dires et se rendirent en courant chez le Cardinal afin de lui annoncer que la reine mère comptait s'installer dans la place forte de La Capelle, près de Laon, afin d'organiser la résistance. Et si Louis XIII avait encore des doutes, le pli racontant cet épisode – et que lui fit parvenir son conseiller – y mit fin. Résister signifiait que sa propre mère envisageait de s'opposer de nouveau à lui. Il lui revint l'entretien avec le Cardinal. Qui, donc, n'avait pas menti. Alors, sentant venir l'orage, une kyrielle de mauvaises langues, oisives et bien pendues – des zélateurs obséquieux – distilla son poison, rappelant, le cœur léger, et de manière exactement contraire à la matinée, ces infidélités anciennes dont Marie de Médicis semblait coutumière et qui confirmaient un Richelieu n'ayant nul besoin d'ajouter une parole.

Le lendemain de cette journée des Dupes, tout se confirmait, tout allait dans son sens, portant tel le mauvais vent la pire des infections dans le camp de ses adversaires. Oui, le Cardinal l'emportait – et surtout, grâce à la lâcheté de ceux qui, hier, juraient sa perte et, désormais, montraient la même ardeur à le soutenir. En était-il dupe, pour autant ? J'appris bientôt que, chez lui, la férocité n'avait d'égal que la clémence. Il pardonnait ou se montrait radicalement cruel sans jamais nuancer cette loi sauvage.

Mais, ce 11 novembre, en se penchant vers moi qui étais endormi dans cette maison de la Bastille, où œuvraient en silence les moines de l'abbaye de Saint-Antoine, il ne montrait, exceptionnellement, que la part dulcifiée de son âme.

— J'ai gagné. Je reviens à la Cour, annonça doucement cet homme à nouveau couronné de pourpre.

— Ainsi, cette folie a fini par réussir, soupira Jacques Lemercier qui se réveillait de même, le cheveu ébouriffé.

— Rien ne s'arrête, lui répondit le triomphateur. Dès demain, il faut reprendre l'ouvrage, veiller sur ses arrières, tenir à distance les jalousies... Et se méfier de tous, y compris de ceux qui prétendront m'aider, lança-t-il en me regardant en coin.

— Ah ! sursautai-je. Sur nous, vous pouvez compter...

— En es-tu certain ? répondit Richelieu en se tournant franchement vers moi.

— Je le jure, m'emportai-je, allant, sans le savoir, vers où il voulait m'entraîner.

— Si tu veux me servir, cingla-t-il, soupèse tous tes mots. M'aider ! Jusqu'où irais-tu pour le faire ? Sais-tu les dangers que je cours ? As-tu idée du nombre de cabales qui se nouent dans l'espoir que je chute, alors que l'on fait mine de m'acclamer ?

Il ne chercha pas à cacher sa lassitude :

— Hypocrisie et mensonge, voilà ce que j'affronte. Abnégation et fidélité, voici le lot de ceux qui rejoignent ma cause. Me servir, c'est agir dans l'ombre, c'est refuser la gloire, c'est n'espérer ni or ni fortune...

Lemercier choisit ce moment pour s'interposer :

— Envisagez-vous d'en faire l'un de vos espions ? glissa-t-il d'une voix glaciale.

La nouvelle me transperça. Espion de Richelieu ! Je songeai aussitôt à l'honneur, au mystère, à ce destin qui se montrait, aux prouesses qu'il annonçait... J'ignorais ses dangers.

— Je dois me méfier des hommes du passé et j'ai mesuré combien ce jeune garçon pouvait être rusé, répondit le Cardinal sans regarder son architecte.

— C'est vrai, claironnai-je, emporté par la fougue. Je sais me glisser partout sans que l'on me voie. J'écoute, je détaille. Et n'oubliez pas que c'est ainsi que j'ai découvert la rencontre entre la reine mère et son fils...

— As-tu d'autres arguments pour me convaincre ? me demanda Richelieu qui peu à peu m'enfermait dans son piège et gagnait la partie.

— Antoine ! cingla Lemercier pour que je me taise.

Mais la tentation fut trop grande :

— Oui, assurai-je, alors que mon sang tambourinait pour me pousser à répondre. Je sais, par exemple, jetai-je sans réfléchir, qu'il se trame des choses étranges au sein de la Compagnie des Cent-Associés.

C'était sorti de ma tête sans hésiter, puisque le Québec y patientait, attendant le bon moment pour se rappeler à l'ordre. La Compagnie ! Celle des Cent-Associés, celle créée par Richelieu... Le sujet ne pouvait le laisser indifférent. D'ailleurs, j'en eus immédiatement la preuve. Le Cardinal ne put cacher son étonnement. Cela ne dura pas, mais j'étais convaincu d'avoir touché un point sensible.

— Nous pourrions au moins essayer, murmura-t-il simplement. On ne te connaît pas à la cour. On ne t'a jamais vu à mes côtés... Personne ne se méfiera de toi. Tu viendrais sous couvert de la construction de mon palais puisque tu y travailles et, si je te demandais de rester avec moi, qui s'en étonnerait ? Oui, fit-il mine de réfléchir alors qu'il cherchait surtout à me convaincre, j'aurais plus de facilité à te parler sans user d'imprudence. Voilà aussi le moyen d'assurer ta protection. Alors, que décidons-nous ? conclut-il en me laissant croire que c'était à moi de trancher.

Je voulus interroger du regard Jacques Lemercier, mais celui-ci détourna le visage, cachant son désarroi. Il désapprouvait sévèrement. Et qu'aurais-je fait s'il s'était *véritablement* opposé ?

Je me taisais, j'hésitais, tout tournait. Quand, brusquement :

— Il le veut, se manifesta enfin l'architecte d'une voix faible. Et s'il ne vous répond pas, c'est à cause de moi puisqu'il sait que je le considère comme un fils.

— Je vous promets de l'accueillir ainsi, lui répondit le prélat. S'il m'est fidèle, il comptera dans ma *familia*.

Et, alors que Lemercier semblait se résigner en entendant ce mot [1] dont j'ignorais alors le sens et la portée, il se pencha vers moi :

— Que décides-tu ? répéta-t-il pour la dernière fois.

---

1. Entrer dans la famille de Richelieu équivaut à signer une sorte d'engagement définitif, fondé sur la fidélité et les valeurs de la famille, et ne supportant aucune exception.

Chapitre 38

J'AVAIS RÉPONDU OUI pour le bonheur enivrant d'être reconnu par un homme d'exception. J'étais honoré, adoubé, élevé à un rang qu'un ancien manant comparait à un titre. Je refusais de voir le regard douloureux de Jacques Lemercier qui, en silence, me suppliait de refuser. J'étais tels les compagnons d'Ulysse attirés par le chant des sirènes, n'imaginant que le meilleur, et m'interdisant de penser aux effets d'un tel engagement. La *familia* Richelieu ! Après tant d'années, je peux trier le meilleur du pire, et m'amuse en secret en entendant ceux qui prétendent en avoir fait partie. Laissez-moi dire que les membres importants et les plus proches restèrent anonymes. Nos bras, nos jambes, ces instruments de la *familia* agissaient dans l'ombre. Abnégation et fidélité, avait annoncé le Cardinal. « Voici le lot de ceux qui me rejoignent. Me servir, c'est refuser la gloire, n'espérer ni or ni fortune. » Aucun, en effet, ne s'est enrichi ou n'a profité des lambris des palais, car tous ont œuvré dans l'ombre, fréquenté les arrière-scènes, les rues borgnes et les gens louches, revêtus du manteau de l'abnégation. Quels noms l'Histoire retiendra-t-elle ? Ce n'est pas un fidèle, ayant promis le silence, qu'il faut questionner. Ai-je même connu la totalité de ceux qui pourraient revendiquer cette fameuse appellation ? Car, combien ont défilé sous mes yeux sans que je sache ce qui nous unissait ?

Parce qu'ils demeureront certainement célèbres et qu'en cela je ne trahis aucun secret, je citerai le capucin François-Joseph Le Clerc du Tremblay, un père Joseph dont l'allure modeste n'ôtait rien à son surnom d'*éminence grise*, ou encore Théophraste Renaudot, la plume armée du discours cardinalice qui inventa *La Gazette* et servit ses idées. Mais saura-t-on un jour que ces deux-là, Joseph et Théophraste, s'étaient croisés dans leur jeunesse, comme attirés par un même esprit et un même projet alors que tout séparait ce catholique et ce protestant ? Ainsi, et sans livrer pour le moment plus de noms, j'assure que le hasard occupait peu de place dans la constitution de la *familia*. Les hommes s'aimantaient par la grâce et le génie de son créateur. Ils s'unissaient naturellement pour vouloir partager une même cause.

M'accusera-t-on de partialité, me traitera-t-on d'hagiographe ? Voici la preuve que la *familia* contenait une part d'inexplicable et – du haut des Cieux, que Son Éminence me pardonne ! – de miraculeux. Se souvient-on que j'avais moi-même déjà rencontré Renaudot avant qu'il ne me soit présenté, car il s'agissait de celui à qui je m'étais adressé quand je marchais le long de la rivière Seine, après avoir quitté Gaston Galapiat, ce charretier volubile qui m'avait mené dans Paris ? Bien sûr, il s'agissait d'un hasard. Peut-être… Pour s'en assurer, attendons de savoir comment et pourquoi je fus appelé à revoir ce médecin, converti aux bienfaits de la presse et de la charité – ce qui ne tardera point.

La *familia* ! Un clan, une coterie, une chapelle, murmuraient nos détracteurs qui détestaient ce parti dévoué à son gouverneur. Qu'y avait-il de mieux pour moi qui étais orphelin ? Je n'oublie pas ce que fut et ce que fit Jacques Lemercier, combien il se montra paternel. Mais, en rejoignant Richelieu, je ne le quittais pas, car nous demeurions dans le même camp. Je m'éloignais un peu et promettais de revenir tel que l'aurait fait l'enfant prodigue à son père miséricordieux.

L'honnêteté de cet homme n'expliquait pas entièrement pourquoi il m'avait laissé libre de choisir. En fin négociateur, Richelieu n'avait parlé que d'un essai. Il voulait juger sa recrue et prenait pour prétexte mon étrange déclaration sur la Nouvelle-France. Sans doute lui suffisait-il de m'interroger sur-le-champ, mais l'urgence, affirmait-il, l'obligeait à retourner près du roi. Il me convoqua donc pour le lendemain, ajoutant, pour rassurer Lemercier, que ce dernier ne me perdrait pas, car il fallait conserver mon métier pour entrer au Louvre sans attirer l'attention. La méthode mêlait donc un rôle officiel à celui de la recrue, compliquant le repérage des membres de la *familia*. Et si je savais me montrer discret, personne ne s'intéresserait à un commis portant des plans sous le bras, d'autant que le Cardinal aurait pris soin de préciser à son entourage que ce jeune garçon pouvait venir sans demander audience, compte tenu du sujet auquel on savait qu'il accordait de l'importance. Ainsi, le Cardinal voyait déjà plus loin que ce premier rendez-vous, mais, soufflant avec adresse le chaud et le froid, il laissait entendre que je ne coupais pas les ponts avec l'atelier de la rue Saint-Germain et, pour cette raison, l'architecte se fit une raison. Plus qu'un discours, l'expérience se chargerait de me montrer la rudesse d'un contrat auquel, espérait-il, je renoncerais de moi-même. D'ailleurs, que pouvait-il dire pour m'influencer ? Prétendre que cette vie serait sombre ? Que Richelieu était impitoyable ? Que les caractères que je croiserais seraient retors ? Que la perversité, la trahison, le mensonge formeraient mon lot quotidien ? Que le secret, tel qu'il me l'avait appris, était le pire des fardeaux, puisqu'il ne pouvait se partager ? Ses paroles, ses conseils, ses mises en garde, je ne les aurais pas écoutés, et, en sage, il le savait. Il fallait que je mesure le prodigieux écart entre mes rêves et la réalité. Et que je décide. Aussi, ce matin du 12 novembre 1630, je l'avais délaissé pour me rendre au Louvre, faisant mine d'ignorer son regard attristé qui valait toutes les remontrances qu'il m'avait épargnées.

Sitôt sorti, j'oubliai ce visage qui gâchait ma joie, impatient de vivre le moment où une modeste personne entrerait rien de moins qu'au Louvre. L'appréhension me gagna cependant quand il fallut s'annoncer au barrage du palais, mais, à l'inverse du jour où, naïvement je m'étais présenté pouilleux, tenant en main la maudite recommandation du curé de Montigny, je possédais la tenue et les lettres qui firent se lever les lances et les hallebardes sans le plus petit émoi. On accordait peu d'intérêt à mon endroit. Je n'étais pas *persona grata*, tout juste considéré et, je franchis le seuil du pavillon de Flore [1], bouclant un parcours qui me conduisait, là où, dans une autre vie, j'avais espéré me rendre.

Le garde me conduisit jusqu'à un escalier et tourna les talons en précisant qu'un coreligionnaire, de faction à l'étage, me servirait alors de guide. Il m'abandonna ainsi, sans défiance, au bord du sanctuaire princier, prouvant combien il pouvait être aussi simple que compliqué d'y pénétrer. Mes yeux s'écarquillèrent pour accueillir la splendeur, mais l'endroit était triste, dépouillé d'apparats. Pas un tableau, pas un portrait des rois de France qui, de Philippe Auguste à aujourd'hui, avaient bâti ces lieux cinq fois centenaires [2]. Les murs de l'escalier qui conduisait à la grande galerie n'étaient recouverts d'aucune tapisserie, le plafond d'aucune décoration et, pour éclairage, on avait fixé çà et là de grossiers flambeaux vomissant la suie. Patience, me rassurai-je, ce n'est que le passage au bord de l'eau. Là-bas, il y a le pavillon du Roi, la salle des Caryatides pour les fastes de la Cour, les appartements seigneuriaux. Le beau est loin, accessible aux élus… Ce détroit passé, tu trouveras des trésors dont le plus précieux était, racontait-on dans les temps anciens, des milliers de livres rares, réunis autrefois dans une bibliothèque éclairée par trente chandeliers en argent magnifiant la voûte lambrissée de cyprès qu'une armée d'artisans talentueux avait sculptée. Patience, me redis-je, tu découvriras bientôt ces richesses ou d'autres puisque, par la volonté de Richelieu, tu as désormais le droit d'entrer, d'aller et de venir…

Car n'étais-je pas l'auxiliaire du grand prélat ?

---

1. Situé du côté des Tuileries, le pavillon de Flore conduit à la Grande Galerie, passage d'une longueur de 450 mètres remontant le long de la Seine jusqu'au pavillon du Roi et l'emplacement de l'ancien château médiéval, aujourd'hui la Cour carrée. La galerie édifiée par Henri IV reliait les Tuileries au Louvre.

2. Le Louvre remonte à 1190. Pour protéger Paris des invasions normandes, Philippe Auguste fit construire un rempart devant la place de Grève (place de l'Hôtel-de-Ville), flanqué de dix tours défensives et entouré d'un fossé en eau. Au milieu, on trouvait encore un donjon où étaient enfermés les archives et le trésor royal.

⚜

Fort de cette certitude, j'avançai à pas lents, goûtant les délices du moment. J'entrais dans un lieu bouleversé par la journée des Dupes et je me répétais que j'étais complice d'un retournement formidable qui avait chamboulé l'Histoire. Qui, parmi ceux que je croiserais, pourrait se douter qu'un commis avait joué un rôle crucial dans ce coup de théâtre dont Richelieu avait triomphé ? Et je m'attendais à trouver des têtes affolées ou résolues à leur sort. Mais cette morne galerie n'était pas investie par les gémissements des perdants ou les cris des gagnants. N'y régnait que le calme studieux d'une ruche. Tous se pressaient de rejoindre leur tâche, les bras chargés de papiers. Dans ce monde bizarrement laborieux, rien n'avait-il donc changé ? Cette question me laissa si songeur que je m'immobilisai pour y réfléchir – ce qui jeta le trouble dans le flux. Et, en restant ainsi au milieu du passage, je reçus le coup d'épaule d'un homme pressé de se déplacer.

Le quidam se retourna et porta la main à son chapeau. Sans plus de politesse, il reprit sa marche. Mais j'avais vu son visage et, bien que ce souvenir remontât fort loin, je fus frappé de stupeur. Ces yeux bleus, ces traits fins rehaussés d'un bouc, je n'avais pu les oublier, même si notre rencontre datait des premières heures de mon entrée dans Paris. J'ai décrit ce moment où je traversais la Seine sur un bac dans l'espoir – stupide – d'être reçu au Louvre. Et j'en gardais le souvenir de deux personnages en pleine conspiration contre Richelieu. L'un deux s'était montré un instant alors qu'il chuchotait à l'oreille de son acolyte, et il s'agissait de lui. Thierry de Millard... Ce nom, lâché par l'autre, je l'avais imprimé dans ma mémoire. Le hasard, m'interrogeais-je plus haut ? Non ! La Grâce, livrant à un moine novice missionné par la Foi son premier infidèle. Maintenant qu'il me tournait le dos, je voyais le manteau de laine ourlé de fils d'or et de rouge du renégat, ses bottes lustrées, cette épée d'apparat au pommeau ciselé dans l'argent qu'il portait au côté. Je bondis afin de vérifier un détail et, me plaçant derrière lui, j'estimai sa taille en la comparant à la mienne, plus modeste. Cinq pieds, trois pouces. Il n'y avait aucun doute. Le mal empruntait un chemin proche de Richelieu. Ah ! me dis-je, pour un premier jour, la prise est bonne. Car je me souvenais des paroles de Thierry de Millard, félon aux allures de noble. « Au moins, nous savons qu'il craint pour sa personne, soufflait-il à son complice en évoquant le Cardinal. Étudions le moyen de tirer profit de cette situation. Il faut nous réunir en secret… » Des paroles qui sonnaient comme celles d'un apostat… démasqué. Mais fallait-il le suivre ou le précéder ? Courir ou patienter pour apprendre le nom du traître chez qui il se rendait ? La panique s'empara de moi alors que je parvenais à l'autre extrémité de la galerie. Où un garde se mit en travers de ma route quand il laissait aller l'ignoble Millard.

— Qui cherchez-vous ? me demanda-t-on fermement.

Je sortis fébrilement mon accréditation. Je montrai mes plans, mes papiers. J'étais prêt à tout pour qu'on me laisse partir tandis que Millard parvenait au fond du couloir et prenait sur sa gauche et s'échappait…

— Ainsi, vous venez voir le cardinal Richelieu, marmonna le garde, indifférent à mon état fébrile.

— Oui, oui ! De grâce, je suis très en retard…

— Suivez ce couloir. Non ! Pas ici. Vous entrez dans la galerie des rois. Puis tournez à main gauche, m'indiqua-t-il enfin, joignant le geste à la parole.

Mordiou ! Millard allait de même. Et une épée à la hanche…

— Oh !

Le garde m'appelait alors que je m'étais déjà éloigné.

— Vos papiers. Vous les oubliez…

— Merci, merci. Adieu…

— Et ne courez pas ainsi. On croirait voir un conspirateur.

Un comble ! Mais je souris niaisement pour qu'il me laisse en paix et repartis corps en avant, m'aidant de mes bras pour fendre l'air aussi aussi vite que possible et suppliant mes jambes de trotter de plus belle, afin de barrer la route à l'imposteur. Dieu ! quelle matinée, et je n'étais pas au bout de mes surprises car, en virant à gauche, je découvris un cul-de-sac. Au fond, une porte à double panneau. Devant un valet. Et, discutant calmement avec lui, Thierry de Millard. « Son Éminence vous attendait », eus-je le temps d'entendre avant que le valet n'ouvrît la porte et ne s'effaçât pour laisser entrer cet homme qui venait, à coup sûr, tuer Richelieu.

— Attendez ! criai-je de loin.

Mais la porte était déjà close.

Le valet, un peu vieux et très raide, me regarda avec stupéfaction.

— Je... J'ai... bredouillai-je en me présentant devant lui. J'ai une lettre urgente à remettre au Cardinal. Je dois entrer. Là ! De suite !

Ce ton familier, ces méthodes curieuses, cette allure en bataille ne firent que me rendre plus suspect.

— Donnez-moi ce pli. Je le transmettrai à qui de droit.

— C'est impossible ! J'ai ordre de le remettre en mains propres.

Je crois que jamais espion, dont la première règle est de se fondre dans l'ombre, ne fut plus maladroit... Mais je débutais, n'est-il pas ?

— Ouvrez cette porte ! hurlai-je encore.

Si bien qu'elle s'ouvrit, en effet. Mais celui qui tenait la poignée s'appelait Richelieu. Et son regard suffit pour que je saisisse au premier coup d'œil ce que l'on craignait le plus chez lui : la colère.

— Qu'y a-t-il ? gronda-t-il en me dévisageant.

— Votre Éminence... débutai-je d'une voix affolée.

— Que veut ce jeune garçon ? demanda-t-il alors au valet, comme s'il ne me connaissait pas. Qui l'a laissé passer ?

Le garde qui m'avait accueilli sur le palier, et que ces cris avaient alerté, choisit ce moment pour s'annoncer.

— Ses papiers semblent indiquer qu'il représente votre architecte.

— Je comprends mieux de qui il s'agit, soupira Richelieu.

Et, me dévisageant de telle sorte que je crus moi-même qu'il me découvrait pour la première fois, il se décida à me questionner d'un ton morne et distant :

— Pourquoi faut-il que vous soyez si pressé de me voir ?

Il jouait si parfaitement la comédie que j'en fus le premier surpris. Et, je l'avoue, sournoisement blessé. Je dus rester muet assez longtemps, car il reprit la parole en s'approchant de telle sorte que moi seul pouvais voir son regard :

— Qu'y a-t-il pour que vous montriez tant d'effroi ?

Ses yeux brillèrent le temps d'un éclair. Ah ! le joli message qu'il m'envoyait et le beau rôle qu'il tenait. Et je compris que je devais, sans doute, agir de même.

— Je détiens une lettre urgente de mon maître l'architecte Jacques Lemercier, finis-je par balbutier.

— Cela ne pouvait-il pas attendre ?

— Pardonnez, je vous prie, ces méthodes, mais je crains que non. Et je ne suis guère habitué...

— Donnez-la-moi, fit-il en tendant une main.

— Je dois ajouter ceci.

Sans plus réfléchir, je saisis la plume qui traînait sur le bureau du valet et griffonnai quelques mots sur le papier dont je m'étais muni : « Il y a un certain Millard dans votre bureau. Je le connais. Danger... »

— Voilà, dis-je d'une voix tremblante, en lui tendant mon message.

Il lut calmement et le serra dans sa poigne :

— Attendez-moi ici. Je vous donnerai ma réponse.

Et il retourna s'enfermer.

Peut-on imaginer les minutes suivantes ? J'allais de long en large, je le voyais mort, je tendais l'oreille, prêt à entendre le râle du Cardinal. Et si je retrouvais mon calme, j'imaginais son visage furieux, car il n'avait pas sonné la garde. Il fallait donc en conclure que Millard n'était peut-être pas un traître. Il me vint l'idée que j'avais croisé un membre de la *familia*, rodé au double jeu. Ainsi, le jour où je l'avais vu, croyant découvrir un complot, ne fréquentait-il pas, à l'inverse, un adversaire de notre camp pour mieux l'étouffer ? Si ce point de vue s'avérait juste, mon erreur de jugement devenait redoutable. À cela, s'ajoutait la fébrilité de mon entrée dont je mesurais, bien qu'inexpérimenté, qu'elle siégeait aux antipodes de la discrétion, vertu... cardinale de mon nouveau métier.

Quand la porte se rouvrit enfin, Richelieu était vivant et il souriait à Thierry de Millard. Ils se saluèrent civilement, échangèrent également quelques banalités et, sans un regard pour moi, le visiteur s'éclipsa tandis que son hôte retournait s'enfermer dans son bureau sans consacrer plus d'attention à ma personne.

Et j'en déduisis tristement que ma vie d'espion n'avait duré qu'un matin.

Chapitre 39

— **L**A PORTE DE LA PIÈCE où se trouve le cardinal de Richelieu se veut assez épaisse pour résister aux oreilles indiscrètes, me racontait le valet en roulant des yeux. Rien ne filtre, même quand la colère entre dans le saint des saints...

— Pourquoi m'expliquez-vous cela ? réclamai-je du bout des lèvres.

— Parce que vous patientez dans ce vestibule depuis fort longtemps et que votre tour passe chaque fois qu'un nouveau visiteur se présente. Il y a de l'agitation dans l'air. Sans compter le nombre de coursiers qui sont venus porter un pli au ministre du roi. Les avez-vous comptés ?

— Non, lui avouai-je, me maudissant de ne pas avoir noté ce détail comme l'aurait fait un espion rusé.

— Dix, calcula-t-il sur ses doigts. Dix estafettes... Je connais cette méthode. Précipitation et affolement... C'est un air de déjà-vu.

— Qui signifie ? déglutis-je.

— Avant de vous répondre, j'ajoute que j'ai remarqué la façon dont use Son Éminence pour vous dévisager quand il sort afin d'accueillir ceux qui vous passent sous le nez. Faites confiance à mon expérience. Vous ne lui plaisez pas. Sans chercher à vous être désagréable, je pense qu'il a mieux à faire, et de plus important, que de recevoir le petit commis d'un architecte. Oui, cela sent le grabuge, ajouta-t-il en tendant les narines. Je devine une affaire aussi grave que la journée des Dupes... Ah ! Dieu. Ce palais ne retrouvera donc jamais la paix...

Il se gratta le menton :

— Croyez-moi, j'en déduis que l'humeur de mon maître est sombre et, s'il se décidait à vous recevoir, il vaut mieux que votre mission soit de première urgence. Sinon, vous aurez droit à une tornade de mots saignants à laquelle se mêleront les va-et-vient enragés de son manteau rouge quand il décidera subitement de parcourir l'étendue de son vaste bureau à grandes enjambées. Oui, s'il se lève et commence à marcher de-ci, de-là, fendant et balayant l'air, l'affaire est mal engagée...

— Que me conseillez-vous de faire ? parvins-je à murmurer.

— Ne bronchez pas. Il s'agit peut-être d'un coup de vent passager. Courbez l'échine. Ne répondez pas ! Mais, soupira-t-il, parfois la tempête s'éternise. Dans ce cas, maudissez ce moment, priez pour qu'il s'achève. Sortez, dès qu'il vous l'ordonne. Ne le suppliez pas. Fuyez !

La porte s'ouvrit à cet instant. Le valet se précipita pour tenir la poignée. Aussi zélé qu'il fut, le Cardinal ne le gratifia d'aucun regard.

— Entrez, fit claquer ce dernier en s'adressant à moi.

Et, aussitôt, il tourna les talons.

— Courage, mon petit monsieur, murmura le laquais dans mon dos.

Il se tenait debout, derrière son bureau. Il ne bougeait pas. Il me fixait intensément sans découvrir ses sentiments. Un sermon, me disais-je. Au moins, qu'il le fasse, qu'il s'irrite, qu'il s'emporte ! Qu'ainsi, il me montre son intérêt, plutôt que de subir son indifférence, prémices d'un renvoi brutal, d'une exécution sans appel. J'attendais, espérant presque la colère annoncée par le domestique, mais le silence se prolongeait, tandis que je restais immobile, tétanisé par ce moment glacial et inhumain.

— Cesse de sauter d'un pied à l'autre en te tordant les mains !

Le maudit sursaut que je fis ! Mais, au moins, il réagissait. Certes, d'une voix exaspérée à laquelle s'ajoutaient de furieux mouvements des jambes qui le conduisirent, ainsi qu'on me l'avait annoncé, plusieurs fois d'un bord à l'autre du bureau avant de décider de s'installer lourdement dans un siège, de poser les mains à plat sur le meuble. De ne plus bouger.

— Assieds-toi, Antoine, soupira-t-il, étonnamment calme, comme si l'exercice précédent l'avait apaisé.

Ce n'est qu'une accalmie, imaginai-je, de celle dont se nourrissent les ouragans pour mieux se déchaîner.

— La colère est mauvaise conseillère, glissa-t-il. Elle m'empêche de penser. Pourtant, rien n'y fait, je suis furieux.

Après moi, sans doute. Et, oubliant l'instruction du valet, j'ouvris imprudemment la bouche, décidé à être entendu avant d'être condamné.

— En reconnaissant ce personnage, Thierry de Millard, débutai-je sans que l'on m'ait invité à parler, j'ai craint le pire car, il y a longtemps, je me suis trouvé à traverser la Seine en étant à ses côtés et, grâce à notre promiscuité, j'ai saisi des paroles qui n'étaient pas en votre faveur. Or, ce matin, j'ai retrouvé son auteur entrant chez vous, une épée à la ceinture. Mon sang n'a fait qu'un tour. Je n'ai songé qu'à vous prévenir.

Il m'écoutait, impassible. J'y vis le moyen de plaider encore :

— J'affirme qu'il y a bientôt trois ans, l'homme que vous reçûtes tel un proche n'avait de cesse de conspirer contre votre personne.

— As-tu fini ? jeta-t-il alors d'un ton glacial.

— Je crois avoir tout dit, répondis-je pareillement.

— D'abord, commençons par toi, fit-il en se grattant la gorge. Pour une entrée, c'en est une, en effet. Oubliant mes conseils et ne réfléchissant à rien, tu te précipites, affoles les gardes, gribouilles trois mots illisibles comme s'il s'agissait d'un secret, m'obligeant à entrer dans ta comédie et à jouer les surpris. Voilà exactement de quoi paraître ce que je t'ai prié de cacher. La discrétion est la meilleure des armes et notre unique protection — car c'est aussi la mienne ! Veux-tu qu'en sortant on te regarde en coin, s'interroge sur ton rôle, se demande pourquoi j'ai passé un long moment avec toi ? Dans ce palais, gronda-t-il, on tue pour moins que ça.

— Je viens de m'expliquer, m'entêtai-je à défendre. De deux maux, lequel fallait-il choisir ?

— C'est à moi de décider. Dieu ! murmura-t-il à lui-même, que ce jeune homme est acharné...

Il leva une main, alors que je tentais d'intervenir.

— Avant de parler comme tu allais le faire ou d'engager une action, je ré-flé-chis, martela-t-il. Or, que s'est-il produit ? Un apprenti gauche et fébrile a provoqué un désordre devant ma porte et a réclamé à me voir, en dépit de tous les usages, pour me porter un pli urgent de mon architecte.

Il pencha le visage en avant et, à mon grand étonnement, je crus voir dans ses yeux comme un air d'amusement. Ou de moquerie :

— L'idée t'est venue sur le moment ?

— Oui, reconnus-je d'une voix bourrue. Puisque je ne pouvais pas hurler : « Thierry de Millard est un traître », j'ai imaginé de vous l'écrire. De fait, ajoutai-je sans mesurer mon insolence, contrairement à vos préceptes, je n'ai sûrement pas ré-flé-chi.

— Parfait ! lança-t-il alors légèrement. Je n'aurais pas trouvé mieux. Ton esprit a-t-il réagi de même en jetant quelques mots fort adroits avant de me tendre ton papier ? Oui, comment as-tu fait pour dire tant de choses en si peu de lignes ?

— Sans y ré-flé-chir, m'entêtai-je, prenant le risque d'agacer, alors que nous nous engagions, peut-être, sur la voie de l'apaisement.

— Belle parade ! lança-t-il en riant franchement, sans s'offusquer de mes manières cavalières.

La moquerie, conclus-je en moi-même, est un art. Voilà la torture que le prélat impose à ses suppliciés. Il se moque et se divertit ainsi. Ah ! qu'il est peu charitable de ridiculiser un commis quand lui, le seigneur, a retrouvé sa place. Oublie-t-il ce qu'il me doit ? Le visage douloureux de Jacques Lemercier surgit devant mes yeux. Son silence du matin valait tous les sermons. La leçon s'achevait. Je n'avais qu'à tourner les talons et rentrer mortifié à l'atelier.

— De grâce, n'exercez plus votre supplice. J'ai compris.

Il me semble que je fis un mouvement d'épaule qui annonçait ma sortie. Mais la main du Cardinal m'ordonna de n'en rien faire.

— Tu t'es conduit parfaitement, annonça-t-il d'un air réjoui.

— J'ai assez appris, grommelai-je. Que Son Éminence n'ajoute pas l'ironie. Elle n'ôte rien à ma fidélité, mais elle me blesse inutilement.

— Te donné-je l'impression de ne pas être honnête ?

— Je ne vous connais pas assez, eus-je l'outrecuidance de répondre. Et je n'ai pas, vous le savez, l'expérience de l'espion dont le métier est de mettre à jour les pensées des hommes.

— En effet ! grinça-t-il. Aucun agent ne pourrait se cacher derrière les traits d'un être aussi fier, et aussi maladroit que toi.

— N'augmentez plus ma honte et rendez votre jugement, fis-je entendre, convaincu d'être aussitôt renvoyé.

— Eh bien ! Je décide que ce métier te va comme un gant, répondit-il sans attendre, car tu as l'air de tout, mais sûrement pas d'un espion. Ta candeur te servirait-elle de camouflage ? Le temps nous apprendra si je me trompe, si la bienveillance m'aveugle ou si tu possèdes le don de te sortir des situations embarrassantes. Cependant, ajouta-t-il en haussant le ton, n'oublie jamais que la chance ne sourit qu'une fois aux innocents. Il te faut gagner en sérénité et apprendre à supporter mes critiques. Sers-toi de ta cervelle avant de japper comme un jeune chien fou.

— Me laissez-vous comprendre que tout n'est pas fini ? bredouillai-je. Et que vous me prenez à votre service ?

— Et fougueux à présent, railla-t-il. Ne te réjouis pas si vite. Je veux te voir agir avant de trancher. Ta réaction du jour me montre que tu n'es ni veule ni soumis. Voilà pour le bon côté. Mais tu t'emportes et tu perds patience trop aisément. Aussi, je te garde, mais il s'agit d'un essai, et j'y consens pour trois raisons. D'abord, je n'oublie pas ce que tu as fait pour moi et combien tu m'as montré ton ingéniosité. Ensuite, je n'imagine pas qu'on me croira assez imprudent pour m'entourer d'un garçon impétueux. Mais, sans doute, est-ce tout le paradoxe de ta personne. Le meilleur et le pire, réunis à la fois…

Il se tut.

— Ce portrait fait de moi un piètre sujet, me vexai-je de nouveau, démontrant combien il lui était facile de railler mon caractère.

— Coléreux, bilieux ! Oui, fit-il mine de s'interroger, il me faudrait une autre raison pour me convaincre qu'il est celui que je cherche.

Le Cardinal se leva et vint se placer à mes côtés :

— Mais en voilà une : Thierry de Millard est, en effet, un triste sire. Et je te félicite de l'avoir découvert si vite.

— Je le savais ! triomphai-je, sans demander plus d'explications.

— Et, maintenant, présomptueux... soupira-t-il.

Mais ses reproches glissaient sur moi comme un onguent.

— Ainsi, continuai-je, c'est un traître, et je l'ai démasqué...

— Tu n'as rien découvert, répondit-il froidement.

— Vous me laissez entendre qu'il s'agit d'un ennemi... balbutiai-je. Et que vous le saviez...

— Tout à fait.

— Pourtant vous le receviez comme un ami ?

— Voici pourquoi tu m'as vu si furieux quand tu es entré, car j'ai dû en effet mentir, sourire, composer avec Millard, écouter ses fadaises et même le remercier pour ce qu'il m'apprenait. Pourtant, ce serpent ne m'a pas menti. Depuis son départ, j'ai écrit dix lettres, reçu autant de réponses et ce qu'il m'a annoncé se confirme. Nous allons au devant de graves contrariétés.

Il me toisa calmement :

— Es-tu prêt à les affronter ?

— Oui, répondis-je sans me méfier, prisonnier de ma curiosité.

— Un complot se termine, un autre commence. Celui-ci vise le roi.

— Louis XIII !

— Je ne connais pas d'autre souverain, jeta-t-il brutalement.

Chapitre 40

CE QUI UNISSAIT Louis XIII à son ministre tenait dans l'indéfectible certitude que le second fut toujours dévoué au premier. « Le cardinal de Richelieu est le plus grand serviteur que la France ait eu. » Ces mots ne sont pas tirés d'un éloge convenu que le roi aurait voulu lui adresser après tant de services rendus. Sa Majesté savait que son cardinal se moquait des compliments et des louanges, qu'il n'attendait aucun retour en échange de sa loyauté, qu'il n'espérait rien pour se savoir détesté par l'immensité des sujets. Ayant choisi de défendre le souverain, il n'eut d'autre maître que ce dernier. Ainsi, à l'exception de Dieu, il soumit au roi seul, sa personne, son action, ses pensées et, ce matin du 12 novembre, il m'apprenait donc l'existence d'un complot contre celui auquel il avait consacré sa vie.

La nouvelle dépassait mon entendement. Tout le reste s'effaça. Même la Nouvelle-France et la Compagnie à propos de laquelle je m'étais vanté auprès de Richelieu d'en connaître *les choses les plus étranges*. Quel était le poids de vagues supputations au sujet des malversations d'un simple chapelier quand le roi, me disait-on, était en danger ? Non, plus rien ne comptait d'autre que les révélations du Cardinal. Je ne cogitais même plus sur Millard dont j'avais ainsi saisi la fourberie, cherchant plutôt à donner un sens concret à un événement considérable, dramatique, dont mon modeste esprit ne parvenait pas à définir la véritable nature ou à mesurer les effets. Un complot contre la Couronne ! Devais-je y penser comme à une… déchéance ? Fallait-il redouter la lame d'un Ravaillac[1] réveillant

---

1. Il assassina Henri IV, roi de France et père de Louis XIII, le 14 mai 1610.

l'hydre de la guerre et nous entraînant tous dans un sanglant affrontement religieux ? Les idées tournaient sans se fixer. Seule la fureur passée de Richelieu me semblait désormais claire.

— Un complot, répétai-je à voix basse afin que l'idée entre dans ma cervelle.

De l'autre côté du bureau, on étudiait calmement mes réactions, on attendait que je fasse mienne cette annonce et qu'enfin je m'en empare.

— Pour le tuer ? m'obligeai-je à prononcer ces mots épouvantables.

Richelieu saisit une feuille de papier et la tourna dans ses mains.

— Il y a ce que l'on m'a dit et ce que je devine, répondit-il alors. Mon rôle est de prévoir et d'imaginer le pire, mais dans l'espoir qu'il ne se produise jamais. Tuer le roi ?

Il lut ce qu'il y avait d'écrit : trois lignes serrées qui semblèrent le contrarier considérablement.

— C'est possible, murmura-t-il, sans me cacher son émotion.

Son regard se tourna légèrement sur la droite et s'abandonna dans la contemplation d'un tableau de saint André, fixé sur un mur [1]. La toile servait-elle de miroir aux fluctuations de son âme ? Le disciple du Christ était revêtu d'un manteau rouge proche de celui que portait mon hôte. On trouvait aussi un ange, dressant au-dessus de la tête du saint, un anneau de lumière, symbole de la béatification du Bienheureux ayant voué sa vie de martyr au service de Jésus, prince des cieux [2].

— Cela ne finira-t-il donc jamais ? sembla-t-il demander au saint.

L'absence ne dura pas. Déjà, il revenait vers moi, les mâchoires serrées :

— Je te parlais d'un essai. Et tu m'as assuré que tu te sentais prêt ?

---

1. Saint André est le premier disciple de Jésus-Christ. Saint Matthieu lui donna le titre de « Premier appelé ». Il servira souvent d'intermédiaire à Jésus-Christ. Il fut crucifié.
2. Ce tableau vient du canton de Beauvoir-sur-Mer, en Vendée, fief de Richelieu.

— Autant que le petit ange, veillant sur ce saint et sa cape pourpre, répondis-je d'une voix forte.

Le Cardinal, oubliant sa lassitude, amorça un sourire mystérieux, inquiétant, dans lequel se mêlaient la résolution et la férocité d'un soldat partant au combat :

— Dans ce cas, ne perdons plus de temps.

J'annonçais que la journée des Dupes cachait une affaire bien plus grave que celle de Richelieu. De fait, m'expliquait-il, le coup porté contre lui visait à détruire en premier lieu le solide rempart qui protégeait le roi. Une fois éliminé, personne n'aurait eu assez de poids et de fidélité pour s'opposer à toutes sortes de visées criminelles touchant la Couronne. Autant l'annoncer crûment, nuire au royaume signifiait en effet éliminer sa tête. Un régicide, laissai-je entendre ? Nous n'en étions pas encore là. Du moins, le Cardinal ne pouvait l'affirmer. Mais ce qu'il savait menait droit à ce dessein cruel.

Personne n'ignorait que la santé de Louis XIII demeurait fragile. Sa faiblesse tenait dans un mal sournois, mêlé à sa bille et à ses viscères, et engendrant de terribles douleurs dont il revenait chaque fois un peu plus affaibli [1]. Ses médecins n'opposaient à ce mal que moult saignées et lavements qui ôtaient plus de vie qu'ils ne lui en rendaient. Le monarque souffrait affreusement du ventre, au point de rendre ce qu'il absorbait. Or, quelques semaines avant la journée des Dupes, il avait surmonté une crise aiguë, l'obligeant à s'éloigner des affaires. Les bruits avaient évidemment couru. Et si le roi mourait ?

Gaston d'Orléans, son frère cadet, pointait le nez, soutenu en cela par sa mère, Marie de Médicis, qui l'avait toujours préféré à l'aîné, cet être taciturne, secret, renfermé, aimant la chasse, Versailles et ses favoris plus que la société de cette marâtre dominatrice. Mais était-ce suffisant pour ruminer sur sa succession, songer à le

---

[1]. Sans doute, la maladie de Crohn : inflammation chronique du tube digestif provoquant des diarrhées et de violentes douleurs abdominales.

tuer ? Prendre pour motif qu'il n'était pas le préféré de sa mère et que Gaston, en revanche, paraissait gracieux et s'accordait avec l'aimable compagnie de la cour ? Il fallait un mobile plus sérieux que cette manigance florentine et, pour organiser un crime contre Louis XIII, obtenir le soutien de la noblesse d'épée auquel s'ajoutait celui des robins[1], passage obligé pour l'enregistrement des édits, des ordonnances royales et des lettres patentes ayant force de loi. Bien sûr, un souverain disposait toujours d'un dernier recours en imposant ses décisions par la contrainte. La procédure tenait dans le lit de justice, mais elle obligeait à la réunion, dans la grand-chambre du Parlement[2], du chancelier, des princes de sang, des ducs et pairs, des maréchaux et des cardinaux. Placé sur un trône, surmonté d'un dais[3], le roi, après quelques mots, donnait la parole à son chancelier pour qu'il dise le reste. Alors, le Parlement siégeait sous la forme d'un simple conseil car, si le prince entrait, le Parlement se taisait[4]. Et si l'ascendant de la Couronne exigeait toutefois le soutien des princes et des grands, seule la fronde générale avait pu affaiblir le souverain. Mais le *concert harmonieux* de la noblesse et du Parlement orchestré contre le roi impliquait que chacun y trouvât son compte. Impossible ! Tous les intérêts divergeaient entre les factions, d'autant que décider de la fin d'un monarque – un forfait effroyable – ne pouvait se faire sans la complicité ou l'accord tacite d'une multitude de bouches condamnées au silence. Tuer exigeait un pacte de sang. Un contrat formé d'intérêts mutuels, partagés, et c'était une affaire plus compliquée que de s'entendre sur la mort de Richelieu.

Cherchez le mobile et vous trouverez l'assassin, explique l'adage. Haine, jalousie, cupidité… Richelieu passait impassiblement en

---

1. La noblesse de robe du Parlement.
2. Procédure appliquée pour le parlement de Paris après un passage du roi dans la Sainte-Chapelle afin d'y faire ses dévotions.
3. De cette représentation, vient donc l'expression du « lit de justice ».
4. Selon l'adage *adveniente principe, cessat magistratus*, le prince arrive, les magistrats se taisent.

revue les causes motivant un régicide en l'an 1630, et, au fur et à mesure, la liste des suspects s'allongeait.

— Les grands féodaux y verraient l'occasion de négocier auprès de Gaston d'Orléans leur retour en grâce, m'expliquait-il. Je devine qu'ils voudraient moins abattre le roi que son pouvoir afin de recouvrer les leurs. Puis, continuait-il, vient le parti dévot. Poussé par sa mère, Gaston lui promettrait, en échange d'un soutien, de soumettre la France à l'autorité papale, de rompre avec les protestants, de se rapprocher des Habsbourg. Ces ennemis-là, je les connais parfaitement. En viendraient-ils à vouloir la mort de notre roi ? Peut-être... hésita-t-il. Mais dévots et féodaux, nous sommes loin du compte. Comment convaincre les autres factions ?

L'absence de descendance était un autre mobile qui pesait contre Louis XIII, un mari fuyant le lit son épouse, Anne d'Autriche, car préférant partager la paille avec ses amis de chasse. La France réclamait un héritier. Et si Gaston ne tenait pas encore en main le sceptre, il disposait d'assez de vigueur et de virils atouts pour combler ce manque. Sa faiblesse, à lui, était ailleurs. Monsieur était indécis et changeant ; girouette et inconstant dans ses actes comme dans ses alliances.

— Voilà une raison de plus de s'en prendre à son frère, grinça-t-il. Gaston serait un roi sans autorité. En premier, sa nature s'y oppose, mais, surtout, il deviendrait l'instrument de ces conjurés à qui il devrait tout. Et si l'humeur lui venait de ne plus agir en obligé, on lui rappellerait qu'il porte la marque de Caïn[1]. C'est pourquoi Gaston pourrait être le choix des féodaux et des dévots, d'autant que le décès de Louis XIII, affaibli par la maladie, et dont la fin peut venir en usant d'un poison plutôt que d'une dague, n'étonnerait personne, et ne peinerait pas un des traîtres, soulagés de savoir que le nouveau monarque serait un vassal soumis à leur faction...

Il soupira lourdement et se leva pour arpenter la pièce :

— Mais, hélas, tout ceci n'est que pure spéculation. Car il manque une pièce capitale dans cette partie inventée par le diable.

---

1. Selon les Anciennes Écritures, Caïn, un des trois enfants d'Adam et Ève, tua son frère Abel et fut marqué d'un signe par Dieu.

Il s'arrêta de marcher :

— Il faut également le soutien des parlements sans lesquels il ne peut être enregistré les édits, les ordonnances royales, les lettres patentes. Régner par le lit de justice ? Délicat pour un roi médiocre. Il faudrait le soutien absolu des ducs, des pairs de France, des princes de sang et des cardinaux dont nombre n'ignoreraient rien du complot. Crois-tu, Antoine, qu'aucun ne s'opposerait à une telle forfaiture ?

— Un nom me vient sur les lèvres…

Il balaya le compliment d'un geste nerveux :

— Par bonheur, je ne serais pas le seul à lutter. Quelques grands, tel le duc de Saint-Simon à qui je dois mon retour en grâce, ne supporteraient pas la disparition de Louis XIII, dit le juste. Ils se soulèveraient, battraient la campagne. La souveraineté royale viendrait à flancher, les Bourbons eux-mêmes seraient en danger.

Il revint s'asseoir à son bureau :

— Alors qu'en déduis-tu ?

— Soit, nous aurons une guerre ; soit, le complot avortera…

Ma réponse le déçut et il ne le cacha point.

— En es-tu certain ? s'agaça-t-il.

— Oui, répétai-je. Il échouera forcément.

Je marquai un temps avant d'ajouter :

— À moins que les conjurés obtiennent le soutien des robins…

— Des parlements, en effet ! s'emporta le Cardinal. Oui, il ne peut y avoir de fronde victorieuse sans la réunion de tous contre le roi. Il faut la noblesse d'épée et celle de robe. Les princes et les parlements…

— Une hypothèse improbable, exultai-je, nous croyant sauvés.

— Pourtant, glissa-t-il, cet enfantement effrayant est arrivé. C'est ce que prétend Thierry de Millard, l'homme dont tu te méfiais…

Chapitre 41

EN PRONONÇANT CES MOTS, où j'entendais qu'une terrible menace pesait sur le roi, puisque le perfide Millard crachait ce venin, Richelieu avait repris la feuille mystérieuse qu'il n'avait eu de cesse de saisir, puis de reposer pendant qu'il s'exprimait. De loin, apparaissait un gribouillis de phrase dont je cherchais à déchiffrer le sens. Était-ce toujours ainsi pour un secret d'État ? Une confidence, un aveu, une dénonciation courte et brutale, comme si les sujets lourds n'avaient nul besoin de détails ? L'histoire d'un pays se combinait-elle de la sorte ? En moi, le doute rivalisait avec la curiosité et pour croire que je pénétrais dans les lacis tortueux du pouvoir, il me fallait en apprendre davantage. Comment ce document était-il parvenu sur le bureau du Cardinal, si près du roi que l'on voulait abattre ? Par qui ? Pour quelle raison ? Avec quelle intention ? Gouverner obligeait-il d'user de ces manœuvres fangeuses que je comparais à la jalousie médiocre, la rancœur vengeresse, la détestation ordinaire d'un homme pour une autre ? Ainsi, quelle que fût l'élévation des âmes, même au plus haut rang, les mœurs ne changeaient donc pas... Se pouvait-il que le sort de Louis XIII tienne entièrement sur ce morceau de papier froissé et fatigué – et terriblement grossier ?

— Ne te tords pas le cou ! me reprocha Richelieu. Nous allons venir à cette... missive que m'a confiée Thierry de Millard.

Qui était l'émissaire ? J'avais une réponse. L'impatience, assortie de méfiance, redoubla.

— Pour une cause si grave, doit-on faire confiance à ce triste sire ? m'étonnai-je.

— La fin justifie les moyens, répondit-il sèchement. Mais il est vrai que le plus délicat est de composer avec ce robin du parlement de Paris, connu pour son adresse et pour sa ruse…

Il déplia le morceau de papier. Cette fois, mes yeux pouvaient s'y plonger. Quoi ? Je crus lire : *Quo ultimus…* Le mystère revenait.

— Je me méfie de Thierry de Millard, reprit le Cardinal, m'obligeant à le regarder. Je crains son intelligence. Sous ses airs chafouins se cache un être retors, mais aussi, une ambition qui peut me servir.

— Peut-on s'allier avec ces êtres-ci ? murmurai-je.

— Rien ne vaut un bon arrangement, si chacun en partage le profit, prétendit-il. Or, aujourd'hui, cet homme s'est rendu à moi tel qu'allant à Canossa [1] afin de m'annoncer l'existence d'un complot dont la preuve se trouverait dans cette lettre. Oh ! Je ne me fais guère d'illusions. C'est pour avoir deviné que le vent tourne qu'il vient négocier. Médicis a perdu et je suis de retour. Il comprend où sont ses intérêts…

— Est-ce l'un des conjurés ?

Avant qu'il ne réponde, on frappa à la porte.

— Sors les plans de mon palais. Montre-moi les jardins, ordonna-t-il en glissant ce maudit papier dans un tiroir.

— Entrez ! jeta-t-il aussitôt.

Le valet montra son nez :

— Le barbier est ici, balbutia-t-il d'une voix soumise. Il demande si Son Éminence…

— Plus tard ! grogna-t-on.

Le domestique s'effaça non sans avoir détaillé la scène comme s'il cherchait à en retenir chaque détail.

Richelieu haussa les épaules alors que la porte se refermait :

— Millard est plus fin que ce domestique lourdaud qui ne sait même pas m'espionner convenablement ! Non, ajouta-t-il, répondant ainsi à ma question. Thierry de Millard est trop adroit pour

---

1. Ville où Henri IV, futur empereur germanique, est venu s'incliner, en 1077, devant le pape Grégoire VII.

porter un coup fatal contre le roi. Il observe les factions, pèse leur projet, penche du côté dont il prédit la victoire et son parti est pris. Il se rapproche du mien pour avoir estimé qu'il valait mieux nuire à la conspiration plutôt que de la soutenir.

— Comment croire quelqu'un d'aussi calculateur ?

— Parce qu'il calcule, en effet... Il cherche à négocier un bel avenir. Sinon, pourquoi aurait-il franchi le Rubicon ?

— Tantôt d'un côté et tantôt de l'autre... Comment se fier à lui ? ne pus-je m'empêcher d'insister.

— Je me méfie de Thierry de Millard – c'est une saine précaution –, mais j'ai appris que son regard ne se tournait que vers les vainqueurs, et je vois dans son revirement une bonne nouvelle. Il estime que je suis le plus fort. Quand il se détournera de moi, alors il faudra se méfier.

— En somme, il est inutile de vous rapporter ce qu'il racontait sur vous, voilà fort longtemps...

— Inutile ! railla-t-il. Le passé ne m'intéresse pas.

— Vous ne désirez pas vous venger ?

Il se gratta la barbe, laissant planer un doute sur le sort de Millard.

— Avançons, décida-t-il en sortant du tiroir le mystérieux papier.

Et il le déposa dans ma main qui tremblait d'émotion.

— Que penses-tu de ceci ? murmura-t-il en plissant les yeux.

Quo ultimus exigussimus bello evadit cultorem. Je relus ces six mots. Il me vint l'idée de tourner la page dans l'espoir de trouver au verso la solution. Rien. *Exigussimus*... Des profondeurs surgirent les leçons de mon enfance. Était-ce le plus faible ? Il me sembla que je pouvais traduire *ultimus* par le dernier. Le dernier et le plus faible... C'était un début. *Bello* ? S'agissait-il de la guerre ? Que viendraient y faire le plus faible et le dernier ? Abandonnant ce rébus, je relevai la tête et attendis une aide de celui qui observait mon embarras d'un air moqueur.

— *Qui habet aures audiendi, audiat,* lança-t-il d'une voix forte. Au moins connais-tu ces paroles ?

— Que celui qui a des oreilles pour entendre entende ! criai-je pour me souvenir de ces mots prononcés à l'église avant le sermon.

L'ecclésiastique hocha la tête, manifestant ainsi son plaisir :

— C'est pourquoi fais ton profit de ce qui suit.

Il s'empara du rébus :

— Voici une première version : « Pour que, de ce fait, le dernier, le plus faible, devienne par la guerre un cultivateur... » As-tu compris ?

Pourquoi mentir ? Je fis non de la tête.

Sans montrer d'impatience, il pointa du doigt chaque mot :

— *Quo*, dans cette phrase mystérieuse, est en rapport avec la guerre qui, ici, est une conséquence. « Pour que » pourrait se traduire par « grâce à la guerre ». Ainsi, par la guerre, ou grâce à elle, le plus faible et le dernier des hommes parviendra à être un cultivateur. Mais, continua-t-il, *cultorem* peut signifier un habitant, car, dans l'Antiquité, celui qui cultive la terre prend aussi le titre de citoyen et d'homme libre. Ainsi, le message nous parle peut-être d'une guerre faite au profit du plus pauvre, du dernier, afin qu'il devienne alors un habitant, libre de cultiver.

Il ferma les yeux :

— De qui pourrait-il s'agir ? Je ne vois que le serf car il est le plus faible, le dernier. Parle-t-on alors d'un cultivateur, libéré des privilèges du seigneur – et devenant son égal ?

— Un manant n'obéissant plus au noble ? déglutis-je.

— À Rome, c'était le cas, répondit-il sans montrer le moindre émoi, quand la république succéda à la monarchie. Souviens-toi de Périclès.

— Une... république où l'on élirait le... souverain ?

— C'est ainsi que je comprends cette déclaration qui serait, selon Thierry de Millard, le signe de ralliement des robins conjurés et la base de leur serment. Et j'en déduis que la conspiration ne viserait pas à renverser le roi, mais la Couronne. Et peut-être la monarchie...

— C'est impossible ! m'exclamai-je. Vous ne pouvez convaincre la noblesse de se passer elle-même la corde au cou. Si les robins, du moins ceux qui sont ligués, poursuivaient cette chimère, aucun duc, aucun prince ne s'y joindrait. Il s'agit d'une folie !

— Qu'en déduis-tu ?

— Thierry de Millard vous ment ou il se trompe.

— Il ne peut pas s'engager dans la première voie. En venant à moi, il s'est définitivement coupé de ses anciens amis. Désormais, il est pieds et mains liés…

— Alors, m'entêtai-je, disons qu'il se trompe.

— Si cette carte n'était pas bonne, il ne l'aurait pas sortie. Ce robin ne s'aventure jamais dans des spéculations hasardeuses.

— Vous a-t-il au moins expliqué d'où lui était venue cette phrase mystérieuse, présentée comme la clef unissant les conjurés ?

— C'est l'art du négociateur, sourit-il. Il montre un atout, mais il n'abat pas toutes ses pièces maîtresses car son intérêt n'est pas d'étouffer sa cause. Il défend une monarchie orchestrée par la mesure et la tolérance, et il ne veut pas la victoire d'une machination révolutionnaire. Convaincu que le roi surmonterait ce fléau, il craint que les partisans de l'absolutisme tirent profit de la crise qui suivrait pour se renforcer, provoquant ainsi plus de mal que l'utopie des esprits fanatisés. Il soutient que la majorité de son parti s'oppose à cette idée folle. Or, aveuglé par la colère, le roi punirait sans distinction et les robins perdraient leur place dans l'*ordre des choses*. C'est ainsi qu'il justifie sa position. En trahissant, il prétend agir pour une cause modérée : l'équilibre des pouvoirs. Je crois également qu'il cherche à tirer avantage de la situation en devenant incontournable pour son camp – et pour celui de la monarchie.

— Embastillez ces renégats, décidai-je. Et le complot s'éteindra.

— Impatient, fougueux, excessif ! s'emporta-t-il. Gouverner est une affaire de nuances. Si nous triomphons – ce qui est loin d'être sûr –, on tranchera la tête de quelques-uns, on bannira une poignée d'extrémistes. Les autres, nous les tiendrons en main et, au premier mouvement, nous frapperons. Mais doit-on anéantir tous ses adversaires ? Est-ce, d'ailleurs, la meilleure chose à faire ? Faut-il, par exemple, clouer au pilori Philippe de Balençay et son épouse, la marquise de Puychâteau ? ajouta-t-il alors, réveillant un tableau cruel.

Le visage de Marie se montra. Sa fille Hélène lui tendait la main...

— Je t'en ai parlé, reprit-il doucement. Il faut choyer ses ennemis, sans jamais les négliger. Rien n'est pire qu'une ombre surgissant dans ton dos et dont tu ignorais l'existence. Crois-moi, se venger n'est jamais brutal.

— Au moins, repris-je plus calmement, Millard vous a-t-il expliqué d'où venait ce message et quel était son sens ?

Le Cardinal haussa les épaules :

— On lui a proposé de se rendre à une réunion secrète, en y joignant ce texte en latin, signe du ralliement. Mais il a renoncé pour, prétend-il, ne pas se compromettre dans une aventure dangereuse.

Il se leva et reprit sa marche, d'un coin à l'autre de la pièce :

— Je pense qu'il ne voulait pas connaître les autres conjurés. Ainsi, il lui est impossible de me livrer leurs noms, même sous la torture. De qui est composé ce complot ? Personne, pour le moment, ne le dit. Voici une façon de jouer au chat et à la souris, un divertissement dont je connais les règles et dans lequel excelle Millard. Il parle, mais jamais trop, préservant dès lors son clan dont il espère qu'il sera l'arbitre. En restant au milieu du guet, il prend la place de l'observateur et prépare son futur...

— Ainsi, enrageai-je, il ne connaîtrait pas le sens de cette phrase !

— Il l'affirme, cherchant de cette façon à me prouver qu'il ne souhaite pas me tromper. Voici une nouvelle démonstration de sa malice. Et, pour l'heure, s'agaça-t-il, la traduction vient de moi. C'est pourquoi nous faisons peut-être fausse route. Ces mots auraient-ils un autre sens ?

— Je ne peux, hélas, vous être d'aucun secours, soupirai-je.

— Pourtant, c'est exactement ce que je te demande de trouver.

Chapitre 42

— *QUI NESCIT DISSIMULARE, nescit regnare...*
Celui qui parlait semblait assurément aussi instruit qu'étrangement vilain. Dès qu'il détournait ses yeux globuleux, ornés de sourcils épais et broussailleux, je scrutais ce faciès à l'aspect si étonnant qu'il en devenait extraordinaire, et m'étonnais de ne pas avoir été plus marqué par l'allure de cet homme que j'avais croisé, voilà fort longtemps. Se souvenait-il de moi ? Rien ne l'indiquait, et ce n'était ni le moment ni le lieu de rappeler à ce personnage qu'il avait été l'auteur de ma première leçon sur Paris.

J'avais gardé l'image d'un être petit, mais il paraissait plus encore étriqué par le port d'une veste serrée au corps et boutonnée du col à la ceinture. De cet ensemble sévère et sans grâce émergeait une tête étrange, grêlée par la maladie des écrouelles à laquelle il n'avait réchappé qu'en payant le lourd tribut d'une peau crevassée à jamais [1]. Mais ces stigmates ne tranchaient pas avec un ensemble si parfaitement étonnant que chaque détail se mariait et, renonçant à se combattre, finissait par s'oublier. Voilà sans doute pourquoi, à l'époque, j'avais peu remarqué ce visage et ses soucis, quand tant d'émotions m'assaillaient et se mêlaient au spectacle de Paris, où, il est vrai, la laideur si courante amoindrit parfois la disgrâce. J'ajoute que ce personnage n'avait prononcé que quelques mots, que son

---

1. Maladie d'origine tuberculeuse se manifestant par des fistules purulentes. En allant sur la tombe de saint Marcoult, le roi de France obtenait le pouvoir de guérir la maladie. La cérémonie des écrouelles voyait le roi circuler de malade en malade et prononcer la formule : « Le roi te touche, Dieu te guérit. »

sujet traitait de la peste (sur laquelle on hésite à s'attarder), et qu'il s'était ensuite éloigné rapidement, me gratifiant d'un geste aimable, mais court, quand mes pas me dirigeaient vers la Seine et le Louvre. A-t-on reconnu Théophraste Renaudot, médecin ordinaire de Louis XIII, et commissaire général des pauvres du royaume ? Car il s'agissait de lui.

Il m'accueillait dans sa maison du Grand-Coq, rue de la Calandre, derrière le Louvre et la Sainte-Chapelle. Plus loin, on trouvait la Seine et la boucherie du quai du Marché-Neuf, où se côtoyaient les équarrisseurs et les lavandières, tous usant de la même eau pour battre le linge ou nettoyer les carcasses des bêtes mortes. Malgré le froid de ce mois de novembre, il régnait sur la rue un parfum étrange de tiède et de pourri. Mais, une fois l'entrée passée, on oubliait ces questions d'hygiène et de propreté pour ne s'intéresser qu'au fatras de livres, entassés ici et là, sur les meubles et sur les étagères.

Je m'étais présenté peu après avoir quitté Richelieu, muni d'un billet signé de sa main et invitant celui que me recevait à m'entendre sans tarder sur une affaire de très grande importance. Théophraste Renaudot m'avait lui-même ouvert la porte et, sans jeter plus d'un regard sur moi, il avait pris connaissance du message. Ce ne fut qu'ensuite qu'il me détailla en silence, n'ayant sans doute aucun souvenir du garçon qui le dévisageait et souriait à tant de surprenantes difformités. D'un mot bref, prononcé d'une voix calme, il me pria alors d'emprunter un couloir menant à une pièce encombrée de paperasses de toutes sortes et, dans un coin, d'une presse à l'état neuf.

C'est ainsi que j'entrai pour la première fois dans le cercle intime de la *familia* de Richelieu.

François Leclerc du Tremblay (« le père Joseph, l'éminence grise de Richelieu ») l'avait lui-même recruté après avoir pris connaissance de son traité rédigé sur la condition des pauvres auquel il voulait venir en aide en leur proposant un travail à l'entretien des rues [1]. L'idée, novatrice, convainquit Richelieu de faire venir ce docte humaniste à Paris où il lui confia l'ouverture du « bureau d'adresses », un lieu où se croisaient ceux qui cherchaient du labeur et ceux qui en proposaient [2]. Dans cette maison du Grand-Coq, se préparait aussi la création de *La Gazette*, une parution livrant toutes sortes d'informations grâce à un financement assuré par des messages vantant la qualité des produits et celle de leurs fabricants [3]. Et j'étais reçu par ce génie.

Richelieu avait songé à Renaudot afin d'élucider le message secret que lui avait apporté Thierry de Millard pour, au moins, trois raisons. La première, et la plus importante, se fondait sur la confiance. Venait ensuite la rigueur d'un esprit supérieur et mesuré. Issu d'une famille protestante, mais converti au catholicisme, Renaudot avait conservé de son éducation l'esprit rationnel et logique de sa première religion et, pour trouver la clef de ce rébus, le Cardinal était convaincu qu'il lui fallait un déchiffreur faisant fi de ses émotions. Enfin, venait son savoir, inculqué par un père, maître d'école, et doublé par l'érudition de son éducateur, le sieur Daniel Boulanger. Au total, Renaudot se montrait comme le parfait modèle de l'honnête homme, savant et cultivé, féru de culture antique, de latin et de grec, comme l'indiquait son prénom, Théophraste, choisi pour avoir été celui du meilleur élève du philosophe Aristote.

Maintenant, nous étions installés sur des tabourets sans confort dont il avait fallu débarrasser l'assise d'une multitude de grimoires et d'un recueil annonçant le projet inquiétant d'un discours sur le *scelet*, c'est-à-dire sur les os de l'homme. Renaudot m'avait écouté parler de ce message secret sur lequel Richelieu attendait ses lumières sans émettre un son, sans m'interrompre, triturant la feuille mystérieuse et la sondant de son regard vif et profond, tant il avait hâte de se mettre à la tâche. Si bien que, dès la fin de mon

---

1. Une sorte de revenu minimum garanti avant l'heure.
2. Une sorte d'ANPE avant l'heure...
3. Une sorte d'agence de publicité avant l'heure... *La Gazette* tire son nom d'une revue d'annonces publiée en Italie et vendue pour le prix d'une *gazetta*, une monnaie locale. Ajoutons, pour finir, que Théophraste Renaudot imagina également le mont-de-piété.

exposé, il s'était levé soudainement pour prononcer ces mots : « *Qui nescit dissimulare, nescit regnare.* » Hélas, ma mine lui fit comprendre que je ne devinais aucunement où il voulait m'entraîner.

— Celui qui ne sait pas dissimuler ne sait pas régner, m'éclaira-t-il. En somme, pour gouverner, il faut être expert en secret. Et il semble qu'il n'en soit pas de même pour l'imbécile qui a conçu ce code, railla-t-il, me laissant aussitôt espérer qu'il tenait déjà la solution.

Le pâle éclat d'une bougie dessinait son visage et, dans la quasi-pénombre, j'apercevais un crâne dégarni et luisant, penché sur la feuille et, quand il se redressait, une bouche ricanant sans réserve, exhibant une mâchoire émaillée de denticules jaunis rappelant celle d'une chauve-souris. Oui, je trouvais un air de ressemblance avec cette bête craintive, mal-aimée, mais assez intelligente pour voler dans la nuit et, comme le génial Renaudot, forcer ses mystères. Dieu ! Il venait de trouver.

— À moins que ces forbans soient de fieffés latinistes et que tout reste à faire, grinça-t-il, jetant immédiatement le doute dans mon esprit. De deux choses, l'une, continua-t-il. Ou nous sommes sur la bonne voie, ou l'inventeur de cette phrase ignorait la grammaire.

Il se leva d'un bond et se mit à sillonner la pièce comme l'aurait fait Richelieu :

— La bonne formulation latine exige de placer le verbe à la fin... La phrase devrait s'écrire : *Quo ultimus exigussimus bello cultorem evadit.*

Il se tourna brusquement vers moi, semblant me redécouvrir :

— Qu'en déduisez-vous ?

— À vrai dire... bredouillai-je.

— Oublions, reprit-il, l'hypothèse d'une erreur. Allons ! Cherchez... Que reste-t-il ? lança-t-il en me fixant sévèrement.

— Le rédacteur aurait-il commis volontairement une faute ?

— Mais encore ! s'agaça-t-il.

— Chaque mot, là où il se trouve, a son importance ? essayai-je.

— C'est mieux, s'apaisa-t-il. Mais est-ce le mot ou sa place qui est le plus important ? Creusez cette piste...

— Oublions la thèse d'une erreur grammaticale, continuai-je, désormais excité et séduit par la tournure d'esprit flamboyante de ce savant qui me laissait espérer que nous approchions de la résolution du problème. Dans ce cas, la position de chaque mot dans la phrase serait un indice très important.

— Je pense comme vous, rétorqua-t-il, en souriant pour la première fois. Le rédacteur cherche à nous dire que la construction de la phrase est cruciale. Mais est-ce la clef que nous cherchons pour déverrouiller cette maudite serrure ?

Il se rassit à son bureau et ôta un peu de désordre en poussant sur le côté un mémoire dédié, crus-je lire, à la *Description d'un médicament* appelé *Polychreston*.

— Voulez-vous me passer ces feuilles de papier, s'il vous plaît ? Et de même, pour cette plume. L'encrier ? Cherchez sous cette publication... Parfait. Maintenant, au travail...

Il plia une feuille et la découpa afin d'obtenir six petits morceaux de papier. Sur chacun, il écrivit un mot de la sentence : *Quo/Evadit/Cultorem...* Ainsi de suite. Puis il les bâtit à la façon d'un jeu de cartes :

— Maintenant, observons la scène... Que voyez-vous ?

Des mots. Un charabia. Un mystère...

— Et si je les place ainsi... Rien ne vient ? s'interrogea-t-il.

Il changea plusieurs fois l'ordre des mots. *Evadit/Cultorem/Quo/Bello...* Mais, plus il renouvelait la formule, plus la scène se brouillait.

— Cela ne mène à rien. Je dois faire erreur, maugréa-t-il. Fausse route... Pourtant, ce verbe ne devrait pas être là, mais à la fin...

Il reprit les morceaux de papier, les mélangea encore, et moi, je ne savais que me pencher sur ce tournis de signes qui n'avait guère plus de sens que celui des devineresses alpaguant les chalands du Pont-Neuf pour prédire l'avenir. La scène dura longtemps car Renaudot ne voulait rien céder à l'énigme. Mais ses mouvements devenaient lents, toutes les combinaisons avaient été tentées. Si bien que, renonçant, il finit par garder en main ses petits carrés. Ainsi, les mots n'apparaissaient plus entièrement, mais leurs premières lettres se montraient entre ses doigts. Je vis Q, E, C. Et, l'instant suivant, alors que son index bougeait, j'aperçus U, B. J'ajoute que Renaudot avait réécrit la phrase en commençant chaque mot par une majuscule, ce qui ajouta à la netteté d'une vision fulgurante qui me frappa au ventre alors que la main de Renaudot se refermait.

— Attendez ! hurlai-je. Ce n'est pas la place des mots qu'il faut étudier, mais celle des lettres.

— Précisez votre pensée, répondit-il très calmement.

— Un éclair... barbotai-je. Une illumination, aussitôt, évanouie...

— Calmez-vous, souffla-t-il. Fermez les yeux, sondez cet instant...

— Vous rangiez les morceaux de papier les uns sous les autres, dis-je lentement. Maintenant, glissez-les de manière à ne faire apparaître que la première lettre de chaque mot.

— Selon la construction de la phrase ?

— Oui, ordonnai-je. Maintenant, qu'obtenez-nous ?

— Voyez vous-même...

Je rouvris les yeux. Je lus : Q.U.E.B.E.C. Je regardai Théophraste. Ses yeux brillaient de bonheur :

— Mon cher garçon, jubila-t-il, serions-nous sur la piste ? Québec, murmura-t-il. Voyons où cela pourrait-il nous conduire...

Il marqua un temps :

— Nous ne nous sommes donc jamais rencontrés ?

Ainsi naquit ce qui devint, au fil du temps, une très belle amitié. Et d'autres aventures, dont je parlerai, peut-être, une autre fois.

Chapitre 43

N EXTRAYANT du message sibyllin les six premières lettres des six mots, nous avions obtenu Québec. Et fallait-il courir chez Richelieu ?

— Pour lui annoncer quoi ? tempéra le docte latiniste.

Mon enthousiasme retomba. L'intérêt que je portais à la Nouvelle-France était peut-être coupable d'une coïncidence qui nous conduisait dans une impasse. Québec ! Mais alors pourquoi ? Théophraste avait repris l'étude du message et s'intéressait à sa traduction. Celle de Richelieu lui semblait adroite. Par la guerre, ou grâce à elle, le plus faible et le dernier des hommes parviendrait à être un cultivateur. Le médecin y voyait aussi l'hypothèse d'un danger pour la monarchie. Le cultivateur se montrait-il ici comme un habitant libre de travailler la terre et donc, tel un citoyen qui, à l'inverse de l'esclave ou du serf, participait aux affaires de la cité ? Le grec se mêlait à ce raisonnement car, dans cette langue, la cité se disait *polis*. La politique ? Le message des conjurés promettait-il que tout citoyen pourrait, un jour, s'y intéresser – même le cultivateur ?

— Prudence ! Mais, pour le moment, continua Renaudot, mon point de vue rejoint celui du Cardinal. Il pourrait s'agir d'un complot visant à renverser moins le roi que la monarchie.

— Vous savez parfaitement que cela est impossible, m'insurgeai-je.

— Est-ce assurément le cas dans cette Nouvelle-France ?

— Qui voudriez-vous renverser ? La Compagnie des Cent-Associés a cédé devant les frères Kirke. Les cultivateurs ? Il n'y en a qu'un ! Et je présume qu'il se gouverne seul, s'il n'est pas déjà mort…

— Québec, s'entêta-t-il. C'est le mot que vous avez trouvé.

— Ce n'est qu'une hypothèse, me défendis-je. Et je finis par douter.

— Vous renoncez vite, mon cher Antoine. Pourtant, vous sembliez convaincu d'avoir percé ce mystère. Et, ajouta-t-il en pointant ses yeux globuleux, pourquoi Québec vous parut-il si évident ?

— En fait, avouai-je à voix basse, je me suis, un temps, intéressé au malheur de Québec. Et, en découvrant l'étrange réaction d'un Associé de la Compagnie ruiné par les Anglais, j'ai fini par croire à l'existence d'une affaire aux dessous crapuleux. Je ne pensais qu'à cela jusqu'à connaître le Cardinal. Or, à l'instant, j'ai cru voir Québec dans ce message. Sans doute faut-il accuser l'imagination. Tout s'est enchevêtré...

— Est-ce là votre seul argument ?

— Hélas, je le crains, et comprenez ainsi combien j'en manque...

— Détrompez-vous, glissa-t-il en se nichant confortablement dans son siège. Le hasard n'est pas seul responsable. Votre cerveau travaille. Il analyse, rassemble, trie, et ce qu'il nous livre me semble fort intéressant...

— Pour quelle raison ? demandai-je sans cacher ma surprise.

— J'y viendrai, rétorqua-t-il. Laissez-moi à mon tour organiser mes pensées et, pour cela, je voudrais vous entendre. Allons ! m'encouragea-t-il gentiment, nous n'avons que cette piste. Épuisons-la avant de renoncer.

— Nous perdons notre temps ! insistai-je.

— Nous verrons bien. Je vous en prie, expliquez-vous.

— Mon histoire est longue et je crains de vous ennuyer, cédai-je un peu. Il s'agit de Simon Clarentin, un chapelier sans grande envergure que je n'imagine pas un instant mêlé à un complot.

— Sur quoi vous fondez-vous pour l'affirmer ?

— Il a peur... Voyez combien nous sommes loin des conjurés.

— Continuez, souffla-t-il, mais procédons avec méthode. Pouvez-vous résumer votre récit en une phrase courte ? J'envisage d'employer cette méthode pour la rédaction de ma Gazette. Il faut un titre pour captiver le lecteur et éclaircir ses idées... Ensuite, nous entrerons dans les détails...

— Une sorte d'introduction ? demandai-je en entrant dans son jeu.

— Procédez comme il vous plaira, ne s'impatienta-t-il pas.

— Eh bien, me lançai-je puisqu'il ne cédait pas. Comment expliquer qu'un homme ayant perdu sa fortune se réjouisse de son malheur ?

— Soyez plus précis. Est-il ruiné ?

— Lui-même en est absolument convaincu...

— Ne peut-il compter sur une aide, un héritage ?

Le beau visage d'Athénaïs revint à ma mémoire.

— Non, j'ai vérifié. À son entourage, il jure avoir négocié des délais auprès de ses créanciers. À moi, il prétend qu'il a obtenu le soutien de son épouse. Tout est faux. Il trompe son monde.

— Une fuite en avant ?

— Il est trop craintif pour se lancer sur ce terrain glissant. Pourtant, il affirme avoir réglé ses affaires, mentant aux uns et aux autres. Mais, s'il cache la vérité, j'en déduis que la méthode est malhonnête...

— Possède-t-il toujours ses parts dans la Compagnie ?

— Il me semble... Mais, ajoutai-je en pensant encore à son épouse, je pourrais vérifier.

— S'il n'a rien cédé, il faut croire que ce capital vaut autant que ses dettes. Et peut-être plus... Un homme prudent, et que vous dîtes couard, n'agirait pas autrement.

— Mais la Compagnie est exsangue !

— Dans ce cas, pourquoi s'accroche-t-il ? insista Théophraste.

Il se leva lestement :

— D'après vous, combien vaut la Nouvelle-France ?

— Rien, j'en suis certain. Ce ne sont que quelques arpents de glace.

— Sauf si l'on y a trouvé un filon. De l'or, une mine, que sais-je, une richesse immense qu'il suffirait de... cultiver ? Dans ce cas, grimaça-t-il, ce complot n'aurait rien de politique. Une escroquerie monumentale ? Une fausse banqueroute ? C'est ce que nous allons tenter de découvrir...

Chapitre 44

UE FUT LONGUE cette journée du 12 novembre ! Tant d'événements s'y sont mêlés qu'il me faut procéder avec calme, œuvrer avec prudence, organiser mes pensées pour ne rien omettre.

Donc, tôt le matin, je rencontrais Richelieu au palais du Louvre. À neuf heures, je me présentais au Grand-Coq, chez Théophraste Renaudot. À onze, j'en sortais pour me jeter dans la rue voisine de la Barillerie et, laissant sur la droite la rue de la Vieille-Draperie, je m'engouffrais, cent pas plus loin, rue de la Pelleterie. En ce lieu, je frappais à la porte d'une maison cossue, et tandis que je tentais de calmer les à-coups de mon cœur dont la cause ne tenait pas entièrement dans ma course folle, Théophraste, toutes affaires cessantes, se précipitait de son côté chez le Cardinal afin de lui rendre compte de nos premières suppositions.

Et il y avait fort à croire que ce membre éminent de la Compagnie des Cent-Associés, par ailleurs fondateur de celle-ci, ne manquerait pas de l'écouter avec intérêt.

Si tout se déroulait tel que nous l'espérions, je devais rejoindre le Louvre où m'attendrait Renaudot. Et selon ce que chacun aurait pu réunir, il serait décidé de la suite, car rien n'était certain à propos du complot, de même qu'il restait à prouver l'existence d'un lien de cause à effet avec la Nouvelle-France.

J'entrais alors dans cette maison, puisqu'on m'invitait à le faire, m'efforçant d'effacer mon appréhension en adressant un sourire au visage qui se montrait et ne cachait pas sa surprise de me voir après une longue parenthèse.

Au moins, Athénaïs Clarentin était toujours aussi jolie femme…

⚜

Mon entretien, rue de la Pelleterie, se prolongea après midi. Je me souviens avoir entendu sonner le tocsin au clocher de la Sainte-Chapelle alors qu'Athénaïs, après m'avoir confié qu'elle ne savait rien de nouveau, pleurait et me suppliait devant sa porte de ne pas l'abandonner à son sort car, depuis peu, s'y mêlait le déshonneur. Cette femme soupçonnait en effet son mari d'ajouter à la désolation financière une horrible liaison amoureuse. En d'autres temps, j'aurais pu y voir le moyen d'en tirer un agréable profit, mais ce sujet sentimental n'avait aucun rapport avec mon affaire. J'étais pressé et craignais de voir surgir Clarentin au bout de la rue. Aussi, je dus me maîtriser pour ne pas prendre mes jambes à mon cou. Enfin, armé de la promesse qu'elle tairait ma visite, je fis un signe de la main, l'invitant à regagner sa demeure, et m'engageai sur la gauche, brisant alors le masque de la comédie que j'affichais. Au fond de moi, j'enrageais.

Toutes ces heures écoulées en vain, car je n'avais guère avancé ! Sans nul doute, je repartais les mains vides. Du moins, je le crus, faisant fi d'un détail, livré entre deux gémissements émouvants, tant j'avais hâte de rejoindre la Seine avant de me présenter devant le Louvre.

Une fois sur place, je ne perdis pas de temps à détailler les lieux ou la tenue des gardes qui, eux, m'avaient reconnu et ne s'étonnaient pas de me revoir. Dans l'indifférence, le barrage s'effaça. Était-il toujours aussi aisé de devenir un habitué ? Sans creuser cette question, j'escaladai l'escalier, fonçai dans la galerie, avançai vers le valet, croisé le même jour, et qui ne se montra pas plus surpris.

— Je m'en doutais, expira-t-il. À peine répond-on à une question, qu'une autre surgit. Laissez-moi deviner, ajouta ce bavard. Son Éminence réclame d'autres précisions à propos de son palais. Et voilà que se met en branle le manège des allers-retours. Vous êtes installé de l'autre côté de la Seine, chez le sieur Jacques Lemercier ? Un trajet d'au moins une demi-lieue ! Marcher, pester, aboyer, jouer des coudes pour que les piétons s'écartent de votre route, puisque vous vous savez en retard. Non, ce n'est pas une vie... Je préfère la mienne. Au moins, je suis au calme.

Il sonda les mêmes documents que je portais depuis le matin.

— Toujours des plans qui ne conviennent pas ? demanda le curieux.

— Plaignez le pauvre apprenti, répondis-je d'une voix assombrie en entrant dans son jeu. Si ce qu'il présente maintenant n'est pas exactement ce que Son Éminence attend, ses os vont souffrir

— Le châtiment, soupira-t-il, se porte toujours sur les petits..

— Et, quand tout va, les grands héritent des honneurs. Ah ! Je vois que vous devinez ma lassitude, ajoutai-je en fabriquant un ai de soumis.

— Ne songez-vous jamais à changer de travail ?

— Pour être franc, je le voudrais, murmurai-je. Mais – de grâce, ne le répétez point –, je ne suis doué en rien. Porter des plis, oui. Attendre la réponse en supportant moult remontrances et, vous l'avez deviné, revenir au point de départ. Voilà mon existence. Hélas, je crains que vous n'ayez souvent l'occasion de revoir ma triste personne tant que ce palais hardi ne dominera pas fièrement Paris.

— Des années... Non, ce n'est pas une vie, répéta-t-il.

— Mille remerciements pour votre charitable attention, soupirai-je, mais il me faut pénétrer dans l'arène et affronter ses douleurs...

D'un regard las, je montrai la porte du bureau de Richelieu.

— Son Éminence est visible ? demandai-je timidement.

Le valet s'avança résolument et posa la main sur la poignée :

— Je dois vous faire entrer sans attendre. Et cela fait deux fois que le Cardinal se présente et vous réclame. Mordiou ! Je vous plains...

— Un jour, je vous demanderai peut-être de l'aide, murmurai-je en m'avançant.

Aussitôt, il suspendit le mouvement d'un index prêt à frapper trois coups sur la cloison et, se tournant de moitié, me montra son étonnement.

— Vous semblez si bon, si généreux, le flattai-je.

— N'y croyez pas trop, s'insurgea-t-il en s'écartant d'un pas.

— Si, si ! Ne prenez pas cet air modeste. Je sais que vous pourriez venir à mon secours.

— Et comment ? se tendit-il.

— Je rêve de devenir valet dans ce palais. Mais, surtout, évitez-moi d'entrer au service de Son Éminence. Ce cardinal est trop sévère. Pour tout dire, j'en ai peur...

Il me toisa de haut :

— Valet ? N'y comptez pas. Il faut des qualités qui, pardonnez-moi, vous font sûrement défaut.

— Lesquelles ? réclamai-je d'un air faussement intéressé.

— L'allure, la prestance ! Sans compter le sens de l'observation. Il faut retenir chaque nom, compter le nombre de visiteurs, noter ceux qui viennent fréquemment. La prudence, doublée de la diplomatie, nécessite de ne jamais demander les raisons de sa présence à quelqu'un de connu. L'offense peut être grave – qui sait à qui on l'adresse vraiment ? Non, ce métier exige du doigté et un caractère prudent dont je vous crois peu doté. Tenez, par exemple, le Cardinal n'est pas seul en ce moment, souffla-t-il.

— En quoi cela est-il étrange ? fis-je semblant de me passionner.

— C'est un médecin, glissa-t-il en fermant les yeux. Il se nomme Théophraste Renaudot. Cet habitué entre et sort et, retenez ceci, jamais je ne lui demande les raisons de sa présence auprès de Son Éminence...

— Ce dernier est-il malade ?

— Je ne crois pas. Ils dînent comme deux vieux amis. Voilà tout le mystère... Que se disent-ils ?

— Eh bien ! Quelle annonce... Je ne peux donc pas me présenter ?

— Vous n'êtes qu'un apprenti, haussa-t-il les épaules. C'est à peine s'ils vous verront...

Il se rapprocha de moi :

— En revanche, que ferait un valet comme moi s'il entrait à votre place ? Il observerait la scène, écouterait ce qui se dit et s'échange. C'est ainsi qu'il pourrait tirer profit de ces renseignements. Dans ce palais, tout se négocie. Et si vous entendiez quelque chose qui...

— Dieu ! soupirai-je, cet espionnage est trop compliqué pour moi. Oublions tout et, de grâce, ne me trahissez pas en répétant que je n'aime pas le Cardinal ou encore que je me plains de mon travail.

Il se haussa sur les talons :

— Soyez assuré de la discrétion d'une personne peu bavarde, mais un service en vaut un autre. Pas un mot sur ces petits arrangements dont je vous ai fait le confident.

— N'en doutez pas, répliquai-je, la main sur le cœur. Soyez sûr que je ne divulguerai pas la conversation. D'ailleurs, qu'en ferais-je, puisqu'il est préférable que je reste à ma place ?

— Voilà une réaction qui montre que la sagesse existe même chez un jeune homme se sachant peu malin. Restez, en effet, comme vous êtes. Un apprenti, n'est-ce pas déjà bien ? glissa-t-il en frappant à la porte.

Théophraste était à son aise, ancré dans un profond fauteuil, le nez penché sur l'assiette. De la main droite, il tenait une plume et s'en servait pour écrire quand il ne piochait pas dans la chair d'un faisan rôti et gras à souhait. Il ne dit pas un mot tant que la porte ne fut pas fermée. Ensuite, il se tourna vers moi et me sourit :

— Avancez, glissa-t-il d'un ton amical, et prenez ce siège que vous installerez près de moi. Nous avons du nouveau…

Il agissait, en effet, comme un habitué, aussi détendu que lorsqu'il trônait chez lui. Pourtant, Richelieu était bien là, assis de l'autre côté de la table. Et sa barbe était taillée. Il avait poussé son assiette et se concentrait sur la lecture d'un épais document. Il leva les yeux un instant, me détailla d'un air déjà coutumier et revint aussitôt à son sujet.

— Tu dois mourir de faim. Prends ce qu'il te faut, Antoine, glissa-t-il sans relâcher son attention. Je suis à toi dans un moment…

Théophraste poussa son siège pour que je puisse me glisser devant un plat où tiédissait un beau reste de gibier :

— Avez-vous tiré avantage de votre rendez-vous ?

— La prise est maigre, soupirai-je. Et si j'excepte une bagatelle qui n'entretient aucun rapport avec la Nouvelle-France…
— En êtes-vous certain ? insista-t-il. Tout compte, même les détails.
— Oui, oui ! bougonnai-je, sottement blessé par cet air de méfiance.
— Nous verrons bien, conclut-il. Pour l'heure, entendez ce qui suit.

Il pivota son étrange tête vers Richelieu :
— Souhaitez-vous que je résume la situation ?
D'un geste, on lui fit comprendre qu'il le devait.
— Pendant que vous couriez chez cette dame Clarentin, nous avons procédé à quelques vérifications sur la Compagnie des Cent-Associés. Il fallait commencer par cela.
— Au début, intervint notre hôte, le procédé que me proposait ce cher Théophraste me sembla inutile et perte de temps. Je suis l'instigateur du projet et le signataire du contrat qui unit les fondateurs. Que pouvais-je ignorer de cette entreprise ?
Sa voix se teinta d'un humour glacial et ses traits se durcirent :
— Sans doute ai-je négligé de me pencher sur ce dossier pour avoir eu fort à faire ailleurs… Hélas, il faut aussi se méfier de ses alliés !
— Pardonnez-moi, s'interposa Renaudot, mais vous allez trop vite en besogne. Procédons méthodiquement. D'abord, les faits.
— Vous avez raison, soupira Richelieu en tentant de retrouver son calme. Poursuivez comme vous l'entendez…
Que cachait cette mine sombre, que s'était-il passé ? L'excitation me fit oublier la faim et je repoussai le rôti.
— Après votre départ, reprit Renaudot en s'adressant à moi, j'ai voulu creuser la piste d'une malversation liée à la Compagnie. Pour s'en assurer, il fallait s'attaquer à son cœur et le moyen le plus expéditif était de s'intéresser à ses œuvres. Le cardinal de Richelieu a, de suite, accepté mon projet. Dix soldats se sont présentés au siège des Cent-Associés pour saisir ses registres. Une belle liasse de

rapports et de comptes rendus de dépenses et de frais que nous étudions depuis. Or, murmura-t-il, certaines pièces se montrent plus... convaincantes que d'autres.

— Maintenant, vous allez trop lentement, Théophraste, s'interposa le prélat. Une chose est à dire avant toute. Antoine a peut-être vu juste.

— Oui, oui, s'excita Renaudot. Trop d'étrangetés, trop de mystères, trop de camouflages...

— Lesquels ? ne pus-je m'empêcher de demander.

Sans même solliciter un accord, Théophraste saisit les feuillets que lisait à l'instant Richelieu :

— Pierre Le Blond, maître chapelier à Paris, inscrit le 20 décembre 1627 sur les tablettes de la Compagnie, récita-t-il. Mais, peu après, il vend une demi-part au dénommé François Benoist, sans que celui-ci n'acquière le titre de membre. Est-ce un prête-nom ? Dans ce cas, qui représente-t-il ? Cette question se pose également à propos de Robert Davès, un ancien échevin qui a cédé sa part, dès le 18 novembre 1628, à Pierre Desportes de Lignières. Pourquoi le fait-il ?

Davès. Je connaissais cet homme. C'était chez lui que nous avions entendu la lecture de la lettre du père Lallemant sur la chute de Québec et la piraterie des frères Kirke. Voilà peu, je l'avais croisé sans qu'il ne parle de son désir de quitter la Compagnie... Que devait-on en conclure ?

— Et ce n'est que le commencement d'un trafic suspect dont on ne m'a jamais tenu informé ! gronda le Cardinal.

— Martin Haguenier, continua Renaudot, a aussi disparu des listes. Il en est de même pour Gilles Boissel de Senneville. Quant à Jean Roussel de Saint-Gilles, conseiller du roi et correcteur en la Chambre des comptes de Normandie, il aurait cédé sa part à un certain Jacques Duhamel. Plus loin, je lis que le marchand Guillaume Prévost n'a pas fait son versement de 1 000 livres. L'a-t-on sommé de s'exécuter ou de résoudre ? Mystère... Son nom a été ôté des listes.

— Mais qui possède sa part ? rugit Richelieu en se levant d'un bond. Qui, aujourd'hui, détient cette Compagnie à qui j'ai offert un continent plus immense que le royaume de France ? Oui, cela tourne au mystère...

Imperturbable, Renaudot se replongea dans sa lecture :

— J'ai encore trouvé ceci, concernant le conseiller du roi, Nicolas Le Masson : son nom n'apparaît plus... Qui le remplace ? Venons-en aux cas suivants. Gaspard Le Loup de Monfan, inscrit par François Bertrand, a pareillement déserté les rangs de la Compagnie. Quoi encore ? Je vois que René Bethoulat de La Grange-Formanteau se dit membre, mais qu'il n'a pas procédé au versement du premier écu et ne figure plus sur les listes. Idem pour Jean Carron, le conseiller de Dieppe, et Jean du Fayot, également conseiller du roi et, par ailleurs, trésorier de France et général des Finances. Même conclusion pour Nicolas Crucifix, Nicole Langlois, veuve de Nicolas Blondel, ou pour Louis Ellyes du Pin. Tenez ! Écoutez ceci : Jacques Girard de La Chaussée serait, en réalité, le prête-nom de Jean de Lausson. Mathurin Baudeau : évanoui. Pierre Ferret, secrétaire de l'archevêque de Paris, recommandé par Jean Verdier : envolé. Prégent Proust ? Idem. Et Jean Pontel aurait acquis deux parts, mais, selon ce que je lis, il n'en posséderait plus qu'une. Qui détient la seconde[1] ?

Il leva la tête, un instant :

— Vient le plus troublant : Georges Morin, chef de la paneterie[2] de Gaston d'Orléans, inscrit le 25 juillet 1628... Depuis, il s'est éclipsé.

Il reprit la liste et compta calmement :

— En somme, depuis deux ans, plus de vingt nouvelles têtes sont entrées discrètement dans une Compagnie dont on sait qu'elle est quasi ruinée. Comment expliquer cette imprudence ? Que cherchent les auteurs de ces transactions aventureuses ? Combien sont-ils des prête-noms ?

Je saisis ce moment pour interroger Richelieu qui avait écouté sans cesser de marcher :

— Vous n'étiez pas informé ?

Il se figea sur place :

---

1. Cette part appartient, en fait, à un dénommé Jean Pontac.
2. Officier chargé du pain à la cour de Monsieur.

— Tu poses la question au promoteur de la Compagnie ! En effet, il devrait l'être, mais voici le plus fort : Armand Jean du Plessis, cardinal et duc, surintendant général de la navigation et du commerce de France… Alors, connais-tu cet homme ?

— Il s'agit de celui qui montre sa colère, répondis-je prudemment.

— Pourtant, ce personnage est un fantôme…

— Que voulez-vous dire ?

— Mon nom n'apparaît jamais dans les listes de la Compagnie que j'ai créée[1] ! Ainsi, je n'ai officiellement aucune part, je n'existe pas. Tout a été effacé…

— Voilà comment fabriquer un monde très… particulier, agissant à l'abri des regards – et comme il lui convient, grinça Théophraste. Est-ce assez pour en déduire que ces combines cachent les pires malversations ? Serait-il question de partager à quelques-uns une richesse dont on aurait caché l'existence ? Mais, soupira-t-il, pour qu'il y ait un crime, il faut un mobile. Pourquoi manigance-t-on sur le Québec ? Sans réponse, tout est ombre et reste supputation…

Ces nouvelles me firent l'effet d'un coup de tonnerre. Ainsi, il y avait d'étranges machinations sur la Compagnie. Les visages de ceux que j'avais côtoyés et appréciés défilèrent devant mes yeux. Combien avaient pu mentir ? Qui agissait sous couvert ? Je revoyais Clarentin et ses traits déformés par la peur. Je me souvenais des mots de son épouse. Ignorait-elle vraiment la vérité ? Car, pour un mobile qui nous échappait, il existait peut-être une intrigue blessant la Nouvelle-France. Québec, avions-nous cru déchiffrer dans le pli délivré par Millard à Richelieu. Ce Québec-ci, cachait-il le pire ? L'exploit du Saint-Laurent était-il vicié par le profit ou toute autre combinaison haïssable ? Le dégoût me saisit. Dans ce cas, qui avait-on trahi ? Richelieu ? Le Nouveau Monde et ses héros, dont Samuel de Champlain avait imagé l'excellence ? Que deviendrait

---

1. Fait établi par les historiens québécois Lucien Campeau et Marcel Trudel.

l'exploit des rescapés de l'impossible s'ils apprenaient qu'ils n'avaient été que les pantins d'êtres hantés par la cupidité ? Non, le rêve ne pouvait tourner au scandale financier. On se trompait !

— Qu'en penses-tu, Antoine ? se manifesta doucement un Richelieu qui mesurait mon émotion.

— Je ne peux me résoudre à tant d'ignominies, articulai-je. Il existe sûrement une raison logique et honnête. Il faut commencer par questionner ces Associés afin qu'ils expliquent leurs manœuvres...

— Nous nous y employons, répondit sobrement le Cardinal. Je fais... interroger sévèrement certains membres. Mais quelle est ton opinion ?

— Certes, déglutis-je pour soulager ma gorge sèche, il se peut qu'il se soit produit quelques trafics. Oui, prenons cette hypothèse...

— Dès lors ? m'encouragea Renaudot qui voulait aussi m'entendre.

— Pour autant, aucun lien n'est établi avec la conspiration que vous a annoncée Thierry de Millard.

— En effet, opina le Cardinal.

— Ainsi, poursuivis-je, nous avons peut-être mis à jour une affaire en ne profitant que du hasard...

— L'entretien avec l'épouse de Clarentin ne vous a donc rien appris de plus ? recommença Théophraste.

— Je vous l'ai dit. Un simple petit mystère qui touche la trahison sentimentale de son mari...

— C'est-à-dire ? s'interposa Richelieu comme si le sujet revêtait de l'importance.

— Athénaïs Clarentin ne sait toujours rien à propos de leurs soucis de fortune, répondis-je d'un ton morne. Le mari se montre secret, surtout depuis qu'elle le soupçonne d'une relation coupable...

— Allons bon ! s'amusa le prélat.

Lui aussi se moquait d'une récolte aussi médiocre.

— Puisque ce *détail* vous divertit, m'emportai-je, sachez que Simon Clarentin a entrepris plusieurs voyages à Blois sans fournir de mobiles. Et l'épouse pense qu'il dissout ses craintes dans une passion amoureuse. Elle s'imagine trompée. Non, ne souriez pas. Pour la fuir, j'ai dû l'assurer plus de mille fois que son conjoint était incapable d'un tel outrage. Ainsi, vous me forcez à vous avouer combien j'ai perdu mon temps.

— Blois, as-tu dit ? insista Richelieu en adressant un regard appuyé à Renaudot.

— Mon cher Antoine, renchérit ce dernier, chaque détail compte… Blois a, peut-être, son importance.

— Blois, je vous dis, m'agaçai-je, ne comprenant pas ce soudain intérêt que l'on tardait à m'expliquer.

— Et ce… *détail* ne t'a pas fait sursauter ?

— Pas plus et pas moins que si Mme Clarentin avait cité Dieppe, Marseille ou Lyon, répondis-je en haussant les épaules. Aussi, ai-je droit de savoir en quoi Blois représente un indice capital ?

Richelieu ne répondit pas sur-le-champ. D'abord, il alla chercher une feuille de papier qu'il finit par trouver dans l'amoncellement de celles saisies au siège de la Compagnie.

— Voici un document faisant état de la location d'un carrosse et de son équipage dont les frais furent payés par la Compagnie, exulta-t-il. Pas moins de trois voyages en un mois et le dernier en date s'est déroulé entre le 1er et le 8 novembre 1630… Pour Blois, bien sûr.

— Soit deux jours avant la journée des Dupes, précisa Théophraste.

— Pure coïncidence, me butai-je. Pourquoi devrait-on accorder une telle importance à deux événements si différents ?

— Parmi les voyageurs, se trouvait Clarentin, révéla le Cardinal.

Je ne sus que répondre. D'ailleurs, on ne m'en laissa pas le temps.

— Et il n'allait pas voir sa maîtresse, gloussa Renaudot.

— Mais qui d'autre ? finis-je par réclamer.

— C'est étrange, jeta sèchement le conseiller du roi, mais je ne peux m'empêcher de songer à Gaston d'Orléans, frère du roi, fils de Marie de Médicis, et propriétaire du château de Blois et du comté s'y rapportant.

Et Renaudot ajouta ces mots qui me plongèrent dans la stupeur :

— C'est peut-être le lien que nous cherchons depuis ce matin pour rapprocher Québec de la conjuration.

Chapitre 45

La vitesse ne diminuait jamais. Mais quelle pouvait être celle d'un cheval lancé au triple galop ? Qu'obtenait-on en conjuguant la puissance de six parangons de chair et de feu, enchaînés deux à deux, et soulevant la poussière, et brisant la caillasse de la route ? Six descendants de Pégase, menés par le successeur de Bellérophon, le roi de Corinthe[1]. Ce maître-ci les excitait de la voix, les poussait à fendre furieusement la nuit, à aimer ses ombres sinistres, à se nourrir de hargne pour décupler leurs forces titanesques et les ramener ainsi à leur état sauvage. Depuis le départ, ces bêtes furieuses ne subissaient aucune entrave, ne recevaient du cocher que l'ordre de foncer, de ne pas ralentir, de mourir plutôt que de freiner la course, même si la voiture tanguait, gémissait sa fatigue et suppliait pour négocier un instant de repos. C'était un combat à mort entre l'animal et la chose, entre l'âme et l'objet. Et qui céderait ?

— Ce carrosse est indestructible, avait certifié le capitaine Armand de Vestaly, un écuyer au service du Cardinal, alors que j'allais embarquer. Il vient d'Allemagne. Sa fabrication est secrète. Jamais, il ne fut conçu un engin plus léger et plus fluide...

Il avait caressé la forme oblongue de l'aile de la voiture, mêlant à ses gestes une sorte de douceur amoureuse.

— Votre guide se prénomme Philippe. Mais, avait-il souri, je doute que vous ayez l'occasion de lui parler avant Étampes, votre premier arrêt.

---

1. Pégasse, cheval mythique, fut domestiqué par le héros Bellérophon, roi de Corinthe.

Il avait procédé à un calcul de tête :

— Trois à quatre heures pour rejoindre ce point. Ensuite, Orléans. La chaussée est meilleure, mais la route plus longue, et vous irez toujours de nuit, du moins pour un temps. En tenant compte du changement de chevaux, cet équipage a déjà parcouru les dix-huit lieues qui séparent les deux étapes en un peu plus de cinq heures. Philippe a pour ordre de faire mieux. Comptez encore quatre à cinq heures pour rejoindre Blois.

Il avait fermé sa veste pour lutter contre le froid humide :

— Minuit vient de sonner. Si Dieu vous apporte son aide, vous devriez être sur place vers la fin de la journée. Il vous restera peu de temps pour agir avant le crépuscule. En quittant Philippe, n'oubliez pas de convenir d'un lieu discret où vous vous retrouverez après votre... excursion.

Alors il s'était rapproché du cheval de tête qui piaffait son envie d'en découdre pour, d'un geste affectueux, lui flatter l'encolure :

— Maintenant, c'est à lui de jouer...

Malgré la nuit, j'avais vu qu'il souriait dans l'espoir de m'apaiser :

— Vous serez rentrés le 14 novembre, avait-il promis d'une voix forte. Un simple aller et retour...

— Si l'on ne nous tranche pas la gorge d'ici là, avait soudain grondé l'homme qui se trouvait à mes côtés.

— En route ! lui avait simplement répondu l'écuyer Vestaly. Vous avez plus de six heures de retard sur la voiture que vous devez pister...

— Et l'éternité devant nous, si nous mourons avant de la rattraper, pestait le personnage qui hésitait à me rejoindre à bord.

— Allons, cher Lemercier ! s'était aussitôt manifesté Théophraste Renaudot, puisqu'il nous accompagnait dans ces écuries discrètes situées dans une cour du Louvre. Faites preuve de confiance et d'optimisme...

L'architecte – il s'agissait bien de lui – n'avait pas tenté de cacher son humeur exécrable :

— Ce n'est ni mon métier ni une épreuve pour mon âge !

Renaudot l'avait presque poussé pour qu'il monte à son tour :

— Et que pensez-vous d'un médecin, mis dans le devoir d'enquêter sur un complot ? C'est la *familia* ! Monsieur Lemercier... Ses droits et ses obligations.

Il avait claqué la portière. Sitôt, la voiture s'était mise en branle.

Afin de gagner en poids, l'habitacle était de petite taille, réduit à deux places, si bien que nous allions, serrés l'un contre l'autre, accrochés aux poignées situées sur les cloisons, gainées d'une sorte de cuir noir dont l'odeur puissante se mêlait à la sueur des bêtes. Nos têtes touchaient un plafond très bas et dont la forme convexe, selon le capitaine de Vestaly, favorisait la fluidité de l'ensemble. L'invention, inspirée par les travaux d'un ingénieur de Bavière sur la résistance de l'air, soulageait le travail de l'attelage et augmentait sa vitesse. Fasciné par cet objet révolutionnaire, j'en avais fait le tour alors qu'un palefrenier contrôlait une dernière fois les sabots et les fers et donnait à boire. L'écuyer qui m'avait accompagné détaillait l'étrange assemblage des roues fines et creuses, moulées dans un alliage secret, conçu par un sorcier, alchimiste d'Italie, afin de les rendre plus robustes. La recherche de la perfection se retrouvait dans le harnais de l'attelage. Le mors, le collier, les brancards, et tout l'attirail de trait, contenaient peu de bois et de fer afin d'ôter de la charge. La solidité, pas moins exceptionnelle de l'ensemble, tenait, promettait-on, dans l'attention portée au tressage du cuir et au génie d'un maître fondeur d'Espagne qui avait trempé mille fois le métal dans l'eau, le soulageant ainsi des scories et des imperfections jusqu'à obtenir une finition d'une singulière légèreté. Cet objet unique, dédié aux missions capitales, n'avait pas même un prix. Mais, selon la puissance et la résistance des chevaux, on gagnait trois à quatre milles par heure, soit, dans le même temps, le franchissement de près de deux lieues[1]. Sur quinze heures, durée estimée du périple, le bonus s'élevait donc à trente lieues. Serait-ce suffisant pour effacer la distance déjà parcourue par ceux qui se rendaient également à Blois ?

---

1. Un gain d'environ 8 km/h.

Renaudot se voulait rassurant. *Primo*, soutenait-il, nous disposions d'un engin formidablement puissant. *Secundo*, les relais s'organiseraient à la vitesse de l'éclair grâce à une chaîne de complicités rodées à l'exercice et dévouées à la cause du Cardinal. *Tertio*, les occupants de la voiture que nous devions rattraper et dépasser ignoraient qu'ils étaient pris en chasse.

— Deux heures, avait conclu Théophraste en redressant sa curieuse tête. J'ai compté que vous disposeriez de cette avance sur eux, après les avoir doublés, disons, non loin d'Orléans. Mais, avait-il grommelé, la question est de savoir si vous aurez alors assez de temps pour trouver ce que nous cherchons…

Un à-coup interrompit brusquement mes réflexions. La voiture tangua avant de se redresser. Un trou, sans doute. Invisible, imprévisible. Mettant fin à l'indestructible ? Les savants calculs de Renaudot pouvaient se briser sur une souche d'arbre, une flaque à la profondeur indicible, une pierre arrachée des talus qui défilaient et m'étourdissaient. Philippe donna du fouet. La voiture reprit sa course démente. Il tapa du pied sur le toit de la cabine, selon un code convenu au départ. Deux coups, tout allait bien. Trois, le voyage s'achèverait pour une raison décidée par le hasard. Le génie d'un inventeur, orfèvre d'Italie, ou disciple de Vulcain, ne décidait pas des jarrets des animaux. Une fracture, voilà un risque que n'avait pu calculer Théophraste Renaudot. À côté de moi, Jacques Lemercier gardait les yeux clos, laissant penser qu'il s'était assoupi, mais il refusait surtout de parler. C'était ainsi depuis qu'il avait appris de la bouche de Richelieu que notre duo se reformait… Mais pour un voyage qu'il jugeait autrement dangereux que les démêlés de la journée des Dupes.

J'avais présenté ce 12 novembre comme une journée longue et fort remplie, ce n'était donc pas fini. Nous foncions dans la nuit et, puisque Jacques Lemercier cafardait, je n'avais pas mieux à faire que de réétudier les événements qui avaient précédé notre départ.

Les heures du jour s'étaient déclinées dans l'étude des documents récupérés au sein de la Compagnie. Théophraste et moi étions penchés sur le détail des comptes, des rapports et des lettres saisis sur place. Mais rien de nouveau n'était venu étayer notre cause. De même, l'affaire s'était brusquement tendue. L'intervention intempestive des hommes du Cardinal chez les Associés avait déclenché un mouvement de panique. Le message circulait dans Paris. Une enquête était menée. Bien sûr, ceux qui n'avaient rien à se reprocher se montraient conciliants, mais la poignée de membres qu'on cherchait à questionner avait fui ou se cachait. Disparus ! Tels ces noms rayés des registres de la Compagnie.

À six heures, Paris avait été passé au peigne fin. Et le résultat se révélait affligeant. Simon Clarentin lui-même ne se montrait plus dans sa manufacture. Le branle-bas de combat était général.

Richelieu ne décolérait pas. La manœuvre engagée débouchait sur un échec aux effets considérables car, à n'en pas douter, les preuves de l'affaire seraient bientôt effacées. Leurs auteurs devaient se concerter, mettre en place une réplique. L'effet de surprise ne jouait plus en notre faveur et, s'il existait un lien entre les malversations menées, croyait-on, sur la Compagnie et le complot évoqué par Thierry de Millard, il y avait à craindre que la cabale ne s'enfonçât dans la clandestinité. Contrer, punir, quand ce qui avait été éventé demeurait intangible ? Une conspiration ? Pas un nom et pas un mobile sérieux n'apparaissaient. Quel lien existait-il avec le Québec dont nous avions conclu hâtivement qu'il s'agissait du sujet principal ? Fallait-il seulement l'établir ? Au fond, les mutations de titres qui s'étaient produites entre les Associés pouvaient se justifier par l'échec de l'entreprise. Qui reprocherait à des marchands d'avoir choisi d'éteindre le feu en se défaisant de leurs parts à vil prix, et même gratis, au profit de candidats confiants en l'avenir, et prêts à parier peu dans l'espoir de toucher gros ?

Le seul résultat de cette journée, alors que la nuit venait, était donc de douter. Bien sûr, restait la disparition subite de quelques personnes, comme envolées de Paris. Pour où ? Pourquoi ? Combien il leur serait facile de prétexter une chasse, un rendez-vous galant ou une visite impromptue à des fermes lointaines ! Ainsi, la menace restait floue et, si elle existait, rien ne garantissait qu'elle soit éteinte… Pis, enrageait le Cardinal, elle s'aggravait, car ses inventeurs non démasqués pouvaient encore agir. Pis, répétait-il en maugréant, l'ennemi procéderait dorénavant avec prudence. Ainsi, les chances de le confondre s'amenuisaient. Une bête que l'on avait blessée était toujours plus féroce. Pour survivre, elle engagerait un combat à mort, en se servant désormais de l'ombre…

Les messagers entraient et sortaient du bureau de Richelieu et la prudence n'était plus de mise. Heureusement, le valet bavard avait déserté son poste d'observation, poussé vers d'autres cieux sur la foi d'un petit apprenti architecte ayant jugé bon d'exposer au Cardinal les méthodes du curieux. Depuis, la garde personnelle de Richelieu avait été placée devant son bureau, transformé en quartier général d'état-major. Une guerre sans nom s'engageait. Mais qui était l'adversaire ? À présent, l'inaction attisait ma colère. Je voulais bouger, j'étouffais dans cette pièce.

— Venez ! lançai-je en m'adressant à Théophraste Renaudot.

Il me suivit dans l'antichambre.

— Mordiou ! enrageai-je. Je suis comme saint Thomas. Pour croire qu'ils sont tous devenus invisibles, j'ai besoin de preuves…

Et, sans autre explication, je bondis vers la sortie.

— Où allez-vous ? me rattrapa Théophraste.

— Donnez-moi une heure. Ici, je ne suis utile à rien…

— Quelle idée agite cette cervelle ? insista-t-il.

— C'est encore trop imprécis.

— Avez-vous besoin de gardes ?

— Surtout pas ! répliquai-je sur-le-champ.

— Ne cédez pas à l'insouciance. Les épreuves passées me soufflent que nous combattons des forces puissantes, décidées à tout entreprendre pour nous défaire. Une fois dehors, vous serez sans défense. Méfiez-vous et surveillez vos arrières.

— Qui s'en prendrait à un jeune homme sans importance ? raillai-je.

Un instant, la lassitude qui marquait ses traits s'effaça :

— Nous nous connaissons depuis peu, sourit-il pauvrement, mais je devine que, sous cette allure modeste, se cache un bel esprit. Ne le gâchez pas en devenant imprudent. Vos premiers pas dans le monde où vous a conduit Richelieu sont bons. Ne le décevez point à présent en laissant agir par trop votre fougue. Je devine qu'il apprécie votre ingéniosité, et même, ajouta-t-il après avoir hésité, votre caractère impétueux...

— Cet honneur me touche, répondis-je. Y ajouterez-vous le vôtre ?

— N'en doutez plus, cher ami, répondit-il en me serrant la main.

— Voici une excellente raison de rester prudent, ris-je de bon cœur pour cacher l'émotion qui m'étreignait. Maintenant, laissez-moi vérifier si cette tête mérite vraiment votre confiance...

Inconscience de la jeunesse... J'allais sans défiance, progressant dans ce corridor déserté par la nuit. Je descendais l'escalier, franchissais la cour, sortais du Louvre. J'étais dans Paris. Seul. Et combien de regards avaient pu épier ma sortie ? Les paroles de Renaudot me revinrent, et je me sentis moins fier. Nous menions un combat féroce et je négligeais son importance. S'il s'agissait d'un complot, il ne faisait aucun doute que l'entourage du Cardinal était surveillé. Et il me vint l'idée, mais un peu tard, que je pouvais être occis rue de la Saint-Barthélemy, cette rue sombre qui longeait le rempart du Louvre et dans laquelle je m'avançais. Soudain, tout, y compris le silence, devint suspect. Devais-je m'inquiéter de l'ombre qui se dessinait au loin ? Me suivait-elle depuis que j'avais franchi l'enceinte du palais ? Fariboles, niaiseries, peur enfantine ! D'un geste sûr, je remontai le col de ma veste, mais je pressai l'allure, décidé à ne pas laisser l'imagination entraver mon dessein. Une heure pour obtenir ce que j'espérais, ce n'était pas de trop, même si je n'allais guère loin. D'ailleurs, la rue de la Pelleterie se montrait déjà. Cent pas encore, dans un passage sombre, et je me présentai devant la maison où j'étais déjà entré le matin. Mais alors que j'allais frapper, le bruit sourd d'une botte retentit dans mon dos. D'un geste brusque, je me retournai. Une silhouette se montrait au coin de la rue et je fus pris d'une panique irrésistible. Confusément, je songeai à fuir quand le faible halo d'une chandelle se montra sous la porte.

— Qui va là ? demanda Athénaïs Clarentin d'une voix tremblante.

— Antoine Petitbois, répondis-je d'une voix forte tout en sondant mes arrières. Je viens pour vous sauver, ajoutai-je, non sans toupet.

L'heure tardive expliquait sans doute que la porte du salon restât fermée. Nous étions debout, dans l'entrée. Le chandelier tremblait dans sa main et ses yeux gonflés de chagrin trahissaient son immense déréliction. Cette femme était usée, à l'abandon et prête à céder au pire – une attitude qui laissait entendre que l'entretien serait court et son résultat incertain. Au premier accroc, elle me précipiterait dehors, et ce n'était pas la crainte d'affronter la nuit qui me poussait à étudier le moyen de rester ici le plus longtemps. Du moins, jusqu'à obtenir une réponse à la question qui me taraudait. Où se cachait Simon Clarentin ?

— Qu'avez-vous, Athénaïs ? commençai-je prudemment.

Pour toute réponse, elle gémit faiblement. D'un geste lent, je vins à ses côtés et saisis le chandelier pour le poser sur la commode en chêne qui meublait chichement le vestibule. Libre de ses gestes, elle n'en restait pas moins immobile, prostrée dans son silence, désespérée. Allons, me dis-je intérieurement, chaque mot doit être pesé. Mais n'y mets pas trop de précaution, si tu veux obtenir un résultat…

— Je viens pour vous sauver, répétai-je.

Les larmes se mirent à couler sur ses joues.

— Que pouvez-vous faire, Antoine ? hoqueta-t-elle. L'affaire est si grave, et Simon…

— Oui, Simon ? insistai-je en tentant de cacher mon intérêt.

Elle releva son beau visage et je crus y voir un éclair narquois :

— Votre obligeance est sans égale. Mais un gentil jeune homme ne peut plus rien pour nous.

Oubliant ce qu'il pouvait y avoir de vexant dans ses propos, je ne fis que lui sourire le plus chaleureusement du monde :

— La journée, débutai-je, m'a appris que d'étranges mouvements se produisaient au cœur de la Compagnie des Cent-Associés.

— Que savez-vous ? jeta-t-elle en serrant les mains sur sa gorge.

— Un modeste apprenti a parfois l'oreille qui traîne... Surtout, me rehaussai-je, quand il entre dans le fief du cardinal de Richelieu, envoyé par l'architecte Jacques Lemercier, les bras chargés de plans...

— Richelieu ? murmura-t-elle, oubliant le reste.

— En personne, glissai-je à mi-voix. Et dans son bureau.

D'un coup, son attention devint vive.

— Mais tout fut tourneboulé par l'entrée d'une bande d'espions à la solde du Cardinal et tous se mirent à discuter sans retenue devant le *gentil jeune homme* qui vous fait face. Ainsi, ajoutai-je perfidement, la modestie peut aussi servir. Je n'existais plus, et je ne fis rien pour changer cet état.

Je marquai un temps :

— D'autant que j'eus la surprise d'entendre le nom de votre époux.

— Ah ! défaillit-elle. Simon disait donc vrai...

Bon, pensais-je, voilà un bel acquis. Cette jolie femme en sait plus qu'elle n'en a avoué ce matin. Mais comment progresser sans me trahir ?

— De grâce, écoutez-moi, repris-je en allant vers elle. Je peux vous aider puisque je sais ce que cherche Richelieu et ce qu'il est prêt à donner en échange d'une information. Ainsi, en m'indiquant où se terre...

Je n'avais pas fini que la porte du salon s'ouvrit d'un coup brutal :

— C'est donc moi que vous cherchez ?

Clarentin se montrait. Hagard, tordu par la peur, gris à en mourir.

— Simon, balbutiai-je. Vous...

Il avançait, je crus, pour se jeter sur moi.

— Dieu soit loué ! m'exclamai-je, en faisant mine d'ignorer son air méchant. Vous êtes vivant !

Cela suffit pour qu'il arrête sa marche :

— Qui prétend que je suis mort ? fit-il en plissant les yeux.

— Tout n'est donc pas perdu, continuai-je, ignorant sa question.

— De quoi parlez-vous ? grogna l'autre, en me sondant durement.

— Vous conviendrez, débutai-je, que j'ai toujours agi en ami, ne cessant de vous mettre en garde contre de périlleuses décisions…

— Soit ! Disons que j'ai eu tort de ne pas vous écouter, s'emporta-t-il. Mais il est trop tard. Maintenant, sortez !

Je ne bougeai pas d'un pouce :

— Vous pouvez encore réparer vos erreurs… Simon, je connais le moyen de vous éviter la mort.

— La mort… murmura Athénaïs en cherchant un siège.

— Et peut-être pour vous deux, ajoutai-je cruellement. À moins que vous n'acceptiez de m'écouter.

Il me regarda avec méfiance. Puis se tourna vers son épouse qui, des yeux, le suppliait de céder.

— Bien, lança-t-il enfin. Tentez une dernière fois de me convaincre puisque vous vous dites mon ami. Que pouvez-vous me promettre ?

Ce coup-ci, me parlai-je à moi-même, nous saurons si ton plan va fonctionner. Et bonne chance à tes abattis si tu t'es fourvoyé…

— Richelieu a parlé d'une récompense à celui qui lui fournirait des informations sur quelques personnes recherchées – dont vous.

— Ainsi, vous venez m'annoncer que vous allez me trahir ! hurla-t-il en serrant les poings.

— Tout doux, je n'ai pas fini, repris-je calmement en m'approchant toutefois du candélabre. Je parle de cette récompense pour vous dire que Richelieu veut négocier. Et vite. Ainsi, pour en avoir parlé devant moi, je sais qu'il n'accordera son pardon qu'aux premiers qui se rangeront à ses côtés. Mais je devine que cette chance de négocier ne sera pas éternelle. Et si j'ignore ce qu'il vous reproche, votre silence prouve que la promesse de Richelieu ne vous est pas indifférente…

— Négocier ? murmura-t-il en sondant son épouse.

Soudain, il se décida :

— Non ! Et vous m'avez convaincu, railla-t-il. Richelieu est pressé car, demain, tout sera fini. Et je n'aurai plus rien à craindre de lui.

Cet aveu me glaça le dos.

— Demain ! m'exclamai-je, décidé plus que jamais à lui arracher la vérité. En quoi votre sort aura-t-il changé ? Richelieu ne vous lâchera plus et qu'en sera-t-il de ceux qui ont acheté votre silence ? Si demain, tout est fini, vous resterez un témoin gênant dont on étouffera la voix. Demain ? Il sera en effet trop tard, car vous ne pourrez plus négocier. Tandis que ce soir, quand rien n'est joué et que tout reste possible, votre confession a encore un prix considérable... Et peut-être supérieur à votre ruine.

Il ne cédait toujours pas.

— Qui vous assure qu'un spadassin ne rode pas devant chez vous ? continuai-je en me souvenant de l'ombre aperçue en entrant.

— Vous mentez ! grommela-t-il, mais sa voix faiblissait.

Il roula des yeux, signe de l'orage dans lequel son esprit tanguait :

— Que voulez-vous ? Qui êtes-vous vraiment, Antoine Petitbois ?

— Peut-être un messager, rétorquai-je en le fixant intensément.

— Vous ignoriez que je me cachais ici, répondit-il fort justement.

— Je pariais qu'Athénaïs vous transmettrait ce message d'espoir.

— L'espoir, reprit-il d'une voix tremblante, je n'en ai plus. Sortez.

— Chérissez les heures prochaines, le menaçai-je. Voilà le dernier conseil de celui qui s'est toujours porté à votre secours.

J'avais échoué et je fermai ma veste pour annoncer mon départ :

— Je cède donc devant cet entêtement qui vous a mené au désastre. Quant à vous, Athénaïs, je vous plains d'endurer tant d'ingratitude...

Et j'ouvris la porte, redoutant que Clarentin se jette sur moi.

— Attendez ! cria sa femme. Si demain, comme l'avoue Simon, tout est joué, c'est donc que nous ne pouvons plus modifier notre sort ?

— Agissez maintenant et vous échapperez au pire. Madame, je vous supplie de m'entendre mieux que cet homme.

— Je suis prête à le faire, n'espérant rien de ce côté-ci, répondit-elle en toisant son mari. Monsieur, je vous en prie. Quel est votre stratagème ?

— Ne l'écoute pas ! tenta de s'interposer le chapelier.

— C'est toi que je ne croirai plus ! se déchaîna-t-elle, puisant dans son désarroi un sursaut pathétique auquel aucune force ne pouvait résister.

— Désormais, je déciderai seule, trancha-t-elle en tournant le dos à Clarentin et en me poussant vers le salon.

— Athénaïs ! enragea le lâche en se voyant abandonné par tous.

Chapitre 46

ATHÉNAÏS avait parlé la première, cédant à la promesse d'obtenir le pardon de Richelieu. Mais sa capitulation s'expliquait aussi par le désir d'arracher le carcan étouffant dans lequel son mari l'avait enfermée. Elle voulait s'absoudre du poids de ses angoisses, partager leur lourdeur dans l'espoir innocent de les apaiser, et quel qu'en fût le prix à payer. Peut-être souhaitait-elle également s'émanciper des erreurs d'un époux tordu, retors et qu'elle ne comprenait plus.

Débuter avait été difficile. Elle hésitait, se reprenait, revenait en arrière pour s'arrêter sur des détails insignifiants qui avaient peu de liens avec notre affaire. Le mari faisait les frais de son ire. Dépensier, égoïste, menteur, mauvais employeur, escroquant et maltraitant les jeunes filles de son atelier, tout y passait. Mais ainsi, la bile se consomma, et elle retrouva son calme.

La liste complète des défauts de Simon Clarentin ne m'avait rien apporté, sauf à me mettre mal à l'aise car l'accusé assistait à cette scène, tel le criminel à son procès, mais debout, à l'entrée de la pièce, étranger dans sa propre demeure. Sonné par les accusations d'Athénaïs, il écoutait sans broncher, sans manifester la moindre rage. Il s'abandonnait au cours des événements qui, désormais, lui échappaient. Moi, témoin de ce drame conjugal, je devais attendre patiemment que l'épouse se soit libérée des silences qui oppressaient sa vie et pesaient sur sa conscience. Ensuite, si le conjoint ne se révoltait toujours pas, viendrait le moment de manier prudemment le jeu des questions et des réponses.

Quand, enfin, elle aborda les manœuvres de son époux à propos de la Compagnie, il fallut bien admettre qu'elle ne manquait pas d'audace et d'intelligence. Ah ! combien Clarentin dut regretter d'avoir oublié qu'une épouse docile avait des oreilles pour entendre et des yeux pour voir. Toutes les réunions qui s'étaient déroulées sous ce toit avaient été notées, analysées, espionnées avec soin et tandis que le chapelier jurait à ses complices qu'ils pouvaient parler sans crainte, Athénaïs, au prétexte de porter à boire, retenait les informations. Si bien qu'il devint vite évident que le pot aux roses allait être découvert. Dompté par l'autorité de cette amazone, et convaincu qu'à moins de l'assassiner elle ne se tairait plus, le chapelier avait fini par se rapprocher pour se mêler à sa dénonciation, et, bientôt, timidement, puis prenant peu à peu de l'assurance, il se mit à corriger ses propos, à la reprendre ici et là, au prétexte qu'elle ne savait pas tout. Mais, en usant de cette méthode, il tentait surtout d'amoindrir ses fautes…

Mon opinion sur ce personnage détestable ne changeait pas. Il ne parlait que pour se défendre. Mais je crus naïvement qu'il éprouvait aussi une sorte de soulagement à se libérer des mensonges qui avaient mis en péril ce foyer. Espérait-il se racheter, comme l'enfant avouant ses fautes ? Athénaïs ne se montrait pas prête à de tels revirements et la colère se mêlait toujours à sa détermination. Clarentin, acculé et bien seul, s'en trouvait d'autant diminué. Ainsi, jouant des dissensions qui jetaient le trouble dans leur camp, j'avançais, j'apprenais. Désormais, le chapelier déroulait son histoire. Et j'étais stupéfait.

À la manière d'un confesseur, j'écoutais, hochant rarement la tête de peur d'interrompre le débit haché de l'accusé. Se livrait-il pour avoir deviné qui se cachait derrière l'apprenti de Lemercier ? Il ne réclamait aucune explication. Ce couard versatile qui avait menacé ma personne agissait tel le noyé accroché à sa branche. Je devenais son salut, puisqu'il s'était engagé, à la suite de son épouse, sur la voie des confidences. À présent, qu'espérait-il ? Une rencontre avec le cardinal de Richelieu ainsi que je l'avais garantie ? Dans le désordre de cette nuit auquel s'ajoutait le chaos de sa vie souillée par les bassesses et l'immoralité, tout lui semblait possible, tout formait espoir, pourvu qu'il soit sauvé du pire. Et que son épouse le regarde de nouveau.

J'avais assuré que je pouvais intercéder en sa faveur puisque, par le biais de mon travail, j'accédais facilement au Louvre. Qu'il me suffisait de me présenter muni de plans pour que les portes s'ouvrent. Qu'ensuite le Cardinal m'entendrait sur un sujet grave pour l'avoir dit clairement. Qu'ainsi, moi ayant plaidé sa cause, Clarentin obtiendrait une audience et, fort de son témoignage capital, négocierait *a minima* l'impunité et peut-être davantage tant qu'il se montrait bon serviteur de la Couronne. Sur la foi de cette promesse, il avouait, épaules rentrées, regard éteint. Oui, la colère était tombée depuis que l'énergie fougueuse de son épouse – son coup de sang – avait inversé les rôles. S'il hésitait, elle commandait, et il subissait ses remarques, opinant servilement quand celle-ci ordonnait de continuer afin de sortir du piège où « sa sottise l'avait enfermé »… Les mots cinglaient et déshonoraient le coupable. Mais elle ne lui cédait rien, n'attendrissant son regard que pour se tourner vers moi. Le pardon… N'était-ce pas l'espoir que j'avais annoncé ? Elle sondait mon visage pour se rassurer, et j'opinais en silence. Elle en tirait aussitôt une détermination nouvelle, poussant Clarentin à reprendre son débit. « Vous êtes dans la nasse et on vous montre la sortie. Cessez d'être stupide ! », jetait-elle alors d'un ton effroyablement méprisant.

Réchapper à l'affaire ? devait-il mijoter dans sa tête. Se sauver ? Négocier l'impunité ? Tout était possible pour le conseiller du roi, avais-je murmuré. C'était une question d'échange, de partage, de confiance. Une sorte de donnant-donnant, à la manière des actes de commerce que le sieur chapelier entendait cependant manier habilement. Un instant, il avait plissé les yeux pour sonder une dernière fois ma sincérité. Hésitait-il à plonger dans l'ignoble lie où avaient mûri ses méfaits ? En prime, avais-je ajouté sans baisser la garde afin de le décider, il pouvait espérer une récompense en échange de noms et de détails.

En somme, échapper à la ruine. Et l'argument pesait.

La pauvre Athénaïs y songeait comme à la renaissance et poussait Clarentin à poursuivre. Et il se soumettait, se résignait à sa volonté dans l'espoir de mettre fin à leur désunion. Plus il capitulait sans pudeur, plus elle faisait mine de s'intéresser à lui. Et il reprenait espoir. Que l'abandon de cet homme se fit sans gloire, à l'image de ses mensonges précédents ! Tout, passé et présent, indiquait la même lâcheté. Y compris dans les raisons de sa confession dont je ne compris le vrai dessein qu'à la fin puisqu'il cherchait en vérité autant à se sauver qu'à gagner du temps. Ainsi, blessé, presque mort, il avait tenté encore de jouer sur tous les plans en bernant autant son épouse que celui qui l'entendait. Mais j'avais retenu ses mots, jusqu'au dernier, sans montrer ma stupeur, mon dégoût, grimaçant même un sourire pour l'encourager quand sa voix tremblait et que ses paroles rageuses, butant au bord des lèvres, révélaient un odieux complot. Dieu ! J'avais hâte de rentrer au Louvre afin de retrouver Richelieu et Renaudot, sans penser que le récit que je recueillais pèserait d'un tel poids qu'il nous entraînerait aussitôt, Jacques Lemercier et moi, sur le chemin de Blois.

Qu'avaient dit Athénaïs et Simon Clarentin ? Pourquoi l'architecte m'accompagnait-il dans cette folle traversée ? Patience, la course n'était pas finie. Pour l'heure, il fallait rejoindre le château de Blois au plus vite.

Nous arrivâmes à Étampes avant l'aube. Le changement d'attelage se passa dans l'urgence. Six chevaux remplacèrent les précédents, épuisés par une allure que nous avions dû ralentir pour ménager l'échine des bêtes et échapper aux traquenards d'une route engluée de noirceurs depuis que la lune, envolée derrière un épais barrage nuageux, ne nous tendait plus son pâle fanal. Si bien que trop de lieues avaient été menées à un train variant entre le trot et le pas. Combien avions-nous regagné sur les autres ? Était-ce suffisant ? Philippe, notre conducteur, avait peu parlé pendant la halte, préférant vérifier l'état du châssis. Et il semblait inquiet. Agenouillé sous la voiture, une lampe à la main, une barre de métal dans l'autre, il sondait chaque pièce à la manière d'un fondeur de cloche. Il écoutait sa machine, épiant et redoutant le son qui lui apprendrait qu'un élément était brisé. Un forgeron campait à ses côtés, prêt à intervenir au premier signe. Un autre attisait la forge en actionnant de toutes ses forces un énorme soufflet de cuir qui crachait des tourbillons d'air tourmentant le tapis de braises rougeoyantes. Seul le grondement du foyer s'entendait. Palefreniers et menuisiers se mêlaient au tableau, si bien qu'ils étaient six à œuvrer autour de nous. Et ils connaissaient leur travail. On remplaça les rênes pour les trouver élimées. On nous donna à boire et à manger. On ne nous demanda rien, on ne nous parla point. Déjà, les portes de ce relais situé à l'extérieur d'Étampes se rouvraient. Philippe excita de la voix et du fouet l'attelage qui n'en demandait pas tant pour partir à l'assaut. Et nous bondîmes vers l'inconnu.

L'aube se leva sur un ciel gris, maussade et un méchant brouillard se mêla à la danse. L'horizon s'effaçait, la route perdait tous ses repères. C'était une succession de récifs, comme en rencontrent les navires piégés sur une voie inconnue. Ici, les dangers prenaient la forme des arbres dont les branches basses et tordues griffaient l'habitacle, giflaient les bêtes et manquaient à tout moment d'emporter Philippe. Mais son attention devait aussi se fixer sur le sol gras et creusé d'ornières. Une trace laissée par un autre carrosse lui servait de guide. Était-ce celui que nous chassions ? Les marques étaient profondes et sinueuses. Parfois, cette piste rasait un talus ou manquait de basculer dans un fossé, transformant la progression en un véritable calvaire. Philippe maintenait le cap, se battant comme un diable pour échapper aux pièges. Il ne cédait pas, exhortait les chevaux, augmentait encore la cadence, risquant le tout pour le tout. Si bien qu'à trois reprises une roue s'enfonça dans le bas-côté, forçant l'attelage à produire un effort considérable pour nous éviter de nous renverser. Ainsi, le jour me semblait plus effrayant que la nuit, car je pouvais désormais estimer les dangers, d'autant que la route n'était plus désertée. Que se passerait-il si un carrosse débouchait d'une courbe sans prévenir ? Derrière ce gros bosquet, allait-on trouver au milieu de la voie une lourde carriole tirée par des bœufs indolents ? Ce destin, sans cesse inconnu, sans cesse renouvelé, m'épuisait, et la peur éroda bientôt ma volonté. Étais-je vraiment fait pour ce métier d'espion ? Avais-je assez de courage, d'audace, d'abnégation ? La vie confortable de l'atelier me manqua pour la première fois. Jacques Lemercier avait raison, notre cause était perdue, nous ne réussirions pas.

Pourtant, cet homme généreux choisit ce moment pour se montrer de nouveau accort. Il m'observait en coin et mesurait mon désarroi. En père miséricordieux, il vint alors à mon secours, se mettant à parler à lui-même, et cherchant par ce moyen à faire fuir mes idées sombres.

— J'ai maudit cette nuit, bougonna-t-il. Et je suis fort aise d'en voir la fin. Je déteste l'irrationnel. Or rouler à tombeau ouvert dans le noir me semble un désaveu absolu de la raison.

Il haussa les épaules :

— Marchons-nous les paupières closes ?

Puis il soupira fortement :

— J'ai compté chaque seconde, redoutant la suivante, imaginant ce qui allait s'y produire. J'ai envisagé toutes sortes de morts atroces, comme celle d'être attaqué par les loups, ce qui rendait les chevaux fous et nous jetait dans un fossé… Nous aurions pu tout aussi bien croiser une harde de sangliers qui, après nous avoir heurtés, aurait fait basculer cul par-dessus tête cet habitacle dans lequel nous serions alors morts écrasés et étouffés.

Il me donna un coup de coude dans les côtes :

— Mais nous sommes toujours vivants ! Et toi, comment as-tu vécu ce moment ?

— À l'inverse de vous, je me sens moins rassuré depuis que je vois le nombre d'embûches auxquelles nous devons échapper.

— Ainsi, tu préfères te jeter les yeux fermés dans le danger, grogna-t-il. Je comprends mieux ton enthousiasme quand il fut question de cette périlleuse aventure. Mais puisque j'y suis mêlé, il est temps de répéter nos rôles.

Il se tourna vers moi :

— Qui sommes-nous ?

— Un architecte et son apprenti, m'étonnai-je de cette question.

— Pas n'importe lesquels ! Nous venons étudier l'édification de la nouvelle aile du château de Blois que Gaston d'Orléans réclame à corps et à cri à Richelieu. Et nous profitons d'une visite aux carrières de la Loire...

— Où nous nous rendons, ajoutai-je, pour l'achat d'un lot de belles pierres destinées à la construction du palais de Son Éminence.

— En effet, marmonna-t-il... N'oublions pas de préciser que nous sommes dépêchés par lui. Où est sa recommandation ? s'inquiéta-t-il.

— Dans votre poche, soupirai-je.

Il haussa les épaules, saisit le pain que l'on nous avait fourni au relais et le coupa en deux, faisant de même avec un gros morceau de lard :

— Bien, expira-t-il. À présent, les choses se compliquent. Si nous arrivons en tête, comment récupérer ce qui s'y trouve, selon Clarentin ?

— Ayant échappé au pire en quittant ce chapelier, j'en déduis que la Providence est avec nous. Nous trouverons un moyen. Du moins, je fais tout pour l'espérer...

En sortant de la maison de Simon Clarentin, je n'avais pas perdu de temps. Je crois n'avoir jamais couru aussi vite, porté par les nouvelles dont je devais informer immédiatement Richelieu et Renaudot. Tudieu ! Si tout était vérité... Je voulus forcer la cadence, mais l'excitation étouffait mon souffle. Je sortis de la rue de la Pelleterie en marchant au pas pour calmer un méchant point de côté. Au moins, c'est ainsi que j'entendis à nouveau le bruit des bottes derrière moi. Deux paires, en réalité, qui soutenaient deux gaillards, armés chacun d'une épée qu'ils brandissaient dans l'air, agitant leurs capes sombres sous lesquelles se montraient de solides carrures de tueurs. Étaient-ils là pour moi ? Ils répondirent en avançant. La seule aide se trouvait dans la fuite et, prenant mes jambes à mon cou, je fis volte-face, fonçant à corps perdu vers le palais du Louvre. Ma prompte réaction les surprit et je les entendis me maudire tandis qu'ils se lançaient à ma poursuite. Mais, gênés par leur attirail autant que par leurs vêtements, je pris une avance qui me fit espérer que j'y gagnerais la vie sauve. Hélas, ce sursis ne dura point. À chaque nouvelle foulée, je sentais qu'ils se rapprochaient, grognant autant que moi.

— Prends-le sur le côté, cria soudainement l'un d'eux.

En un coup d'œil, je vis l'éclat d'une épée tendue vers l'avant. Le bras qui la tenait se leva et arma. L'air siffla à mon oreille. Le crocheteur tenta une redoutable flanconade[1], mais, entraîné par son geste, il perdit l'équilibre et recula de dix pieds quand, déjà, son compère prenait la suite. J'entendais le souffle de la canaille dans mon dos. Il pouvait décider de jeter son épée dans mes jambes ou, d'un coup violent, la planter entre mes omoplates. La peur me donna des ailes. Je repris un peu de distance. Une ruade, un bond en avant, ordonnai-je à mon corps. Rien ne se produisit. Tel le cerf aux abois et renonçant à vivre, je refusais d'exécuter cet effort, alors que la rue de La Barillerie se présentait. Je parvins toutefois à échapper une dernière fois à la mort et au malandrin qui s'acharnait à me la servir en tournant vivement les épaules. Ensuite, ce serait l'hallali.

— Oh !

Mordiou ! Maintenant, on hurlait devant moi. On me montrait en brandissant des épées. Cette fois, ils étaient quatre. J'étais coincé dans la souricière.

— Nous sommes de Richelieu ! cria soudain l'homme qui se tenait à la tête du groupe.

Et il se jeta en avant, si bien qu'il fut vite sur moi, se plaçant à ma droite, prêt à parer la botte du coupe-jarret qui se précipitait sur lui. D'un mouvement sûr, il monta la garde et dressa son épée

---

1. Coup porté dans le flanc de son adversaire.

à hauteur de l'épaule. En face, on tenta de toucher ce bras menaçant. La riposte fut immédiate. En un éclair, la lame de mon protecteur pénétra dans le flanc du spadassin qui, emporté par son poids, chut sur lui-même, aggravant la besogne et se transperçant profondément les viscères. Il mourut dans l'instant, j'en suis certain. Mais l'autre ne cédait pas, rendu fou de rage par la fin tragique de son acolyte. Alors, il arma et se jeta à l'assaut. Par bonheur, les équipiers du combattant venu à mon secours s'étaient joints au combat. Si bien que le sang du scélérat ne tarda pas à couler. Touché deux fois, il supplia grâce, mais ses paroles se noyèrent dans un filet d'écume empourprée.

— François Pallonges, chevalier et mousquetaire du roi, attaché à la garde personnelle de Son Éminence le cardinal de Richelieu, se présenta alors mon sauveur.

Son bras ne tremblait pas, son souffle était régulier et il ne montra aucune émotion devant ces deux corps allongés et déjà roides.

— Nous avions pour mission de vous surveiller. Mais de loin… Et il s'en est fallu de peu que vous y laissiez la vie.

— Qui ? balbutiai-je. Qui vous a chargé de me protéger ?

— Le Cardinal en personne, répondit le chevalier.

Philippe frappa deux coups sur le plafond de notre habitacle. Puis deux autres encore. Ce message, nous l'attendions depuis le dépassement d'Orléans, notre deuxième escale. Le fouet se fit entendre, les chevaux se lancèrent sur la longue ligne droite qui menait vers Blois et, dans un élan, ils doublèrent la voiture que nous pourchassions depuis Paris.

La curiosité me poussa à tourner la tête vers la petite fenêtre située sur ma gauche. Le carrosse avançait à vive allure, mais il ne put résister à notre puissance. En un éclair, je vis sur la portière le blason d'Orléans. Aucun doute. C'étaient eux.

— Recule-toi ! m'ordonna Lemercier.

Il accompagna ses paroles d'un geste brutal qui me colla au siège.

— Ont-ils pu te voir ? se renseigna-t-il d'une voix furieuse.

— J'ai raté une belle occasion de dévisager nos ennemis ! m'agaçai-je sans vraiment lui répondre.

— Si tu ne les connaissais pas, cela ne t'avançait à rien, ronchonna-t-il. Et si tu les avais connus, ils t'auraient détaillé de même. Ainsi, ta légèreté a failli nous faire perdre notre seul avantage : l'effet de surprise.

Cette remarque, frappée de bon sens, suffit pour que je cache à Jacques Lemercier qu'un des leurs – un inconnu – m'avait observé autant que moi je l'avais fait. Et si nous nous retrouvions nez à nez à l'arrivée ? Je fis un savant calcul. Théophraste Renaudot ne s'était pas trompé. En arrivant à Blois, nous disposerions vraisemblablement d'une avance de deux heures sur les occupants du carrosse. À condition de progresser à la même vitesse. Et de ne rencontrer aucune infortune.

— Clarentin n'est pas un conjuré. Voilà le premier enseignement de mon aventure.

— La belle affaire ! s'était emporté Richelieu qui allait de droite à gauche sans parvenir à retrouver son calme. Tu as pris tous ces risques pour m'apprendre cela ?

— Ce n'est que le début, me défendis-je. J'ai plus gros.

Mon retour au palais du Louvre s'était fait sous bonne escorte. Le mousquetaire François Pallonges m'avait raccompagné, posant quelques questions sur les malandrins, tandis que trois de ses hommes étaient restés sur place pour s'occuper des corps. Non, je ne les connaissais pas. De même, répondis-je prudemment, j'ignorais les raisons de ce guet-apens, réservant mes explications à Richelieu. Dupe ou pas, Pallonges se contenta de ces maigres informations. Déjà, il se présentait aux gardes postés devant la porte de Richelieu. Et qui nous firent entrer.

Le compte rendu des événements, en présence de Renaudot et du Cardinal, fut rapide, le chevalier ne cherchant pas à broder son exploit. C'était une évidence, un métier, une simple passe d'armes. Il termina son récit en précisant que ces tueurs lui étaient inconnus.

Alors, on le remercia, et ce soldat s'inclina, avant de sortir sur un pas habitué au défilé.

Il y eut un moment de silence durant lequel le prélat m'observa et détailla ma mine encore échevelée. Mes joues devaient être rouges, mon front suait à grosses gouttes, et mes jambes tremblaient.

— Assieds-toi, se décida-t-il enfin d'une voix apaisée.

Je ne fis rien pour refuser l'invitation, tant j'étais épuisé.

— Tu peux remercier M. Renaudot, continua-t-il sur un ton sévère. Sans sa présence d'esprit, tu te rendais *ad patres*.

— Le mystère qui planait sur vos projets m'avait inquiété, mon cher Antoine, intervint Théophraste. Vers quel danger courriez-vous, décidé et sans méfiance ? J'ai pris sur moi de vous faire surveiller, à l'instant où je vous ai vu filer seul. Cela méritait le renfort de nos mousquetaires…

— Un ordre présenté comme le mien auprès du chevalier Pallonges. Et en usant de mon cachet, fit mine de tempêter le Cardinal.

— Vous n'étiez pas là, se défendit mollement l'accusé. M'en feriez-vous le reproche ?

— Je n'aurais pas mieux agi, accepta-t-on de lui répondre. Et il me faut vous féliciter pour cette présence d'esprit qui m'aurait sans doute fait défaut.

— Merci de votre aide, crus-je bon d'ajouter. Je vous suis redevable d'un service que j'espère n'avoir jamais à vous rendre.

— Nous en trouverons un autre ! s'exclama le docteur en éclatant d'un rire franc qui montrait sa joie de me revoir en vie.

— Maintenant, venons-en à ce que tu prétends avoir trouvé au péril de ta vie, trancha le conseiller du roi. Est-ce une pêche miraculeuse ?

— L'attentat auquel j'ai échappé est un premier indice, répondis-je.

— Ils n'en voulaient pas à ta bourse ?

— Croyez-vous qu'un jeune homme, habillé modestement et allant de nuit dans Paris, soit une proie intéressante ? En revanche, je suis certain qu'ils surveillaient la maison de Simon Clarentin, avec ordre d'intervenir au premier mouvement.

— Pour le tuer lui ou pour s'en prendre à ses visiteurs ? questionna Renaudot en ouvrant grand ses yeux globuleux, signe de son intérêt.

— Les deux, m'engageai-je. On cherchait à l'empêcher de parler à quiconque, au moins jusqu'à demain... Et l'on réservait le même sort à ceux qui cherchaient à l'approcher.

— Y a-t-il un lien avec ce que nous cherchons ? demanda encore Théophraste.

— En effet, assurai-je. Et j'ai mieux que la découverte d'un Simon Clarentin plus maladroit que renégat et moins conjuré que corrompu.

Depuis, Richelieu et Renaudot m'écoutaient attentivement. Il était dix heures du soir et, dans ce jour si long, l'escarmouche semblait loin.

— Le chapelier s'est persuadé que la Compagnie des Cent-Associés était ruinée, débutai-je. Québec est aux mains des Anglais qui ont formé une compagnie [1] ayant repris la traite des fourrures dans le Saint-Laurent.

— Je le sais assez, rumina Richelieu.

— Pourtant, ajoutai-je, Clarentin soutient que rien ne fut vraiment fait pour venir en aide aux Associés et cette indifférence – je le cite – n'a fait qu'aggraver leur ressentiment envers vous et le roi. Oui, je crois que c'est une des raisons qui justifient la suite...

— C'est-à-dire ? s'impatienta le Cardinal.

— Cette année, les Anglais ont rapporté de leur campagne 300 000 livres de traite. En l'apprenant, la colère des Français a pris le dessus.

— Le risque faisait partie du contrat, tenta de plaider mon vis-à-vis.

— Mais Clarentin, comme d'autres, attendait que le roi applique les clauses du traité de Suze qui forcent l'Angleterre à restituer Québec.

— D'autres manœuvres sont en cours, bougonna-t-il encore. On ne peut tout obtenir en même temps. La diplomatie est affaire d'échanges...

---

1. *Merchants Adventurers to Canada.*

— Il reste, repris-je – et je rapporte des paroles illustrant, selon moi, le point de vue d'un grand nombre –, il reste que les Associés crurent à nouveau pouvoir s'en sortir quand, en avril 1630, une flotte de six navires fut chargée par notre souverain de se rendre à Québec pour se saisir de l'Habitation et d'y laisser Champlain afin de reprendre la colonisation de la Nouvelle-France. Mais la rancœur fut d'autant plus grande lorsque surgit l'ordre de renoncer, abandonnant ainsi, et définitivement, la place aux Anglais.

— La négociation est plus générale, se défendit-il. Le roi, sur mon conseil, désire, en effet, apaiser nos relations avec la couronne anglaise.

— Pardonnez-moi, mais je ne cherche pas à être convaincu du bien-fondé de votre politique. Je ne fais qu'énoncer les reproches que l'on vous a adressés par ma voie. J'y songe comme à une manière de se disculper et je prends ces arguments comme ils viennent. Pourtant, est-il vrai que le contentieux entre ce pays-ci et le nôtre tient au fait que Louis XIII n'a pas payé la moitié de la dot promise à l'épouse de Charles Ier d'Angleterre ?

— Ce n'est pas faux, concéda-t-il.

— Hélas, continuai-je. Ce… détail de l'histoire fait plus de mal à la France qu'une guerre générale. Abandonner Québec et ses colons pour refuser de payer son dû à l'Angleterre est un argument qui ne passe pas.

— Tes critiques vont trop loin, s'agaça le prélat.

— Son Éminence doit comprendre que ce n'est pas moi qui parle. Je suis le rapporteur d'un témoin qui explique pourquoi, et au-delà de toutes combinaisons vilement pécuniaires, certains ont choisi de trahir.

— Vas-tu enfin venir au fond ! s'emporta franchement Richelieu.

Je me tournai vers Théophraste :

— La clef du rébus fourni par Thierry de Millard est bien Québec. Cette porte nous conduit à Pandore.

— Je le savais, rugit Renaudot. Mais, de grâce, fournissez-nous plus de détails. Des preuves, ce serait encore mieux…

Je marquai un temps avant d'ajouter :

— Elles se trouvent en effet au château de Blois. Vous aviez raison d'y voir un rapport avec les déplacements de Clarentin. Blois n'est pas un *détail* anodin. C'est le lieu de la conjuration.

Cette nouvelle qui montrait que Richelieu avait vu juste n'engendra chez lui aucun enthousiasme.

— Ce matin, ce n'était qu'une piste, lança-t-il d'un ton méfiant. Ce soir, pourquoi tant d'assurance ?

— Athénaïs Clarentin a cédé en premier. La voie étant ouverte, j'ai convaincu son époux que vous lui accorderiez votre clémence, en échange de solides confidences. Et je les ai obtenues.

S'en réjouit-il ?

— On s'engage en mon nom, jeta-t-il, glacial. On parle à ma place ! Qu'as-tu dit pour le convaincre que tu pouvais agir auprès de Richelieu sans avouer que tu œuvrais dans son camp ?

— C'est l'apprenti de votre architecte qui lui parlait, soutins-je. Ce garçon insignifiant vous a, ce matin, présenté les plans de votre palais. Mais l'étage grouillait de monde et, en tendant l'oreille, il a entendu le nom de Clarentin. On le recherchait. Une prime était offerte au délateur. J'ai convaincu le chapelier d'user de ce moyen pour parler en son nom à mon retour au Louvre, puisque j'y suis… familier. Et j'ai donc promis de négocier un arrangement en sa faveur, moyennant de sérieux renseignements.

— Y a-t-il cru ? ne fit-il que demander.

— L'abattement l'a rendu aveugle et sourd, répondis-je fermement. Il s'accroche au moindre espoir. Le fait que je puisse servir de messager est si inespéré qu'il en devient possible.

— Ne le crois pas aussi naïf. Il a compris aussi que tu étais l'un de mes espions ! grogna Richelieu.

— De deux maux, Antoine a choisi le moindre, plaida Théophraste.

— D'autant, ajoutai-je, que Clarentin, je vous l'ai dit, n'est pas un des conjurés.

— Alors, pourquoi se cachait-il ? s'étonna le Cardinal.

— Sa traîtrise est d'une autre nature. Il est de ceux qui ont songé à vendre leurs parts dans la Compagnie pour effacer leurs dettes. Voici une question en moins : nous connaissons la cause des mouvements observés sur les registres de la Compagnie. Pour Clarentin, il s'agit de tirer un trait sur cette entreprise.

— Comment a-t-il pu croire que le prix offert couvrirait son passif ?

— C'est tout le mystère. On lui en offrait vingt mille livres...

— Vingt fois le dépôt initial ! s'emporta le prélat. C'est le coup le plus tordu que je connaisse puisque ses parts ne valent plus rien...

— Clarentin a pensé de même. Aussi, avant de céder, il a exigé de comprendre. On lui proposa alors de rencontrer au château de Blois ses futurs acheteurs. Le voyage fut payé par la Compagnie. Voici un autre point éclairci. Il s'est rendu à Blois, début novembre. Mais, sur place, il a pris peur et, le connaissant, je le crois volontiers.

— Pourquoi ?

— Il s'est retrouvé en présence de représentants de la noblesse, ainsi que de robins, conseillers du Parlement. Et tous étaient assemblés dans la Salle des états.

— L'endroit est bien choisi pour regrouper des conjurés, murmura Richelieu. Les états généraux s'y sont tenus en 1588. Pas moins de cinq cents députés acquis au duc de Guise se liguèrent cette année-là, en vue d'obtenir la déchéance du roi Henri III. Blois est décidément hanté par les démons de la Fronde.

— Clarentin n'ignorait pas son histoire et se souvenait que le duc de Guise et son frère, le cardinal de Lorraine, rencontrèrent la mort à cette occasion. Comprenant alors combien il y avait trop de signes concordants, il décida de rentrer à Paris. Son expédition s'est achevée deux jours avant la journée des Dupes. Depuis, il se cache dans l'espoir de se faire oublier, d'autant qu'on le lui a fortement conseillé...

— Des menaces ? Contre sa vie ? intervint Renaudot.

— Jusqu'à demain il est en danger. Ainsi s'explique la présence des coupe-jarrets.

— Demain ? Quelle importance ? s'impatienta Richelieu.

— J'y viendrai, je vous le promets. Mais d'abord, voyez pour quelle raison on a voulu me tuer. Je suis entré chez lui. On m'a vu.

Qui étais-je ? Quelqu'un chargé de donner, de recevoir un message ? Or il était essentiel que Clarentin n'échange avec personne. Dès lors, il n'y eut aucune hésitation. Tout quidam se présentant chez le chapelier devait être occis. Et je vois dans ce traquenard une raison de plus de conclure qu'il dit enfin la vérité.

— Pour m'en convaincre, a-t-il livré le nom des conjurés ?

— Cela fait partie de l'échange... De l'impunité que j'ai promise...

— Moi, Richelieu, céder au chantage ? Arrêtons-le, plutôt.

— Pour qu'il avoue ? Mais il est décidé à le faire. Et il m'a donné d'autres assurances, prouvant que son témoignage pouvait être, à la fois, fort utile, mais, hélas, insuffisant, plaidai-je encore.

— Quoi d'autre ?

— À Blois, il a appris que la conspiration visait à déchoir le roi et à installer sur le trône son frère, Gaston d'Orléans. Un pacte décrivant les dessous du complot s'y trouve, et le Québec, assure-t-il, figure au centre. Pour quelle raison ? Clarentin l'ignore ou fait mine. Mais les preuves, assure-t-il, nichent dans le fief de Monsieur. Au château de Blois.

— Dans ce vaste labyrinthe, il y a peu de chance de trouver, souffla Renaudot.

— Si tout est vrai, enchaîna Richelieu, je crois savoir où chercher...

Il se leva pour arpenter la pièce.

— Mais l'affaire n'est pas simple, rumina-t-il. Lancer une telle traque sans alerter plus de monde et convaincre le roi de faire fouiller Blois...

— Quand comptez-vous informer Sa Majesté ? osai-je intervenir.

— Dès demain, affirma aussitôt son conseiller.

— Hélas, il sera trop tard et voilà qui éclaire à la fois que l'on ait voulu m'assassiner et que le chapelier m'ait fait ses aveux. Il a parlé, en effet, espérant que vous lui en seriez reconnaissant, mais sachant pareillement que vous n'auriez plus le temps d'agir.

— Expliquez-vous, exigea Richelieu d'un ton assassin.

— Quatre hommes sont déjà en route afin de détruire le pacte où figurent les noms des conjurés. Partis ce soir, ils arriveront demain, et il n'existera plus rien. Comment se rendre avant cela à Blois, puis entrer sur les terres d'Orléans et trouver l'endroit où se cache l'accusation ? Clarentin utilise ces obstacles insurmontables pour se sortir d'affaire. Les noms que vous réclamez ? Il négociera au prix fort ses aveux, car à défaut d'autres éléments, ses dires auront vraiment un prix... Ainsi, il s'est confié parce que j'étais un messager et il s'en est servi pour dire ce qu'il offrait. Oui, sur la fin, il s'amusait presque de ma hargne à ne plus pouvoir agir sur le cours des choses. Je voulais qu'il parle et sa femme l'y avait poussé ? Eh bien, il l'a fait, mais ses bavardages sont sans effets. De sorte qu'il a joué sur tous les tableaux, comme l'aurait fait Thierry de Millard, se mettant à l'abri de votre vengeance, mais sans nuire à ses comparses. Je n'ai donc aucun mérite à rapporter ce que, désormais, vous savez.

— La parole du chapelier contre celle d'une armée de nobles ! Sans preuve, cela ne vaut rien, enragea Théophraste. Ainsi, il trahit sans trahir et s'en tire à bon compte...

Richelieu frappa des deux poings sur la table :

— Monsieur Renaudot ! Aidez-moi à trouver une solution.

Le digne membre de la *familia* se cala dans son siège :

— Vous affirmez savoir où se cachent les documents des conjurés ?

— Je ne vois qu'un lieu, qu'une place et je les connais idéalement pour avoir logé dans ce château, au temps où le... désaccord n'orchestrait pas mes relations avec Marie de Médicis.

Notre savant docteur prit encore le temps d'éclaircir ses idées avant de se tourner de nouveau vers le Cardinal :

— Le carosse des comploteurs est donc parti ce soir... Le temps de tout mettre en place, ils augmenteront encore leur avance... Pouvons-nous rattraper un retard que je fixe à six heures ?

— Mon écuyer, le capitaine Armand de Vestaly, vous l'assurera. Je le fais venir promptement. Il est au Louvre.

— Il ne nous manque donc que le motif pour entrer, ajouta-t-il en se tournant vers moi.

Théophraste Renaudot me regarda de son air étrange :

— Eh bien ! Je vous en propose un puisque le rôle de l'apprenti de l'architecte de Son Éminence vous va si bien.

Chapitre 47

DANS UN GRINCEMENT assourdissant qui racontait ses souffrances, la voiture s'arrêta. Au loin, l'aile François-Ier du château de Blois montrait sa superbe, et ce tableau, fardé de gris par un ciel de novembre, évoquait un moment de théâtre. Échappée des cintres, une main céleste avait peint un plafond boursouflé de nuages où se détachait dans le lointain une façade majestueuse, percée de belles ouvertures dont les formes arrondies rappelaient celle des loges où se montrent des spectateurs dont on ne sait s'ils sont là pour applaudir les acteurs ou pour qu'on les admire. Et c'était le premier génie d'une demeure qui, magnifiée par ces décors majestueux, servait d'écrin éclatant au roi et à sa Cour, afin que le peuple s'émerveille de leurs actions. Blois se regardait telle la couverture d'un livre enluminé fourmillant d'histoires, de contes enchanteurs, féeriques, extraordinaires, peuplés de princes et de leurs adorées. Blois servait de scène aux épopées royales dans lesquelles les preux et les chevaliers l'emportaient toujours, et, comme sur le fronton des églises évoquant l'Évangile, son architecture racontait aussi le récit d'un royaume puissant, rassemblé en un seul lieu.

— Regarde, Antoine, s'exalta Lemercier, et retiens l'instant. Voici la plus belle communion de l'art italien et de la fantaisie française – et un beau raccourci de l'histoire des rois. Joies et souffrances, faste et misère, ces lieux sont conçus pour les comédies comme pour les tragédies. C'est peut-être pourquoi tant d'aventures s'y sont produites. Charles d'Orléans, un excellent poète, y conçut, à soixante-dix ans, un fils qui devint Louis XII. Fait prisonnier à la bataille d'Azincourt, Charles, piètre soldat, s'en revint après vingt années de captivité en Angleterre. Il détruisit aussitôt le vieux château et transforma cette ancienne forteresse en un lieu d'amour et de poésie, ouvrant la voie aux fastes de la cour de Louis XII. Regarde bien. Chacun a voulu laisser sa trace, rivalisant d'audace, d'esprit, d'invention et demandant à Blois d'accueillir l'amour comme la mort. Ici, François Ier y bâtit la renaissance de la France. Mais Henri III passa devant un duc de Guise plus grand mort que vivant pour avoir voulu la déchéance de son roi. Tout ce qui compte de la France y vint, y complota, y aima, y dansa et s'y réconcilia. Voilà peu, Richelieu s'y trouvait avec Marie de Médicis, plus unis que les doigts d'une main, et les salles de cette aile construite par François Ier où nous devons entrer résonnent encore des pas et des cris de ces personnages passionnés et entiers. Ce soir, déclama-t-il, nous sommes là, portés par une quête où se mêle le destin de la Couronne. Dieu ! les personnages insignifiants que nous sommes, seront-ils condamnés à connaître un désastre ?

Il ouvrit la portière du carrosse et sauta à terre d'un pied ferme :

— Au moins, Antoine, tu auras vu Blois avant de t'éteindre et, si tu mourais ce soir, console-toi. Cet endroit est beau et le meilleur du monde pour prononcer une dernière réplique…

Il baissa la tête et resta ainsi sans que l'on sache s'il se désolait ou s'il cherchait à entrer dans son rôle car, de drame ou de comédie, de quoi allait-il être question ?

— Ne perdons plus de temps, intervint notre cocher. Je vous dépose à l'entrée. Puis je m'occupe du carrosse. Le travail ne manque pas. Certaines pièces de l'attelage ont souffert.

Son visage était défait, ses habits couverts de boue. Il ôta ses gants en grimaçant. Les paumes de ses mains rougissaient de sang.

— Dans deux heures, je me présenterai au château, ajouta-t-il sans se plaindre. Ne tardez pas. Les autres disposent d'un bel attelage.

— Allons, fit Lemercier d'une voix grave. Travaillons un peu notre allure. Si nous devons disparaître de la scène, faisons-le dignement.

⚜

Renaudot avait exposé son plan en quelques phrases. Ce n'était pas en envoyant des soldats que l'on récupérerait le pacte accusant les conjurés. Forcer les portes du château de Blois, entrer ainsi chez Gaston d'Orléans, le frère du roi, expliquait-il à Richelieu, était impossible.

— Il faut l'autorisation de Louis XIII et vous ne l'obtiendrez pas en si peu de temps. J'ajoute que les preuves qui permettraient de lui faire entendre raison sont, justement, celles que nous cherchons. Et, en tardant plus, elles auront disparu. La manœuvre oblige donc à la rapidité et à la ruse. Nous disposons d'un carrosse léger et rapide qui, en partant dans l'heure, rattrapera le retard pris sur ceux qui cherchent à effacer l'existence du complot. Et, si le destin nous est favorable, nous pourrons même arriver avant. Entrer ? J'y viens. Pour cela, il faut décider de ceux que vous dépêcherez. Oui, les deux actions sont liées. Qui peut se rendre à Blois et tenter d'obtenir ce que nous cherchons ? Cela demande, en premier lieu, de répondre à cette question : qui montera à bord de la voiture ?

Il hocha la tête plusieurs fois :

— Ajoutons à la difficulté que, pour gagner du temps, il faut alléger ce véhicule. Deux hommes tout au plus, nous annonce l'écuyer…

Il se tourna vers moi :

— C'est pourquoi je pense à Antoine, répéta-t-il, accompagné de votre architecte.

— La proposition est étonnante, intervint le Cardinal. Elle mérite, au moins, que vous vous expliquiez.

Théophraste croisa les mains devant son menton.

— Vous soutenez, débuta-t-il, que ces documents sont cachés dans le cabinet de Marie de Médicis et, plus exactement, dans sa chambre des secrets.

— Je connais ses habitudes pour les avoir fréquentées, lui rétorqua-t-on. Le *studiolo* est une cachette sûre, idéale pour dissimuler un trésor.

— C'est un coffre ?

— Un placard, tout simplement. Mais perdu au milieu de deux cent trente-sept panneaux de bois. En réalité, il existe quatre portes qui ouvrent quatre armoires.

— Faut-il une clef ?

Richelieu sourit insolemment :

— Une pédale, dissimulée dans les plinthes, actionne le mécanisme. Un jeu d'enfant, si vous connaissez l'emplacement.

— Pouvez-vous en reproduire le schéma sur un morceau de papier ?

— Sans hésiter un instant, répondit-il en saisissant une plume.

— Donc, continua Renaudot, si le document que nous cherchons se trouve ici – prions pour que vous ayez raison… –, il n'est pas nécessaire d'expédier des soldats chargeant au bruit du mousquet, ou des voleurs se déplaçant à pas de loup et forçant de nuit la porte aux secrets.

Il se pencha sur la feuille où Richelieu reproduisait la pièce secrète de Médicis et pointa un doigt sur le plan qui, peu à peu, apparaissait :

— Il suffit de trouver le bon placard.

— Vous oubliez ce qui précède, intervins-je puisque j'étais, semble-t-il, un des éléments du stratagème. Comment se rendre dans cette pièce ? Oui, si nous arrivons à Blois avant la première voiture, le chemin restant est peut-être court, mais le plus difficile…

— J'affirme, s'entêta Théophraste, que deux hommes se présentant de jour et demandant à entrer peuvent réussir ce larcin.

Je crus bon de me manifester une nouvelle fois :

— Pensez-vous qu'on les laissera agir et repartir aussi librement ?

— Oui, affirma Théophraste en grimaçant un sourire très laid, et je vous livre mes arguments. D'une part, le château est déserté. Du moins, ni la reine mère ni Gaston d'Orléans ne s'y trouvent.

— Il est surveillé ! m'insurgeai-je. Croyez-vous que les gardes nous ouvriront grandes les portes ?

— Oui, car vous vous présenterez en messagers, munis de tous les arguments pour qu'on laisse passer deux hommes porteurs d'une bonne nouvelle. Et voulez-vous savoir laquelle ?

⚜

Le château semblait vide. Sur ce point, Renaudot avait vu juste. La journée des Dupes n'en finissait pas de produire ses effets. La débandade était générale. Médicis tentait par tous les moyens de se réconcilier avec Louis XIII [1]. Gaston d'Orléans n'était pas en reste, allant de Versailles au Louvre et ne lâchant jamais des yeux le roi, son frère. Si bien que Blois dormait, comme ces châteaux de fées et de princesses. Ainsi, les grilles de l'entrée furent ouvertes par des gardes que le nom de Richelieu, jeté avec force par l'architecte Lemercier, impressionna plus encore que notre surprenant carrosse. Les bruits d'une nouvelle alliance étaient sans doute parvenus jusqu'ici. La victoire avait choisi son camp…

L'architecte se prenait à son jeu et affichait un calme étonnant, à l'égal inverse de sa morosité précédente. Il se tenait droit et montrait son profil à une équipée de jardiniers travaillant sur les massifs du parc, et qui profitèrent de cette distraction pour lever la tête et se masser le dos. Bientôt, notre voiture roula sur le gravier de la cour. Avant de s'arrêter, Philippe tira sur les rênes, guidant les chevaux vers la sortie. Et à peine fûmes-nous descendus qu'il claqua le fouet comme nous étions convenus car, si nous réussissions, il faudrait repartir sur Paris, aidés d'un attelage en parfait état. À coup sûr, nous devions nous attendre à être pourchassés par ceux que nous avions doublés et qui, se présentant à Blois, découvriraient rapidement que leur trésor manquait à l'appel.

Un valet se montra en haut des marches et nous regarda avec un rien de retenue. Sa bouche resta close, son visage n'exprimait pas encore la moindre désapprobation ou suspicion. Il attendait de voir et d'entendre avant d'alerter.

Sans marquer une quelconque hésitation, Lemercier s'avança vers lui d'un pas alerte tout en brossant d'un geste hautain la manche de sa veste.

— Poussières, cul-de-poule, boue et ornières… Les chemins de votre comté sont détestables. Où est votre intendant ?

---

[1]. Marie de Médicis fut, comme on le sait, installée de force à Compiègne, avant de fuir en 1631 à Bruxelles pour des raisons qui seront expliquées.

Les mots autant que la façon de les prononcer firent reculer d'un pas le valet.

— Il n'y a personne, monsieur... bredouilla ce dernier.

— Lemercier Jacques. Architecte du roi et de Richelieu.

Il claqua dans ses doigts, ce qui était un signe convenu entre nous, et tendit la main pour que j'y glisse la lettre écrite par Son Éminence.

— Nous venons étudier les travaux qui seront faits ici. Et là.

Il se tourna et montra l'aile opposée à celle bâtie par Louis XII.

— Vieux, vétuste, dépassé, souffla-t-il tandis que l'autre découvrait, effaré, le sceau de Richelieu, incrusté dans le pli. Alors ! Peut-on entrer ? s'emporta l'architecte.

— C'est que nous attendons d'autres visiteurs, balbutia le cerbère.

— Ont-ils plus d'importance que l'envoyé du plus proche conseiller du roi ? Êtes-vous informé des retournements qui se sont produits à Paris récemment ? jeta-t-il d'une voix glaciale.

Cette dernière annonce autant que la méthode utilisée fit son effet. Le valet s'effaça et nous pria d'avancer.

— Où est votre intendant ? répéta l'architecte.

— Je vous l'ai dit, gémit-on. Nous n'avons personne. Il n'y a que nous, les valets, et les gardes.

— Pas un responsable pour nous faire visiter les lieux ? se prit-il à espérer.

— Il y a moi, fit résonner une voix dans notre dos.

Un homme jeune et élancé, vêtu de belle façon, s'annonçait.

— Qui êtes-vous ? demanda moins sûrement Lemercier.

— Étienne Moulinié, maître de musique de Jean-Baptiste Gaston, duc d'Orléans, second fils d'Henri IV et de Marie de Médicis et seigneur de Blois. Et à qui ai-je l'honneur de me présenter ?

— Jacques Lemercier, premier architecte du roi et de Son Éminence le cardinal de Richelieu.

— Et que venez-vous faire ici ? demanda ce musicien, ébranlé par des titres qui, lancés avec audace, valaient au moins les siens.

Lemercier se redressa et, sans faiblir, annonça :

— Reconstruire Blois et offrir à Monsieur le palais qu'il réclame depuis 1626.

❦

Renaudot s'était levé et, à l'exemple de notre hôte, parcourait la pièce où nous nous trouvions :

— Vous allez publiquement vous réconcilier avec le frère du roi. Et, pour cela, vous produirez un coup d'éclat.

— En envoyant mon architecte et son apprenti ? s'étonna le prélat.

— Ce seront vos commissionnaires. Ils se rendront à Blois, munis d'un présent immense que la Cour et vos plus farouches ennemis salueront comme un geste admirable. Oui, ricana Renaudot, le coup est si adroit que personne n'imaginera que vous avez dupé Médicis et son jeune fils…

— Le temps presse, se contenta de répondre Richelieu. Si votre idée est bonne, il nous reste peu de temps pour l'étudier et la mettre en œuvre. Je vous en prie, poursuivez.

Renaudot acquiesça et, retrouvant son calme, se saisit d'un siège :

— Personne n'ignore que Gaston réclame au roi des subsides qui lui permettraient d'embellir Blois. Mais il se dit aussi que vous lui refusez…

— Je recule sans cesse ce projet car les finances du royaume ne le permettent pas, se défendit-il.

— Et chacun y voit une façon de vous venger, d'humilier Monsieur. Or tout va changer. Vous allez céder, accéder à sa demande…

— Poursuivez, ne fit que glisser le Cardinal.

— Gaston d'Orléans pourra construire une aile qui portera son nom. Parfaire et marquer d'une trace éternelle le plus beau château de France ! Voilà un projet qui sied à son ambition : offrir à ce prince impatient l'apparence d'une assise royale. Ne s'agissait-il pas du dessein de Louis XIII lorsqu'il lui donna le comté de Blois ?

— C'était, en effet, un moyen de calmer son appétit, convint-on. Et aussi un présent, en échange d'une promesse de loyauté.

— À défaut d'un trône, donnez-lui cette aile qui viendra s'unir à celle de François Ier. Accordez-lui de quoi prouver qu'il laissera son empreinte. Personne ne contestera votre décision, signe d'une belle réconciliation. Mieux, elle sera applaudie. Oui, annoncez, enfin, que vous avez décidé de faire la paix, que la journée des

Dupes est une affaire oubliée et que, pour marquer les esprits, la page doit être rapidement tournée. Voici pourquoi vous déléguez le meilleur des architectes pour agir au plus vite. Sur place, Lemercier annoncera que Monsieur aura bientôt ce qu'on lui doit depuis tant d'années.

— Poursuivez, répéta Richelieu sans s'engager. Nous voici devant. Mais quel serait l'argument employé pour se rendre à l'intérieur ?

— Il faut définir l'obole qu'il convient de verser à Blois. Compter chaque louis, c'est votre travail et le roi est d'avis d'allouer ce cadeau à son frère. Il n'y a que vous à convaincre. Et, ce soir, c'est fait. Aussi, profitant d'un voyage en province pour une raison que nous trouverons, Jacques...

— Nous devons nous rendre sur la Loire afin de visiter des carrières de pierres, intervins-je, emporté par la thèse que défendait Renaudot.

— Très bien ! exulta ce dernier. Ainsi, vous missionnez Lemercier, personnage reconnu, incontestable, installé à mille lieues du portrait de l'espion, s'exclama-t-il, enthousiasmé par son idée.

— Sans même prévenir Gaston d'Orléans ? s'étonna le Cardinal.

— À Blois, personne ne le saura. À Paris, au retour de vos envoyés, vous présenterez la chose comme une mission... expérimentale. Lors d'un déplacement – nous avons le prétexte –, Lemercier s'est détourné de son chemin au motif d'une étude pour laquelle vous l'avez mandaté. C'est un avant-projet, une estimation des coûts avant de vous engager, répéta-t-il en s'emportant. Et puisque Monsieur n'est pas au château, une lettre de mission de Richelieu fera assez d'effet pour ouvrir les portes.

— Votre idée risque de nous coûter fort cher, grogna le Cardinal.

— Un projet n'est qu'un projet, susurra Renaudot. Une promesse, oui. Mais rien ne dit encore quand elle se réalisera.

Richelieu hésitait toujours.

— Quel est le prix du pacte qui se trouve à Blois ? Que vaut la liste des conjurés ? asséna Renaudot.

On ne lui répondit pas. On voulait encore réfléchir.

— La moitié du temps dont nous disposions s'est écoulée, insista-t-il. Songez-vous à une autre piste qui éviterait la destruction des preuves du complot ?

— Certes, murmura le Cardinal après un long silence. Il ne s'agirait que d'une promesse dont je n'ai pas fixé l'échéance. Et rien de plus...

— Une simple monnaie d'échange qui vous permettrait, par ailleurs, de tenir ce prince versatile aussi longtemps que vous n'aurez pas appliqué la résolution. De plus, ajouta-t-il habilement, je n'ai pas d'autres solutions à vous proposer pour ouvrir les tiroirs secrets de Blois...

Il fixa Richelieu sans que l'on sache s'il grimaçait ou souriait pour obtenir un accord :

— Est-ce oui ?

— Qu'en penses-tu, Antoine ? lança soudainement Richelieu en se tournant vers moi. Es-tu d'accord pour tenter cette aventure ? Pour cela, il faudrait que tu aies le caractère que j'espère de mes fidèles. Est-ce le cas ?

Et si je répondais non, c'en était fini ? Oui, avais-je le choix ?

— Je ne vous cache pas que ce plan me séduit et m'effraie à la fois. Mais, au fond, que risquons-nous ? répondis-je pour me rassurer – et je crois aussi pour lui plaire. Monsieur n'est pas à Blois. On nous empêche ? Nous rentrerons bredouilles. Oui, soufflai-je à moi-même, cherchant toujours à me convaincre, je risque moins que tout à l'heure dans cette échauffourée.

— Et si tu es pris la main dans le sac, en plein vol ? insista le prélat.

— Et si les hommes partis pour Blois brûlent les pièces sur place ? À qui la défaite ? À qui la victoire ? dis-je en haussant les épaules. Il faut croire que c'est ainsi, car, de fait, si je n'avais pas été trouver Clarentin...

— Nous n'aurions rien su du pacte, m'interrompit Théophraste. Et, maintenant, comme vient d'en parler Antoine, allons-nous rester les bras croisés à attendre notre échec ? martela-t-il.

— Vous oubliez que Jacques Lemercier n'est pas informé, tentai-je d'opposer. Sans lui, nous ne pouvons rien. Et que choisira-t-il ?

— Il gémira, il se plaindra, mais, pour finir, il acceptera parce qu'il s'agit de la *familia*, fit Renaudot en balayant l'air de la main.

— Et toi ? insista Richelieu.

Oui, que l'on me dise si j'avais d'autre choix ?
— Suis-je un membre de cette *familia* ? osa timidement le jeune apprenti que j'étais alors.

Le visage du prélat resta de marbre :
— Je n'en force aucun à me servir.

Et si Petitbois voulait en être, en déduis-je, il devait obéir :
— Dans ce cas, il ne reste qu'à convaincre votre architecte.
— C'est donc décidé ? demanda Renaudot à Richelieu.

Ce dernier se saisit d'une plume pour écrire un mot qu'il adressait à Lemercier :
— Ainsi, cette nuit, maugréa-t-il, il semble donc que j'aurai arrêté la construction de l'aile que l'on nommera celle de Gaston d'Orléans [1]...

— Mais il s'agit encore d'un secret, murmura Jacques Lemercier au maître de musique. Aussi, j'exige l'assurance que vous ne gâcherez pas le plaisir du cardinal de Richelieu en composant un air de cour racontant cet entretien.

Étienne Moulinié, apaisé par le discours de celui qu'il accueillait, nous avait installés dans un salon de l'aile François-Ier. Le temps passait. Le temps s'effaçait. Je fis un signe à mon compère qui se leva aussitôt :

— Allons ! nous devons poursuivre notre route dès ce soir. Et pour l'heure, il ne s'agit que d'une mission exploratoire. Aussi, avançons. Mais avant, promettez-moi de ne pas vous extasier dès que nous serons partis.

— Dieu ! Vous n'imaginez pas combien je suis flatté et distingué de vous entendre. Mais, sûrement, je resterai coi. Ah ! Je regrette que le duc d'Orléans ne soit pas lui-même ici pour vous accueillir.

---

1. La construction de l'aile Gaston-d'Orléans débuta, en effet, quelques années plus tard. Elle fut confiée à l'architecte François Mansart, grand-oncle de Jules Hardouin-Mansart, architecte de Louis XIV. Cédant à la demande de Gaston d'Orléans, Richelieu fit donc financer les travaux de cette nouvelle aile. Mais, à la naissance du futur Louis XIV, les risques d'une déchéance de Louis XIII s'estompant, Richelieu les interrompit. Gaston se rabattit sur l'ornement des jardins. Et habita l'aile François-Ier...

— Surtout pas ! Je vous le répète pour la dernière fois : le Cardinal y tient par-dessus tout. Il l'annoncera le moment venu, et quand les études auront été menées. Ce qui risque de prendre un temps certain. Aussi, de grâce, commençons de suite, puisque nous sommes là pour cela...

— Et que puis-je faire pour vous être agréable ?

— Absolument rien, répondit le grand acteur en tendant à ce pauvre musicien le sauf-conduit du prélat. Nous devons aller et venir librement.

— Je vous ferai accompagner, répondit aussitôt Moulinié.

— Pour que l'un des vôtres se répande dès que nous aurons le dos tourné ? Et qui prendra ? Vous, mon cher ami. Et vous n'imaginez pas les effets d'une colère inventée par Richelieu !

— Prudence, en effet, bredouilla l'artiste dépassé par l'événement.

— En route. Nous allons dans l'aile François-Ier, souffla Lemercier, profitant de ce moment de faiblesse.

— Quelle étrangeté, s'étonna alors le compositeur. Faut-il détruire cet ensemble pour bâtir le suivant ?

— Non, bien sûr, fit mine de s'agacer l'architecte. Mais voyez-vous, chaque rajout est un élément qui s'appuie et se mêle aux autres. C'est une question de bâtiment.

— Un peu comme les notes s'enchaînant les unes aux autres, tenta de comprendre Moulinié.

— Une sorte de partition, en effet, concéda-t-on. Et avez-vous une oreille indiscrète à vos côtés quand vous composez la suivante ?

— Je m'enferme ! s'exclama l'autre.

— Eh bien ! Je demande qu'ici on ferme les yeux.

— Ce sera chose faite, promit Moulinié.

— Dans ce cas, ne tardons pas.

— Oui, et je vous accompagnerai, rétorqua-t-il.

Lemercier s'immobilisa.

— J'ai promis de me taire, déglutit Moulinié, et je tiendrai parole. Mais je ne peux vous laisser aller seuls dans le château, comprenez-vous ?

Chapitre 48

L'ACCÈS à l'aile François-Ier était une victoire, mais la présence du sieur Moulinié retardait et compliquait notre tâche. Fidèle à la mission que nous avions inventée, Lemercier se tournait le plus souvent vers moi et m'ordonnait de dessiner le plan d'une des façades, le croquis d'un toit, le schéma des fenêtres. Mon regard ne s'attardait pas sur ces trésors de la Renaissance. Je gribouillais ce qu'il me commandait, ajoutant au passage, pour parfaire mon camouflage, la mesure des pièces, la hauteur des portes et la taille des cheminées. Et je comptais mes pas, estimais à la main la longueur, la largeur, le périmètre du lacis dans lequel nous allions à faible allure, brodant des esquisses qui, si le musicien Moulinié avait fait preuve de curiosité, auraient engendré de sa part de vives interrogations. De la sorte, l'architecte menait la conversation, moi, je me tenais plus loin, et tous trois, nous avancions, mais à un pas trop lent pour espérer rejoindre la salle des secrets. D'ailleurs, qu'aurions-nous pu faire en présence d'un homme atrocement courtois ? Car il s'ennuyait et composait en attendant d'être présenté à la cour du roi. Si bien qu'il se félicitait de cet intermezzo lui offrant le plaisir de parler quand le reste de ses journées se partageait entre les valets et l'agréable compagnie de quelques femmes de chambre.

— Quoique, dit-il en s'arrêtant encore, Blois connaît une soudaine agitation. Un pli nous a annoncé l'arrivée d'autres visiteurs mystérieux et très importants. Et ils ne devraient plus tarder, se félicita-t-il.

— Voyez, répondit Lemercier, que vous détestez tenir votre langue.

— Ah ! se défendit-il, je n'ai rien dit sur leur appartenance.

— Et voilà que vous excitez la curiosité, ajouta l'architecte.

— Ce n'était pas mon intention, bredouilla-t-il.

— En ferez-vous de même pour nous ?

— Mordiou ! J'ai juré le contraire.

— Parfait. Et comptez sur nous pour avoir disparu avant que vos nouveaux hôtes se montrent…

— Déjà ? s'étonna Moulinié.

— D'une part, je vous ai annoncé que nous gagnerions la Loire dès ce soir. D'autre part, souffla-t-il, imaginez qu'il s'agisse de personnages que nous ne devions pas voir ? Travaillant pour les sommets du royaume, je connais le prix d'une indiscrétion. Croyez-moi, ajouta-t-il en poussant le maladroit dans le dos, il vaut mieux que nous ne soyons pas là quand ils arriveront… C'est pourquoi pressons-nous.

— Vous avez mille fois raisons, se reprit le musicien. Désormais, je m'en tiens au domaine de l'art.

Et, se figeant sur place, il se mit à chanter de nouveau les beautés de Blois :

— Voyez combien l'escalier François-Ier se joue de l'équilibre !

Le bougre s'était arrêté en pleine ascension. Or cet escalier, dédié à la contemplation de ceux qui le gravissaient, s'ouvrait sur la cour et, par ses baies ajourées, donnait autant à voir qu'à être vu. Je surveillais les alentours, craignant le surgissement du quidam croisé sur la route quand nous avions doublé son carrosse. Personne. Pas encore. Hélas, nous étions toujours à mi-étage et, semble-t-il, pour ne plus en bouger.

— Il nous faut prendre les mesures du palier supérieur, intervint calmement Lemercier en me regardant.

— Ce sont les appartements de la reine mère, balbutia le musicien.

— N'y a-t-il rien d'autre ? demanda innocemment l'architecte.

— On y trouve également la salle de musique que j'ai fait installer.

— Pour mon rapport, il faut tout voir, asséna mon complice d'une voix forte. Voyez combien je serais désolé de ne plaire ni à Richelieu ni à Monsieur.

— Je comprends, je comprends, répéta notre guide. Toutefois...

— Il faut que j'entre, tonna Lemercier, afin de regarder d'en haut l'escalier dont vous parlez tant. Car, ajouta-t-il en s'assombrissant, je dois décider de son sort.

— Songez-vous à le détruire ? s'étouffa Moulinié.

Lemercier fit mine de réfléchir et, affichant un calme sidérant, lui répondit :

— Non pas. Mais voyez-vous, si je suis le bâtisseur désigné à la fin, je proposerai de joindre la nouvelle aile à l'ancienne en gagnant sur une partie du bâti. Aussi, l'escalier ne se trouverait plus au milieu.

— Voilà une fâcheuse nouvelle, grimaça son vis-à-vis [1].

— Monsieur, se figea l'architecte, vous vous trompez. En perdant le centre, l'escalier deviendra... étonnant. Aujourd'hui, il s'affiche dans un ensemble classique qui combat sa splendeur. Oui, affirma-t-il en plissant l'œil et en baissant le front, je le verrais mieux décalé.

Moulinié tenta d'imaginer le tableau et se tordit la tête pour imiter la nouvelle figure de l'ensemble :

— Y penseriez-vous comme nous autres, les musiciens, quand nous cherchons à mettre l'accent sur une note ?

— Peut-être, fit mine de s'intéresser l'architecte.

— De fait, s'emporta le maestro, ravi de montrer son savoir, nous plaçons parfois une note en exergue pour la détacher du lot et nous la composons, par exemple, en mineur quand le reste est en majeur. Tantôt, une double croche vient briser le tempo d'une succession de croches. Oui, nous en sortons une du rang pour grandir son effet et je ne vois pas mieux pour expliquer ce que vous imaginez à propos de cet escalier.

— Je ne comprends toujours pas, répondit froidement Lemercier.

---

1. C'est pourtant ce que retint Mansart en détruisant une partie de l'aile François-Ier afin d'élever l'aile Gaston-d'Orléans.

— C'est une question d'harmonie et de solfège, insista Moulinié.

— Ah ! Il faut donc solliciter l'oreille pour saisir vos nuances, finit-il par concéder.

— C'est exactement cela…

— J'éprouverais un vif plaisir, rétorqua-t-il aussitôt, à vous entendre m'en faire la démonstration. Voyons-le comme un échange entre deux mondes créatifs. Existe-t-il un clavecin ?

— Il s'en trouve un à l'étage, dans la salle de musique, s'excita-t-il, en gravissant enfin les marches quatre à quatre. C'est l'œuvre du facteur Hans Ruckers[1]. Dieu ! L'instrument est parfait.

— Aurai-je le plaisir de vous entendre jouer une de vos œuvres ?

— Venez ! Je vais vous interpréter les airs avec la tablature de luth. Et vous serez saisi par ces accents qui dissonent et font l'art à la fois[2].

— Je vous suis, glissa Lemercier sans bouger.

Il se tourna vers moi :

— Je l'occupe. Tu accomplis. Est-ce compris ?

Et sans attendre ma réponse, il monta à l'assaut.

J'avançais au rythme du clavecin. Il s'interrompait, je me fixais sur place. Il reprenait, encouragé par Jacques Lemercier, je progressais… Mon cœur battait, mes mains tremblaient et, derrière chaque porte que je poussais, je m'attendais à voir surgir une armée de gardes. La manœuvre fonctionnerait-elle ? Moulinié, emporté par sa passion, m'avait oublié. Se fondre dans l'ombre, rester à l'écart ; surtout, ne pas se mêler à la faconde éblouissante de l'architecte : la figure s'était imposée sur-le-champ. Notre hôte en avait peut-être conclu qu'un brave bonhomme apparemment muet n'avait pas l'oreille assez raffinée pour goûter à ses compositions…

Le plan dessiné par Richelieu était très précis. Je me dirigeais dans des lieux qu'il me semblait connaître et, si je croisais un valet, j'agissais de manière franche, saluant de bon cœur et faisant mine

---

1. Grand facteur ayant travaillé à Anvers.
2. Deux de ces airs ont, hélas, aujourd'hui disparu.

de me concentrer sur ma tâche qui était, sans doute, de compter le nombre de pieds séparant chaque fenêtre – et de surveiller la cour. « La pièce suivante, murmurai-je, nous y sommes. » Une femme passa sans s'étonner de ma présence. Il n'y avait rien à voler. Des meubles trop lourds, des tapisseries et des tapis qu'il eût été impossible d'emporter. Comment imaginer que j'allais pénétrer dans le cabinet des secrets de Médicis pour le fracturer ?

L'air de musique s'interrompit. Mon comparse en exigea un autre. J'étais devant le *studiolo*. Le parquet craqua cruellement au moment exact où l'artiste achevait son mouvement. Mes jambes devinrent molles… Je comptai jusqu'à cinq. Rien ne se produisit. J'entrai.

Le jour s'éteignait et les cloisons de bois aggravaient la pénombre. Luttant contre la peur, je dus faire un terrible effort pour me souvenir du nombre de pas à engager afin de dénicher la pédale nichée dans la plinthe. La musique ne reprenait pas. Je ne trouvais pas. Il fallut recommencer. La panique me suffoqua. « Dieu ! Aide-moi. » Un grincement se fit entendre. Les portes du meuble s'ouvrirent. Il n'y avait que des livres, des tableaux, de l'orfèvrerie. « Va à l'autre. » Des pas retentirent. On avançait vers le *studiolo*. Je reconnus la voix de Lemercier, parlant fort pour m'alerter. « Rien. Passe au suivant. » Ma main caressa enfin une liasse épaisse. Je la saisis en frissonnant et, plissant les yeux, je lus la phrase écrite sur la page de garde : *Quo Ultimus Exigussimus Bello Evadit Cultorem*. Québec ! Le sang monta dans ma tête. Je glissai ma prise sous ma chemise et mis assez de distance entre le cabinet et moi pour qu'en tombant sur le musicien et l'architecte, le premier ne s'étonne pas de me trouver si loin du salon de musique.

— Où étais-tu ? fit mine de me gronder Lemercier.
— Je prenais les mesures, répondis-je en baissant les yeux.
— As-tu tout noté ?
— Absolument tout, monsieur, répondis-je en le fixant bien droit.
— As-tu vraiment tout ce qu'il nous faut ?

— Tout, dis-je encore en baissant la tête.
— Dans ce cas, partons. Deux heures que nous sommes là, et sais-tu le chemin qui nous attend avant la nuit ?
— Si vite ! s'étonna le musicien.
— Chaque plaisir a ses fins. Même celui de vous écouter...
— Mais que faites-vous de votre... projet ?
— Au pic de l'art, du mien comme du vôtre, il suffit de peu pour tout voir et tout entendre. Mon opinion est faite. Gaston d'Orléans aura son aile. Et vous savez le prix de cette confidence...

Moulinié se boucha les oreilles et la bouche, ce qui était d'un bel effet chez un maître de musique.

La suite fut rapide. Moulinié trottait après les basques de Jacques Lemercier qui ne cessait de presser le pas. Moi, je serrais les feuilles de papier contre ma peau. La cavalcade nous reconduisit ainsi aux marches du château où Philippe attendait, stoïque, silencieux.

— Je parlerai de vous à Richelieu et je lui ferai un bon rapport sur la qualité de votre accueil, jeta l'architecte. Adieu ! Monsieur le musicien.

Moulinié s'inclina. Lemercier s'échappa. La voiture roulait déjà. Lemercier s'enfonça dans le siège et soupira en fermant les yeux :

— Jamais plus... Trop dur, trop peur... Mais as-tu trouvé ?

Je sortis les papiers en riant. Toute la scène repassait devant mes yeux. J'entrais, je tâtonnais, saisissais notre Graal... Soudain, un coup me frappa au ventre.

J'avais oublié de refermer les portes des placards.

Chapitre 49

UNE MAUVAISE NOUVELLE, raconte-t-on, se présente rarement seule... Ainsi, à peine réalisai-je les terribles effets de mon étourderie que la botte de Philippe retentit sur le plafond de la voiture. Trois fois, si je comptais bien. Et l'on se souvient que ce signal n'était pas de bon augure.

— Je dois vous avouer quelque chose de grave, tentai-je de glisser à l'oreille de Jacques Lemercier.

— Plus tard, jeta-t-il en se penchant à la fenêtre.

Il me tira brutalement par la manche :

— Dieu ! Regarde de ton côté ce qui s'annonce...

Les grilles du château se montraient à deux cents pas. Il suffisait de foncer, bondir, jaillir sur la route ! Mais, en face, la voie était barrée. La voiture que nous connaissions pour l'avoir dépassée quelques heures avant occupait le milieu de l'allée et gênait le passage.

Il fallut ralentir, résister à l'envie immanente de nous échapper.

Le croisement s'engagea au pas, paroi contre paroi, tandis que les chevaux excités par l'affrontement autant que par la peur de se frotter aux autres, hennissaient, se cabraient, cherchant à se libérer de leurs entraves. Malgré l'adresse de notre cocher, il était évident que nous allions toucher et, pour éviter ce contact aux conséquences redoutables, Philippe décida de se déplacer sur la gauche, œuvrant de la voix et des rênes pour forcer les siens, déchaînés par ce tohu-bohu. Si bien que l'un d'eux se dissocia de l'ensemble, brisant la fragile harmonie qui nous faisait tenir sur un fil, entre la chaussée et le fossé. Une roue glissa, le carrosse pencha, tangua dramatiquement, un craquement inquiétant se fit entendre, et nous crûmes au désastre.

— Ne te montre pas, ordonna Lemercier en s'accrochant au siège.

Nous restâmes ainsi quelques instants, penchés de côté, risquant à tout moment de basculer totalement, mais, sous la conduite de Philippe, et grâce au courage de ses bêtes, l'attelage s'arracha de la glaise, se libérant tant bien que mal du piège, et retrouvant le chemin. Hélas, le soulagement ne vint pas encore. Certes, nous repartions, mais péniblement, redoutant à chaque mouvement les hurlements qui nous ordonneraient d'arrêter. Nous attendîmes – insupportable torture –, en retenant notre souffle, plus tendus que la corde d'un arc, portés cahin-caha par la souffrance de l'attelage qui se faisait entendre.

Lemercier ne put résister à la tentation de jeter un rapide coup d'œil par la fenêtre.

— Ils n'ont pas bougé. Pour combien de temps ? Forcément, ils ont reconnu cet étrange attirail…

Devais-je accroître ses craintes en lui rapportant que, pendant la manœuvre, un homme, assis dans le carrosse que nous tentions d'éviter, avait croisé mon regard ? Le moment avait été furtif, pourtant, je pouvais dresser le portrait de celui que j'avais entraperçu alors que nous doublions cette même voiture. Barbe épaisse, œil sombre, nez tordu. Une allure de brigand. Ou de tueur. Oui, un geste, un ordre de lui suffisait pour qu'on nous fasse obstacle. Un temps effroyablement lent et infiniment court s'écoula. Communiant avec nous, partageant sans doute notre peur, Philippe, d'une voix formidable, emballa son attelage, remettant à plus tard cet immense problème : une roue avait peut-être été touchée.

Cent pas, cinquante… La grille s'ouvrit. Derrière, que faisait-on ? J'attendis le bout d'une ligne droite, prise à une allure du diable pour oser sortir la tête… Personne ne nous prenait en chasse.

— Plus jamais. Non, plus jamais… répéta Jacques Lemercier.

— Malheureusement, je crois que nos ennuis ne sont pas finis.

Il me regarda fixement. Son visage était terreux, crispé, rongé par l'inquiétude, et je mesurais son génie et sa force quand, peu avant, il se montrait supérieur, dominateur, sûr de lui.

— Tu veux parler de la roue ?

— Autre chose, encore...

— Qu'y a-t-il ? souffla-t-il douloureusement.

— Vous arriviez, et j'ai dû m'échapper de la pièce où se trouvait le placard à secrets. Je suis parti trop vite.

— Si bien que ?

— Je n'ai pas eu le temps de fermer les portes. Au premier regard, on découvrira ce qui a été volé.

À nouveau, Lemercier fit preuve d'un caractère exemplaire. Il ne m'agonit d'aucun reproche et, affichant un sang-froid héroïque, s'enfonça dans son siège pour mieux réfléchir :

— S'ils avaient choisi de nous arrêter, ce serait déjà fait. Ils doutent et se demandent ce qu'est venu faire ou chercher notre équipage... Allons, à présent, ils se présentent, continua-t-il, comme s'il se trouvait toujours à Blois et vivait la scène. Ils forcent presque l'entrée, tant ils se montrent inquiets. On ne les retient pas. Ils ont un laissez-passer. C'est pourquoi ils montent, de suite, à l'étage. Maintenant, ils se rendent compte du larcin. Bon, murmura-t-il. Dix minutes viennent de s'écouler... Ajoutons-en dix pour épuiser leur rage et les laisser décider d'un plan. Nous rattraper ? Ils savent que nous sommes plus rapides qu'eux.

— Du moins tant que cette roue tient...

— Ils l'ignorent, balaya-t-il l'argument d'un geste de l'épaule. Mais enfin, ils n'ont d'autre choix que de réagir, de tenter le tout pour le tout... Ah ! Il faut changer de chevaux, et ce n'est pas simple. Ils n'y songeaient pas aussi vite. On y gagne une bonne moitié d'heure... Comptons-en une pour le tout. Et si nous y ajoutons la rapidité de notre attelage, il se peut que nous nous en sortions...

À cet instant précis, la Fortune décida de lui répondre. Et son message fut parfaitement clair. La voiture ralentit et s'arrêta dans un crissement angoissant. La roue blessée frottait. Sans doute, me surpris-je à penser très calmement, avions-nous eu trop de chance jusque-là.

Le souffle court, Lemercier bondit à l'extérieur et je fis de même. Le cocher était déjà allongé sous le châssis. Je scrutai nos arrières, pour revenir aussitôt sur Philippe qui tardait à s'expliquer. L'examen durait, le tourment devint insupportable.

— Philippe ? demanda timidement Jacques Lemercier.

Le cocher se releva enfin :

— L'essieu est voilé. Je vais le redresser comme je peux, ajouta-t-il en saisissant un manche de fer glissé sur le côté.

Il tira de toutes ses forces, beuglant pour qu'on l'aide. Nous nous y mîmes à trois, jurant et pestant, et suppliant autant pour savoir que notre vie dépendait de cet effort. Peu à peu, la roue sembla retrouver son axe. Philippe s'essuya le front. Ses mains étaient à nouveau en sang.

— Cela tiendra jusqu'à Paris, promit-il, à condition de ne pas rouler à la même vitesse.

— Soyez plus précis, demanda l'architecte en tentant de garder son calme.

— Moitié moins vite, asséna-t-il aussitôt pour y avoir déjà réfléchi.

— Alors, jeta mon équipier, ils nous rattraperont avant Étampes.

— Pourquoi ? se tendit Philippe.

— Notre… passage à Blois n'est pas passé inaperçu, lui répondit-on laconiquement. Avant une heure, il y aura une réaction.

— Moins, ajouta notre cicérone, s'ils décident de se lancer à cheval.

— Mordiou ! jura l'architecte. Je n'y avais pas songé.

— Le cavalier va plus vite que nous, ajouta le cocher, même si nous forçons en prenant tous les risques. Mais nous disposons d'un autre atout. La nuit va tomber, ils devront ralentir. Et comptons encore sur la pluie, dit-il en montrant du menton un ciel de plus en plus menaçant.

— Dans ce cas, tentons l'impossible, grommela Jacques Lemercier en sautant dans la voiture. En route !

Et jamais nous n'attendîmes la nuit si impatiemment car, en effet, en pleine obscurité, les avantages et les faiblesses s'équilibraient. Le reste était affaire de fatalité ou de providence, si le voile tourmenté des nuages acceptait de nous adresser un ultime reliquat de chance.

Emporté par la tension de ces derniers instants, je dois écrire que ni Lemercier ni moi n'avions songé à nous intéresser au document extrait du *studiolo* de Médicis. À présent, nous n'avions qu'à ronger notre frein. Je pris donc la liasse posée entre nous et sur laquelle était inscrite cette phrase latine dont le sens nous avait rapprochés de Québec.

Jacques Lemercier avait les yeux fermés et semblait dormir. *Quo Ultimus Exigussimus…* Quel lien existait-il entre les vaines promesses de cet immense territoire et la conjuration ? Qui œuvrait, se cachait derrière cette sentence où chacun, si je m'en tenais à la traduction de Théophraste Renaudot, pourrait cultiver librement ? Qui voulait abattre le roi et, peut-être, la monarchie ? Pourquoi tout partait-il et semblait-il revenir à Québec ?

Ma main caressa ces pages mystérieuses, une dizaine, d'après moi, où se montraient les premières lignes. *Nous qui, par ce jour de novembre 1630, rendons Dieu témoin d'une alliance parfaite unissant et engageant la robe et l'épée de la noblesse. Nous, dont les signatures sont la preuve de ce pacte désormais inaliénable, jurons sur notre Foi…* L'écriture était fine, délicate et réclamait mon attention, mais j'avais du temps, et je pris soin de calmer mon impatience, même si je devais passer la nuit à déchiffrer ce document, à n'en pas douter, capital.

La faible chandelle accrochée sur la paroi où sommeillait Jacques Lemercier ne donnait pas tout ce qu'elle pouvait. Un ancien feutier savait qu'il fallait allonger la mèche. Je levai un bras et, passant au-dessus de la tête de notre architecte, j'ouvris la petite cloison de verre pour redresser l'embout ciré dans le coton. Mais un à-coup me projeta sur mon voisin.

— Que manigances-tu ? marmonna-t-il. Ils sont là !

— Pardonnez-moi, bredouillai-je autant. Je voulais simplement un peu plus de lumière.

Il se redressa et se frotta les yeux.

— Ne crois-tu pas qu'il est temps de dormir ?

— Plus tard... souris-je en lui montrant le pacte.

Aussitôt, il se figea :

— Donne-moi cela immédiatement, gronda-t-il.

Sa réaction me plongea dans la stupeur et mon air le persuada que j'agissais sans malice. Son regard s'adoucit :

— Antoine, tous les secrets ne sont pas bons à savoir, dit-il d'une voix douce. Tu n'es pas, je le crois, destinataire de ce... colis ?

— J'ai tant de hâte à démasquer qui se cache sous ces feuilles...

— Pour qu'ensuite ta découverte te torture et te ronge ?

Je ne répondis point.

— Te souviens-tu, reprit-il, de cette confidence que je t'avais faite sur Québec, cédant à ta demande ? Quelques paroles prononcées par Richelieu et qui n'ont plus guère d'importance. Mais ces mots t'ont rongé car tu avais promis de ne pas les répéter... Veux-tu que, demain, il en soit de même ? Tout ce que tu apprendras, il te faudra le taire. Aussi, crois-moi, laisse Son Éminence décider elle-même de ce que tu dois ignorer.

Il prit les feuilles et les glissa sous son manteau. Puis il ferma les yeux sans plus d'émotion, me livrant encore une belle leçon d'honnêteté.

Chapitre 50

SOUDAIN, il n'y eut ni roulis, ni tangage ni tout ce vacarme dont la vertu première était de nous rassurer, au point de bercer notre sommeil de bruits devenus peu à peu familiers. Tant que la voiture avançait, l'espoir perdurait. Mais ce nouveau silence impressionnait, inquiétait et brisait le cocon fait de rêveries mi-éveillé et, soudain, de brefs assoupissements où sourdement s'était nichée mon inquiétude. M'étant redressé brusquement, je fus tenté de tirer le rideau qui obscurcissait la fenêtre située de mon côté. Un filet de lumière entrait dans l'habitacle et je compris qu'il faisait jour. C'était le 14 novembre, au matin ou à l'aube et, pour le savoir, il fallait regarder – mais, en retour, se montrer.

Des voix se firent entendre et, en reconnaissant Philippe, je tentai d'extraire de ce brouhaha le ton et la manière dont il usait. Y avait-il de la peur ? Je n'eus pas l'occasion de m'interroger davantage. La porte de Jacques Lemercier s'ouvrit puisqu'il avait eu du courage pour deux.

Je reconnus aussitôt les lieux où nous avions fait étape à Orléans. Les mêmes, forgeron et palefrenier, discutaient en cercle, autour de notre cocher qui montrait sa face ravagée par les efforts continus de la nuit. Une discussion âpre s'engagea. D'un geste brusque qui racontait sa nervosité, Philippe ordonna que l'on ferme les portes de l'écurie dans laquelle nous nous étions glissés. Je descendis à mon tour et, restant toutefois à l'écart, je me mêlai à leur conversation. La conclusion ne tarda point : la voiture était dans un état piteux. « La journée », entendis-je. C'était le temps que nos hôtes réclamaient pour réparer ce qui pouvait l'être.

L'architecte écoutait tout autant que moi et comprit qu'il devait lui aussi intervenir :

— Nous devons être à Paris au plus vite.

Les autres grimacèrent en silence.

— N'y a-t-il pas moyen de changer de carrosse ?

Du menton, l'un d'eux désigna la seule voiture qui s'exposait, et son ancienneté lui servit de réponse.

— Je vous donne une heure, pas plus, pour contenir la fêlure, lâcha Philippe rudement. Occupez-vous de changer les chevaux.

Il leur tourna le dos et nous entraîna à sa suite dans un coin reculé.

— La pluie ne viendra plus à notre secours, prédit-il. Et le jour fait tomber notre seul atout. Cette nuit, je pense que nous n'avons rien perdu sur notre avance, mais ce maigre avantage s'épuisera au cours des heures qui suivent. Gardons en tête que des cavaliers sont, sans doute, lancés à nos trousses.

— Quand nous rattraperont-ils ? intervint Lemercier.

— Comme nous, ils doivent changer de montures, ce qui leur posera problème puisqu'ils ne pensaient pas y être contraints si vite. Ici, ils n'en trouveront pas. Ils peuvent également reprendre celles qu'ils ont laissées à l'aller, continua-t-il, imaginant cette autre solution. Avec une bourse bien remplie, tout est possible…

— S'ils se démènent, que se produira-t-il ?

— Je pense qu'ils nous tomberont sur le dos peu après midi.

— Quel délai pour rejoindre Étampes ? demandai-je alors.

— N'espérez pas y parvenir avant nos poursuivants.

— Et, sur la route, ils n'auront aucun mal à repérer notre équipage, grommela l'architecte.

— Il y a une autre solution, reprit Philippe.

Nous tendîmes l'oreille.

— Nous quittons cette route et filons vers Chartres. Mais le risque est élevé. La jonction étant encore loin, ils peuvent nous trouver avant…

— Cette idée ne me plaît pas, murmura mon voisin. Trop de risques et trop de temps perdu. De plus, nous devrions faire fi du soutien de nos relais.

Chartres ? Cette ville me fit étrangement me souvenir du charretier Gaston Galapiat avec qui j'avais partagé le voyage qui me mena à Paris, alors que je fuyais Montigny. Au moins, me dis-je, sur son attirail, je ne craignais pas d'être repéré. Vétuste, lent, anonyme, comme la carriole qui se trouvait dans ses écuries. Et, songeai-je subitement, si différente de ce que cherchaient nos adversaires…

Ainsi, j'en vins à détailler cet autre modèle, non sous l'angle de ses défauts, mais de ses avantages, réalisant alors qu'il possédait tous les atouts d'un beau déguisement.

— Il faut nous camoufler ! criai-je. Et, pour cela, modifions notre allure et notre tenue !

— Que veux-tu dire ? vociféra Lemercier.

— On cherche un carrosse noir, reconnaissable entre mille. Celui-ci, continuai-je en montrant l'antique attelage, se fondra dans les décors.

Je me tournai vers Philippe :

— Prenons les meilleurs chevaux. Alors, ira-t-on moins vite qu'en utilisant votre machine qui, hélas, est à bout de souffle ?

— Dans l'état où se trouve le châssis, je ne pense pas.

— Ainsi, déduisis-je, en changeant de voiture, nous ne dépenserons pas plus d'heures, mais gagnerons en discrétion. Ceux qui nous chassent n'auront pas un regard pour les passagers se trouvant à bord, d'autant que le cocher portera d'autres vêtements…

— L'argument se tient, concéda Lemercier après y avoir réfléchi. Et qu'en pensez-vous Philippe ?

— C'est possible, répondit-il, en grimaçant de fatigue. Mais il faut vérifier l'état de la voiture.

Il retourna vers le forgeron et le palefrenier. L'examen fut court :
— Elle tiendra. C'est décidé. Attelons et partons.

Jacques Lemercier ne prononçait plus un seul mot. Comme moi, il devait compter chacun des pas qui nous conduisait vers Étampes et sa nervosité augmentait d'heure en heure. Au milieu de l'étape, il ouvrit sa porte et hurla à Philippe de s'arrêter.
— Ne bouge pas, me commanda-t-il.
Il descendit et alla parler au cocher. Ce fut bref. Quelques mots. Il remonta aussitôt et referma sa portière tandis que l'attelage, excité par la voix de son maître, repartait déjà de plus belle.
— Il me semblait avoir entendu comme une sorte de craquement suspect...
Ce fut tout, et je crus y voir la preuve d'une fébrilité qui enflait, au point de lui devenir insupportable. Il replongea derechef dans le mutisme, n'en sortant que pour jeter des coups d'œil nerveux vers l'arrière. Mais rien ne se produisait, si bien que l'espoir, contre lequel je luttais, finit par prendre le dessus. La route était dégagée, peu encombrée, nous allions à une allure soutenue. Étampes approchait.

C'est souvent ainsi que se produit l'inédit qui, par définition, naît ou surgit quand on ne l'attend plus. Ici, il prit la forme d'une bourrasque qui secoua rudement la voiture. C'était un chahut de galop, enveloppé de poussières. Quatre ombres fugaces, quatre cavaliers nous doublèrent sans qu'aucun ne tournât l'épaule vers nous. La surprise fut telle que je ne pus détailler ces forcenés poursuivis par le diable, ce qui nous sauva, au moins provisoirement, d'une épouvantable rencontre. Car l'allure de celui qui se trouvait en tête évoquait sans conteste le souvenir vivace d'un des brigands que nous avions déjà croisés deux fois.

La voix de Philippe se fit entendre.

— Ce sont eux ! hurla-t-il alors que les montures de ces crapules s'échappaient derrière un bosquet. Je les ai reconnus.

— Se sont-ils intéressés à vous ? demanda Lemercier sur le même ton.

Le silence se prolongeait, ajoutant à notre angoisse.

— Font-ils demi-tour ? ne pus-je m'empêcher de crier.

Le cocher avança encore et très prudemment jusqu'au petit bois où pouvait se dissimuler cette engeance.

— Ils filent droit devant, répondit-il enfin d'une voix légère. Ah ! maudite poussière. À ce train, ils se rendent en enfer. Oui, rit-il pour la première fois de bon cœur, je crois que nous les avons bernés ! D'ailleurs, si ce n'était pas le cas, je n'aurais sans doute pas eu le plaisir de vous informer…

Puis il réveilla les montures d'un beau sifflement. La cadence reprit.

— Ton plan nous aurait-il sauvés ? murmura l'architecte.

Je répondis en fabriquant un signe de croix respectueux.

Enfin, Étampes se montra. Nous quittâmes la ville sans encombre pour rejoindre le relais situé à l'extérieur. Les premiers chevaux que nous avions utilisés attendaient dans les écuries. Ils étaient reposés, prêts pour la galopade. L'un d'eux hennit en revoyant le maître cocher. Nous étions presque de retour, pensai-je, et après tant de difficultés, notre aventure me semblait aussi longue que celle du légendaire Ulysse. Malgré moi, je me pris à calculer que, si tout se déroulait tel qu'à ce moment même nous remettrions le pacte à Richelieu, au plus tard dans la nuit.

Le changement de chevaux se fit en silence et aussi vite qu'avant, et nous allions pour partir quand un palefrenier à la taille impressionnante – il me dépassait d'au moins deux têtes – vint nous trouver et tira Lemercier par la manche. Son regard fuyant montrait qu'il n'avait pas l'âme en paix. Il battait le sol des sabots et tordait ses mains épaisses et larges dans son tablier. Ce géant affichait une timidité enfantine et tout laissait croire qu'il était paralysé par la peur. Mais que pouvait-il craindre, lui qui, peu avant, serrait dans sa poigne une lourde masse et la brandissait et l'abattait d'un coup sur l'enclume où rougissait, se tordait le fer, et la levait et l'abaissait de nouveau avec une facilité déconcertante ? Maintenant, il se balançait nerveusement d'avant en arrière, ouvrant et refermant la bouche comme si aucun mot ne parvenait à en sortir. Et pourquoi montrait-il tant de gêne envers ces deux voyageurs qui n'étaient que de passage et qu'il suffisait de servir pour les voir disparaître ? Il fallait donc établir un lien entre son malaise et ceux qui lui faisaient face. Une sourde angoisse me saisit. En un instant, je compris que tout pouvait encore se produire.

— Que se passe-t-il ? le questionna calmement l'architecte qui avait pris la mesure de la scène et, comme moi, imaginait déjà de nouvelles complications. Allons... Parlez sans crainte, mon ami.

Cette méthode douce finit par aboutir.

— Je dois vous avouer que quatre cavaliers sont passés, il y a moins d'une heure, débuta le gaillard, tête baissée.

Lemercier se tendit aussitôt :
— Que vous ont-ils demandé ?
— D'abord, ils ont sillonné la ville, à la recherche de chevaux frais. Alors, un curieux leur a parlé de nous, affirmant qu'ici ils trouveraient leur bonheur. D'ailleurs, en entrant, ils ont bien vu que nos écuries étaient pleines. Dieu ! Ils voulaient tout acheter, et ils montraient leurs écus et...
— Qu'avez-vous répondu ? le coupa-t-il.
— Que rien n'était à vendre ou à louer, bredouilla cet homme.
— Quelle raison avez-vous fournie ? intervins-je vigoureusement, au risque de mettre fin à des aveux de plus en plus douloureux.
— J'ai reconnu... que nous attendions un autre carrosse, accepta-t-il de répondre, et...
— Palsambleu ! jura l'architecte. Auriez-vous parlé de nous ?
— C'était le seul moyen de faire entendre raison au coupe-jarret qui menaçait les gens d'ici, souffla l'autre d'une voix misérable.

Moi, je pensais qu'il lui aurait suffi de brandir sa masse pour faire reculer le plus enragé des combattants. Mais la robustesse herculéenne du palefrenier s'accompagnait aussi de gentillesse et de simplicité comme le montrait son regard doux et clair, purifié de toute méchanceté.

— Vous a-t-il encore interrogé pour savoir si les passagers étaient au nombre de deux ? cingla pourtant son vis-à-vis.

Son regard de chien battu nous fit comprendre que oui.

— De même, je devine qu'il a voulu savoir si nous voyagions dans un carrosse noir, et si nous étions passés hier. Non ! se reprit l'architecte, ce ne fut pas nécessaire. Vous étiez comme maintenant, timoré et soumis. Et qui ne dit mot consent… Tout était déjà dit et compris.

L'absence de réponse suffit pour que nous mesurions la gravité de la bévue. Notre humeur s'en ressentit forcément.

— Finissez votre travail, grogna l'architecte.

L'autre ne demanda pas son reste et s'éloigna d'un pas lourd.

— Qu'en pensez-vous ? demandai-je à Philippe.

— Au moins, ce garçon s'est montré honnête, mais ce qu'il nous a appris mérite que nous conversions, répondit-il laconiquement.

Le tableau apaisant que j'avais fini par brosser s'effaça. Exit la fin d'un voyage s'achevant sur une franche victoire dont je me félicitais déjà d'exposer les détails au très cher Théophraste Renaudot. Soudain, si près du but, tout était remis en cause, et j'éprouvai une immense lassitude pour avoir cru, peu avant, qu'il nous était presque possible de toucher Paris en tendant simplement une main. C'était comme avoir effleuré l'espoir de rejoindre son havre après une marche épuisante, et de sentir le repos, de le deviner et d'en jouir par avance, puisqu'il ne restait plus qu'une ultime épreuve. Et, brutalement, de devoir y renoncer. En grimpant en haut du donjon d'Étampes, aurais-je pu apercevoir le clocher de Notre-Dame[1] ? La colère, tel ce jour où j'avais voulu enflammer la bibliothèque du baron de Montigny, brouilla ma raison. Échouer ! Ce n'était pas possible…

---

1. Étampes se situe à 49 km de Paris, soit environ onze lieues…

— Nous fonçons ! enrageai-je en m'adressant à Jacques Lemercier qui, touché par tant d'accablement, ne desserrait plus les dents.

— Et, dans cinq lieues, isolés de tout, nous tombons dans un piège, protesta notre cocher en se mêlant à nous.

— Ils n'ont aucune raison de chercher cette voiture, insistai-je, sans lâcher prise et renonçant à la prudence qui m'avait toujours accompagné.

Ma détermination eut au moins pour effet de sortir l'architecte de cet état qui ne nous menait à rien.

— Souviens-toi du palefrenier bavard, expira-t-il, autant dans l'espoir de m'apaiser que pour s'avouer battu. Ils peuvent être cachés non loin d'ici, guettant notre départ. Non, je ne suis pas de ton avis.

— Alors, nous mourrons ici ? lançai-je avec force.

— Au moins, attendons la nuit, finit-il par me concéder.

Il se tourna lentement vers le courageux Philippe :

— Qu'en pensez-vous ?

— Je ne refuserai pas un peu de repos, sourit-il faiblement. Quant à nos vies, je les mets entre les mains de Dieu, et de son armée d'archanges que je Le supplie de nous envoyer.

Cette dernière remarque fit froncer les sourcils de l'architecte.

— Une armée, dites-vous ? reprit-il comme si la providence venait à son aide. Une armée, répéta-t-il encore.

Son regard se réveilla. Pour quelle raison un feu nouveau semblait vouloir combattre son découragement ?

— Faut-il être idiot ou paralysé par la peur pour ne pas y avoir songé plus tôt ! se maudit-il.

Il se gratta lentement la barbe, un signe dont le sens pour moi était clair. Mon équipier réfléchissait, soupesait ses idées, en mesurait peut-être l'intérêt. Avant de les rejeter ? Il grimaça une dernière fois avant de se décider à partager avec nous ce qui murissait dans sa cervelle :

— Je vous propose d'étudier l'hypothèse d'une assistance inespérée et inattendue, à la manière de celle que nous enverraient les cieux...

— Allez-vous bien ? chuchotai-je, craignant pour l'équilibre de cet esprit quand, à l'instant, j'en pensais le plus grand bien.

— On dit que le désespoir oblige l'esprit à plus d'invention, sourit-il énigmatiquement. Sans doute est-ce pourquoi je me suis souvenu que nous agissions pour le compte d'un homme entouré d'anges armés de glaives flamboyants... Venez, messieurs, étudions le moyen de faire appel à ce secours, sinon divin, du moins cardinalice...

Nous avions patienté jusqu'à la nuit pour nous extraire du relais. À présent, nous hésitions entre le trot et le pas, redoutant chaque courbe. Si la surprise était bonne, rien ne se produirait et, selon ce que chaque tête imaginait, nous voguions entre le désarroi et l'espoir, scrutant les ombres inquiétantes, redoutant le pire. Et le malheur finit par se présenter à ceux qui le craignaient si fort. Il vint, en effet, trois lieues après Étampes.

Nous avaient-ils surveillés depuis que nous avions quitté le relais ? Était-ce parce que nous roulions trop prudemment ? Ces questions restèrent sans réponse et je n'eus pas le temps de m'en poser d'autre. L'impatience nous avait convaincus d'avancer. Jacques Lemercier avait pourtant trouvé une idée qui, au moins, nous permettait d'attendre. Il suffisait d'espérer l'armée des anges... Un coursier était parti en avant, muni d'un pli destiné à Richelieu, où tout était décrit. Le palefrenier maladroit s'était porté volontaire pour réparer ses bévues. Il se disait bon cavalier, promettait de mettre sa force au service de notre cause, d'affronter les embûches et même de s'y opposer.

La franchise dont il avait fait preuve en avouant sa faute nous avait décidés à lui confier notre sort... Mais il pouvait échouer. S'il tombait dans un piège, nous trahissait, chutait de sa monture, renonçait, tout simplement ? Le doute avait peu à peu corrompu ces heures et, n'y résistant plus, nous avions pris la décision de sortir, par crainte d'être pris dans la nasse que pouvaient devenir ces écuries. Les regrets tardifs n'y changeaient rien et la peur succéda à la raison quand je vis des torches dans l'obscurité. À cent pas, quatre bras les brandissaient et faisaient barrage. Il s'agissait d'eux. Ils campaient, n'ayant eu qu'à guetter, car il fallait passer par eux.

Philippe se pencha vers nous :
— Que décidons-nous ? chuchota-t-il.
— Une volte-face ? proposa Lemercier.
— La voiture est trop lourde et le chemin bien étroit.
— Je ne sais plus… Décidez vous-même, capitula l'architecte.
— Espérons la venue de vos anges, lança laconiquement le cocher, cherchant dans l'ironie un ultime sursaut de bravoure.
— Mais ils n'arrivent pas ! se désespéra l'inventeur de ce projet.
— Alors, puisque nous ne pouvons fuir, il ne reste qu'à attaquer, proféra Philippe.
— Que faites-vous ? gémit Lemercier.

Sans répondre, il mit le carrosse en branle et, se guidant d'après les lumières qui se montraient au loin, lança les chevaux au galop et fonça sur le danger.

Cette manœuvre singulière surprit les montures d'en face qui se cabrèrent de peur. Mais ces cavaliers aguerris ressaisirent leurs bêtes et se placèrent de sorte qu'ils fermaient la voie. Dans ce défi sans retour, qui céderait ?

Le vacarme de notre voiture s'ajouta à leur rage. Ils hurlaient, brandissaient leurs flambeaux pour tenter d'arrêter ce boulet vivant, porté par les cris furieux de Philippe, le plus hardi des voltigeurs. Plus rien ne pouvait changer sa décision. Ils céderaient ou nous mourrions tous dans un choc monumental. Je rentrai la tête et je me mis à genoux pour prier, mais une clameur me fit ouvrir les yeux, et je vis les torches s'effacer, s'écarter pour guider notre triomphe. Ils se retiraient, ils capitulaient, nous étions passés. Le fouet retentit pour donner plus d'ardeur à notre camp. Hélas, la hardiesse et le panache précédents n'y changèrent rien. La partie était désespérée.

Malgré les efforts prodigieux des chevaux, une montée ralentit cet attelage beaucoup trop lourd. Déjà, les autres se rapprochaient, se jetaient sur nous et, nous ayant dépassés, se servaient de leurs torches pour briser notre fuite. Le fouet de Philippe claqua de nouveau. L'un d'eux, touché au visage, rompit pour se protéger le front.

Le premier sang coula et ne fit qu'accroître l'ire du forban. Il piqua sa monture, repartit à la charge. Que pouvions-nous faire, prisonniers d'une voiture devenue folle, risquant de se renverser à tout moment ? Tenir jusqu'à ce village qui se montrait au loin, sauter, hurler, réveiller la populace ? Que tout finisse ! demandai-je à Dieu, alors que nous perdions de la vitesse, que nous allions au trot, au pas – avant de nous arrêter définitivement...

— Philippe ! hurla Lemercier.

Il ne répondit point.

Déjà, un cavalier bondissait sur nous, ouvrait la porte, nous forçait à descendre. Je levai la tête pour chercher notre cocher. Son corps gisait sur le côté, une dague plantée dans le dos.

— Je serai précis, commença le tueur. Donnez-moi le pacte où vous subirez le même sort.

— Monsieur, répondit Lemercier, vous répondrez de vos gestes. Je suis l'architecte de Son Éminence, le cardinal de Richelieu et...

Un soufflet le jeta à terre.

— Toi, dit le criminel en s'adressant au barbu dont j'avais déjà vu le visage, fouille la voiture. Et toi, ordonna-t-il à un autre, occupe-toi de ce petit monsieur. Cherche dans ses poches et dans ses vêtements. Trouve !

Lui-même se précipita sur le pauvre Lemercier et le força à se relever pour lui faire subir le même traitement. Cela dura assez pour que je recouvre mes esprits. Mais la recherche resta vaine et une chose au moins était évidente : le pacte semblait introuvable. Disparu.

Ce constat mit leur chef dans une colère épouvantable. Il jura, cracha, maudit tous les saints du Ciel. Mais il dut se rendre à l'évidence : ce qu'il voulait n'existait plus.

Et sa superbe s'en ressentait.

— Je vous ferai juger pour ce que vous avez fait, jeta fièrement mon compagnon qui puisait une incompréhensible joie dans ce mystère.

Le plus féroce lui répondit en brandissant une courte épée.

— Je commence par le petit, grommela-t-il. S'il ne parle pas, je lui coupe la langue, puisqu'elle ne me sert à rien. Et pour te montrer ce que tu subiras à ton tour, je lui arracherai aussi les yeux.

Moi, j'ouvrai grand ce qu'il voulait m'ôter. Le pacte s'était envolé et c'était à n'y rien comprendre… Mais, étrangement, et bien plus que ses effets, je regrettais de voir venir la mort sans avoir résolu la clef de cette énigme.

Est-ce pour avoir voulu profiter une ultime fois de mes sens qu'il me sembla surgir des abysses le bruit du tonnerre ? Ou peut-être la foudre envoyée par Zeus…

— Vous avez perdu, railla soudain Lemercier qui avait entendu comme moi.

— Qu'est-ce ? s'égosilla le pendard en se jetant sur lui.

Mais l'un des siens l'écarta brutalement de sa proie :

— Regarde, idiot ! se déchaîna-t-il en sortant son épée.

Sur la route venant de Paris, une troupe, tels des frelons attirés par le fanal des torches, fonçait au galop.

— Les anges de Richelieu, murmura Jacques Lemercier.

Cela suffit pour que les coupe-jarrets décident de faire face à cet imprévu. Mais le nombre et la qualité de leurs adversaires jouaient en leur défaveur. Six combattants aguerris, six mousquetaires, reconnus-je quand ils furent plus proches, se précipitaient pour en découdre. La partie devint délicate. Pourtant, le quatuor d'enragés fit cercle et attendit l'assaut.

— Écartez-vous ! hurla un mousquetaire à notre intention, en posant un pied à terre, l'épée à la main.

En face, on jeta loin les flambeaux pour se fondre dans l'obscurité, quand les nôtres brandirent de lourds mousquets, détachés promptement des selles. Un éclair déchira la nuit, le plomb en faucha un, mais les autres bondirent pour contrer la seconde salve. Un rude corps-à-corps s'engagea. L'un des mousquetaires fut très vite gravement blessé au flanc. Un deuxième hérita d'une balafre profonde à la joue. Un troisième fut sauvé d'une botte redoutable par François Pallonges, chevalier et mousquetaire du roi, car le gaillard à qui je devais la vie se mêlait au pugilat. De cet instant fugace, un profane comme moi n'a gardé comme souvenir que le bruit du fer, des râles des blessés, des cris qui saluaient la victoire ou la mort. Au fond, ce n'était que le second engagement auquel je me mêlais bien malgré moi. Plus tard, lors d'autres aventures où je dus moi-même tenir le sabre, je fus plus... attentif à ces combinaisons rapides où la ruse compte autant que la force. Mais, cette nuit-là, je n'eus guère le loisir de détailler le génie du maître d'armes François Pallonges qui, le dernier des brigands gisant au sol, vint nous saluer en n'affectant qu'une froide satisfaction.

— Je ne pensais pas vous revoir sitôt, me dit-il. Peut-être devrais-je vous accorder quelques leçons, si vous persistez dans cette voie...

Sans attendre, il se tourna vers Jacques Lemercier :

— Votre coursier est arrivé à Paris il y a tout juste trois heures. Nous avons pris la route sans attendre.

L'architecte soupira et se toucha plusieurs fois de la tête à la taille.

— Il s'en est fallu de peu... Si nous avions pensé à vous envoyer cet appel au secours plus tôt, la fin aurait été moins tragique...

Il se tourna vers le corps inanimé de Philippe :

— Cet homme intrépide a donné sa vie afin de sauver les nôtres. Je désire que tout soit fait pour qu'il repose en paix et de manière chrétienne.

— Mes hommes s'en chargeront, répondit Pallonges. Maintenant, il vous faut repartir pour Paris. Dans votre message, vous ne parliez pas que de ces pillards qui vous menaçaient. Le cardinal de Richelieu, semble-t-il, attend votre retour avec une réelle impatience.

— Plus rien ne s'y oppose, soupira Lemercier tristement. Et si peu nous a manqué pour sauver Philippe...

— Quatre hommes vous accompagneront, reprit Pallonges d'une voix morne. Et le meilleur de mes cavaliers prendra les rênes.

Allons, il ne faut plus attendre, ajouta-t-il en poussant l'architecte à se détourner du corps.

Mais Jacques Lemercier se détacha du mousquetaire pour s'agenouiller auprès de feu notre compagnon d'armes. Puis il fouilla le manteau que portait cet homme brave.

Et en sortit le pacte dont l'une des pages était souillée de sang.

— Je le lui avais confié lors d'une halte, prétextant un bruit sournois, glissa-t-il tout bas. En fait, je ne voulais pas être tenté par la curiosité, ajouta-t-il en me regardant tristement. Et, vois-tu, Antoine, cette sagesse nous a sans doute sauvés.

Chapitre 51

CE 15 NOVEMBRE 1630 au matin, par un étrange effet qui se produit parfois au creux de l'automne, Paris profitait d'un sursaut de douceur. Le mérite en revenait à un épais brouillard venu d'ouest qui recouvrait la ville. Les bruits et les formes s'évanouissaient dans la brume et l'on allait prudemment, se glissant et disparaissant dans cette vapeur, gorgée d'eau et descendue du ciel pour se frotter à la terre. Les plus étonnés étaient les passants, captifs de cet écrin insaisissable et insoluble dans lequel l'air et le sol se confondaient, donnant à penser que les éléments avaient cédé par malice ou par curiosité à ce désordre, ou peut-être pour contrarier l'ordre parfait voulu par le Créateur. Mais, sans doute, comme tenta de m'en persuader Théophraste Renaudot, alors que nous nous félicitions de nous retrouver en vie, devions-nous simplement ce phénomène aux vents venant d'Angleterre. Ils nous expédiaient, assurait-il, ce qu'on nomme là-bas *the fog* – un phénomène dont je découvris à Londres les effets aussi fréquents que surprenants, lors d'un périple qu'il me faudrait conter, si la vie et l'âge m'accordaient ce délai.

De fait, le docte Théophraste avait raison de prétendre que l'air de Paris s'épaississait de douceurs saumâtres, débarquées de l'univers marin qui, disait-il à nouveau, semblait ainsi nous rapprocher de la Manche et, plus encore, de l'infini Atlantique. Mais jusqu'à quel point y pensait-il en associant, sans l'avouer, le lointain Québec, puisque le sujet hantait nos esprits depuis que Jacques Lemercier et moi-même étions rentrés ? *Québec*, que nous avions cru pouvoir déchiffrer dans le rébus, voilà trois jours – une éternité –, était-il au cœur du pacte que nous rapportions ?

Depuis, je connais la réponse et, pour y penser souvent, je ne peux la dissocier du temps particulier de ce jour. Québec, en effet, allait surgir des profondeurs de cette gangue évadée de la mer et qui nappait Paris. Et, que Théophraste me pardonne si je néglige la raison, mais, en apprenant la vérité, j'ai imaginé ce brouillard comme l'appel silencieux de ceux qui avaient traversé l'océan pour bâtir la Nouvelle-France et revenaient nous supplier, morts ou vivants, de ne jamais les oublier. *Je me souviens*, en effet, avoir songé que leurs ombres surgissaient, ce 15 novembre, afin de défendre leur cause, raconter le courage, dire combien leur histoire était belle et pourquoi elle ne devait pas cesser. *Je me souviens* encore m'être demandé si l'attirance de l'Anglais pour la mer, à l'inverse du Français, ne lui venait pas de sa proximité charnelle avec cet élément. À Londres, l'océan se respire et se vit jusque dans la Tamise, soumise à l'action des marées. Paris y est peu sensible et ignore le plus souvent cet horizon immense, démesuré. Immense, oui, et si prometteur. Mais qu'on allait soudainement délaisser. Car – et j'enrage d'avoir à l'écrire – ce que nous rapportions, Jacques Lemercier et moi, provoquerait, hélas, la défiance d'une lignée de rois pour ces terres éloignées, comme si l'appel du large s'était soudain évanoui dans un simple frimas d'automne. Bien sûr, ce qui arrivait du ponant s'expliquait naturellement, mais rien ne m'empêchera de croire que, dans ces vents débarqués de la mer, se mêlait également la saveur salée des larmes et de la nostalgie.

Nous triomphions, nous revenions avec le pacte, mais Philippe, ce brave compagnon, était mort. Nous descendions du carrosse, montions l'escalier, entrions chez Richelieu pour lui remettre ces feuilles froissées et souillées de sang, mais sans savoir si nos efforts avaient un quelconque intérêt, ignorant ainsi combien notre aventure produirait d'amers effets sur l'avenir de Québec.

Plus tard, Richelieu revint sur ce moment, parlant de l'atmosphère étrange, particulière qui recouvrait Paris et accompagnait notre retour. Un air salé, se souvenait-il également, y songeant comme le chagrin futur des souverains de la France pour ne pas avoir su aimer suffisamment le goût de l'océan et les promesses du Nouveau Monde.

Jacques Lemercier se sentait trop épuisé pour détailler le récit de nos aventures. Il avait réclamé un solide repas et, avant de l'avoir achevé, il s'était endormi dans un fauteuil. Théophraste me tenait compagnie en attendant que le Cardinal, replié dans son bureau pour se consacrer seul à la lecture du document, nous fasse appeler. La curiosité habitait moins que moi cet ami, et il cherchait surtout, pour la satisfaction de son génie, à savoir si Québec était la clef de l'énigme. Pour le reste – l'affaire pouvait-elle mettre en péril le roi et la Couronne ? –, il s'en remettait à la volonté du Cardinal. À lui de décider ce qu'il accepterait de nous confier.

Sa mesure ne m'habitait pas et, dès que la porte de Richelieu fut fermée, je l'entrepris sur la première ligne du pacte, entrevue avant que Lemercier ne m'empêchât d'en découvrir davantage. *L'union de la robe et de l'épée...* J'y voyais l'esprit d'une conjuration, concluant hâtivement que l'hypothèse, émise lors du déchiffrement du rébus, était fondée. Mais ce complot visait-il à déchoir le roi ? Pis, à renverser la monarchie ? Dieu m'est témoin que j'aurais donné cher – et peut-être ma vie – pour me tenir au-dessus de l'épaule de Richelieu, devançant sa lecture afin d'obtenir la réponse aux questions qui taraudaient mon esprit. Mais Théophraste, voulant calmer ma fièvre, leva une main et, roulant ses yeux globuleux, m'invita à ne pas m'entêter dans cette voie :

— Prudence... Attendons que Son Éminence ait fini.

— Croyez-vous qu'il nous confiera le contenu de notre découverte ?

— Ne l'espérez pas et ne le craignez pas non plus. Savoir est parfois une lourde charge. Souvenez-vous de ce que Jésus dit des innocents. Eux entreront d'abord au royaume de Dieu...

— Avez-vous au moins une opinion ? insistai-je.

— Qu'en ferais-je, si je ne peux pas la confirmer ? Ainsi, devrais-je supputer toute ma vie que, tantôt, j'ai eu tort et, tantôt, l'inverse ? Non, je préfère attendre. Et sinon, tout oublier…

Renaudot partageait donc le point de vue de Lemercier, mais cette sagesse refusait de se poser sur moi et, quand on m'invitait à patienter, je ne pouvais que me lever, marcher, parler fort, puisant dans la fatigue une excitation qui me poussait à la déraison. Pour calmer mon exaltation, ce très cher Théophraste tentait de me distraire en réclamant toutes sortes d'explications sur notre périple, et notamment sur l'attelage dont il vantait les prouesses, s'amusant à imaginer d'autres moyens pour en améliorer encore la marche. C'était une belle manière de se défaire du poison de la curiosité. Mais la méthode, ciselée par des années d'abnégation, ne convenait pas à ma jeunesse qui ne savait qu'entrevoir une fin exaltante. En connaissant ce que les autres ignoreraient, moi, l'ancien manant, me répétai-je, j'allais me distinguer du commun des mortels, et ma hâte à devenir « cet autre » était telle que je priais pour que la porte s'ouvre, que le Cardinal se montre et me dise : « Antoine, j'ai besoin de toi, de ta ruse, de ton intelligence… » Ah ! Dieu, j'aurais bondi sur mes pieds et, faisant fi des épreuves passées, embarqué pour l'inconnu.

— N'es-tu donc jamais fatigué ?

C'était la voix du prélat et, en me retournant, je vis ce visage gris, ces yeux ourlés de cernes profonds.

— À présent, entrez, glissa-t-il à l'intention des trois.

Je courus le premier pour me précipiter à la suite de notre hôte.

Le soir venant, le brouillard s'était levé et, curieusement, le voile du ciel se déchirait pour découvrir l'azur. La pièce où nous nous trouvions en profitait pour se costumer d'un camaïeu de couleurs mordorées qui donnaient à la scène l'aspect solennel d'un tableau. Assis, comme épuisé, le Cardinal ne bougeait pas. Mais las, était peut-être plus juste. Devant lui ne se trouvaient que deux sièges. Sans hésiter, j'en installai un troisième, face à son bureau, montrant ainsi ma résolution.

— N'es-tu donc jamais fatigué ? répéta-t-il d'une voix agacée.

— Je dormirai plus tard, répondis-je d'une voix tendue.

— Et qu'attends-tu ainsi ?

— De savoir s'il s'agit d'une conjuration, répondis-je sans faiblir.

Il soupira et se tourna vers Renaudot :

— Est-ce également votre souhait ?

— Si cela vous sert, répondit posément Théophraste.

— Sage position que la vôtre, opina le Cardinal.

— Et j'y souscris, fit entendre la voix ensommeillée de Lemercier.

— Dans ce cas, écoutez ce que vous devez savoir, reprit le prélat. Il s'agit d'un complot et la liste des signataires suffirait pour remplir la cour de Louis XIII.

« Je le savais ! », me dis-je à moi-même, croyant à mon triomphe.

— Vous pourrez y mettre fin ? demanda Renaudot sans prêter plus d'attention à l'excitation que je ne parvenais plus à dissimuler.

— Sans doute, répondit un Richelieu dépourvu de toute émotion.

— Serez-vous intraitable ? ajouta l'architecte.

— Je manierai le fer et le velours. Je ne peux pas décapiter tous les princes de sang, asséna-t-il simplement.

— Eh bien, fit Lemercier en se levant. Nous verrons bien ce qu'il se produira bientôt.

— Bientôt, en effet. En découvrant les décisions que je conseillerai au roi de prendre, vous comprendrez ce que je ne vous dis pas. Toutefois, ajouta-t-il, apprenez que le Québec est au cœur de cette maudite intrigue. Pour cela, je serai obligé de sévir, et je crains que la Compagnie des Cent-Associés ne s'en remette jamais...

Il se tut, nous montrant ainsi qu'il n'en confierait pas davantage.

— Avez-vous encore besoin de moi ? intervint Jacques Lemercier d'une voix fort calme.

— La suite ne vous concerne plus, lâcha Richelieu. Ne songez qu'à me construire un beau palais...

— Dans ce cas, m'autorisez-vous à me retirer ?

— Je vous l'ordonne, tenta de plaisanter le Cardinal, mais, vraiment, le cœur n'y était pas.

— Quand vous disposerez de temps, glissa Théophraste Renaudot en se levant à son tour, je solliciterai une audience afin de vous soumettre le projet de *La Gazette*.

— Dès demain, si vous le désirez. Mais sachez par avance que tout vous est déjà acquis.

Renaudot salua, mais alors qu'il se retirait, il se tourna vers moi :

— Accepteriez-vous de rentrer de concert avec moi ?

D'un geste amical, il m'invita à le suivre. Mordiou ! Je m'accrochai à mon siège. Cela ne pouvait pas finir ainsi. Mon regard se porta vers le Cardinal. Lui, que décidait-il ?

— Je te garde, Antoine, répondit-il aussitôt.

Il pivota la tête de côté et s'adressa à Jacques Lemercier :

— Je voudrais lui parler encore. Y êtes-vous opposé ?

— Je crois qu'il le souhaite plus que vous, grinça l'architecte. J'irai en compagnie de M. Renaudot, si ma personne lui est agréable.

Mais je vis combien l'idée de m'abandonner lui était douloureuse. Ses conseils me revinrent. La sagesse exigeait de ne pas franchir un pas de trop. À quoi bon tant de flamboyance, me racontait-il en silence, si, en allant plus loin, en pénétrant dans le parti de l'ombre, je risquais de payer le prix fort ? Avais-je oublié qu'il avait confié le pacte à Philippe pour ne pas en devenir prisonnier ? Son regard ne me lâchait pas et me suppliait de renoncer. Mais je ne cédai pas. Si bien qu'il finit par baisser tristement les yeux.

— Ah ! expira Théophraste en se forçant à paraître joyeux, je veux, cher Lemercier, vous entendre sur la façon dont vous avez berné le maître de musique… Que diriez-vous de souper tous les deux ?

— Antoine vous rejoindra dans peu de temps, intervint Richelieu, car je dois courir chez le roi. Mais je souhaite encore prononcer un mot. Il y a, monsieur l'architecte, dit-il en se tournant vers ce dernier, tout ce qui vous pèse et que je devine. Aujourd'hui, vous avez soumis votre opinion à la fidélité que vous me portez et, pour cela, je vous en remercie.

— Malgré celui qui me fera bientôt défaut (il ne put s'empêcher de se tourner vers moi) et me manque déjà, je tâcherai de vous servir au mieux en édifiant votre palais, fit-il en saluant bas.

Et il s'adressa une dernière fois à son jeune apprenti :

— Nous nous retrouverons donc au Grand-Coq, rue de la Calandre ?

— N'ayez crainte, répondit pour moi le prélat. Il vous suit.

Vaut-il mieux savoir ? La question reste vaine puisqu'on ne peut y répondre pareillement entre le moment où l'on est ignorant et où on ne le devient plus. Affirmons simplement que, dans un cas comme dans l'autre, la vie change et, comme la chrysalide, ne retourne pas à l'état précédent.

— Je devine que tu désires tout connaître, débuta Richelieu.

— Seulement quelques détails, me défendis-je, afin de m'apprendre si je vous fus utile.

— La réponse est oui. Cela te suffit-il ? me tortura-t-il.

— Je crains d'en réclamer davantage, bafouillai-je.

Il me fit signe d'approcher. Je vis alors que le pacte était là, posé sur son bureau, à portée de ma main. Richelieu m'observait, suivait mon regard, l'étudiait. Il prit une des feuilles et me la montra :

— Comprends-tu que, si je satisfais ce désir, tu seras lié à moi pour toujours ? Un secret, ce n'est pas rien. Et, si tu le partages, il n'y aura plus de retour.

— Ne suis-je pas membre de votre *familia* ? m'insurgeai-je.

— Cesse de douter de ma confiance ! s'emporta-t-il, en reposant la feuille. Si mon attachement est le même pour tout membre de ma *familia*, ne vois-tu pas qu'il en est autrement des devoirs qui incombent à chacun ? Lemercier et Renaudot comptent parmi les fidèles, mais, pour avoir assez de raison, ils sont partis libres. Ils me servent et savent qu'en échange je les protège, les aide, veille sur eux, leurs proches et leurs biens. Voilà un procédé qui est honnête et équitable. Qu'en sera-t-il si tu désires entrer dans un cercle plus intime ? Que deviendra ta vie personnelle ?

— Aussi, je dois choisir... murmurai-je, sans quitter des yeux les feuilles manuscrites.

— Nous en restons là et, jusqu'à mon dernier souffle, tu sais que tu pourras obtenir mon secours. Si tu en demandes plus, nous deviendrons tels de vrais associés, partageant un même fardeau. Alors, j'exigerai que tu restes à mon service, que tu ne me quittes plus, que tu appliques ce que je veux. Si tu n'es pas du même avis, tu devras plier et te soumettre. Ton opinion s'effacera derrière la mienne. Ce n'est pas le cas de Lemercier et de Renaudot. Ils sont sortis libres, martela-t-il, pour avoir décidé de ne pas franchir un ultime barrage. La curiosité les ronge sans doute autant que toi, mais leur perspicacité est grande. Toi, veux-tu vraiment devenir l'espion de Richelieu, du roi, de la Couronne et n'avoir plus jamais d'autre préférence ?

Devais-je hésiter ? Le faire, je le crois certainement, eût été le plus mauvais des partis. À jamais, la confiance entre nous deux restait soumise à ce moment d'incertitude. Partir sur-le-champ ? Ou rester ?

— J'ai décidé depuis longtemps, répondis-je d'une voix forte.

— Alors, je t'écoute, répondit-il en ne m'offrant que sa froideur.

— C'est moi qui désire vous entendre à présent. De ce jour, jusqu'à mon dernier.

— Très bien, fit-il sans plus de joie.

Il reprit les feuilles et les posa devant moi :

— Voici le seul trésor que tu obtiendras jamais de moi. En échange, tu vivras désormais comme je l'entendrai. Tu répondras à mes appels, te rendras disponible à chaque instant où je le réclamerai. Partageons-nous toujours la même opinion ?

— Je vous l'ai dit, lâchai-je d'une voix tremblotante. Ne cherchez plus à me faire douter.

Son visage afficha soudain une gravité nouvelle. Il se tassa et me parut moins solennel, rejetant d'un coup ce qu'il s'acharnait à paraître et un instant ne me montra que lui-même. Je ne le vis jamais plus humain et, dans cette attitude où se mêlaient sa force et ses doutes, je compris qu'il m'accordait ce moment de sincérité en témoignage de ma soumission... Et sans me laisser le temps de réaliser la vraie valeur d'un tel échange.

— Tu as décidé, murmura-t-il. Maintenant j'en suis certain. Aussi, approche, lis toi-même et tu comprendras combien la vie que tu as choisie sera si difficile.

Épilogue

CINQUANTE ANS se sont écoulés depuis cette nuit de novembre 1630, et jamais je n'avais relaté cette vie que le cardinal de Richelieu m'annonçait difficile… Le fut-elle vraiment ? De toutes les existences que j'ai croisées, je n'en ai préféré aucune. Mais, parmi tous ses moments, je reste marqué par l'histoire d'un pacte où Québec se mêlait au destin de la Couronne. Et je dois dire pourquoi.

J'avais d'abord détesté et accusé injustement Québec de casser un rêve d'enfant. Aveuglé, je l'étais, à l'époque, par un homme haïssable qui voulait troquer sa fille contre des pièces d'or. Puis j'ai aimé la Nouvelle-France en m'approchant de sa Compagnie. Dès lors, je fus comme porté et fasciné par le courage des colons. Mais tout se brouilla avec les Kirke, et le tableau devint plus sombre encore, lorsque je découvris dans ce pacte que m'avait tendu le Cardinal, les manœuvres de ceux qui avaient tenté de détourner un prodigieux destin à leur profit. Et je sus le premier, que, par leur faute, Richelieu allait, de nouveau, broyer ce rêve. Je fus terriblement marqué par cette décision et je ne compris mon émoi qu'en me souvenant que j'étais né orphelin. Je pensais à ceux qui avaient voulu défricher le monde, espérant le plus beau des futurs, et dont le sort serait martyrisé par la vengeance, sans même qu'ils ne l'apprennent. Et mon cœur se révolta. Ce fut, je crois, le seul moment où le doute me saisit. La vie qui débutait ne serait-elle pas trop ardue ? Mais on m'avait prévenu. Rien ne pouvait être comme avant. Telle la chrysalide, je renonçais au passé. Depuis, je porte la souffrance qui accompagna ma métamorphose et, pour m'en soulager, je veux la partager. Voici donc l'instant d'écrire que Québec fut une espérance brisée, mais reste encore – je l'espère tant – une promesse immense. Et puisqu'une opinion si contrastée exige qu'on la justifie, je m'y attache sitôt.

Richelieu avait une belle ambition maritime pour le royaume. La Nouvelle-France fut la figure de cette grandeur et la Compagnie des Cent-Associés, son instrument. Conquérir ! Voilà ce qu'il désirait mettre en œuvre. Mais il y avait ce pacte, et des mots écrits d'une plume brûlante qui corrompaient la plus formidable des idées. Et, pour avoir perverti un espoir immense, je sais que le Cardinal a détesté ses inventeurs.

Pour résumer le fond, écrivons qu'une poignée de princes, animés par Marie de Médicis, voulaient, en effet, déchoir Louis XIII pour placer sur le trône Gaston d'Orléans. Il n'y avait rien à ôter aux suppositions de Renaudot et de Richelieu, justes sur tous les points. Ce Monsieur fait roi se serait plié au parti dévot. S'y ajoutait la promesse d'une restauration de l'ordre féodal. Finissons en écrivant que la déchéance de Louis XIII aurait écarté le manteau rouge d'un conseiller ambitieux et maudit.

Mais le projet scélérat des conjurés imposait *a minima* le soutien tacite du parlement de Paris, montagne ardue du contre-pouvoir – tant que ses membres refusaient ces combinaisons. En ces temps, l'absolutisme ne s'était pas imposé avec la force insufflée par Louis XIV. Le Parlement, en exerçant son droit de remontrance, pouvait nuire à l'enregistrement, avec force de loi, des ordonnances et des édits royaux. Ce pouvoir d'opposition était bien sûr battu en brèche par celui du lit de justice, suprême recours dont disposait le souverain. Mais Gaston d'Orléans, installé sur le trône de Louis XIII, aurait-il pu forcer le Parlement, si ces membres refusaient de le soutenir [1] ? La fronde en serait née. Ainsi, pour réussir, il fallait que

---

1. En 1673, le droit de remontrance sera retiré au Parlement par Louis XIV, preuve du triomphe de l'absolutisme. Les décisions royales seront alors enregistrées avant que le Parlement n'adresse ses remontrances...

tous approuvent ce nouveau souverain et, pour cela, que chacun y trouve un intérêt. Mais une cause commune, approuvée par les factions, relevait de l'impossible car, assise à la même table, chacune montrait un appétit égoïste et féroce. Placé au-dessus de tous, le roi était le recours suprême. Cet arbitre représentait la totalité et les sauvait tous d'une confrontation destructrice. Un roi seul. La messe était dite depuis Henri IV. Mais, ici, le pacte entrait en action et, dans ses attendus, ses auteurs imaginaient la clef qui promettait à tous de s'allier au-delà de leurs différends.

La clef ? C'était la Nouvelle-France, une terre vierge de toutes les abominations, de toutes les machinations précédentes. Un continent neuf où les promesses, absentes de corruption, n'avaient qu'à éclore comme au jour premier. Oui, un monde où tout restait à inventer. Et l'occasion d'un partage entre les inconciliables conjurés. Le contrat avait été signé et on y lisait que la France abandonnait son Nouveau Monde à ceux du Parlement qui soutiendraient la déchéance de Louis XIII et ne s'opposeraient pas au choix de Gaston pour lui succéder. Les robins promettaient que les édits du nouveau roi ne feraient l'objet d'aucune remontrance et renonçaient à jamais à exercer cette autorité. Ainsi, en échange de Québec, de la vallée du Saint-Laurent et du territoire infini qui les entourait, le Parlement, du moins ceux qui prétendaient représenter celui de Paris, cédait sur la France. Et c'était dans la Salle des états du château de Blois, là même où s'était fomentée, en 1588, la fronde des états-généraux, dirigée par le duc de Guise et décidée à déchoir Henri III, que le pacte avait été conclu.

Pour résumer ce malheureux contrat, on écrira que ses auteurs proposaient, non plus de partager le pouvoir, puisqu'ils n'y étaient jamais parvenus, mais les richesses de la France, ce qui leur permettait de contourner l'obstacle d'une union qu'ils savaient impossible. Chacun y trouvait son compte car, pour la première fois, les intérêts se séparaient et devenaient distincts. Renonçant à se déchirer, comprenant qu'aucun parti ne serait jamais assez légitime et puissant pour s'imposer en place du roi, la division s'organisait autrement. Les robins renonçaient au pouvoir dans ce vieux pays et l'abandonnaient à ceux qui revendiquaient son ancienne création, mais obtenaient, en contrepartie, le contrôle absolu de la colonie nouvelle. On retrouvait ici l'esprit du contrat des Cent-Associés auquel la noblesse factieuse y ajoutait ce codicille : la seigneurie du Nouveau Monde était donnée à jamais, sans qu'aucun roi ne puisse y revenir.

Restaient à comprendre les raisons d'une négociation qui semblait favorable à ceux qui espéraient s'emparer de la France et l'on cherchait les motivations des autres qui abandonnaient leur pouvoir contre *quelques arpents de glace.* La réponse se trouvait à la page suivante, mais, révolté par les révélations précédentes, dévoré par les questions qui surgissaient, j'avais abandonné ma lecture pour me tourner vers Richelieu :

— Cette conjuration n'avait aucun espoir d'aboutir ! m'emportai-je. Vous pouviez y mettre fin, la briser dans l'œuf...

Le Cardinal hésita avant de répondre, non pour cacher ses pensées, mais parce qu'il soupesait et cherchait sa réponse :

— Vois-tu, finit-il par me dire, le passé ne se recompose pas et il est difficile d'imaginer les événements qui se seraient produits si la journée des Dupes avait tourné en faveur de Médicis et d'Orléans. Louis XIII n'a pas grande santé et tarde à produire sa succession, si bien que les princes ne lui sont pas favorables. Oui, que se serait-il passé si j'avais été chassé du pouvoir ?

— La noblesse ne se serait pas jointe à cette cabale ! assurai-je.

— Il te suffit de regarder le nom des conjurés pour comprendre que les plus grands étaient prêts à s'allier.

Il saisit la dernière feuille et la parcourut avant de la reposer d'un geste las :

— César de Bourbon, duc de Vendôme, fils illégitime d'Henri IV et duc de Beaufort, le clan des Montmorency, celui de Talleyrand, comte de Chalais et allié à la duchesse de Chevreuse, Louis de Bourbon, comte de Soissons, celui de Montrésor, Gondy, duc de Retz... Voici quelques-uns de ces seigneurs qui ont juré de faire allégeance à Marie de Médicis et à Gaston d'Orléans... Crois-moi, grinça-t-il, vingt noms célèbres, et c'est assez pour soulever les autres, si leurs intérêts sont bien servis…

— Le clergé ! continuai-je. Comment croire qu'il aurait aussi trahi ?

— La cause du gallicanisme ne fait pas l'unanimité dans l'Église. Celle du Vatican est jugée plus… conforme. Gaston d'Orléans n'a eu qu'à promettre une soumission au Saint-Siège pour que certains cèdent à son appel. Dieu est plus grand qu'un roi, Antoine, et Son pouvoir, supérieur à la communion de toutes les forces temporelles…

— Vous oubliez les parlements, m'entêtai-je. Une poignée de robins ne peut pas faire basculer cet ensemble où tous ne sont pas compromis !

Le Cardinal soupira. L'épuisement des derniers jours enlaidissait son visage :

— C'est toute la question de l'attirance de l'homme pour l'utopie et pour me comprendre, lis ce qui suit. Tu découvriras alors le trésor que les conjurés pensaient trouver en Nouvelle-France et combien il pouvait être fascinant – au point d'emporter l'opinion de tous…

On devinait qu'il n'avait été guère difficile d'obtenir la signature des conspirateurs issus des rangs de la noblesse d'épée et du sang royal qui, fort des avatars et du désastre de la Compagnie des Cent-Associés, ruinée et saignée par les Kirke, ne voyaient plus d'avantages à posséder des terres stériles. Et l'on s'étonnait de l'innocence des robins, si malins, si adroits, qui avaient, pourtant, accepté un contrat désavantageux. Pour comprendre leur mobile, il fallait, en effet, étudier le passage du pacte où il était écrit qu'aucun roi ne remettrait jamais en cause les acquis négociés en 1630, et qu'ainsi la propriété définitive des terres infinies du Nouveau Monde garantissait à ses possédants de s'y organiser à leur guise – et d'en exploiter les ressources et les trésors.

Un trésor ! Théophraste avait donc deviné que la concussion et le profit animaient les conjurés. Un trésor, en effet, il en était question, mais d'une nature étrange et, comme l'annonçait Richelieu, aussi attirante que l'utopie.

Se souvient-on de la phrase qui formait notre rébus ? *Quo ultimus exigussimus bello evadit cultorem.* Voilà quel était le trésor enfoui dans le sol de Québec : le dernier, le plus modeste des hommes pourrait, une fois la guerre gagnée, cultiver librement la terre. La guerre ? C'était ce pacte et ses conséquences : la déchéance de Louis XIII. La terre ? Il s'agissait de celle de la Nouvelle-France. Là-bas, tous les hommes qui décideraient d'y vivre pourraient la posséder également, devenant, de la sorte, de véritables citoyens, comme dans la cité libre et républicaine, vantée par les grands philosophes de l'Antiquité. Ainsi, Théophraste avait eu raison de croire à une révolution tournée contre la monarchie, mais il se trompait d'État et de lieu. Le bouleversement se produirait dans la nouvelle France et non dans l'ancienne. L'utopie des conjurés était donc tournée vers Québec. Et, sous ses arpents de glace, se trouvait le rêve d'un monde moderne, porté par l'idée d'un peuple fort conquérant, libéré des entraves du passé.

— Quel est le prix d'un nouvel ordre social ? murmura Richelieu. Que vaut un titre de propriété permettant à un citoyen de cultiver une terre plus vaste que le reste du monde ? Mais c'est infini, incalculable ! Qu'a-t-on négocié en échange du droit de remontrance et de la restauration d'une monarchie féodale et soumise au pape ? La possession d'un pays neuf qui ne demande qu'à exister et où tous les rêves sont possibles. Voilà qui frôle le génie ! Pouvoir vivre sans subir le poids et les contraintes d'un ordre ancien qui demandait à renaître. Agir à sa guise et selon ses talents, savoir que les hommes, qu'ils soient cultivateurs, négociants, bâtisseurs, forgerons, manants, feutiers, naîtront libres, et surtout, égaux en droits et en devoirs. J'y vois peut-être la volonté de Dieu qui ne fait aucune différence entre ses enfants...

Il parlait avec tant d'ardeur et de franchise que je crus, un instant, qu'il soutenait le projet des conjurés.

— Admirez-vous ces idées ? m'étonnai-je.

Ces quelques mots suffirent pour qu'il me montre sa dureté :

— Ne te trompe pas ! Au nom du roi, je m'y oppose avec énergie, et je vais frapper cruellement. Oui, il est regrettable que certains aient songé à tout perdre ici, dans l'espoir de tout obtenir là-bas.

En tous points, Richelieu tint parole et sa vengeance fut, à la fois, lente et terrible. Il disposait du pacte, des noms, des preuves. À quoi bon un procès et des bourreaux ? Il suffisait de savoir que le prélat n'ignorait rien pour que les conspirateurs tremblent, redoutent chaque jour, à chaque heure, la venue de gardes, les saisissant chez eux, les arrachant aux leurs, sans égard, pour les mener dans une geôle sordide. Ils seraient dépouillés, ruinés, privés de leurs titres et de leurs honneurs. Et cette simple menace valait ces tortures subtiles au bout desquelles l'accusé supplie et se jette à genoux, implorant le pardon et jurant une éternelle fidélité. La grâce avait alors belle allure et bien des avantages, car n'y gagnait sûrement pas le repenti, à jamais soumis à son passé. Dès lors, le conseiller convainquit le roi qu'une condamnation publique n'ajouterait rien à sa cause, mais, à l'inverse, montrerait à ceux qui n'y songeaient pas qu'un complot avait été possible, que la confusion existait, que l'ordre établi se discutait. À quoi bon donner des idées à ceux qui n'en avaient guère ? Le souverain était sacré. Rien, personne, pas même en pensée ne pouvait douter de cette vérité dont on savait le prix payé par Henri IV. Punir revenait à avouer l'existence d'une tentative de crime de lèse-majesté et à reconnaître que ce royaume était faillible, fragile, contesté. La faute des hommes ne pouvait être effacée, mais plutôt que de l'étaler au grand jour, on devait laisser leurs erreurs, leurs faiblesses aux oubliettes. En somme, on parlait déjà d'un secret d'État que la victime, autant que les conjurés, n'avaient pas intérêt à dévoiler.

On sait, par ailleurs, et toujours selon la méthode du prélat, qu'un ennemi mort ne servait qu'à faire naître son frère qui, lui, pouvait œuvrer et avancer masqué, arme à la main. De fait, éliminer un traître, martelait-il, n'assurait pas d'écarter les menaces qui s'épanouissaient dans l'ombre. Surveiller les alcôves réclamait une énergie considérable, du temps, des moyens et des hommes fidèles, affectés aux enquêtes, aux interrogatoires, parfois, aux tortures de toutes sortes, quand il suffisait d'épier et de tenir ceux que l'on dominait par le chantage. C'est pourquoi le Cardinal ne frappa pas en public et ne dénonça pas les auteurs de la plus formidable des conjurations. Mais il n'en utilisa pas moins ce pacte et ce qu'il contenait pour tenir et mater ses adversaires.

Dès lors, aucune des nombreuses cabales qui se succédèrent ne fut étrangement couronnée de succès. On trouva toujours un renégat décidé à parler – dans l'espoir de corriger ses erreurs – ou une langue bien pendue pour éviter que la tête le soit… Ainsi, le pacte et ce qu'il contenait ne cessèrent jamais de produire leurs effets, et je sais que Mazarin s'en servit autant que Richelieu, usant de son pouvoir sur les conjurés encore vivants ou l'exhumant, si nécessaire, pour accabler les rejetons des fautes de leurs aïeux. Je peux donc affirmer que le coup de force de Montmorency en 1632 échoua du fait d'une trahison dans ses rangs. Croyant au soutien de Gaston d'Orléans, Montmorency tenta maladroitement de soulever la noblesse du Languedoc. Mais les insurgés furent décimés par les troupes du maréchal Schomberg qui ne mit pas plus d'une heure pour balayer une rébellion, *surprise* de voir débouler si *promptement* le double de ses forces. Montmorency, décapité un peu plus tard, mourut sur ces paroles : « Bourreau, frappe hardiment. » Et Richelieu ne pleura pas sur sa tombe. Pas plus, il me semble, que Gaston d'Orléans, aussi infidèle que prudent.

Henri Coiffier de Ruzé, marquis de Cinq-Mars et favori de Louis XIII, tenta la dernière conspiration contre Richelieu. Mais, hélas pour son inspirateur, une lettre accablante tomba *fortuitement* entre les mains du Cardinal qu'il voulait assassiner. Si bien qu'il fut également décapité et, cette fois, à Lyon. La vengeance de Richelieu s'exerça jusque dans le clan de l'infortuné. Sa mère, la maréchale d'Effiat, fut contrainte de rejoindre la Touraine pour ne plus en bouger. Son frère perdit ses bénéfices d'abbé et l'on rasa le château familial « à hauteur d'infamie ». Gaston d'Orléans ne fut lui-même pas épargné à cette occasion, se voyant ainsi priver de ses droits à la régence par une décision qui fut enregistrée… par le Parlement.

Et puisque je parle de la régence, il me faut encore dire un mot de Médicis qui, un instant, crut triompher lors de la journée des Dupes. On connaît la suite… Après la découverte du pacte qui dévoilait son rôle dans la tentative de déchéance de Louis XIII, elle fut contrainte de se rendre à Compiègne sur ordre du roi. Richelieu ne fit rien pour aggraver cette décision et sa vengeance vint naturellement quand Marie de Médicis fuit d'elle-même, en 1631, à Bruxelles. Comprenant que tout était perdu, elle pactisa avec les ennemis de la France, ce qui acheva sa… déchéance. Elle perdit ses droits, ses rentes, et dut trouver refuge chez le peintre Rubens, par qui cette histoire avait commencé – car, en effet, que se serait-il produit si je n'avais pas été convié à la pose des œuvres de l'artiste au palais du Luxembourg ? Et, pour clore l'histoire de cette reine et mère passionnée, l'ultime vengeance du cardinal de Richelieu fut, en 1642, de la savoir morte avant lui.

Qui restait-il à abattre pour achever le triomphe du prélat ? Gaston d'Orléans se rangea provisoirement, maudissant le roi qui avait enfin un fils, le futur Louis XIV. Torturé, aigri, montrant la même hésitation dans toutes ses décisions, il vécut selon le bon vouloir du prince, toujours à la merci de ses décisions, et subit lui aussi la vengeance de Richelieu qui se fit tirer l'oreille pour engager les travaux de construction de la nouvelle aile du château de Blois – évoqués avec tant d'adresse par Jacques Lemercier – et les interrompit à la naissance de Louis Dieudonné… Monsieur finit donc par vivre dans l'aile de François Ier, cultivant à son gré les roses et les regrets.

⚜

Comme s'y était engagé Richelieu, Marie de Montigny, marquise de Puychâteau, ne fut pas inquiétée. De même, son mari ne comprit jamais qu'on le nommât à la tête de galères égarées dans l'empire mauresque. Dès lors, et si j'oublie Simon Clarentin, à qui il n'arriva rien d'autre que d'être déjà ruiné, il restait le plus important : quel sort réserverait-on à la Compagnie des Cent-Associés et à la Nouvelle-France ?

Le roi fit traîner les négociations avec l'Angleterre à propos de la restitution de Québec. Elles reprirent en 1631 et n'aboutirent qu'en 1632. Et tout dut être recommencé. La Compagnie ayant perdu son or et son âme, elle eut recours à des cocontractants qui prirent le relais sans jamais retrouver la flamme des premiers temps. Une cassure s'était produite et, pendant de longues années, de grands déboires et de petites réussites se succédèrent sans que l'ardeur ne revienne. Ajoutons que Champlain était mort et, avec lui, s'en était allé l'esprit original. Québec et la Nouvelle-France n'étaient-ils plus qu'une médiocre entreprise de commerce ?

En 1645, la Compagnie des Cent-Associés transféra ses droits de traite à la Communauté des habitants de la Nouvelle-France et mourut peu à peu[1]. La vengeance de Richelieu ? Elle n'en finissait pas, et moi, condamné au silence, je maudissais ces conjurés d'hier que je voyais plastronner à la Cour et saluant bas le roi et ses conseillers, comme si rien ne s'était jamais passé… Tout allait et se poursuivait dans le jeu cynique de la politique, fait de médiocres échanges et d'arrangement impurs. Mais que restait-il de l'espoir, né en 1608, quand l'explorateur Champlain vint au Saint-Laurent et décida d'un lieu pour qu'il devienne Québec ?

Voilà l'ultime question que je veux solder.

Comme une plaie vive, ne cessant de saigner, l'utopie qui scellait le sort de la Nouvelle-France a marqué à jamais l'esprit de Richelieu

---

1. La Compagnie des Cent-Associés sera dissoute le 24 février 1663.

et du roi des Français. Et rien ne pourra plus se dérouler comme avant. Doit-on parler d'une sorte de méfiance ? Est-ce pour avoir fini par croire que ces contrées lointaines étaient trop différentes, que la greffe s'épuisera ? Il est certain que, plus les échecs sont grands, et plus l'enthousiasme s'affaiblit. Ainsi, j'enrage à l'écrire, mais je l'affirme. Ce dont rêvaient les conjurés a peut-être échoué par leur faute. Voyons plus loin. S'ils n'avaient pas agi, le conseiller du roi se serait-il forcément opposé à leurs idées ?

J'ai souvent vu Richelieu maudire et regretter cette conjuration qui souilla l'aventure. Mais aurait-il détesté ses auteurs pour son dessein, ou pour s'en être pris au roi ? Conclure qu'il approuvait ce projet serait allé vite en besogne. Mais ses mots me reviennent. « Pouvoir vivre sans subir le poids et les contraintes d'un ordre ancien. Agir à sa guise et selon ses talents, savoir que les hommes... naîtront libres et égaux en droits et en devoirs. J'y vois peut-être la volonté de Dieu qui ne fait aucune différence entre ses enfants... » De même, répétait-il, en évoquant le contrat unissant les Cent-Associés de la Compagnie : « Tout dedans était écrit. » Pour en avoir lui-même inventé l'esprit, et pour l'avoir voulu ainsi, la seigneurie de la Nouvelle-France offrait à ces colons assez de bienfaits et de libertés pour qu'ils inventent une autre vie. Je me souviens de l'article IV de ce contrat prodigieux, conçu par Richelieu, et prévoyant que la Compagnie recevait en toute propriété, justice et seigneurie, le fort et l'Habitation de Québec, et *tant le long des côtes depuis la Floride... jusqu'au cercle Arctique... jusqu'au... Saint-Laurent, et dans tous les autres fleuves qui les portent à la mer, terres, mines... ports et havres, fleuves, rivières, étangs, îles, îlots et... tant et si avant qu'ils pourront étendre...* Le monde pouvait-il être plus immense ? Et, vraiment, en lisant ainsi cet acte fondateur, ne s'agit-il pas d'une saisissante utopie ? Le Cardinal ne m'en a jamais parlé ainsi. Mais, je me demande très souvent si l'ambition et la forfaiture des auteurs de ce pacte n'ont pas brisé l'ambition que chacun, à sa façon, et même Richelieu, s'était inventée.

Il reste que la Nouvelle-France, faisant fi des désastres et des échecs précédents, et surmontant d'innombrables souffrances, s'efforce, par l'action de ses colons, de devenir un pays. Et il est étrange d'observer que tant de difficultés et d'égarements n'ont réussi qu'à forger le courage de ses fondateurs. Si bien que ces hommes et ces femmes, venus pour se bâtir une nouvelle vie, finiront peut-être par réaliser eux-mêmes le rêve de tous. À quel étrange revers de l'histoire assisterait-on, si tant d'erreurs et de freins, tant de douleur et de manœuvres – je n'oublie pas la vengeance de Richelieu – obligeaient le Nouveau Monde à s'émanciper, de lui-même, des entraves et des préjugés de l'ancien ! Pour survivre, un orphelin agit pareillement. Sa mutation irréversible est celle de la chrysalide, et je la connais. Et si la Compagnie des Cent-Associés est morte, il reste l'esprit conquérant de l'habitant d'une contrée tournée vers le futur. Qui sait ? Un jour, en effet, surmontant ses blessures, ses déchirures, chacun de ses cultivateurs sera peut-être libre. Et mon histoire dira alors pourquoi ils ne le devront qu'à eux seuls.

En France, le jour se lève quand, là-bas, c'est encore la nuit. Être plus jeune, ne serait-ce que de quelques heures ! Pour un peu, j'oublierais l'âge et je rêve, à mon tour, de reprendre la route, de connaître une affaire aussi belle que Québec. Oui ! Que ma vie fut splendide et, de toutes celles que j'ai croisées, je n'en ai préféré aucune.

Antoine Petitbois,
espion de la Couronne de France

De Voltaire à Rousseau,
Quelques jours avant la mort du premier...

Paris, le 12 avril 1778,

Ainsi, nous nous retrouvons, mon cher Rousseau. Et reconnaissez que la lecture à laquelle je vous ai invité méritait qu'on y prêtât attention. Je suis certain que vous ne regrettez pas ce présent, que celui qui entendit Petitbois sur son lit de mort a transmis à mon père, le notaire François Arouet. Pourquoi ce dernier m'en fit-il le dépositaire ? Pour, me dit-il, le remettre, à mon tour, en de bonnes mains. Or ce sont les vôtres que j'ai choisies.

Je ne vous laisse aucune consigne, ne vous oblige ni à le conserver ni à vous en servir. Brûlez-le, si vous le désirez, mais souffrez que je vous explique pourquoi j'ai décidé de vous en faire le légataire.

La conjuration dont parle Petitbois s'acheva donc sur un raté, et ce fut une occasion perdue de tenter ce qui ne pouvait l'être dans notre vieux pays. Aurait-on vu pousser sur ces terres les promesses de la démocratie et de la souveraineté du nombre – ces idées qui vous sont chères ? Et qu'il pourrait être tentant d'utiliser ce témoignage pour alimenter votre cause... Qu'en pensez-vous ? Faut-il faire connaître l'épisode aux esprits éclairés du siècle ? Qu'en tireraient-ils comme arguments pour faire bouger cette société rouillée et prête à s'effondrer ? J'ai hésité, décidant pour finir de ne rien divulguer. Mais ferez-vous de même ? D'abord, entendez, je vous prie, les arguments qui m'ont poussé à ne pas agir, puisque je vous parle avec la sincérité de celui qui s'éteint et n'entend ni mentir ni trahir.

Relisez Petitbois, et surtout, les dernières lignes. Que découvrez-vous ? Une immense mélancolie et des regrets profonds qu'il a partagés, je prends ce pari, avec Richelieu. Est-ce tout ? Approchez-vous encore et que lisez-vous ? Un espoir. Qui sait ? écrit-il… « Un jour, surmontant ses blessures, ses déchirures, chacun de ses cultivateurs sera peut-être libre et mon histoire dira alors pourquoi ils ne le devront qu'à eux seuls. »

Eux seuls, dit-il… J'ai tenté de remplacer ces deux mots maigrelets par toutes sortes d'expressions pour retenir enfin la formidable promesse de l'indépendance. Comment ne pas croire que Petitbois annonce, prédit et appelle de ses vœux un futur dans lequel la Nouvelle-France, déliée de sa soumission au roi, gagnerait ainsi sa liberté ? Si je ne me trompais pas, croyez-vous qu'il faille endiguer cet espoir en maintenant ce pays sous la domination du nôtre ? Pour moi, le choix est fait. Je rêve, à mon tour, d'une contrée où les thèses des Lumières brilleraient. Je veux que chacun s'épanouisse selon ses propres talents, que le commerce prospère, que les privilèges s'effacent au profit du mérite, que l'éducation et le savoir balayent les superstitions, que Dieu soit le renfort de l'âme et non que Ses bergers torturent l'esprit de leurs ouailles. Je veux que l'homme soit libre et non plus un esclave, et, tel qu'en parlait Petitbois, un ancien manant, que les droits et les devoirs se partagent enfin à égalité. Or je crois que tout cela est possible dans ces vallées immenses du Saint-Laurent.

Et pensez-vous qu'en jurant qu'il faut garder la Nouvelle-France nous obtiendrons ce résultat ? En répétant que ce pays vaut mieux que nul autre, gagnerons-nous ce que nous espérons ? Ah ! Si la France avait su se réformer comme le fit l'Angleterre, peut-être aurais-je cru à cette thèse. Mais je doute que notre royaume puisse s'amender sans subir d'épreuves. Pour l'heure, je mise donc sur l'Angleterre dont j'ai défendu le régime. Si nous voulons que Québec se rapproche des thèses que, chacun à notre manière, nous chérissons, je répète que la France doit céder les nouvelles terres. C'est pourquoi j'ai encouragé le traité de Paris, signé par les Anglais et les Français. Ce plan est douloureux et je vous ai blessé, vous et d'autres, en parlant de *quelques arpents de glace* à propos de la Nouvelle-France. J'ai salué l'échange avec les Antilles, mais je sais que l'on n'y trouvera que *quelques poignées de sucre*. Ce trésor-ci, je le pense, sera vite épuisé, tandis que Québec profitera de la tolérance de son nouveau protecteur. Je n'en démords pas. Québec gagnera en bienfaits et verra l'éclosion d'un monde guère éloigné des aspirations voulues par les frondeurs du siècle dernier. Ainsi, longtemps après, grâce à l'une de ces sinuosités dont le hasard est friand, l'utopie viendra-t-elle à naître ?

Et tenez, Rousseau, puisque nous prédisons, je doute encore que le joug anglais plaise aux fils de conquérants qui ont montré tant de force et de courage. Ainsi, cette puissante et majestueuse vallée du Saint-Laurent ne tardera pas à résister à son tour à une oppression, certes plus douce, mais qui ne sera qu'un succédané provisoire à la liberté qui germe là-bas et restera le trait principal de son génie.

Aussi, que devais-je faire ? Soutenir le maintien de la Nouvelle-France dans le giron français ou applaudir ce divorce produit dans la paix et qui me donne à penser que demain ne sera plus jamais comme avant ?

J'ai choisi. Je dois l'assumer. Mais, en vous léguant le témoignage de Petitbois dont je vous fais seul héritier, je voulais que vous connaissiez les raisons profondes de ma position sur le Québec. Sous ses arpents de glace ou de neige, il y a en effet un trésor et, pour moi, le meilleur moyen de le protéger fut d'en taire l'existence.

Ainsi, vous aurez appris que Voltaire n'écrit pas toujours ce qu'il pense. Y gagnerai-je votre confiance ou votre méfiance ? Au moins, cette lettre servira à vous apprendre que nous ne pensons pas si différemment, et que nos désaccords ne furent que l'écume d'une passion pour la liberté que nous avons partagée pareillement.

Je vous laisse, Jean-Jacques Rousseau. J'attends votre réponse et, je l'espère, votre pardon. Une complicité est-elle encore possible ? J'ai hâte d'apprendre ce que vous pensez et déciderez. Ne tardez pas.

Votre ami, désormais sincère,

Voltaire

Dénouement

Le philosophe Jean-Jacques Rousseau se trouvait à Ermenonville. Il vaquait dans le parc de la demeure de son hôte, le marquis de Girardin. Quand il n'écrivait pas un peu de musique, il se plaisait à l'herboristerie. Mais, le plus souvent, il ruminait et se rongeait à propos du *cadeau* de Voltaire. Que devait-il faire ? *Se non è vero, è bene trovato,* se répétait-il. Oui, si l'histoire n'était pas vraie, elle lui semblait bien trouvée.

Il hésitait à entrer en contact avec l'expéditeur. Écrire à Voltaire ! La force lui manquait, sa plume tremblait, les mots ne venaient pas. Tant de haine et de dissensions pouvaient-elles se dissoudre du seul fait que le meilleur ennemi de l'auteur des *Confessions* était sur le point de mourir ? Si bien que Voltaire s'éteint sur cette indécision. C'était le 30 mai 1778.

Un doux été s'annonçait et cette saison, où la nature s'épanouit, ne déplaisait pas à Rousseau. En compagnie de Thérèse, « *son épouse devant la nature* », l'auteur d'*Héloïse* aimait parcourir les bois du domaine. Mais, en ce mois de juin, il ne rejoignait plus le verger de Clarens où, quelques jours plus tôt, il s'asseyait sur un banc pour donner à manger aux poissons ou accompagner le chant des oiseaux d'un air de flageolet. Et on ne le voyait guère embarquer sur l'étang pour se laisser bercer par les idées. Depuis la disparition de Voltaire, comme étant dépossédé du seul adversaire qui le tenait en vie, Jean-Jacques avait le tournis, perdait l'appétit et consacrait l'essentiel de son temps à la rêverie.

Emmuré dans le silence, il s'égarait dans la forêt, errait dans le désert de la nature. Rousseau changeait. On le surprit même, le soir du 1ᵉʳ juillet, après avoir avalé des fraises trempées dans le lait, en grande conversation avec le curé du village, dans le vieux presbytère. Mais, rongé et miné par la lettre de Voltaire, il ne dit pas grand-chose et se contenta d'interroger le révérend sur la question du pardon, sans pouvoir terminer ses mots, tant il pleurait. Dépassé par les événements, et convaincu qu'il ne possédait pas les mots pour éclairer un savant, l'ecclésiastique ne fit que raccompagner son encombrant visiteur.

Thérèse se chargea alors d'installer le philosophe dans son lit et, voulant comprendre ce qui le taraudait, se pencha pour écouter ses lamentations. Il était question de Voltaire, ce qui la mit dans une colère folle. Des cieux qui s'entrouvraient, ce cruel ennemi venait mordre l'illustre penseur. Elle se releva d'un bond, telle une furie, renversant malencontreusement la bougie qui brûlait sur la table de chevet. La cire coula sur le manuscrit qui s'y trouvait. Alors, maudissant sa maladresse, elle frotta durement les feuilles de papier maculées d'une graisse épaisse. Ce bruit seul fit sortir Rousseau de sa léthargie. Et plus question de mélancolie ! Il se jeta sur ce document, le prit entre ses bras, gémissant sur l'acharnement de ceux qui, de toute sa vie, ne l'avaient pas laissé en paix. Thérèse n'y vit que l'effet de ces crises qui le poussaient à s'imaginer persécuté et lui tendit un peu d'eau des Carmes qu'il refusa de prendre. « Mon cœur ne peut plus rien supporter », expira-t-il, si l'on en croit le marquis de Ségur qui, plus tard, se fit rapporter ces quelques mots. Thérèse n'entendit que ceux-là, le reste se perdit confusément dans le murmure échappé des lèvres de Rousseau qui, essayant de se lever, ne put que rouler à terre. Il tenta encore de parler, montrant le manuscrit qui, dans sa chute, s'était répandu sans ordre sur le sol. Voulait-il le brûler ou lire une dernière fois ces lignes qui avaient torturé ses pensées ? Thérèse ne comprit pas ce qu'il réclamait et installa le mourant dans un profond fauteuil où il resta jusqu'au matin, inanimé. À dix heures, on comprit qu'il était mort. C'était le 2 juillet 1778, quelques semaines après Voltaire.

Rousseau n'avait rien fait de l'héritage que lui avait légué l'illustre philosophe des Lumières. Sa méfiance naturelle, et maladive, l'avait porté à croire à la farce d'un vieillard qui, prétextant les remords, lui avait peut-être joué un dernier tour de moquerie. Antoine Petitbois avait-il existé ou était-il comme l'un de ces personnages que Voltaire s'était plu à inventer dans ses contes philosophiques ? Antoine, manant candide, devenu espion de la Couronne à force d'apprentissage, et finissant par cultiver son propre jardin, après avoir mesuré combien le monde lui semblait décevant... La recette était connue et Voltaire en avait autrefois fait son gras. Cet esprit formidablement retors avait-il imaginé une histoire rusée afin de se faire pardonner ses regrettables positions sur la Nouvelle-France car il avait, en effet, approuvé ce détestable traité de Paris, conduisant à la cession d'un continent en échange des Antilles ? Cherchait-il le meilleur des avocats en confiant à Rousseau le soin et la charge de le défendre une fois disparu ? Ces questions n'avaient fait qu'assombrir les derniers jours d'une existence déjà fort torturée. Et Jean-Jacques avait cessé de vivre sans obtenir de réponse, et sans rien décider, refusant ainsi de faire taire des années d'exécration.

On fit embaumer son corps que l'on mit au tombeau dans le parc du marquis de Girardin. Thérèse se consola en s'offrant à un valet anglais et quitta alors Ermenonville, n'emportant rien de ce qui était aux lieux. Dans sa frénésie, qui accordait peu d'intérêt à la lecture, elle oublia le manuscrit et la lettre. C'est ainsi que le tout resta à Ermenonville, rangé dans un coffre, échappant au chaos de la Révolution et aux malheurs qu'en subit le marquis, et finissant par échapper à l'oubli, longtemps après, grâce à la découverte miraculeuse d'un éditeur qui, depuis, enquête et croit savoir que Petitbois a existé, et qu'il se pourrait même que d'autres textes de lui aient survécu aux siècles. Les aventures de l'espion de la Couronne racontaient-elles la vérité ? Connaîtront-elles une suite ? Seuls Voltaire et Rousseau, siégeant dans un tête-à-tête éternel, au cœur du Panthéon [1], connaissent la réponse.

---

1. Ils y furent inhumés en 1791 (Voltaire) et en 1794 (Rousseau).

Remerciements

Mes premiers remerciements iront à l'Histoire, inépuisable manne de l'aventure humaine pour ceux qui, comme moi, la cisèlent – parfois – à leur façon.

Puis viennent mes amis du Québec que j'ai beaucoup sollicités pour ce roman. Louise Loiselle, Jean-Michel Sivry, Alain-Napoléon Moffat, je ne donnerai que ces noms, mais les autres sont là, dans mon cœur, et je me souviens de ma promesse de bientôt revenir les voir...

Merci donc à toutes ces personnes qui m'ont apporté leur soutien, leur réconfort, et la félicité alors que j'écrivais ces pages.

Je pense en particulier à mon compagnon d'armes et ami, l'éditeur Thierry Billard, dont je salue la patience et la générosité (ce qui n'ôte rien à son exigence !).

Je voudrais que ceux que j'ai oubliés de citer me pardonnent.

À tous, et ils se reconnaîtront, j'adresse des mots tendres, ciselés dans l'affection que je leur porte.

Table

Avertissement 11
*Paris, le 12 avril 1778, quelques jours avant
   la mort de Voltaire* 13

L'espion de la Couronne
Volume 1

Chapitre 1 21
Chapitre 2 26
Chapitre 3 35
Chapitre 4 41
Chapitre 5 44
Chapitre 6 51
Chapitre 7 57
Chapitre 8 66
Chapitre 9 72
Chapitre 10 78
Chapitre 11 89
Chapitre 12 98
Chapitre 13 107
Chapitre 14 116
Chapitre 15 122
Chapitre 16 131
Chapitre 17 143

Chapitre 18	151
Chapitre 19	157
Chapitre 20	168
Chapitre 21	179
Chapitre 22	191
Chapitre 23	196
Chapitre 24	203
Chapitre 25	206
Chapitre 26	210
Chapitre 27	213
Chapitre 28	224
Chapitre 29	230
Chapitre 30	239
Chapitre 31	245
Chapitre 32	254
Chapitre 33	260
Chapitre 34	263
Chapitre 35	274
Chapitre 36	282
Chapitre 37	285
Chapitre 38	296
Chapitre 39	305
Chapitre 40	311
Chapitre 41	317
Chapitre 42	323
Chapitre 43	329
Chapitre 44	332
Chapitre 45	343
Chapitre 46	355
Chapitre 47	372
Chapitre 48	383
Chapitre 49	389
Chapitre 50	395
Chapitre 51	409

Épilogue 418
De Voltaire à Rousseau, quelques jours avant
   la mort du premier 431
Dénouement 435
Remerciements 439

Composition et mise en page

CET OUVRAGE
A ÉTÉ REPRODUIT
ET ACHEVÉ D'IMPRIMER
SUR ROTO-PAGE
PAR L'IMPRIMERIE FLOCH
À MAYENNE EN DÉCEMBRE 2008

N° d'édition : L.01ELKN000152.N001. N° d'impression : 72617.
Dépôt légal : février 2009.
(Imprimé en France)